Die Schöpfer-Serie

Neue Werkzeuge für unser Leben
im Bewusstsein der Neuen Zeit

-Neue Werkzeuge für unseren neuen spirituellen Weg-

TOBIAS

Geoffrey Hoppe

Die

TOBIAS

Unterrichts-Reihe

Die Schöpfer-Serie

Neue Werkzeuge für unser Leben
im Bewusstsein der Neuen Zeit

- Neue Werkzeuge für unseren neuen spirituellen Weg-

Ostergaard Verlag

* Sanctuary Aquarius*

Tobias - Die Schöpfer-Serie
1. Auflage Oktober 2004

Herausgeber: OSTERGAARD VERLAG

Haus Rosengarten
Bahnhofstraße 12
D-88662 Überlingen am Bodensee

Vorübersetzung von Florian Ostergaard
Übertragen ins Deutsche von Eva Albrecht
Lektorat: Jochen Eckart, Petra Ostergaard und Hans Viktor Peter

Titel des Originals: „The Tobias Materials"
-New Tools for Our Spiritual Journey-
erschienen bei Sundance Group, Inc.,
P.O.Box 7328, Golden,
Colorado 80403, USA

Sanctuary Aquarius
Tel. 0049 (0) 7551 - 92 82 0 - Fax (0) 7551 - 92 82 39
e-mail: info@ostergaardverlag.de
website: www.ostergaardverlag.de

Satz und Gestaltung: Steve Ostergaard-Aimson
Druck: Stiehler Druck & media GmbH

ISBN 3-933075-10-6

An alle, die auf dem

Pfad der Liebe reisen.

An Shaumbra

für alles, was Ihr tut.

Und an Tobias

für Deine Liebe und Dein Mitgefühl.

Wir sind niemals allein.

Umschlag - Illustration:
Tobias und der Engel *(Raphael)*
von Verrochio / National Gallerie, London
ca. 1470-1480
Eitempera auf Pappel-Leinwand, 84,4 x 66,2 cm

Wiedergabe **Tobias und der Engel**
als Tintenzeichnung von Cory Fowler, Arvada, Colorado, 2002

Welten-Engel Kunstgemälde von Kathy Hawke

THE tobias MATERIALS

www.crimsoncircle.com

Amerik. Wortspiel von Tobias:
TO-BI-AS in anderer Schreibweise TO-BE-US bedeutet wörtlich übersetzt UNS-ZU-SEIN, bzw. WIR-ZU-SEIN

In dem Prozess der Übertragung der Tobias-Unterrichts-Reihe „Die Schöpfer-Serie" ist, wie auch schon bei den Kryonbüchern, eine Gruppe von Menschen involviert.

Die Energie des TO-BE-US „gehört" niemandem.

Jeder kann und wird sie ganz individuell in sich erfahren.

Eva Albrecht

An den Leser

Der Autor dieses Buches erteilt keinerlei medizinische oder psychologische Ratschläge; er empfiehlt weder die Anwendung irgendeiner Technik noch die einer Behandlung ohne das Hinzuziehen eines Rat gebenden Arztes, eines zertifizierten spirituellen Beraters und/oder eines Psychiaters. Die Informationen dieses Buches sind ausschließlich spiritueller Natur. Für den Fall, dass Sie sich die Informationen dieses Buches zunutze machen, übernehmen weder der Autor noch der Herausgeber die Verantwortung für Ihr Tun. Es ist Ihre persönliche Reise und deren Ergebnisse unterliegen Ihrer eigenen Verantwortlichkeit und Segnung.

INHALT

Anerkennung

Dieses Buch enthält lediglich auf Papier gedruckte Worte. Doch das, was wirklich wichtig ist, das, was wirklich zählt, ist die Reise, die uns bis an diese Stelle geführt hat. Ich empfinde unendlichen Dank für all die Menschen und Engel, die mich begleiteten und während der vergangenen sechs Jahre mein Leben segneten. Diese Reise wäre ohne das Erwecken durch Kryon, ebenso wie die Freundschaft und die Unterstützung von Lee Caroll und Jan Tober überhaupt nicht möglich gewesen. Ihre Arbeit erschloss das Neuland des Neuen Zeitalters.

Meine tiefste Wertschätzung geht an diejenigen, die mir dabei halfen anzufangen und mir über Jahre loyale Unterstützer waren: Bonnie Capelle, Pete Cascio, Azaya Deuel, James Deuel, Emily Green, John Kuderka, Michelle MacHale, Dr. Mindy Reynolds, Joe Schmidt, Katie Vaspra, Woody Vaspra und Dr. Melanie Wolf.

Besonderen Dank an diejenigen, die mir Mentoren und Wegweiser waren; Euren energetischen Beistand konnte ich auch dann noch fühlen, als Ihr nicht mehr anwesend wart: Dr. Garret Annofsky, Zehria Boccia, Dr. Doug Davies, Dr. Norma Delaney, Peggy und Steve Dubro, Ronna Herman, Nicholas Mamak, Dr. Todd Ovokaitys, Barbara Rother und Steve Rother.

Gesegnet bin ich mit denjenigen, die kontinuierlich die Energie für den Crimson Circle aufrechterhalten, einschließlich Judy Anderson, Rick Anderson, Kathy Hawke, Mark Jamison, Christine L'Heureux, Casey Lesko, Steve Lesko, Karen McCoy, Nick McCoy, David McMaster, Robihynn Roberts, Yossi Ronen, Jeff Rumsey, Ron Schipae, Pril Snyder, Mira Stanley und Jim von Gesjen.

Der Erfolg des Crimson Circle wurde durch die materielle Unterstützung vieler ermöglicht, die nicht genannt sein möchten und ihre Energie doch in solch wichtiger Weise mit uns teilen. Ich weiß, wer Ihr seid und ich schätze Euch in hohem Maße.

Von gleichfalls unschätzbar großem Wert war die Unterstützung der unsichtbaren Wesenheiten auf der Anderen Seite. Ich weiß, Ihr sagtet mir, dass ich Euch nicht mit einbeziehen sollte - um vielmehr den Fokus auf die Menschen zu richten -, doch ich werde mich nicht daran halten: Yeshua ben Joseph, Metatron, Erzengel Michael, Erzengel Raphael, Erzengel Amiel, Erzengel Uriel, Gautama und der Crimson Council.

Und an Euch alle, die Ihr mitgeholfen habt, den Crimson Circle und die Tobias Lektionen Wirklichkeit werden zu lassen: Du weißt, wer Du bist, und ich danke Dir, dass Du mein Leben berührt hast.

Letztendlich meine herzerfüllte Wertschätzung und Liebe an meine Frau Linda. Du warst meine größte Unterstützung und mein „begeistertster Fan". Danke, dass Du diese unglaubliche Reise mit mir teilst. Ich danke Dir für die Liebe, derer es bedarf, um in diesen spirituellen Vertrag einzuwilligen, und für die Stärke und die Weisheit, derer es bedurfte, ihn zuzulassen.

****

Über den Autor

Geoffrey A. Hoppe wurde in Appleton, Wisconsin, USA als drittes von sieben Kindern in einer katholischen Familie geboren.

1973 absolvierte er seinen Highschool-abschluss und ging anschließend in die US Army. Dort wurde er der National Aeronautical and Space Administration zugeteilt, von wo aus er zweieinhalb Jahre bei der NASA im Ames Research Center in Mountain View, Kalifornien als Pressesprecher arbeitete. Sein Interesse an Spiritualität und Metaphysischem erwachte, als er einen Freund eines Tages „nur so zum Spaß" hypnotisierte. In einem bestimmten Stadium der Trance begann sein Freund eine Reihe vorheriger Leben aufzuzählen. In den darauf folgenden Jahren vertiefte Geoffrey Hoppe sich in die Studien der Metaphysik und der Religion.

Da seine geschäftliche Karriere ihn jedoch sehr in Anspruch nahm, geriet seine spirituelle Reise im Grunde genommen für nahezu 20 Jahre in Vergessenheit. Geoffrey arbeitete im Senior Marketing Bereich für verschiedene Werbeagenturen und Produktionsfirmen des Mittleren Westens der USA und in Texas. Im Alter von 28 Jahren gründete er in Dallas, Texas eine Marketing Beraterfirma, die er zwölf Jahre für Kunden der Industrie- und High-Tech-Branche aus den gesamten Vereinigten Staaten betrieb. Zusätzlich zur Marketing Agentur war er Mitbegründer verschiedener anderer geschäftlicher Unternehmen, einschließlich eines Luftfahrt Telekommunikation Unternehmens, dem er als Vizepräsident im Bereich des Verkaufs und des Marketings noch bis 2001 diente. Geoffrey Hoppe ist sowohl Inhaber zweier US Patente, davon eines über internationale Telekommunikationstechnologie, als auch von zahlreichen Urheberrechten und Copyrights.

Als ein Bekannter ihm 1995 eine Ausgabe des ersten *Kryon Buches „Das Zeiten -Ende"* von Lee Carroll schenkte, begann seine spirituelle Reise aufs Neue. Aufgrund nachfolgender eigener Erfahrungen, die ihm verschiedene mystische Einblicke gewährten, knüpfte er Kontakt zu Lee Carroll und schon bald wurden die beiden Freunde und Geschäftskollegen.

Tobias selbst stellte sich Geoffrey 1997 zum ersten Mal während einer Flugreise vor. Da Geoff noch nie die Bibel ausführlich studiert hatte, wusste er weder, wer Tobias war, noch hatte er jemals von dem Buch des Tobit in den Apokryphen der Bibel gehört. Erst später lernte er die biblische Geschichte über Tobias kennen. Die beiden „unterhielten" sich fast über ein ganzes Jahr miteinander, bevor Geoffrey erstmals in Gegenwart eines anderen Menschen mit Tobias sprach und ihn „vorstellte". Über die folgenden eineinhalb Jahre bot er unter der Leitung eines dafür aufgeschlossenen Psychologen private Sitzungen für diejenigen Menschen an, die sich für die neuen spirituellen Potenziale geöffnet hatten. Tobias ermöglichte ihnen tiefe Einblicke in ihre vergangenen Leben und die anstehenden Herausforderungen. Die Erfahrung, mit vielen Klienten zu arbeiten, ermöglichte Geoffrey Hoppe, sich im Laufe der Zeit immer wohler, angenehmer und vertrauter mit der Energie und Präsenz von Tobias zu fühlen.

Im Jahr 1999 gründete Geoffrey Hoppe den Crimson Circle. Dieser öffnete sich binnen kürzester Zeit einem internationalen Publikum mit Hunderten von lokalen Studiengruppen und täglich Tausenden von Besuchern auf der Internetseite.

Linda Benyo begegnete Geoffrey erstmals während der Highschoolzeit und sie heirateten im Jahr 1977. Seitdem waren und sind sie sich Partner in allen Lebensbereichen. Sie wohnen in den Bergen Colorados, außerhalb von Golden, von wo aus sie den Crimson Circle in der Form eines publizierenden und beratenden Unternehmens managen.

****

Über Tobias

Bis zu dem Zeitpunkt, als Tobias mir während einer Reise im Jahr 1997 im Flugzeug erschien, hatte ich noch nie zuvor von ihm gehört. Anschließend brauchte es noch viele weitere Monate, bis ich herausbekam, wer er war und woher er kam.

Am Anfang war die Unterhaltung mit Tobias zeitweilig unklar und verschwommen - wie durch einen Schleier hindurch. So wie bei einem entfernten Radiosender kamen die Botschaften nur bruchstückhaft bei mir an oder wurden durch meinen sich einmischenden Intellekt unterbrochen. Eines Tages fragte ich: *„Tobias, wer bist Du eigentlich?"* Obwohl seine Antwort einfach war, verwirrte sie mich. „Du wirst mich in der Bibel finden“, sagte er. Bei meinem begrenzten Wissen über die Bibel konnte ich mich nicht entsinnen, irgendetwas über Tobias gelesen oder gehört zu haben.

Auf der Suche nach Tobias blätterte ich während meiner Geschäftsreisen in den Hotelzimmern durch das Alte und das Neue Testament der Gideon Bibeln. Ohne Erfolg. Ich bat sogar einen Freund, in dem Bibelprogramm seines Laptops nach Tobias zu suchen. Immer noch kein Erfolg. Ich begann, die Existenz von Tobias zu hinterfragen, und wunderte mich, wer diese Stimme in meinem Kopf denn nun wirklich war.

Auf dem Gipfel meiner Frustration angelangt, entdeckte ich endlich die Geschichte von Tobias. Er hatte vergessen zu erwähnen, dass er in der Bibel gestanden *hatte*, dann aber hinausgeworfen wurde. Das Buch des Tobit findet sich in den Apokryphen oder den „verlorenen Büchern" der Bibel, die während des Konzils von Trient im Jahr 1546 durch die katholische Kirche entfernt wurden. Später fand ich heraus, dass einige der älteren katholischen Bibeln noch immer das Buch des Tobit enthalten. Ich war entzückt, Tobias gefunden zu haben und es amüsierte mich, dass ich die Ehre hatte, mit jemandem zu reden, der in der Bibel zu finden war.

Im Buch des Tobit ist Tobias einer der Hauptcharaktere. Die historische Zeitepoche liegt ungefähr zwischen dem 7.- 6. Jahrhundert v. Christus. Tobit (oder Tobias Senior) stammte vom hebräischen Stamm der Naphtali und lebte als Exilant in Niniveh. Tobias bestattete gemäß der jüdischen Tradition die Körper seiner dort hingerichteten israelitischen Freunde. Eines Tages, während er einen Getöteten beerdigte, fiel ihm der noch frische Schmutz eines Spatzen in die Augen und ließ ihn erblinden.

Als er darüber zu verarmen drohte, erinnerte Tobias sich wieder daran, dass er in früheren Tagen bei Rhagä in Medien einiges an Silber als Sicherheitspfand hinterlegt hatte. Um es zurückzuerhalten, schickte er seinen Sohn Tobias Jun. gemeinsam mit einem Begleiter, welcher in der äußeren Erscheinung eines Israeliten auftrat, in Wirklichkeit jedoch der Erzengel Raphael war, nach Rhagä.

Als Tobias Junior sich während der Reise im Tigris wusch, wurde er beinahe von einem großen Fisch verschlungen. Raphael unterwies Tobias, den Fisch zu fangen und ihm seine Galle, sein Herz und seine Leber zu entnehmen. Er berichtete dem jungen Tobias, dass bei dem Verbrennen des Herzens und der Leber der entstehende Rauch die Macht habe, Dämonen zu vertreiben, und eine aus der Galle hergestellte Salbe Blindheit heilen würde.

Raphael und der junge Tobias rasteten auf ihrem Weg in Ekbatana (Persien), wo Raguel, ein Mitglied der Familie lebte. Raguels Tochter Sarah war bereits sieben Mal verheiratet worden, doch die Männer wurden alle in der Hochzeitsnacht, noch bevor sie sich gemeinsam niederlegen konnten, von dem Dämon Asmodeus ermordet. Auf Raphaels Rat hin bat Tobias um die Hand von Raguels Tochter. Getreu seiner Art kam Asmodeus, um Tobias Jun. in der Hochzeitsnacht zu töten, denn dieser Dämon hatte sich in Sarah verliebt und Sarah liebte ihn. Doch durch den Gestank der brennenden Fischleber und des Fischherzens gelang es dem jungen und mutigen Tobias, Asmodeus in die Flucht zu schlagen.

Raphael reiste weiter nach Rhagä und kehrte mit dem hinterlegten Silber zurück. Nachdem Tobias gemeinsam mit seiner jungen Frau und Raphael nach Niniveh zurückgekommen war, heilte er das Augenlicht seines

Vaters, indem er die Galle des Fisches auf seine Augen auftrug. Anschließend offenbarte Raphael, dass er einer der sieben Engel Gottes sei und stieg gen Himmel. [1]

Nachdem ich das apokryphe Buch von Tobit und später die Version in Frederic Buechners Novelle „On the Road with the Archangels" gelesen hatte, fragte ich Tobias, ob die Geschichte wahr sei. „Nicht ganz", lautete seine Antwort. „Teile davon sind wirklich geschehen", fuhr er fort, „aber es ist mehr eine Parabel als alles andere. Es ist eine Geschichte über Angst... und überwundene Angst."

Tobias entschlüsselte diese Geschichte über die Angst einige Jahre später während eines Workshops und berichtete dem Publikum, dass Erzengel Raphael der Engel sei, der Macht über die Energie der Angst habe. Die Kraft von Erzengel Raphael ist für all jene verfügbar, die einer Angst gegenüberstehen und sich bemühen, mit der Heilkraft der Liebe, der Integrität und des Mutes durch diese hindurchzugehen. Aufgrund dessen sei es äußerst angebracht gewesen, dass der Erzengel Raphael die Schlüsselrolle im Buch des Tobit innehatte, einer Geschichte über mehrere Menschen, die inneren und äußeren Ängsten gegenüberstanden.

Tobias, diese wunderbare und liebende Wesenheit, mit der ich mich unterhalte, sagte mir, dass er Tobias Senior gewesen sei und dass er mich selber zu jener Lebenszeit als seinen Sohn, den jungen Tobias, kannte. Im Privaten ebenso wie in der Öffentlichkeit liebt er es, mich daran zu erinnern, dass ich in jener Zeit mit ihm der stets ein wenig zerstreute Sohn gewesen bin.

Seine letzte Lebenszeit auf der Erde war kurz vor Jesu Geburt, sagte mir Tobias. Zu dieser Zeit war er Grundbesitzer und Händler. Ein habgieriger Nachbar, der die Gunst der dortigen Offiziellen der Regierung besaß, ließ ihn ins Gefängnis werfen, wo er den Rest seines Lebens verbrachte. Tobias zufolge war dies für ihn eines der schmerzvollsten, aber dennoch erleuchtendsten Leben. Im Gefängnis lernte er, sich all der menschlichen Schranken und Mauern zu entledigen, die seinen Geist gefangen hielten.

1. A.d.Hrsg.: „Das Buch TOBIAS" finden wir in deutscher Sprache auch in der ZÜRCHER BIBEL, aus dem Urtext aufs Neue übersetzt zwischen 1907 und 1931, herausgegeben vom Kirchenrat des Kantons Zürich 1955.

Wie Tobias die Geschichte erzählt, saß jeden Morgen ein wunderschöner Vogel an dem Fenster seiner Zelle, der eine Lobpreisung auf die Freiheit und das Leben sang. Anfänglich nahm Tobias ihm das übel und er scheuchte ihn weg, damit er sich allein seinem Leiden überlassen konnte. Eines Tages kurz vor seinem Tod thronte der Vogel wieder singenderweise an seinem Fenster und da erkannte Tobias, dass dieser Gesang sehr viel mehr war als nur das Lied eines Vogels. Erzengel Michael war es, der gekommen war, um ihn zu bitten, auf die „Andere Seite" zurückzukehren. Der Erzengel berichtete Tobias, dass großartige Veränderungen auf die Erde zukommen würden. Er sagte weiter, dass deshalb weise und heilige Seelen, die den menschlichen Weg gegangen seien, auf der Anderen Seite gebraucht würden, um den Menschen auf der Erde beizustehen und sie zu unterstützen.

Tobias wählte das Verlassen der menschlichen Form und ist seit dem nicht mehr auf die Erde zurückgekehrt. Das Ereignis, von dem Erzengel Michael berichtete, war das Erwachen des Christusbewusstseins in uns, ein Prozess, der mit Siddhartha begann, durch Jesus intensiviert und durch Mohammed fortgeführt wurde, ebenso wie durch viele andere Propheten und Heilige.

In der heutigen Zeit werden wir weiterhin von Tobias und jenen aus dem Königreich der Engel beraten und unterstützt. Tobias sagt, dass sie den Weg nicht für uns gehen können - wir haben selbst die Verantwortung für unsere eigene Reise und Göttlichkeit zu übernehmen -, doch dass von ihrer Seite aus immer Führung, Freundschaft und Unterstützung vorhanden ist. Ganz so wie Tobias stets zu sagen pflegt: „Ihr seid niemals allein."

2. A.d.Hrsg.: Ra-Pha-El = Hebräisch: „Gott heilt";
wir kennen Erzengel Raphael auch als Begleiter der Reisenden

****

Der Crimson Circle

Im August 1999 versammelte sich eine kleine befreundete Gruppe im ländlichen Woodland Park, Colorado in einem Tipi, um Tobias zu hören. Dies war die erste „Lektion", die Tobias überbrachte, und es war der Anfang des Crimson Circle. Tobias informierte die kleine Gruppe darüber, dass ihre Geistführer sie verlassen würden. Tobias' Botschaft schockierte und bestürzte viele der Menschen, doch auf eine liebevolle und sanfte Weise erklärte er ihnen, dass es für die Menschen an der Zeit sei, die Verantwortung für ihre eigene Göttlichkeit anzunehmen. Tobias sagte, dass jetzt die Zeit für uns Menschen gekommen sei, Engel-auf-Erden zu werden, und dass mit dem Loslassen unserer Geistführer - und dem der meisten alten Glaubensbekenntnisse und Rituale - wir beginnen könnten, unsere eigene Göttlichkeit in Besitz zu nehmen.

Tobias bemerkte, dass Crimson (karmesinrot; Oxford-WB=purpurrot/blutrot) in seiner Schwingung die Farbe des Lehrens ist, und diejenigen, die mit dieser Arbeit verbunden sind, „von crimsonfarbenem Licht umhüllt seien". Der Crimson Circle besteht aus den Menschen, die als Erste die Neue Energie annehmen, um die persönlichen Erfahrungen, welche sie auf diesem Weg machen, später an andere weitergeben zu können.

Im Frühjahr 2000 setzte der Crimson Circle eine Webseite ins Internet (www.crimsoncircle.com), auf der heute alle Tobias Lektionen in Druck- oder Audioversionen zur Verfügung stehen. Diese Webseite zieht täglich Tausende von Menschen aus allen Teilen der Welt an. In Denver, Colorado werden regelmäßig monatliche Treffen abgehalten, bei denen Tobias die neuen Lektionen überbringt und Fragen des Publikums beantwortet. Diese Zusammenkünfte werden desgleichen live im Internet ausgestrahlt. Tobias bezeichnet sie als „Den Klassen-raum der Neuen Spirituellen Energie der Erde".

Der Sinn und Zweck des Crimson Circle ist es, einen Versammlungsort des Bewusstseins für solche Menschen anzubieten, die durch den spirituellen Prozess des Erwachens gehen. Dadurch können diese Menschen später wählen, ob sie anderen Menschen bei deren Erwachen als Wegweiser und Lehrer dienen möchten. Tobias zufolge ist der kraft- und machtvollste und glaubwürdigste Führer nicht ein himmlischer Engel, sondern vielmehr ein menschlicher Engel, der den Pfad bereits beschritten hat.

Auch die Workshops und Seminare „The Higher Learning" (Das Höhere Lernen) werden vom Crimson Circle gefördert. Die Zusammenkünfte wollen Mitglieder des Crimson Circle ermutigen, anzufangen, anderen, die durch diesen Prozess des spirituellen Erwachens mit all seinen Herausforderungen gehen, wegweisend begleitend zur Seite zu stehen.

Menschen, deren Ideen, Technologien und Projekte die neue spirituelle Energie zum Ausdruck bringen, werden von der Crimson Circle Foundation (Stiftung) auf finanzielle, geschäftliche und veröffentlichende Weise unterstützt. Alle Arten von Projekten sollen von der Stiftung bedacht und unterstützt werden, seien es Bücher, Musik CDs, Heilungstechniken, Kunst, Webseiten, Erfahrungsworkshops, Ernährung oder andere spirituell-verwandte Produkte.

Der Crimson Circle ist eine nicht-profit-orientierte (und nicht-prophet-orientierte) Organisation, die aufgrund der Segenswünsche und der materiellen Unterstützung von Menschen auf der ganzen Welt ihre Fülle erhält. Obwohl wir es „Organisation" nennen, gibt es nichts, in das man eintreten könnte, an das Beiträge zu zahlen sind oder Regeln, an die man sich halten muss. Der Crimson Circle ist eine Organisation auf freiwilliger Basis, von Geoffrey und Linda Hoppe geleitet, und er wird von einer Gruppe Freiwilliger koordiniert und gemanagt.

CRIMSON CIRCLE

www.crimsoncircle.com

Tobias channeln

Die Lektionen dieses Buches sind von Tobias gechannelt. Tobias ist eine liebvolle Seele, die einstmals einen menschlichen Körper bewohnte und jetzt die nicht-physische Seite jenseits des Schleiers ihr Zuhause nennt. Tobias' Botschaften gelangen durch mich zu den Menschen, die zuhören. Doch darüber gleich mehr. Der Prozess an sich ist einfach. Wenn ich jedoch über die Dynamik nachdenke, dann wird es sehr komplex. Diese Aussage allein könnte Ihnen schon einiges über das Channeln sagen. Das Tun ist relativ einfach, solange der Intellekt nicht die Kontrolle ergreift. Doch für die meisten Menschen ist es extrem schwierig und mit Angst besetzt, ihre intellektuelle Kontrolle aufzugeben und ihrer Göttlichkeit zu erlauben, die Dinge zu übernehmen. Dies braucht Mut und Übung.

Wenn Sie dieses Buch lesen, akzeptieren Sie vermutlich bereits solche Dinge wie die Anwesenheit von Engeln, das Leben nach dem Tod, eine spirituelle Lebenskraft und -macht, sowie multiple Seelen-Erfahrungen (Reinkarnationen). Sie sind mit diesen Konzepten über den Kampf Ihres Intellekts hinausgegangen. Wahrscheinlich gab es einfach zu viele Erfahrungen und Ereignisse in Ihrem Leben, die, obwohl noch keine schlüssigen und wissenschaftlichen Beweise dafür vorlagen, Ihnen tief in Ihrem Inneren solch ein Vertrauen und Wissen schenkten, welche die Notwendigkeit eines „Auf-dem-Papier-Beweises" überflüssig machten.

Die Beziehung zwischen Tobias und mir begann mit zufälligen Unterhaltungen. Damals dachte ich, dass die Wesen auf der anderen Seite *alles wissen* und ich lernte schnell, dass dies nicht der Fall ist. Tobias sagte mir, dass die Zukunft noch nicht erschaffen sei, wie könnte es demnach für „sie" möglich sein, vorherzusagen, was Morgen geschehen würde. Aus ihrer Sicht könnten sie zwar die „Potenziale" besser erkennen als wir, gerade so wie einer, der auf dem Dach eines großen Gebäudes steht, die Aktivitäten auf der Straße besser sehen kann, als derjenige, der selber eine enge Straße entlangfährt. Doch auf der anderen Seite wissen sie so lange nicht, welchen Weg das Auto einschlagen wird, bis der Fahrer seine letztendliche Entscheidung trifft.

Aus unseren zufälligen Unterhaltungen entwickelte sich eine enge und vertraute Beziehung. Tobias wurde mir ein guter Freund und teilte auf ganz normale Art und Weise Freud und Leid mit mir. Eines Tages bat er mich, einige Freunde zu mir nach Hause einzuladen - er habe eine Botschaft für sie. „Guter Gott", dachte ich, „Tobias bittet mich zu CHANNELN!" Seine Antwort, die ich in meinem Kopf hörte, war ganz einfach: „Und?"

Es brauchte eine Weile, bis ich die Angst vorm Channeln überwinden konnte. Ich hatte kein Problem damit, allein mit Tobias zu plaudern, aber der Gedanke, ihn für andere zu übersetzen, versetzte mich in Panik. Zurückblickend kann ich jetzt erkennen, dass meine realen Ängste folgende waren: (1) Meine eigenen menschlichen Filter könnten mir in den Weg geraten, (2) wie andere Leute auf mich schauen würden (ich war ein Geschäftsmann, keine Meta-Flocke) und (3) ob dieses ganze Gerede mit Tobias auf der tiefsten Ebene nur die Kreation von „a beautiful mind"- (so wie in dem gleichnamigen Film) war?

Eine der ersten Schwierigkeiten des Channelns (oder des Sprechens mit jedweder Wesenheit von der anderen Seite) ist, dass „sie" sich so anhört, als wären „Sie es selbst". Die Gedanken der Wesenheit werden durch die Prozessoren Ihres Gehirns geleitet, am Ohr vorbei, welches normalerweise die Informationen aufnimmt. Es gibt keinerlei physikalischen Mechanismus, der durch eine eindeutig hörbare Tonschwingung zu dieser Kommunikation beiträgt. Ja, anfänglich werden „Sie" also „denken", das seien nur Sie allein. Mit etwas Übung wird es Ihnen jedoch gelingen, zwischen der kleinen Stimme in Ihrem Kopf und jenen Stimmen der Anderen Seite zu unterscheiden. Ihre innere Empfänglichkeit wird dann plötzlich in Ihnen zum Leben erwachen und dann sind Sie auf Ihrem Weg, mit der geistigen Welt zu kommunizieren! Machen Sie sich bewusst, dass dort viele verschiedene Filterschichten existieren, um Sie zu schützen. Andernfalls würden Sie Gedanken und Stimmen von beiden Seiten des Schleiers hören und vielleicht daran verrückt werden. Doch, genauso wie bei einem Radioempfänger, können Sie lernen, den Sender einzustellen, den Sie möchten und wann Sie möchten.

Ich bin ein bewusstes Medium. Das bedeutet, dass ich die ganze Zeit weiß, was sowohl in als auch außerhalb von mir geschieht. Tobias übernimmt weder meinen Körper noch meinen Verstand. Vielmehr kann ich seine Energie auf der rechten Seite meines Kopfes ein wenig über meiner Schulter hereinkommen fühlen. Wir benötigen dann ein paar Minuten, unser Zusammenwirken zu synchronisieren. Ich muss seine hereinkommenden Gedanken aufnehmen und diese blitzschnell in unsere menschlichen Worte übersetzen. Sind wir erst einmal aufeinander eingestellt, dann geht es „auf und davon" - manchmal scheint es, als würde Tobias nie aufhören zu reden!

Tobias ist ein wenig einzigartig im Hinblick darauf, dass er sagt, er channele uns. Wenn ich mich vor eine Gruppe setze, um eine Lektion zu überbringen, sagt Tobias, dass ich eigentlich nicht ihn channele. Er und sein Gefolge channeln uns. Das Bewusstsein und die Erleuchtung (die Essenz) der Gruppe werden von ihnen gesammelt (gebündelt) und dann über Tobias durch mich an das Publikum weitergeleitet. Vielleicht ist deshalb der häufigste Kommentar, den ich zu hören bekomme: „Ich fühlte mich, als ob ich die Informationen bereits wissen würde, ich wusste nur nicht, dass ich es wusste." Die Information war schon ein Teil von Ihnen, der jedoch noch nicht bis auf Ihre Bewusstseinsebene vorgedrungen war.

Tobias und seine Begleiter helfen uns, uns selbst wie in einem Spiegel zu erkennen. Sie zeigen uns einen momentanen Schnappschuss dessen, wo wir uns derzeit auf der Straße befinden. Seine Botschaften bestätigen uns, was auf unseren tiefsten spirituellen Ebenen vor sich geht ... Ebenen, die für unseren menschlichen Geist nur schwer zu begreifen sind. Tobias bringt keine neuen Informationen. Er bringt uns einfach unser heiliges, göttliches Wir. Wenn Sie mit den Themen dieses Buches in Resonanz treten, mitschwingen, ist das wahrscheinlich deswegen der Fall, weil Tobias auch Sie channelt.

****

Über die Schöpfer-Serie
Lektionen 1-12

Tobias präsentierte die Lektionen der Schöpfer-Serie von August 2000 bis Juli 2001 vor einem Live-Publikum. Die meisten der Begegnungen wurden im ländlichen Coal Creek Canyon Community Center in Golden, Colorado in den Bergen außerhalb von Denver abgehalten. Bald 220 Leute füllten die kleine Halle, um Tobias zu hören und an den Aktivitäten des Crimson Circle teilzunehmen. Menschen reisten von so weit entfernten Ländern wie Australien, Südafrika, Mexiko, Israel, Irland, Hawaii, Kanada und aus allen Teilen der Vereinigten Staaten an, um den Treffen beizuwohnen. Lektion Zwölf wurde im Juli 2001 auf der Midsummer Light Conference in Breckenridge, Colorado vor einer Gruppe von mehr als 400 Menschen überbracht.

Dieser Teil ist die zweite Lehreinheit der Tobias Lektionen und Channelings. Die erste Lehreinheit, genannt „Neue Erde-Serie", wurde von August 1999 bis Juli 2000 gehalten. Diese Lektionen werden das Tobias Buch I ausmachen, welches später ebenfalls veröffentlicht wird. Die dritte Lehreinheit mit dem Titel „Die Aufstieg-Serie" wurde von August 2001 bis Juli 2002 überbracht. Auch diese Botschaften werden in einem Buch (Buch III), veröffentlicht werden.

Die Tobias Lektionen werden von Dr. Mindy Reynolds niedergeschrieben und auf der Crimson Circle Webseite (www.crimsoncircle.com) innerhalb von zwei Wochen veröffentlicht. Die Lektionen werden von John Kuderka digital aufgenommen und innerhalb von zwei Tagen zum Herunterladen von der Webseite bereitgestellt.

Zu den Treffen bringt Tobias jedes Mal „Eingeladene Gäste" des himmlischen Reiches mit. Tobias zufolge gibt es auf der „Anderen Seite" sogar eine Warteliste, um in den „Zweiten Kreis" des Treffens gelangen zu können (die Menschen befinden sich im „Ersten Kreis"). Ihre Anwesenheit hat jeweils unmittelbar mit der Thematik des Tages zu tun und ihre individuelle Energie kann vom Publikum gefühlt werden.

Die Lektionen dauern für gewöhnlich 60 bis 90 Minuten. Tobias zufolge ist das der Zeitrahmen, den es braucht, um die Energie - nicht die Worte - dem menschliche Publikum zu überbringen. Und 90 Minuten sind ungefähr das Maximum an Zeit, mit dem dieser Autor/Channeler körperlich und energetisch umgehen kann. Danach beginnt der Fluss zwischen dem Channeler und Tobias nachzulassen und die Übersetzung seiner Gedanken wird ungenau.

Obwohl Sie diese Worte möglicherweise erst Jahre nach dem eigentlichen Channeling lesen, sagt Tobias, dass Sie dennoch die vollständige und angemessene Menge spiritueller Energie erhalten werden, die Sie für Ihre persönliche Reise benötigen.

****

Glossar

Tobias benutzt einige Formulierungen und Ausdrücke, bei denen es hilfreich für Sie sein kann, sie kennen zu lernen, bevor Sie beginnen, die Lektionen zu lesen. Dies sind folgende:

Aufstieg - Der Vorgang von einer Lebenszeit in die nächste zu gehen, ohne den Körper zu verlassen und so den göttlichen Samen im Inneren zu gebären.

Cauldre - Der Name, mit welchem Tobias Geoffrey Hoppe anspricht. Dies ist nicht sein „geistiger" Name, sondern vielmehr eine Art Kosename, den Tobias für ihn benutzt. Er wird (englisch) Ka-ool-dra ausgesprochen.

Channeling - Wenn eine nicht-physische Wesenheit oder ein Engel durch einen Menschen spricht. Der Mensch übersetzt die „Gedankenpakete" des Wesens in Worte, die andere anschließend lesen oder hören können.

Crimson Circle - Die Menschen, die in diese spirituelle Reise involviert sind und sich darauf vorbereiten, Lehrer für andere auf dieser Reise zu werden.

Crimson Council - Ein Himmlischer Orden des Lehrens, dem Tobias und andere Engel angehören, die uns während unserer Reise helfend zur Seite stehen.

Erster Kreis - Zuhause, die ursprüngliche Schöpfung Gottes. Auch als Erste Schöpfung bezeichnet. Der Ort/Zustand aus dem wir kamen, bevor wir uns für Spirit auf diese Reise begaben.

Neue Energie - Das neue Bewusstsein und die neue Schwingung der Erde, welche die Integration unserer göttlichen Natur in unsere menschliche Natur ebenso ermöglicht, wie auch den Übergang von der Physik der „Dualität" oder der „2" in die „Quad-Physik", die Energie der „4".

Neues Haus - Tobias verwendet diesen Ausdruck, um auf das „Gefäß" unserer neuen Göttlichkeit hinzuweisen, welches den Körper, den Geist, das Bewusstseins und Spirit umfasst.

Zweiter Kreis - Alles außerhalb des ersten Kreises. Das Reich, in welchem wir als Menschen leben. Der Bewusstseinsraum, in dem wir für Schöpfung und Formgebung verantwortlich sind. Auch bezeichnet als die Zweite Schöpfung.

Shaumbra - Der Name, den Tobias für die Menschen verwendet, die durch den Prozess des Erwachens gehen. Tobias behauptet, dass der Ausdruck ursprünglich zu der Zeit Yeshua ben Josephs entstand, als einige Menschen - viele von ihnen Essener - sich zu geheimen spirituellen Treffen versammelten. Den ersten Teil des Wortes Shaumbra spricht man, frei ins alte Hebräisch übersetzt, „shau-home" aus. „Shau-home" bedeutet Zuhause oder Familie. Der zweite Teil des Ausdrucks ist „ba-rah", was Reise oder Mission bedeutet. Werden diese beiden Begriffe zusammengefügt, dann heißt es „shau-home-ba-rah", was soviel wie Familie, die sich auf einer Reise befindet und miteinander Erfahrungen sammelt, bedeutet. Tobias sagt, dass zu biblischen Zeiten „Shaumbra" auch ein Halstuch oder Umhang war, welche sowohl von Männern als auch von Frauen getragen wurde. Die charakteristische karmesin- oder purpurrote Farbe (Crimson) ließ die anderen wissen, dass es wieder an der Zeit war, sich zu treffen. Es wurde „Shom-bra" ausgesprochen.

Das Königreich - Zuhause, das Zentrum von dem ALLES, WAS IST. Die reine Energie und Essenz von Spirit, dem allbeseelenden Geist Gottes. Es wird auch als das Königreich der Ersten Schöpfung bezeichnet.

Die Leere - Das Nichts, welches außerhalb des Königreiches oder der Ersten Schöpfung existiert. Ein Bewusstseinsraum, in den wir uns hineinwagten, um für Spirit das Neue zu entdecken, welches die Erste Schöpfung nicht kennen konnte.

Tobias - Bekannt durch das apokryphe (biblische) Buch des Tobit. Tobias verbrachte viele Lebenszeiten auf der Erde und ist jetzt Teil des

Himmlischen Crimson Council. Er spricht durch Geoffrey Hoppe, um Menschen darin zu ermutigen, ihre innere göttliche Essenz anzunehmen.

Wahres Selbst oder Höheres Selbst - Unsere göttliche, heilige Essenz, welche nun in uns erwacht. Der „Göttliche Engel im Inneren".

Feuerwand - Eine Metapher für den „Weg durch das Tor", der uns von Zuhause in die Leere führte, die jetzt unser Universum darstellt. Der Bereich, den wir passierten, als wir uns vom Ersten Kreis in den Zweiten Kreis bewegten.

Yeshua ben Joseph - Tobias zufolge war dies einer der damaligen wahren Namen von Jesus, der biblischen Zeit gemäß, in welcher er lebte.

****

Einleitung

Hinter mir lag ein langer Tag voll von Geschäftsmeetings, komplett angefüllt mit den typisch stupiden Präsentationen, analytischen Diagrammen und den Versprechungen höherer zukünftiger Verkaufszahlen. Ich war jetzt seit zwanzig Jahren in dieser Geschäftswelt tätig und ich wünschte mir, dass jemand eine bessere Art und Weise erfinden würde, ein Meeting abzuhalten.

Ich würde froh sein, wieder zurück nach Hause in die Berge Colorados kommen zu können, wenn es auch bereits spät in der Nacht sein würde. In der Zwischenzeit musste ich mehrere Stunden an Bord eines United Airlines Fluges sitzen und anschließend noch eine lange Fahrt vom New Denver Airport bis nach Hause in Kauf nehmen. Im Flugzeug war es dunkel und verhältnismäßig ruhig und ich war nicht in der Stimmung, irgendeine Büroarbeit an meinem Laptop zu verrichten. Ich saß an einem relativ gemütlichen Fensterplatz in einer Reihe mit Notausgang und so war es mir in Leichtigkeit möglich, meine Füße auszustrecken. 1,88 m groß zu sein und fast jede Woche per Flugzeug reisen zu müssen, lässt sich nicht immer leicht miteinander kombinieren. Ich danke Gott für Notausgang-Reihen und Erste-Klasse-Sitze, falls sie zur Verfügung stehen.

Ich schloss meine Augen und lehnte meinen Kopf zurück, um mich zu entspannen. Innerhalb weniger Minuten befand ich mich in einem Bereich irgendwo zwischen Schlaf und Meditation. Obwohl ich meine Angst vor dem Fliegen überwunden hatte - irgendwie eine Notwendigkeit, seitdem ich im Luftfahrtgeschäft tätig war und in dieser Art für meinen Lebensunterhalt reisen musste -, konnte ich dennoch auf Flügen nie vollständig einschlafen.

Vor achtzehn Monaten wäre ich noch ein ganz gewöhnlicher Geschäftsmann gewesen, einer, dem das Fliegen unangenehm ist und der jetzt versucht, sich nach einem langen Tag ein wenig zu entspannen. Nun jedoch hatte mir ein Bekannter im April 1995 eine Kiste voller Bücher zu lesen gegeben. Eines Nachts wühlte ich in dieser Kiste und zog ein Buch mit dem Titel *Kryon Buch I, „Das Zeiten Ende"* von Lee Carroll heraus.[1] Bewusst spirituell

1. Ad Hrsg.: Kryon „Das Zeiten-Ende", ISBN 3933075009 ersch. im Ostergaard Verlag

war ich zu diesem Zeitpunkt nicht. 20 Jahre zuvor hatte ich schon einige interessante Erfahrungen mit hypnotischen Rückführungen in vergangene Leben gemacht, doch im Nachhinein schien mir dies lediglich wie eine Phase, durch die ich hindurchgegangen war.

Aufgrund einiger abendlicher Luftturbulenzen rüttelte das Flugzeug und in meinem Magen drehten sich ein paar Knoten. Doch die Maschine beruhigte sich relativ schnell wieder und ich fiel zurück in meinen Halbschlaf. Ich glaube nicht, dass ich mich jemals an das Fliegen gewöhnen werde, besonders wenn mir auffällt, wie weiß meine Hände noch immer die Armlehnen umklammern.

Das Kryon Buch hat mein Leben verändert. Es gab Tage, an denen ich mir nicht mehr so sicher war, ob das nun eine gute Sache sei oder nicht. Früher, vor Kryon, hatte ich ein bestimmtes Maß an Auseinandersetzungen und Problemen. Obwohl ich nach dem Lesen der Bücher den Eindruck hatte, als sei ich jetzt mit weniger Herausforderungen konfrontiert, so beschäftigten mich die gegenwärtigen nun eher und eingehender als zuvor. So ist die Geschichte unseres spirituellen Erwachens. Alles ist intensiviert.

Die Nacht, in der ich das Kryon Buch herausgriff, veränderte alles. Ich erlebte innerlich eine unglaubliche, größtenteils unbeschreibbare „Reise" zu Orten des Universums, die ich mir niemals hätte vorstellen können. Exakt eine Woche später hatte ich wieder ein ähnliches Erlebnis. Zu jener Zeit fühlte ich mich, als ob es mich von innen heraus zerreißen würde, da ich mich mit niemandem darüber austauschen konnte. Die Erfahrungen schienen so unglaublich real, - realer als diese Wirklichkeit - und dennoch kämpfte ich vergeblich damit, diese Erlebnisse in die Realität meines Alltags zu integrieren. Ich fühlte mich, als wäre ich zwei verschiedene Menschen, die gleichzeitig im selben Moment existieren.

Später lernte ich, dass dies mein spirituelles Erwachen gewesen war. Ich kämpfte damit, es über meinen Verstand zu analysieren, doch es geschah in meiner Seele. Wenn ich all das noch einmal durchmachen müsste, würde ich meinen Verstand zügeln und mich stattdessen in der Freude des Erwachens sonnen. Auf diese Art wäre es viel leichter und einträglicher gewesen.

Nicht wissend, an wen ich mich wenden sollte, schrieb ich Lee Carroll einen Brief und bat um Unterstützung und anleitende Hilfe. Zu meinem Erstaunen erhielt ich einige Wochen später eine persönliche, vierseitige Antwort von ihm. Der Brief bestätigte mir die Art des Prozesses, durch den ich ging, und half mir sehr, mich zu beruhigen.

Innerhalb kürzester Zeit wurden Lee und ich Freunde und gelegentliche Geschäftspartner. Lee willigte darin ein, ihm bei einigen Marketing- und Workshopangelegenheiten zu helfen und gemeinsam mit Rob und Barb Harris aus Los Angeles begannen wir, das Kryon Quaterly Magazine herauszubringen. Ich fühlte mich wie im Himmel, meine Marketingerfahrungen nun auch im Bereich des Bewusstseins des Neuen Zeitalters anwenden zu können.

Das alles war für mich, ebenso wie für meine Frau Linda, eine ziemlich außergewöhnliche Angelegenheit. Zwar in katholischen Familien des Mittleren Westens der USA aufgewachsen hörten wir doch auf, in die Kirche zu gehen, sobald unsere Eltern nicht mehr darauf bestanden. In all diesen Jahren des Kniens und des Ave-Maria-Betens hatte ich niemals einen inspirierenden Moment. Ich habe nichts gegen die Kirche - jedwede Kirche - ich konnte mich einfach nur nicht mit dem, was dort gesagt wurde, verbinden. Also trat ich zum erstmöglichen Zeitpunkt aus.

Nun gut, jetzt saß ich hier in dem Flugzeug, eineinhalb Jahre nachdem sich mein Leben aufgrund meines spirituellen Erwachens von innen nach außen gedreht hatte. In dieser kurzen Zeit waren Linda und ich von der Hitze Texas' in die Berge Colorados umgezogen. Das Luftfahrtgewerbe, welches ich mitbegründet hatte, begann, wie man mir sagte, durchzustarten. Linda und ich waren mittlerweile intensiv mit der Öffentlichkeitsarbeit für Kryonschriften und -seminare beschäftigt.

Wenn ich doch jetzt nur noch lernen könnte, in Flugzeugen zu schlafen!

****

Plötzlich fühlte ich eine starke und intensive Anwesenheit direkt vor mir. Da ich mein „Quasi-Schlaf-Stadium", in dem ich mich befand, nicht unterbrechen wollte, hielt ich meine Augen weiterhin geschlossen. Zuerst dachte ich, dass jemand versucht, an mir vorbeizukommen, um den Toilettenraum aufzusuchen. Dann erinnerte ich mich, dass ich am Fenster saß.

Mein begrenztes metaphysisches Training aktivierte sofort meinen geistigen Verstand. „*Wer bist Du?*", fragte ich durch meine Gedanken sprechend, nicht durch meinen Mund. Das Letzte, was ich nämlich wollte, war, dass die Dame neben mir die Frage beantwortete. Die Unterhaltung, die ich zu diesem Zeitpunkt führte, fand in einer ganz anderen Wirklichkeit statt.

„ICH BIN TOBIAS", war die kraftvolle und direkte Antwort. An dieser Stelle ohne weitere ausladende Erklärungen.

Ich war mir nicht sicher, wohin dieses Gespräch führen sollte. Zum Teil befand ich mich in Alarmbereitschaft, irgendwie aufgeregt und gleichzeitig hinterfragte ich meine geistige Gesundheit. „*Wie geht's dir heute?*", schien unter den Umständen keine angemessene Frage zu sein.

„*Warum bist du hier?*", war alles, was ich aufbringen konnte.

„Ich bin hier, um mit dir zu arbeiten." Wieder kurz und bündig.

Angesichts dieser bizarren Situation musste ich über diesen Gedanken an sich kichern. „Ich bin viel zu beschäftigt, um mir noch mehr Arbeit aufzuladen", dachte ich bei mir, so als ob er mich nicht hören könnte.

„Es ist an der Zeit, unsere Arbeit zu beginnen", antwortete er erneut, wahrscheinlich als direkte Reaktion auf meine Gedanken.

Whow! Ich hatte während meiner bisherigen New Age Studien schon von diesem Phänomen gehört. Dies war also eine Wesenheit von der „Anderen Seite". Und sie befand sich direkt vor mir und sprach mit mir. Finde Halt, dachte ich mir. Benutze weißes Licht. Umgib dich selbst ganz damit. Ich hatte noch niemals zuvor solch ein Psycho-Erlebnis. Was passiert jetzt?

„*BIST DU AUS DEM LICHT ... ODER AUS DER DUNKELHEIT?*",

verlangte ich mit all der beschwörenden Kraft und Stärke, die ich innerlich aufbringen konnte, von Tobias zu wissen. Vielleicht würde er dann denken, dass ich mein Handwerk verstehe.

„Finde es heraus", sagte Tobias unbeeindruckt.

Warum kann er nicht einfach die Frage beantworten, dachte ich. Seitdem habe ich das schon an die tausend Male denken müssen, wenn ich mit Tobias oder anderen spreche. Beantworte doch einfach die Frage, einfach nur die Frage!

Tobias muss meine Gedanken gelesen haben. Er bat mich seine Energie zu „fühlen". Er bat mich zu spüren, ich solle „fühlen", wie ich mich fühlte. Ich solle mich nicht daran orientieren, was er sage, meinte Tobias, sondern mein Gefühl wahrnehmen, um eine Antwort zu bekommen. Sehr weise Tobias. Sehr weise.

Ich beruhigte mich etwas und erkannte, dass dies hier tatsächlich etwas Gutes war. Außer der Tatsache, dass ich mit einem Geist sprach, der im Flugzeug vor mir stand, fühlte sich alles richtig an.

Tobias und ich unterhielten uns dann fast eine ganze Stunde lang. Währenddessen war mir alles andere, was um mich herum im Flugzeug vor sich ging, vollständig bewusst. Dennoch war ich zur selben Zeit ganz und gar damit beschäftigt, eine Unterhaltung mit Tobias zu führen.

Tobias erzählte mir, dass wir eine gegenseitige Vereinbarung getroffen hätten, die viele Tausende von Jahren zurückliege. Die Vereinbarung besage, dass zu dem Zeitpunkt, an dem das Bewusstsein der Erde eine bestimmte Schwingung erreicht habe, wir wieder miteinander arbeiten würden. Er sagte nicht genau, was wir tun würden, bloß, dass es eine Menge Arbeit für uns beide gebe.

Im Laufe dieser Unterhaltung im Flugzeug sprachen wir über Themen wie Leben und Tod, die universelle Ordnung der Natur, warum die Menschen so vielen Herausforderungen gegenüberstehen, das aufkommende Millennium und, seltsam genug, auch über einige Dinge, die mich, meine Arbeitswelt und mein persönliches Leben betrafen. Nach einer Stunde begann der Kontakt mit Tobias schwächer zu werden und ich kam langsam zurück in diese Realität. Ich war voller Ehrfurcht, ich war überwältigt und ich zweifelte an meiner Zurechnungsfähigkeit. Die Dame neben mir tippte weiter auf ihrem Laptop. Sie hatte keine Ahnung von dieser monumental lebens-verändernden Erfahrung, durch die ich gerade gegangen war. Und ebenso wenig hatte ich eine Ahnung.

****

Während des nächsten Jahres unterhielten Tobias und ich uns regelmäßig. Es geschah, während ich zur Arbeit fuhr, unter der Dusche, in Flugzeugen und spät abends kurz bevor ich einschlief. Eine seiner Lieblingszeiten, sich zu melden, war außerdem während dieser langweiligen Geschäftstreffen. Wir sprachen über eine Vielzahl von Themen, manchmal über einen langen Zeitraum und andere Male nur kurz. Meistens erfreuten mich unsere Diskussionen; zu anderen Zeiten ärgerte und frustrierte Tobias mich.

Eines Tages, kurz nach unserem ersten Treffen, fragte ich Tobias: *„Wer bist Du denn eigentlich überhaupt?"* Er antwortete in seiner typisch einfachen und direkten Weise: "Ich bin Dein Vater". Ich war schockiert, verwirrt und sehr ärgerlich über seine Antwort. Mein biologischer Vater war erst Monate zuvor gestorben, lebte aber zu dem Zeitpunkt noch, als meine Unterhaltung mit Tobias begann. Aufgrund meiner Wut verlor ich die Verbindung zu Tobias. *„Mein Vater, so wie ein himmlischer Vater?"*, fragte ich mich wundernd. *„Oder ein Aspekt meines biologischen Vaters?"* Was genau meinte Tobias mit seiner Aussage und warum hatte er mir nicht mehr Details gegeben. Ich war wütend.

Kurz darauf klinkte Tobias sich wieder ein. Als ich ihn weiter nach seiner Identität befragte, fügte er hinzu: "Du wirst mich in der Bibel finden". Es bedurfte einiger Wochen des Suchens, um ihn zu finden. Das Ganze gestaltete sich nicht einfach, da Tobias vergessen hatte zu erwähnen, dass er nicht in der aktuellen, bekannten Bibel zu finden sei. Schließlich fand ich in den

Apokryphen oder den „Verlorenen Büchern" der Bibel das, wonach ich suchte. Dort war Tobias einer der Hauptfiguren im Buch des Tobit in einer magischen Geschichte über zwei Familien und den Erzengel Raphael. In der biblischen Darstellung erblindete Tobias Senior (auch Tobit genannt) aufgrund eines Unfalls. Sein einziger Sohn, Tobias Junior, setzte sich daraufhin - zusammen mit Erzengel Raphael, verkleidet als Mensch - einer langen Reise aus, um Tobias Seniors kleines Vermögen wieder zurückzuholen, welches dieser bei einer Art Verwalter hinterlegt hatte.

Nachdem ich die Geschichte gelesen hatte, war ich, was Tobias betraf, sogar noch verwirrter. Beim nächsten Gespräch mit ihm fragte ich ihn, welcher Tobias er denn gewesen sei, Senior oder Junior. Er antwortete, er sei der Senior gewesen. „*Wer ist Tobias Junior?*", fragte ich. „Das bist Du", antwortete der Senior.

Alles passierte mir etwas zu schnell, um mich wirklich damit wohl zu fühlen. Es gab Tage, an denen hatte ich den Eindruck, als würde ich in ein neues großartiges Abenteuer hineingezogen und dennoch liebte die Doppel-Jungfrau Seite in mir es ganz und gar nicht, die Kontrolle abzugeben. Ich wollte exakt wissen, wo ich landen würde, lange bevor ich dort angekommen war. Inzwischen habe ich herausgefunden, dass dies nicht unbedingt zu den Attributen einer spirituellen Reise gehört.

Nach einem Jahr der netten Gespräche mit Tobias brachte er mich in eine neue Verlegenheit, als er mir „vorschlug", mit einigen Freunden Kontakt aufzunehmen, da er eine Botschaft für sie habe. Dies wurde meine erste Erfahrung, Tobias' Gedanken für andere in gesprochene Worte zu übersetzen. Dieses Phänomen ist auch als Channeling bekannt.

Nachdem ich die erste Angst überwunden hatte, Tobias anderen vorzustellen, begann ich, mit einem Psychologen zusammenzuarbeiten. Wir boten individuelle Sitzungen für solche Klienten an, die für diese Art von Arbeit offen waren. Tobias leitete meinen befreundeten Doktor und mich durch die Sitzungen, den Klienten Hinweise und Rat anbietend, ähnlich der Form einer energetischen Wiederausrichtungsarbeit. Während dieser Sitzungen konnten der Arzt und ich die energetische Unausgeglichenheit in der Aura des Klienten tatsächlich sehen. Indem wir als ein Team mit Tobias und dem inneren Geist des Klienten zusammenarbeiteten, halfen wir ihm dabei, viele emotionale, physische und mentale Energie-Ebenen erneut auszurichten.

So arbeiteten wir fast eineinhalb Jahre zusammen. Während dieser Zeit lernte ich immer rascher in das Channeln hinein- und wieder herauszugehen. Wir arbeiteten so mit ungefähr drei oder vier Klienten an einem festgelegten Samstag, ansonsten hätten wir spät abends nach einem langen Tag im Büro mit den Klienten arbeiten müssen. Ich lernte meinen vertrauten Halt im drei-dimensionalen Fokus loszulassen, um schnell in den Raum, in welchem Tobias und ich miteinander verschmelzen konnten, hineinzuschlüpfen. So wie ein Sportler seinen physischen Körper mit verschiedenen Übungen im Fitness-Center trainiert, konditionierte ich meinen Geist darauf, zwischen den Welten zu wandeln.

Im Dezember 1998 traf sich eine befreundete Gruppe zu einem weihnachtlichen Essen im Boulder-Gebiet. Linda und ich hatten die meisten der Leute schon auf metaphysischen Workshops oder in ähnlichen Zusammenhängen getroffen. Der Gastgeber wusste, dass ich channele und bat mich darum, Tobias an diesem Abend für die Gäste einzuladen. Mit dem mir üblichen hohen Grad an Nervosität und Aufregung willigte ich schließlich ein, Tobias zu channeln. Die Gruppe bestand aus nahezu einem Dutzend Menschen - ich hatte noch nie zuvor für mehr als zwei oder drei Leute gechannelt - und ich war furchtbar aufgeregt.

Ich brauche nicht zu erwähnen, dass Tobias es nicht war. Sobald er hereinkam, lachte er und machte Späße mit der Gruppe. Er sprach dann fast eine Stunde über das Konzept von Licht und Dunkelheit beziehungsweise Gut und Böse. Ich erinnere mich, wie ich noch dachte, dass dies nicht gerade das Thema gewesen wäre, welches ich ausgewählt hätte. Tobias hat eine ganz bestimmte Art, direkt zur Sache zu kommen.

Wir begannen uns regelmäßig zu treffen und unsere anfänglich kleine Gruppe wuchs. Wir nannten uns den Crimson Circle, basierend auf Tobias' Informationen, dass er und die Engel, die mit uns sprachen, vom Himmlischen Crimson Council stammten. Er erklärte, dass der Crimson Council auf der anderen Seite des Schleiers wie eine spiritulle Familie sei. Sie seien darauf spezialisiert, neue universelle Energien in sich aufzunehmen, um dann andere Engel darin zu unterrichten. Tobias zufolge ist der Crimson Council eine spirituelle Bruderschaft des Lehrens und ebenso sind wir ein Teil dieser Gruppe.

****

Als den offiziellen Gründungstermin des Crimson Circle wählten wir eine Versammlung im August 1999. Eine Gruppe in der Größe von 25 Personen traf sich in einem Tipi in der Nähe von Woodland Park, um Tobias zu hören. Dies wurde dann die Lektion eins der „Neue Erde-Serie", welche auf unserer Crimson Circle Webseite (http://www.crimsoncircle.com/) veröffentlicht wurde. Tobias kam kraftvoll und stark durch mich hindurch und seine Stimme übertönte den Donner des aufkommenden Sturms. Er berichtete der Gruppe, dass „die Stürme kommen" würden, und nahm damit Bezug auf die Herausforderungen, die sich den Menschen in den kommenden Jahren zeigen würden. In theaterreifer Art und Weise donnerte, blitzte und regnete es rund um uns herum, aber der Regen fiel nie auf unser geheiligtes Tipi.

Tobias überbrachte seine inzwischen schon etwas berühmt-berüchtigte Botschaft: „Die Abreise der Geistführer". Er berichtete den Zuhörern, dass ihre Geistführer sie nun verlassen würden, auf dass sie selbst ihre innere Göttlichkeit in Besitz nehmen könnten. Wie alle anderen auch war ich über Tobias' Botschaft schockiert. Geistführer sind mit das Heiligste-des-Heiligen im New Age. Jeder hatte welche oder beanspruchte wenigstens, welche zu haben. Jeder sprach darüber, dass seine Geistführer ihm dies oder jenes gesagt hätten. Und nun erzählte uns Tobias, dass sie gehen würden. Linda und ich verließen die Gruppe an diesem Abend sehr früh. Ich schwor mir, dass ich nie wieder channeln würde. Ich bezichtigte Tobias, ein Überbringer schlechter Neuigkeiten zu sein. Dies war wohl das Letzte, was wir alle hören wollten - die Abreise der Geistführer.

Irgendwie wurden die Treffen der Gruppe dann doch fortgesetzt. Schnell wuchsen sie über die Kapazität von Tipis und Privathäusern hinaus. Die Treffen wurden monatlich abgehalten und wir mieteten dafür jetzt eine idyllische Gemeinschaftshalle in den Bergen, nicht weit von unserem Haus entfernt.

Innerhalb kürzester Zeit wuchs der Crimson Circle von 25 auf 50 Personen. Wir gründeten eine Webseite, sodass die Menschen der Umgebung eine Lektion nachlesen konnten, wenn es vorkam, dass sie zu einem Treffen nicht erscheinen konnten. Plötzlich, mit dem Start der Webseite im Februar 2000, explodierten die Zusammenkünfte. Sie wuchsen von unserer kleinen Gruppe bis auf über 200 Zuhörer an. Mittlerweile reisten Menschen aus den angrenzenden Staaten an, um Tobias' Botschaften zu hören, und schon relativ bald kamen die ersten aus Mexiko, Kanada, Hawaii, Europa, Südafrika und Australien angereist. Das war für uns alle eine aufregende Zeit.

Heute hat die Crimson Circle Webseite jeden Monat Zehntausende von Besuchern aus über 40 Ländern. Die Tobias Lektionen werden aufgezeichnet und stehen auf dieser Webseite sowohl in Audio- als auch im Textformat zur Verfügung. Die Lektionen sind von freiwilligen Helfern weltweit in sieben verschiedene Sprachen übersetzt worden.* Die monatlichen Treffen werden nun in Echtzeit live im Internet übertragen und Tausende Menschen aus allen Teilen der Erde hören zu. Vor kurzem wuchsen wir über unsere kleine Versammlungshalle in den Bergen hinaus und zogen in einen großen Ballsaal nach Denver, in dem jetzt mehrere hundert Menschen ohne Probleme Platz finden.

Was kommt als Nächstes? Tobias sagte mir schon zu Beginn, dass diese Arbeit nicht unbedingt große Gruppen anziehen würde. Er meinte, dass sich über die Neugierde und das Interesse eine Menge Menschen von dieser Arbeit angezogen fühlen würden, da sie jedoch den Studierenden dazu zwingt, nach innen zu gehen, um seine eigenen göttlichen Antworten zu finden, werden viele auf einem leichteren Weg weitergehen wollen. Wir werden sehen. Der Crimson Circle ist größer geworden, als ich es mir in meinen wildesten Träumen hätte vorstellen können. Nun bin ich gespannt, zu sehen, welche neuen Türen sich mit der Veröffentlichung dieses Buches öffnen.

✻✻✻✻

Tobias erste „offizielle" Lektion für den Crimson Circle kam am 21. August 1999. Später entdeckte ich, dass dies zwei Tage nach dem Datum war,

*A.d.Hsg.: In Deutschland wurde diese Arbeit dankenswerter Weise von Ulrike Heyer übernommen und ist auf der Webseite im Internet unter www.shaumbra.de zu finden

für welches Edgar Cayce den „Anfang vom Ende" vorhergesagt hatte. Cayce prophezeite, dass die Welt, so wie wir sie kennen, dem Weg folgen würde, den auch Atlantis genommen hatte, mit gewaltigen Erdzerstörungen und einem möglichen Ende der Zivilisation. Der 21. August 1999 war außerdem genau viereinhalb Monate vor dem von vielen erwarteten Millennium-Wechsel.

Später half mir Tobias, die große Bedeutung dieser Arbeit, die wir alle verrichten, zu verstehen. Er berichtete, dass im „Fahrplan" der Erde noch vor dem Ende des zwanzigsten Jahrhunderts eine große Vernichtung verzeichnet war. Doch indem wir das Bewusstsein und die Schwingung des Planeten über die letzten 60 Jahre angehoben haben, verhinderten wir dieses Ereignis.

Er erklärte, dass eine ganze Welle von spirituellen Pionieren um die Zeit des 2. Weltkrieges geboren wurde und sich bis in die 70er Jahre fortsetzte (jedoch dort nicht aufhörte). Diese Gruppe kam mit dem tiefen Verständnis hierher, dass die globale Vernichtung eine klare Option war. Sie sind die „Übergangsarbeiter", die hier sind, um anderen in Zeiten des Chaos und der Zerstörung beizustehen. Tobias zufolge war der 2. Weltkrieg die bedeutendste Schlacht zwischen den Kräften des Lichtes und der Dunkelheit am Vorabend großartiger Veränderungen auf der Erde. Ihm folgte die nukleare Bedrohung in den 60er Jahren. In einem Channeling sagte Tobias, dass wir nur wenige Minuten davon entfernt waren, diese Massenvernichtungswaffen abzufeuern. Darüber hinaus gab es das große Potenzial der katastrophalen Erdbeben und Vulkanausbrüche in den 80er und 90er Jahren.

Nichts von alledem ist so eingetroffen, wie es hätte eintreffen können, obwohl Tobias meinte, dass es oft sehr knapp gewesen sei. Viele Herausforderungen, die auf die Übergangsarbeiter zugekommen seien und auf die sie vorbereitet waren, traten nicht ein. Der Geist und das Bewusstsein der Menschen haben sich inzwischen dermaßen verändert, dass es nicht mehr notwendig ist, die Zerstörung unserer selbst weiter zu kreieren. Wir können unsere Reise in die Neue Energie der Erde beginnen. Dies wird Neuland für uns sein ebenso wie für die Engel, die uns von der Anderen Seite unterstützen.

Wir, Shaumbra, haben jetzt eine neue Aufgabe. Auch dieses Potenzial existierte schon immer, doch wir waren auf unsere mögliche Aufgabe als „Übergangsarbeiter" vorerst so fokussiert, dass wir es beinahe vergessen hatten. Tobias und der Crimson Circle sind hier, um uns an diese Arbeit zu erinnern und sie Seite an Seite mit uns zu vollziehen.

Wir sind unter den ersten, die durch den Prozess der Integration unserer Göttlichkeit gehen. Falls Ihnen das zu schmeichelhaft klingt, denken Sie noch einmal darüber nach. Dies ist eine sehr herausfordernde Aufgabe. Es verlangt, dass wir die ganzen Illusionen darüber, wer wir dachten zu sein, loszulassen haben. Für viele Menschen fühlt es sich so an, als ob sie auf links gedreht würden. Natürlich, es gibt viele Momente der Ekstase und der Erleuchtung. Es gibt allerdings auch schwierige Herausforderungen für den Teil in uns, der nicht loslassen - oder der neuen Energie unserer Göttlichkeit nicht vertrauen - kann.

Einige allgemeine Merkmale dieser Reise können sein:

1) Ungewöhnliche Schlafmuster, wie z.B. nachts gegen 2 oder 3 Uhr oder zu anderen Ihnen ungewohnten Zeiten aufzuwachen.
2) Intensive Träume, wie z.B. gefangen zu sein oder heftige Kämpfe.
3) Körperliche Beschwerden oder Schmerzen, besonders im Nacken- und Schulterbereich.
4) Ein Gefühl tiefer innerer Traurigkeit ohne ersichtlichen Grund.
5) Plötzliche Veränderungen in Ihrem Berufsleben oder Ihrer Karriere.
6) Ohne ersichtlichen Grund zu weinen.
7) Physische Desorientierung, wie zwischen zwei Welten zu leben.
8) Vermehrte Selbstgespräche.
9) Ein Gefühl der Einsamkeit, auch in Gesellschaft anderer.
10) Verlust der Leidenschaft, Lustlosigkeit.
11) Rückzug aus Beziehungen
12) Eine tiefe Sehnsucht, nach Hause zu gehen.

Diese Symptome können Teil des göttlichen Integrationsprozesses sein. Sie wurden von mir und anderen helfenden Menschen sowie auch von Medizinern, die in diese Arbeit involviert sind, beobachtet. In diesem Buch werde ich nicht auf all die Hintergründe dieser Symptome eingehen, doch wenn Sie sie erleben, kann es sein, dass Sie durch einen intensiven spirituellen Integrationsprozess gehen.

Sie sind mit unter den Ersten, die sich in die Neue Energie hineinbegeben werden, um Ihre Göttlichkeit aus Ihrem Inneren heraus zu gebären. Doch Tobias sagt wie immer, Ihr seid niemals allein. Zehntausende andere Menschen und Wesenheiten sind mit dem Crimson Circle und den Tobias Durchsagen verbunden. Und Tobias zufolge gibt es weltweit fast 20 Millionen Menschen, die durch diesen inneren spirituellen Geburtsprozess gehen (Stand 2002). Und täglich werden es mehr. Die große Mehrheit derjenigen, die diese Reise beginnen, ist nicht aktiv in eine der bestehenden Religionsgemeinschaften eingebunden. Die meisten wissen nicht einmal etwas über das sogenannte New Age. Sie erwachen aus ihrem Inneren und haben keinerlei Hinweise darauf, was geschieht oder mit wem sie sich austauschen könnten.

Die Essenz der Tobias Botschaften ist einfach: Wir sind die Ersten, die durch diesen spirituellen - Von-der-Raupe-zum-Schmetterling-Transformationsprozess -gehen (*hin zum göttlichen Menschen*). Viele andere werden folgen. Vielleicht wird die gesamte Menschheit folgen. Und dann - machen Sie sich jetzt bereit für diese Tobias Perle - werden die Engel und Spirit folgen! Tobias erklärt später in den Lektionen dieses Buches mehr darüber.

Der Tobias-Aufruf zum Handeln ist direkt, gerade heraus: Die Welt braucht Lehrer... jetzt! Denken Sie an die Schwierigkeiten und Herausforderungen Ihres eigenen Prozesses des Erwachens. Jetzt stellen Sie sich Tausende und Millionen anderer vor, die bald diese bis jetzt noch „wenig bereiste Straße" entlanggehen werden. Sie werden nicht unbedingt den Vorteil mehrerer Jahre oder vielleicht Lebenszeiten der Vorbereitung haben so wie Sie. Sie werden vielleicht nicht die Verbindung zu „Religionen des neuen Denkens" oder ähnlichen spirituellen Treffpunkten haben. Sie kennen wahrscheinlich solche Gruppen, wie den Crimson Circle, Lee Carroll Kryonarbeit, Steve Rother Lightworker.com oder Ronna Herman StarQuest nicht, wo Informationen und Gemeinschaften bereits vorhanden sind.

Sie WERDEN Lehrer brauchen. Das ist es, warum Sie hier sind und in dieser Zeit leben, einer Zeit der Veränderungen auf unserer Erde. Das ist es, warum Sie bis zu dieser Seite dieses Buches gekommen sind, während so viele andere es schon zur Seite gelegt haben mögen. Das ist es, warum sich Ihnen ein völlig neues Bewusstsein erschließen wird, sobald Sie beginnen, mit den Lektionen der Schöpfer-Serie zu arbeiten. Sie sind ein Lehrer der Göttlichkeit und Sie hatten erst durch den Prozess zu gehen, um das Mitgefühl und die Weisheit zu entwickeln, ein menschliches Vorbild für andere zu werden. Und so ist es.

****

Die

tobias

Unterrichts-Reihen

www.crimsoncircle.com

Lektion 1 - 12

****

„Ihr seid niemals allein“

****

Lektion Eins

Akzeptiere alle Dinge so, wie sie sind

Und so ist es, liebe Familie, liebe Shaumbra, dass wir wieder in diesem Kreis zusammenkommen, in dieser heiligen Energie. Ich, Tobias, heiße jeden Einzelnen von Euch in diesem Unterrichtsraum der neuen spirituellen Energie der Erde erneut willkommen. Ihr gebt viel von Euch Selbst und Eurem Leben aus einem einzigen Grund: Ihr seid ein Lehrender. *(Einer, der auf dem Weg vorangeht...)* Und Ihr fragt Euch, warum wir dies das Klassenzimmer der neuen spirituellen Energie nennen! Wie Ihr schon recht bald herausfinden werdet, geht es nicht so sehr um das, was *wir Euch* beibringen. Es geht vielmehr um das, was wir von Euch lernen.

Die Energie dieser gemeinsamen Zeit mit Euch ist voller Süße, Liebe und Kraft.

Wir bitten Dich, öffne Dich nun und erlaube Dir, all das zu sein, was Du wahrhaft bist.

In diesen Momenten, die wir miteinander teilen, bitten wir Dich, Deine Sorgen, die Du mit Dir herumträgst, abzulegen. In diesen Momenten bitten wir Dich, Deine Sorgen über alles, was zukünftig sein wird, abzulegen. Wir bitten Dich, sei einfach präsent, sei einfach im „Jetzt“, fühle diesen Kreis. Und wenn Du jetzt gerade diese Botschaft hier liest, so ist diese Energie für Dich genau dieselbe.

Ihr, die Menschen, befindet Euch in Eurem eigenen Schöpfungskreis. Dieser Kreis (*Raum*) unterscheidet sich von demjenigen, in welchem sich der Rest der Schöpfung befindet. Ihr wähltet, über den Kreis von Spirit *(die Urschöpfung)* hinauszugehen, um neue Dimensionen zu erschaffen und ebenso einen neuen Zyklus des Lebens, der ALLES, WAS IST ehrt und Ihm dient. Es ist wichtig, Euch diese Information bewusst zu machen - die Menschheit dieser Erde existiert in einem gesonderten Kreis (einer anderen Realität) als der Rest der Schöpfung.

Lasst uns für einen Moment über Euer gegenwärtiges Leben sprechen. Ihr habt Euch in diese Zeit inkarniert, um hier auf Erden die letzten Kapitel Eures Lebensbuches zu vervollständigen. Ihr seid gekommen, um die letzten Reste von Karma zu klären und Euren Vertrag zu erfüllen. Ihr habt den größten Teil Eurer früheren Lebensjahre damit zugebracht, das zu vollbringen. Ihr habt die anderen getroffen, mit denen Ihr über Eure karmischen Verträge verbunden wart. Ihr hattet familiäre Beziehungen, die Euch gleich einem Katalysator ermöglichten, das Karma vergangener Leben zu lösen. Ihr verbrachtet viele Eurer früheren Lebensjahre mit der Aufarbeitung und Auflösung dieses Karmas.

Und dann geschah etwas mit Euch, ob es nun zwanzig Jahre her sein mag oder zehn oder nur zwei. Ihr seid in Eurem Leben an den Punkt Eures Erwachens gekommen. Vielleicht durch ein Buch, das einfach aus einem Regal fiel. Vielleicht durch etwas, was ein Freund Euch mitteilte oder aufgrund einer plötzlichen Erkenntnis, die Ihr im Traum oder während Ihr tief entspannt wart, bekommen habt. Was immer es war, dies war der Zeitpunkt Eures Erwachens. Dieses Erwachen führte Euch schließlich bis hierher. Es hat Euch auf eine Reise geführt, welche Euch ein neues Verständnis eröffnete über Spirit und Eure Beziehung zu Ihm.

Für Euch gab es während dieses Zeitabschnitts viele schwierige Erfahrungen - die Ihr „Lektionen" nennen würdet, obwohl wir diesen Begriff so nicht wählen würden. Es fand eine Menge endgültiger Klärung statt, denn das, was Ihr in jedweder Weise vollzogen habt, war das Abschließen Eures Lebensbuches, des Buches, welches die Geschichten von vielen, vielen Lebenszeiten enhielt. Ihr habt daran gearbeitet, die letzten Kapitel zu vervollständigen. Und dann, als dies geschafft war, meine Freunde, seid Ihr an einen Punkt gekommen, an dem Ihr Euch möglicherweise verloren fühltet, verwirrt, lustlos, ohne Passion. Ihr hattet Euren eigentlichen, ursprünglichen Lebensvertrag und Eure eigentlichen Lebensziele erfüllt.

An diesem Punkt galt es eine Entscheidung zu treffen, die Entscheidung in menschlicher Form und menschlichem Bewusstsein weiterzumachen - oder auf unsere Seite des Schleiers zurückzukehren. Du weißt von diesem Augenblick in Deinem Leben, dem Moment, als Du vor der Wahl standest, auf der Erde zu bleiben oder zu uns zurückzukommen. Also offensichtlich hast Du entschieden zu bleiben! Du hast gewählt weiterzumachen. Der Grund dafür ist eine innere Verbindlichkeit, die Du eingegangen bist. Du hast Dich entschieden, ein Lehrender der neuen Energie zu sein. Ihr sagtet, was immer auch nötig sein wird, Ihr würdet es tun. Ihr sagtet, was immer es aufzugeben gelte, Ihr würdet es loslassen. Ihr sagtet, was auch immer notwendig sei freizulassen, Ihr würdet es freisetzen, um derjenige zu sein, der mit in der ersten Reihe geht, um dieser Lehrende zu sein. Ihr seid diejenigen, die mit anderen Menschen arbeiten werden, um sie richtungsweisend durch ihre eigenen Lebenserfahrungen zu begleiten.

Unsere Energie senden wir an alle, die sich mit dieser Gruppe verbinden, und an all diejenigen, die diese Worte in der kommenden Zeit lesen und hören werden. Wir schauen Euch an und sehen eine Gruppe von Lehrenden, diejenigen, welche anderen Menschen die Energie der neuen Erde vermitteln werden. Wir ehren Euch dafür, dass Ihr Eure Reise fortsetzt. Wir danken Euch dafür, dass Ihr weiterhin alle Herausforderungen annehmt und durch sie hindurchgeht, ohne zu wissen, wer Ihr wirklich seid, und dennoch so gewissenhaft daran arbeitet, es herauszufinden.

Bevor es mit unserer Besprechung weitergeht, lasst uns einen Moment lang hier mit Euch, mit Dir zusammen verweilen. In diesem Augenblick umarmen wir Dich. Wir möchten Dir für die gesamte Arbeit, die Du in all Deinen vorherigen Leben vollbracht hast, danken. Und noch mehr danken wir Dir für Dein Jetzt-hier-auf-Erden-Bleiben, wir danken Dir dafür, dass Du zugestimmt hast, nun durch all die Einsichten und Erfahrungen zu gehen, die es braucht, um ein Lehrender zu werden.

Oh, versteht das bitte nicht falsch. Die Schwierigkeiten, die Ihr durchgemacht habt, waren nicht umsonst. Diese Dinge ermöglichten Euch, das zu lernen, was es brauchte, um ein Lehrender für andere Menschen sein zu können. Was Ihr dabei entwickelt habt, war Einfühlungsvermögen und Mitgefühl. Diese helfen Euch heute, Prozesse zu verstehen, die nicht unbedingt Eure eigenen sind, mit denen Ihr aber dennoch möglicherweise konfrontiert werdet, sobald Ihr mit anderen arbeitet. Vieles von dem, was nun in Eurem Leben geschieht, hat nicht notwendigerweise direkt mit Euch persönlich zu tun. Es handelt sich vielmehr um solcher Art Erfahrungen, die Ihr wähltet, um ein kraftvollerer, stärker liebender und einfühlsamerer Lehrer zu werden. In den kommenden Jahren werdet Ihr zurückblicken und sagen: „Jetzt weiß ich, warum ich vor einigen Monaten durch diese schwierige Zeit gegangen bin, damit sie mir das Einfühlungsvermögen schenkte, welches ich brauchte, um diese Situation mit diesem Menschen, der Ausrichtung und Liebe suchte, handhaben zu können." Vieles von dem, was Ihr möglicherweise gerade durchmacht, sind solche Erlebnisse und Erfahrungen, in die Ihr eingewilligt habt. Ja, Ihr habt ihnen zugestimmt.

Liebe Lehrende, wir strömen jetzt in Euren Kreis hinein, um Euch zu umarmen und Euch mit unseren Tränen der Freude zu danken für diese Arbeit, die Ihr vollbringt. Fühle bitte diesen Augenblick, um zu empfangen, was wir Dir bringen möchten.

* * * *

In der Schwere Eures täglichen Lebens, inmitten von Konflikten und Chaos und den Energien, mit denen Ihr es zu tun habt, ist es nicht immer leicht für Euch zu erkennen, wer Ihr in Wahrheit seid. Für uns ist es klar und deutlich erkennbar. Und es versetzt uns in Erstaunen. In der jetzigen Energie hier, schaut einmal auf Euch selbst, so wie wir Euch anschauen. Ohne jedes Werturteil, einzig nur mit den Augen der Liebe. Ohne jeden Gedanken über das Falsch oder Richtig Eurer Entscheidungen, wissend, dass sie letztendlich alle in der Liebe gründen. Wir schauen fasziniert auf Euch voller Staunen, da Ihr wähltet, aus dem Kreis der (*Ur*)Schöpfung herauszutreten - das meinen wir wortwörtlich - Euch, aus dem ALLES, WAS IST herauszubewegen, um jene Erfahrungen zu machen, welche dem ALLES, WAS IST dienen und zum Nutzen gereichen.(*Es erweitern.*) Dies versetzt uns in Erstaunen.

Eines der Themen, die wir innerhalb dieser Lektionen mit Euch besprechen werden, handelt von dem Erinnern an das, was Ihr wirklich seid. Wir werden darüber sprechen, wie es Euch möglich sein wird zu erkennen, wer Ihr wirklich seid - wie es Euch möglich sein wird, die Kraft und Macht im Inneren zu fühlen - und meine lieben Freunde, letztendlich die Schöpfer in dieser neuen Energie zu sein. Wir werden daran arbeiten, Euch verstehen zu helfen, dass Ihr tatsächlich Schöpfer seid.

Oh, Ihr wart schon Schöpfer auf unserer Seite des Schleiers, als Ihr noch hier wart! Doch, wir erwähnten es schon zuvor, gelangte diese (*Ur*)Schöpfung an einen Punkt, an dem es ihr nicht mehr möglich war, sich in irgendeiner Form weiterzuentwickeln. Ihr könnt es Euch als eine Art Abschluss des Netzgitters vorstellen. Die Schöpfung brauchte eine neue Sichtweise, neue Erkenntnisse, um sich weiterentwickeln zu können. Für den menschlichen Verstand ist dies wahrscheinlich schwer zu begreifen, doch ging es tatsächlich um ein neues Verstehen, welches von Spirit, von Gott, von Euch und allen anderen dringend benötigt wurde. Dies ist letztendlich der Grund Eures Hierseins auf Erden.

In den folgenden Lektionen werden wir mit Euch zusammen daran arbeiten, Euch Eures Schöpferseins zu erinnern. Ihr werdet lernen, wie Ihr auf Eurer Erde mit der neuen Macht und Kraft erschaffen und auf völlig neue Art und Weise manifestieren könnt. Wir werden mit Euch eine ganze Reihe sehr bewusster Schritte durchgehen. Manches Mal werden wir uns wiederholen, um unsere Botschaften zu bekräftigen. Wir werden frühere Botschaften wiederholen. Oh, wir werden Euren Schullehrern sehr ähnlich sein!

Es wird Zeiten geben, in denen Ihr Euch möglicherweise über uns ärgern werdet. Ihr werdet vielleicht das Gefühl haben, gegen eine Wand zu laufen; unfähig, die Informationen für Euch umzusetzen und in Euren Alltag zu integrieren. Es mag Zeiten geben, in denen Ihr das Gefühl haben werdet, auf das, was in Eurem Leben oder um Euch herum geschieht, keinerlei Einfluss zu haben. Es mag Zeiten geben, in denen Ihr am Boden zerstört seid. Es mag Zeiten geben, in denen Ihr viele Tränen vergießt, Zeiten, in denen Ihr sogar aufgeben wollt. Das, meine lieben Freunde, ist in Ordnung.

Es gibt dabei kein Versagen. Es gibt hier keinen Wettlauf oder Wettbewerb untereinander, wer schneller oder besser ist. Es gibt keine Benotungen, welche in diesem göttlichen Klassenzimmer vergeben werden. Jeder von Euch wird einerseits vollkommen individuell, andererseits aber auch im Verbund mit anderen daran arbeiten, die Dinge voranzubringen.

Diese Lektionen beinhalten ebenfalls neue erstaunliche Erkenntnisse für Euch. Wir bitten Euch darum, diese mit anderen Menschen zu teilen. Teilt sie mit den Menschen dieser Unterrichtsklasse, mit denen, die ein Teil des Crimson Circle sind. Teilt sie so offen wie möglich einander mit. Für andere Menschen ist es sehr wichtig, von Euren Fortschritten und dem gegangenen Weg zu erfahren.

Nun, unser Freund Cauldre war in der US Army. Er absolvierte die Grundausbildung und weiß daher, was es für Euch heißen kann, durch diese Lektionen zu gehen! Ebenso weiß er auch, wie viel Positives Euch dieses intensive Training bringen kann. Ihr werdet eine neue Form der Disziplin erlernen, eine Disziplin, die es Euch ermöglicht, Euch selbst zu lieben. Aber ja, genau das braucht es oftmals. Eine Disziplin darin, in erster Linie sich selbst zu lieben. Durch die Schulung dieser Lektionen kann sich Euer Denken schärfen, differenzieren und klären. So werdet Ihr schließlich die Werkzeuge erwerben, welche Ihr für Eure Arbeit benötigt; die Arbeit, derentwegen Ihr auf diese Erde gekommen seid.

Liebe Lehrende, es gibt viel zu lernen. Wir wissen, dass zeitweilig Schwierigkeiten damit verbunden sind. Es wird Zeiten geben, in denen Ihr denkt, dass Tobias und der Crimson Council keine reale, erdverbundene Ahnung davon haben, was Ihr gerade durchmacht! Und tatsächlich mögt Ihr zuweilen Recht damit haben. Wir freuen uns auf die kommende Zeit, die wir miteinander teilen werden. Einige Menschen werden diesen Kreis verlassen, um etwas zu finden, was Ihrem Leben mehr entspricht. Und neue Menschen werden hinzukommen. Wir werden Euch dann bitten, ihnen dabei zu helfen, mit Eurem Lerntempo Schritt halten zu können.

* * * *

In dieser Inkarnation habt Ihr das Karma der Vergangenheit aufgelöst, indem Ihr in den ersten Phasen Eures Lebens einige sehr heftige, sehr intensive Erfahrungen durchmachtet. In jüngster Zeit habt Ihr auch all das andere losgelassen, was Euch so sehr am Herzen lag, wie Beziehungen, Freundschaften, Arbeitsplätze und sogar Eure zentralen Glaubenssysteme.

Meine lieben Freunde, Ihr habt die Zwiebel Schicht für Schicht geschält, um ein eigen-gesetzlich Lehrender zu werden (*teacher in your own right)*. Ihr seid durch einige der schwierigsten und persönlichsten Erlebnisse gegangen, durch einige der tief greifenden Erfahrungen Eures Lebens. Auf unsere Weise trauern wir mit Euch. Und genauso freuen wir uns mit Euch in dem Wissen, dass es Euch gelungen ist, hindurchzugehen. Die Herausforderungen, denen Ihr von nun an begegnet, werden anderer Natur sein. Es werden innere Herausforderungen sein, in und aus Eurem persönlichen Sein, nicht mehr so sehr von außerhalb Eurer selbst. Ihr seid durch die schwierigsten Dinge gegangen. Ihr habt es bis zu diesem Punkt geschafft, zu diesem gesalbten, geheiligten Moment, in dem Ihr Euch in dem Klassenzimmer der neuen spirituellen Energie der Erde befindet.

In diesem Augenblick nehmen möglicherweise einige von Euch einen schwachen Duft wahr. Er ist süß. Er ist zu Eurer Erinnerung, meine lieben Freunde.

Nun denn, Lektion eins der Schöpfer-Serie wird in vielerlei Hinsicht schwierig sein. Wir möchten Euch bitten, die Einsichten, die diese Lektion beinhaltet, fleißig zu üben. Eigentlich sind sie einfach. Und damit es nicht nur Worte bleiben, die Ihr hören oder lesen werdet, werden wir sie in Euch energetisch aktivieren (*herunterladen*), denn es geht um ein Verstehen auf energetischer Ebene. Wir werden jetzt eine kleine Pause einlegen, um diesem Prozess Raum zu geben.

* * * *

Nun wollen wir mit der Lektion dieses Tages beginnen. Das Konzept ist eigentlich recht einfach und doch irgendwie schwierig zu erklären. Sowie Du Dich in Deine Göttlichkeit hineinbewegst, sowie sie in Dir zu erwachen beginnt, von einer äußeren Dimension in Dein Sein kommend, wirst Du zu dem, was wir als den „Neuen Schöpfer“ bezeichnen. Die Neuen Schöpfer sind diejenigen, die hier weiter auf Erden bleiben, jetzt aber jederzeit Zugang zu ihrem göttlichen Sein haben. Als Erstes werden die Neuen Schöpfer ein neues energetisches Umfeld für sich selbst erschaffen, das einen Einfluss auf diejenigen haben wird, die offen dafür sind. Anschließend wird dies dann die Erde in ihrer Gesamtheit ergreifen.

Um den Entwicklungsprozess des Schöpfer-Seins verstehen zu können - des wahren Schöpfers in dieser Erdenenergie - ist es vorerst wichtig für Euch, dass Ihr von den Situationen, denen Ihr in Eurem Leben begegnet, Abstand nehmt und einen Schritt zurücktretet. Meine Freunde, gegenwärtig befindet Ihr Euch noch in der Dualität. Noch sitzen wir und Ihr auf den jeweils getrennten Seiten des Schleiers.

Es gibt Zeiten, da versucht Ihr, etwas für Euch selbst zu erschaffen. Es gibt Zeiten, da versucht Ihr, das Endergebnis einer Situation, die Euch oder andere betreffen könnte, zu beeinflussen oder zu verändern. Und doch kommt es Euch vor, als würdet Ihr direkt gegen eine Wand aus Steinen rennen. Ihr versucht es mit außersinnlicher Wahrnehmung oder medialen Kräften. Ihr versucht es mit Euren Gedanken- oder vielleicht sogar mit Herzenskräften. Ihr kämpft energetisch mit den Situationen, nur um anschließend zu entdecken, dass dies für gewöhnlich nicht funktioniert.

Meine Freunde, habt Ihr schon verstanden oder begonnen zu verstehen, dass die Dinge von allein in Fluss kommen, ein schöpferischer Prozess in Gang gebracht wird, sobald Ihr Abstand nehmt und einfach loslasst? Die Menschen neigen dazu, „es zu machen“; mit großem Energieaufwand und einer Art Energievorstoß bestimmte Situationen zu kreieren oder zu beeinflussen. Und wie Ihr gemerkt habt, ist das sehr ermüdend. Viele von Euch waren in letzter Zeit völlig erschöpft!

Ihr habt die ganze Zeit versucht, ein altes Glaubenssystem und alte Konzepte des Erschaffens und Manifestierens zu benutzen. Das passt in der neuen Energie einfach nicht mehr. Wir beobachten Euch dabei - mit gewissem Humor natürlich - wie Ihr versucht, die Denkweise eines anderen Autofahrers zu beeinflussen! Wir beobachten Euch dabei, wie Ihr einen befreundeten Kollegen daran hindern wollt, in Euer Energiefeld einzudringen, indem Ihr Grenzen zieht und energetische Schutzmaßnahmen ergreift - und weiß Gott, er marschiert einfach direkt hindurch, nur um Euch weiterhin herauszufordern und Euch das Leben schwer zu machen! Wir beobachten Euch dabei, wie Ihr versucht, Energie von außerhalb Eurer selbst zu bekommen, wie Ihr zieht und zerrt in der Hoffnung, einen schnellen Handel mit Spirit machen zu können, der Euch die Energie geben soll, welche Euch ermöglicht, Situationen in Eurem Sinne verändern zu können. Wir beobachten Euch dabei, wie Ihr Eure Geistführer anruft, was wir immer sehr lustig finden, weil sie nämlich nicht mehr da sind. Ihr klopft an eine Tür, hinter der keiner mehr wohnt! Wir beobachten Euch dabei, wie Ihr alle möglichen magischen Kreise zieht, Rituale abhaltet und Zauberformeln beschwört.

Meine Lieben, dies alles sind Dinge, die Ihr in anderen Inkarnationen gelernt habt - vor 10, 20 oder sogar 100 Leben. In der jetzigen neuen Energie sind sie jedoch nicht mehr angebracht. Oh, seinerzeit mögt Ihr damit bis zu einem gewissen Grad durchaus Erfolg gehabt haben, doch solche Methoden wirken in der jetzigen Energie nicht mehr. Und da wundert Ihr Euch, warum Ihr in letzter Zeit so frustriert wart! Hier existiert jetzt eine neue Energie. In der alten Energie hätten wir so mit Euch gar nicht sprechen können, ebenso wenig wie über all die Erkenntnisse, die wir Euch noch vermitteln wollen. In dieser neuen Energie, die jetzt existiert, gibt es eine zarte, feine Balance in und zwischen Euch und allen Dingen der Erde.

Beim Erschaffen geht es nicht mehr um ein äußeres „Es - Machen". Es geht um ein *vollständiges Zulassen.* Es geht um eine vollständige Akzeptanz aller Dinge in Eurem Leben und im Leben anderer. Wir bitten Euch, alle Dinge vollständig zu akzeptieren und anzunehmen. Dies mag für manche von Euch schwierig sein. Einige von Euch werden sich darüber ärgern. Wie auch immer, viele intellektuelle Herausforderungen werden für Euch damit verbunden sein.

Ihr wart es gewohnt, Gebetslisten zu erstellen, um für jemand anderen oder für die Erde oder ein Ereignis zu beten. Obschon dies bisher ein sehr liebevolles Vorgehen war, bitten wir Euch nun, nicht länger zu versuchen, eine Situation zu beeinflussen, also verändern zu wollen. Seid einfach im Zustand der Akzeptanz, des Annehmens dessen, was ist, ganz gleich, ob es nun Euer Leben oder das eines anderen betrifft. Wir wissen, dass einige Herausforderungen für Euch damit verbunden sind!

Bezüglich Eures eigenen Körpers habt Ihr Euch schon damit herumgeschlagen. Ihr habt Eurer Biologie Licht geschickt. Ihr habt versucht sie anzuregen, zu motivieren und zu heilen. Und nun bitten wir Euch, all dies zu unterlassen und sie einfach zu akzeptieren, sie einfach so anzunehmen, wie sie ist.

Genauso habt Ihr schon mit Eurer eigenen emotionalen Heilung gekämpft. Ihr habt Euch auf die Suche gemacht, um Rat und Führung zu finden. Und obwohl Ihr Euch einige Zeit gut damit fühltet, brachte es Euch letztendlich nicht die Heilung, nach der Ihr wahrhaft verlangt habt. Jetzt bitten wir Euch, all diese Aktivitäten nicht weiterhin zu verfolgen.

Oh, unser Freund Cauldre ist ganz nervös bei dem, was wir hier sagen! Ihm klappern schon ein bisschen die Zähne, denn er sieht eine Flut von E-Mails auf sich zukommen! Er sieht die Herausforderungen in all dem und dennoch werden wir weitermachen, da parallel dazu auch Logik und Schönheit mit dem Verständnis dieser Dinge einhergehen. Bezüglich Eurer eigenen Biologie, meine Freunde, bitten wir Euch, erzwingt nicht länger das, was Ihr „Licht" oder Heilung nennt, sondern begebt Euch stattdessen in einen Zustand der Akzeptanz, des Annehmens.

Alles, was Ihr bisher in Eurem Leben erfahren habt, was Ihr bisher um Euch herum beobachtet habt, war Dualität - Licht und Dunkelheit, richtig und falsch, gut und böse, Liebe und Hass. Ihr habt sozusagen immer für eine Seite Stellung bezogen. Und für diese Seite habt Ihr gekämpft. Ihr wart bereitwillige und starke Krieger. Doch, meine Freunde, all diese ganzen Aktivitäten existieren nur innerhalb der Dualität, doch jetzt bewegt Ihr Euch über die Dualität hinaus in einen neuen Raum der Einheit.

Anstatt Energie in die eine oder andere Richtung zu schieben, anstatt sich für die eine oder andere Seite zu entscheiden, anstatt zu bestimmen und zu beurteilen, was richtig und was falsch ist - wenn Ihr einen Schritt zur Seite tretet und einfach nur beobachtet und akzeptiert, was geschieht, werdet Ihr beginnen die Dynamik von Energie zu verstehen und dies wird Euch zu den Erkenntnissen wahrer Schöpfung führen. Noch einmal, dies ist ein etwas schwieriges Konzept und wir arbeiten auf energetischer Ebene mit jedem Einzelnen von Euch, um Euch beim inneren Verstehen zu helfen.

Wir bitten Euch zum Beispiel nicht darum, Eure Berufe aufzugeben, meine Freunde, oder die Arbeit, die Ihr tut - nein. Wir bitten Euch einfach nur, Euch von der Situation, die sich vor Euch abspielt, zu distanzieren, zurückzuziehen. Wenn Ihr das Gefühl habt, Einfluss auf das Resultat nehmen zu wollen, bitten wir Euch, es nicht zu tun. Stellt Euch eine kleine Mauer vor (rund um Euer neues Haus) und stellt Euch in Gedanken vor sie hin. Macht jetzt ganz bewusst einen großen Schritt über sie hinüber. Steht also auf der Innenseite Eurer niedrigen Mauer und beobachtet einfach nur, was vor sich geht. Beobachtet die Dynamik all dessen, was sich auf der anderen Seite der Mauer, die Ihr gerade verlassen habt, abspielt.

Bei einem familiären Streit anderer zum Beispiel - anstatt Partei zu ergreifen oder zu beschließen die Rolle des Vermittlers oder Schlichters anzunehmen - lasst Euch einfach nicht in diesen entstandenen Konflikt hineinziehen. Erlaubt Euch ganz bewusst, über diese kleine Mauer zu steigen. Bleibt hier auf der anderen Seite lediglich als Beobachtender. Das wird schwierig sein für Euch, weil Ihr bis jetzt so gut geschult und geübt darin wart, in derartige Situationen hineinzugehen und sie zu verändern.

Wir bitten Euch darum, dies eine ganze Weile zu üben. Wenn Ihr hinüberwechselt in diesen Raum des Zulassens und der Akzeptanz, dann werdet Ihr die Dynamik der Schöpfung verstehen lernen. Ihr werdet zu einem Beobachtenden. Ihr werdet buchstäblich anfangen, Energiemuster um andere und um Situationen herum erkennen zu können. Ihr werdet beginnen Energiestrahlen und -strukturen zu erkennen.

Wenn Ihr auf der akzeptierenden Seite der Mauer angekommen seid, werdet Ihr ein unbeschreiblich schönes, strahlend schimmerndes Gewebe aus Energie erkennen können, das von den Menschen gewoben wird. Meine Freunde, Ihr wart all den Ereignissen so nah, dass Ihr nicht erkennen konntet, wie aus jedem Gedanken und jeder Handlung und jeder Tat eine Art geistiger Gewebeteppich entsteht. So wie Ihr zurücktretet, werdet Ihr dieses wunderschöne, zauberhafte Gewebe aus Farben und Strukturen und Mustern und Energien sehen können, alles geschaffen aus dem Kern der Liebe, der in all diesen Ereignissen enthalten ist, die Euch umgeben.

Sofern Ihr den Schritt auf die andere Seite der kleinen Mauer macht, werdet Ihr zunächst die Rückseite des Gewebeteppichs erkennen. Er wird unmittelbar vor Euch gewoben. Sobald Ihr geübt darin seid, sobald Ihr darin geschult seid, beiseite zu treten, werdet Ihr beginnen auch die Vorderseite des Teppichs zu sehen. Dort zeigt sich Euch dann die wahre Schönheit und die wahre Kunst menschlicher Erfahrungen. Ihr seid zu nah dabei gewesen; Ihr habt lediglich das Spektakel des (Teppich)Webens gefühlt und wahrgenommen. Erst auf der anderen Seite der kleinen Mauer, die Euer neues Haus umgibt, werdet Ihr erkennen können, wie Situationen erschaffen werden. Ihr werdet die Ursache und die Wirkung des Handelns anderer Leute, anderer Menschen erkennen. Ihr werdet sehen, wie und woraus die Dinge wahrhaftig gewebt werden.

Sobald Ihr erste praktische Erfahrungen darin gemacht habt, werden wir Euch weitere Informationen über den Prozess des Erschaffens geben. Doch zuvor besteht die Notwendigkeit, dass Ihr zurücktretet. Oh, Ihr werdet immer noch auf der Erde herumlaufen. Ihr werdet immer noch Euren Berufen nachgehen. Ihr werdet immer noch mit anderen reden, mit anderen arbeiten. Euer Leben wird sich in vielerlei Hinsicht nur wenig verändern. Doch jetzt ist es an der Zeit, einfach einen Schritt zurückzutreten, um das wunderbare Gewebe der Dualität zu erkennen. Es ist notwendig für Euch, alles aus einem gewissen Abstand heraus zu beobachten, damit Ihr im Laufe des nächsten Jahres zu einem wirklichen Verständnis Eurer eigenen Schöpferkraft gelangen könnt. Sobald Ihr erfahrener darin seid, werden wir dann erörtern, wie es Euch möglich ist, Euer eigener Schöpfer zu sein. Dann werden wir besprechen, wie Ihr wirklich als ein Lehrender der neuen Energie im Dienst der Menschheit und der gesamten Erde stehen könnt.

Lektion eins im Klassenzimmer der neuen spirituellen Energie der

Erde besteht darin, *alle Dinge so zu akzeptieren, wie sie sind.* Akzeptiert alle Dinge, wie sie sind, auch die Dinge Eures eigenen Lebens. Schon (buchstäblich) innerhalb der nächsten Tage werden sich die ersten Herausforderungen zeigen. Ihr werdet dazu neigen, in Dualitäts-Erfahrungen einsteigen zu wollen. Für jene unter Euch, die Heiler sind: Ihr habt versucht, Eure Klienten durch Euer eigenes Sein zu heilen. Liebe Freunde, macht mit dieser Arbeit, die Ihr gemacht habt weiter, doch tretet in gewisser Weise gleichzeitig auch einen Schritt zurück. Fällt keinerlei Urteile über deren Verfassung und urteilt auch nicht über Eure eigenen Fähigkeiten als Heiler[1]. Tretet einfach einen Schritt zurück. Steht auf der anderen Seite (*der Innenseite*) der Mauer. Beobachtet, was vor sich geht. Beurteilt nicht, was geschieht.

Anfangs, meine Freunde, werdet Ihr nur sehr wenig sehen oder spüren, vielleicht auch gar nichts. Wenn Ihr jedoch innerlich mit dieser Übung fortfahrt, werdet Ihr Dinge erkennen, die wir Euch nicht beschreiben können. Ihr habt selbst zu diesen Einsichten zu gelangen. Es gibt keine Worte, mit denen wir Euch übermitteln könnten, was Ihr dann erfahren werdet. Für einen jeden von Euch wird dies eine andere und sehr persönliche Erfahrung sein. Schreibt sie auf. Sprecht mit uns darüber. Anschließend berichtet den anderen davon.

Die heutige Lektion ist ganz einfach. Wir wiederholen uns dauernd! Die Übung lautet, *alle Dinge so zu akzeptieren, wie sie sind.* Praktiziert dies in den nächsten Tagen so oft wie möglich, vor allem in Eurem eigenen Leben, besonders bei all den Ereignissen, die Euch in Eurem täglichen Leben begegnen.

Im letzten Channeling sprachen wir über die „Vier Wahrheiten“ (Santa Fe, Juli 2000). Wir wiederholen sie noch einmal, da sie relevant sind und diesem heutigen Thema zu Grunde liegen. Die erste lautet, dass *Spirit das Endergebnis nicht kennt.* Wie wir schon im Channeling sagten, lebten die Menschen in einem Glaubenssystem, welches besagte, Gott kenne das Resultat, den Ausgang schon die ganze Zeit über im Voraus. Nur, dass er dieses Wissen einfach nicht mit Euch teilen wolle! (Gelächter) Das, meine lieben Freunde, ist nicht wahr. Spirit kennt das Endergebnis nicht. Denn Ihr

1. A.d.Hrsg.: Besonders empfehlenswert für Heiler in der Neuen Energie: Das neue Buch von Dr. Eric Pearl „ The Reconnection" - Heilen durch Rückverbindung.

existiert außerhalb des Kreises von Spirit und dem ALLES, WAS IST.

Wahrheit Nummer zwei: *Spirit hat keine Agenda.* Ihr habt immer angenommen, dass Gott, so wie eine Vater- oder Mutterfigur, Euch dann lieber hätte, wenn Ihr nur das Richtige tut, nämlich auf die richtige Schule geht, die richtigen Freunde und den richtigen Beruf habt. Doch Gott kümmert das nicht! (Gelächter) Euren biologischen Eltern mag das wichtig sein! Jedoch Gott und Spirit und das ALLES, WAS IST hat keine Agenda (*Werteskala, Programmplanung)*. Wir bitten jeden von Euch, dieses Glaubenssystem aus Eurem Inneren zu entlassen. Auch dies ist eine Herausforderung und eine Schwierigkeit, denn Ihr seid immer davon ausgegangen, dass es einen richtigen und einen falschen Weg gibt. Und dass Ihr inmitten der Dunkelheit irgendwie die richtige Wahl zu treffen hättet. So wie es Eure Kirchen lehren - möge Gott Dir helfen, wenn Du nicht die richtige Wahl triffst!

Die dritte Wahrheit ist, dass weder *Spirit noch Eure Geistführer noch die Engel irgendetwas an Eurer Stelle für Euch tun können.* Selbst wenn wir wollten, könnten wir es nicht. Denn wie wir schon sagten, gemäß der spirituellen Physik der Dinge lebt Ihr außerhalb, Ihr existiert außerhalb des Kreises von dem ALLES, WAS IST. Darum können wir es nicht an Eurer Stelle für Euch erledigen. Wie gesagt, Ihr habt Euch viele Male bei uns bedankt, wenn etwas in Eurem Leben gut gelaufen war. Doch wir sind es gar nicht gewesen. Ihr habt Euch diese Situationen selbst geschaffen.

Die vierte Wahrheit ist, dass *es keinerlei Verträge mehr gibt.* Ihr seid nicht mehr an das Alte gebunden. Ihr seid nicht mehr in karmische Verpflichtungen eingebunden. Es gibt zwar noch einige Rückstände in Form alter Erinnerungen, die hochkommen und noch ein wenig herumgeistern. Aber, meine Freunde, Ihr erschafft Euch kein neues Karma mehr. Das Buch Eures Lebens ist abgeschlossen. Ihr habt das letzte Kapitel geschrieben. Von nun an liegt ein neues Buch mit leeren Seiten aufgeschlagen vor Euch. Diese neuen Seiten beinhalten keinerlei spirituelle Richtlinien mehr, denen Ihr zu folgen hättet. Ihr seid diejenigen, die die neue Energie erschaffen. Ihr seid nicht mehr an die Vergangenheit gebunden. Ihr werdet eben nur hin und wieder an sie erinnert. (Gelächter)

Wir wissen, als Ihr die letzten Worte im letzten Kapitel Eures Lebensbuches geschrieben habt, empfanden viele von Euch eine tiefe

Traurigkeit und ein Gefühl des Verlustes, es kam Euch vor, als wäre Euch Euer Ziel abhanden gekommen. Das war so, weil Ihr das zu Ende gebracht hattet, wozu Ihr hierher gekommen wart, jedoch auch mit einem Vorbehalt. Ihr wusstet, wenn es Euch möglich wäre das Buch in einer Rekordzeit zu beenden, würdet Ihr ein neues schreiben können. Das ist es, warum Ihr jetzt hier seid. Jedoch, dieses Buch hat weder Richtlinien oder Begrenzungen noch eine vorgegebene Seitenzahl. Ihr erschafft es im fortlaufenden Tun. Das ist es, warum Ihr hier seid.

Lektion Nummer eins: Akzeptiert alle Dinge so, wie sie sind. Das erfordert Disziplin von Eurer Seite. Denn Ihr werdet Euch wünschen, wieder eng mit den Situationen verbunden zu sein, weil es genau das ist, was Ihr bisher so gut kanntet und konntet. Ihr werdet den Wunsch verspüren, Euch zu heilen und andere zu heilen und der Erde Frieden und Liebe zu bringen. All diese Dinge sind lobenswert, Freunde. Doch wir sind hier, um mit Euch zu arbeiten und Euch die neuen Wege der neuen Schöpfung zu zeigen. Ihr habt bereits gemerkt, wie ermüdend, mühselig und frustrierend die alten Wege sind!

Lektion eins: Akzeptiere alle Dinge so, wie sie sind. Werde ein Beobachtender des Lebens, auch Deines eigenen Lebens. Sorge Dich nicht darum, was das Morgen mit sich bringt, denn es ist nicht von Bedeutung. Beobachte, was gegenwärtig in Deinem Leben und um Dich herum geschieht. Urteile nicht - oh, die Versuchung wird groß sein! Empfinde jetzt weder die Notwendigkeit noch den Wunsch, andere oder Dich selbst verändern zu wollen.

Dies ist die Zeit der Akzeptanz aller Dinge so, wie sie sind. Ihr werdet weiterhin wie gewöhnlich durch Euer Leben gehen, doch werdet Ihr nun jede sich bietende Gelegenheit des Weges nutzen können, um zu beobachten, um zu akzeptieren. Das bedeutet nicht, dass Ihr nicht Traurigkeit oder Schmerz oder Mitgefühl oder Liebe oder Freude empfindet. Ihr werdet all das fühlen, es jedoch diesmal lediglich wahrnehmend beobachten und akzeptierend annehmen.

Meine Freunde, dies ist gleichfalls die Zeit, Euren Griff zu lockern,

Euer Festhalten loszulassen. Falls Ihr das nicht freiwillig tut, wird es Euch einfach aus der Hand genommen, und zwar von uns, sobald wir eine Gelegenheit dazu wittern!(Kichern) Ihr wisst schon, wovon wir sprechen. Ihr habt Euch an Glaubenssystemen festgehalten. Ihr habt Euch an irgendwelchen Denkmodellen über Euer wahres Selbst festgehalten. Ihr habt Euch sogar an Eurem „New Age" festgehalten.

Es ist Zeit, Eure Glaubensmuster (*Glaubenssätze*) loszulassen. Und auch das wird schwierig sein und eine Herausforderung für Euch bedeuten. Doch, meine lieben Freunde, wenn Ihr weiterhin an ihnen festhaltet, wird es schwierig für Euch werden, den Webevorgang des Lebensteppichs wirklich zu verstehen. Es wird schwierig werden, ein tieferes Verständnis über die Schöpfung zu erlangen, wenn Ihr an jenen Glaubenssystemen und Konzepten festhaltet, die Euch zwar zu anderer Zeit dienlich waren, doch aus deren Kinderschuhen Ihr jetzt herausgewachsen seid.

Ihr werdet gefordert sein. Ihr werdet gefordert sein, all diese Dinge loszulassen. Oh, einige von Euch werden innig darum kämpfen! Ihr werdet um die Konzepte und Glaubensmuster kämpfen, von denen Ihr meint, dass sie Euch halten und davor bewahren, in den Abgrund zu rutschen. Ihr wisst schon, wovon wir sprechen!

Es gab einmal einen Menschen namens Oryan, der eines Tages in sein Kanu stieg. Er schob es vom Ufer weg und begann zu paddeln. Er paddelte stromaufwärts, entgegen dem Flusslauf. Und während Oryan so paddelte, wurde er durch sein Tun immer stärker und kräftiger. Auf seinem Weg entdeckte er viele neue Dinge am Flussufer. Er paddelte und paddelte. Am Abend dann würde Oryan sein Kanu ans Ufer ziehen, etwas zu essen finden und erschöpft am Flussufer einschlafen in dem Wissen, an diesem Tag viel gelernt und erfahren zu haben, in dem Wissen, die Schönheit des Flusses erlebt und sich der Herausforderung des Flussaufwärts-Paddelns gestellt zu haben. Erschöpft von der Arbeit des Tages würde er einschlafen. Am nächsten Morgen würde er aufstehen, sein Kanu zurück in den Fluss schieben und wieder weiter paddeln, Tag für Tag, Woche für Woche, Jahr für Jahr, immer paddelnd und immer weiter Erfahrungen sammelnd. Oh, es war zweifellos eine gute Reise. Und mit Sicherheit war es eine liebevolle Reise.

Und so wie ein Tag nach dem anderen verging, vergaß Oryan, warum er eigentlich gegen den Flusses paddelte. Eines Tages war er des Paddelns müde. Er war es müde, gegen den Fluss anzukämpfen. Oryan besaß zwar die Fähigkeit, auf der Reise Erfahrungen zu machen, doch nun wurde er dessen müde, denn er wusste einfach nicht mehr, warum er damit weitermachen sollte. Er hatte schon jede Flussbiegung gesehen, jede Böschung, jeden Baum, jeden Stein, jeden Felsen und allmählich begannen alle gleich auszusehen. Er wusste nicht, wieso er noch weiter paddeln sollte.

Eines Tages wurde sich Oryan seiner Angst bewusst, die ihn immer weiter hatte paddeln lassen. Er fürchtete, wenn er aufhörte zu paddeln, dann würde ihn der Fluss zurücktreiben, zurück in sein früheres Glaubenssystem. Er würde zurückgetrieben und ganz bestimmt würde der Fluss ihn weiter und weiter und weiter stromabwärts treiben, bis er irgendwann den steilen Wasserfall hinunterstürzen und unten auf den Felsen zerschellen würde. Dennoch, er war es so müde, den Fluss aufwärts zu paddeln. Und so kümmerte es ihn nicht länger. Es war ihm egal. Eines Morgens nahm Oryan sein Boot und schob es ins Wasser und diesmal ließ er die Paddel am Ufer zurück. Er ließ sich vom Fluss stromabwärts tragen. Immer weiter flussabwärts, immer weiter und weiter an all den Landschaften vorbei, an denen er zuvor vorübergepaddelt war. Er wusste, was kommen würde. Er wusste, es war unvermeidlich. Er wusste, dass es da einen gewaltigen Wasserfall gab. Und der würde ihn vernichten. Der würde ihn zerschmettern. Jedoch besaß er einfach keine Energie und kein Verlangen und auch keine Leidenschaft mehr, weiterhin flussaufwärts zu paddeln.

Und dann, eines Tages war es dann so weit. Er konnte erkennen, dass der Fluss schneller wurde. Er fühlte die Strömung erheblich stärker werden. Er wusste jetzt, dass der Wasserfall unmittelbar in seiner Nähe war. Und wie er so in seinem Kanu rückwärts auf ihn zuraste, blickte er über seine Schulter nach hinten. Er wusste, in wenigen Sekunden würde das Kanu über die Kante geschleudert werden. Und er würde fallen und fallen und fallen, hinein in diesen Abgrund, den Abgrund, den jeder von Euch fürchtet.

Ihr fürchtet Euch, loszulassen und in diesen Abgrund zu stürzen. Dennoch ließ Oryan los. Und dann kam dieser Moment, in dem er über die

Klippe schoss - ein Moment voller Entsetzen und blanker Panik. Er wusste nun, dass sein Leben als Mensch vorüber war. Und das war es in der Tat! In diesem allerletzten Moment des Loslassens verwandelte Oryan seine größte Angst und größte Panik. Denn er erkannte plötzlich, dass alles, was er erlebt hatte, nur eine Illusion war - lediglich eine Illusion! Eine großartige und wertvolle Illusion, deren Auswirkungen weit über sein Leben und weit über das irgendeines anderen Menschen hinausging; mit Auswirkungen auf den gesamten zurückgelegten Weg, bis hin zur Quelle des ALLES, WAS IST. Er erkannte, dass es nur eine Illusion gewesen war. In diesem letzten Moment des Entsetzens und der Panik erkannte er, dass er selbst der Schöpfer dieser Illusion war. Und plötzlich verstand er, dass er jetzt alles erschaffen konnte, was er wollte. Er könnte sich Flügel für sein Kanu kreieren! Oder er könnte sogar erschaffen, dass der Fluss gar nicht existiert!

Meine lieben Freunde, das ist es, was Ihr gerade durchmacht. Löst Euch vom Festhalten-Wollen, lockert Euren Klammergriff. Ihr werdet zu neuen Erkenntnissen gelangen. Ihr werdet Euch von alten Glaubenssätzen lösen. Es wird Zeiten in Eurem Leben geben, in denen Ihr höchste Panik verspüren werdet. Letztendlich jedoch werdet Ihr im Laufe dieses Prozesses lernen, das Prinzip der Illusion wirklich zu verstehen. Du wirst lernen zu verstehen, dass Du der Schöpfer bist. Du wirst lernen neue Flüsse zu erschaffen, wenn Du das willst, Kanus mit Flügeln, falls Du das möchtest - was auch immer es sei. Ihr habt Euch auf eine phänomenale Reise begeben, eine schwierige Reise, wir wissen das, dennoch eine phänomenale Reise.

Nun sind wir so weit, mit der neuen Arbeit zu beginnen. Wir empfinden tiefe Ehrfurcht für einen jeden Einzelnen von Euch, auch dann, wenn Ihr das in Eurem Inneren nicht einmal für Euch selbst empfindet. Spürt es jetzt im Augenblick, wie sie von unserer Seite kommt! Fühlt, wie sie zu Euch strömt. Liebe Lehrende, Ihr habt viel von Euch gegeben, um hier auf der Erde zu bleiben, um für die anderen Menschen da zu sein. Denn sie werden an einen Punkt kommen, an dem sie des Paddelns müde sind - an dem sie gar nichts mehr verstehen - an dem sie ihre Leidenschaftlichkeit verlieren - an dem sie wissen werden, dass es Zeit ist, in und zu sich selbst zu erwachen.

Zu wissen, dass es jemanden gibt, der den ganzen Weg gegangen ist, der den gewaltigen Wasserfall überlebt hat - dies zu wissen, wird wunderbar für sie sein. Es wird ihnen Hoffnung geben. Oh und wie Ihr bereits wisst, werdet Ihr nicht in der Lage sein, ihre Angelegenheiten für sie zu erledigen. Doch sie werden einen Menschen vor sich sehen, der den neuen Weg bereits gegangen ist. Sie werden einen Lehrenden vor sich sehen, der bereit ist, sie richtungweisend zu begleiten und sie zu lieben, Anteil an ihnen zu nehmen. Durch Euch wird es ihnen ermöglicht, ein Verständnis für ihre eigene Göttlichkeit zu entwickeln.

Wir bitten Euch, arbeitet daran, Euch in den Zustand des Annehmens zu begeben, im Raum der Akzeptanz zu sein. Es wird Zeiten geben, in denen Ihr den unwiderstehlichen Wunsch verspüren werdet, jemanden heilen zu wollen oder jemanden verteidigen zu wollen oder etwas verändern zu wollen. Seid einfach auf der Ebene (*im Zustand*) der Akzeptanz. Beobachtet die Dynamik, die entsteht. Beobachtet, wie der geistige Teppich gewoben wird.

Versteht, wer Ihr seid, welche Reise Ihr zurückgelegt habt und warum Ihr hier seid! Erlaubt Euch stolz zu sein auf das, was Ihr geleistet habt. Erlaubt Euch geehrt zu werden für das, was Ihr getan habt, denn Ihr seid einen weiten Weg gegangen. Wir lieben Euch zutiefst errinert Euch und wisst, meine Freunde, Ihr seid niemals allein!

Und so ist es.

****

„Ihr geht nicht nach Hause... Zuhause kommt zu Euch“

****

Lektion Zwei

Akzeptiere Dein Mensch-Sein

Und so ist es, liebe Lehrende, dass wir uns wieder mit Euch in diesem heiligen Kreis versammeln. Wir heißen einen jeden von Euch in diesem Raum willkommen.

In den folgenden nächsten Minuten werden wir mit Euch daran arbeiten, die Energien zu verschmelzen und auszurichten. Wir werden mit Euch arbeiten, damit Ihr ALL DAS, WAS IHR SEID, fühlen und einen Geschmack dafür bekommen könnt.

Nimm Dir jetzt die Zeit und öffne einfach Dein Herz. Atme tief. Atme tief durch Dein ganzes menschliches Sein. Erlaube der Liebe Deines Selbst und der Liebe Gottes jede Zelle Deines Körpers zu durchfluten - bis in Deine DNS, bis in die Ebene Deines Zellkernes hinein. Atme tief. Atme tief und entspanne Dich. Lege nun bitte jeglichen menschlichen Kummer und jegliche Sorge beiseite. Lass ganz einfach los, denn indem Du das tust, wird die Verschmelzung mit dieser Energie immer vollkommener.

Liebe Freunde, es ist eine Freude für uns, wieder bei Euch in diesem Kreis zu sein. Es ist eine Freude für uns zu sehen, welche Fortschritte Ihr unlängst gemacht habt. Ihr habt Euch wahrhaftig darin geübt, „hinter der kleinen Mauer zu stehen“. Wir wissen, dass die Reise, auf der Ihr Euch befindet, schwierig ist. Sie ist eine Herausforderung. Die Reise als Mensch ist eine

Herausforderung. Die Reise, die Ihr als lehrende Lichtarbeiter wähltet, bedeutet sogar eine noch größere Herausforderung. Wir wissen, was Ihr alles in Eurem Leben aufgegeben habt. Wir wissen, dass Ihr Beziehungen losgelassen habt, die Euch sehr wichtig waren, dass Ihr Dinge aufgegeben habt, die Euch hinsichtlich des Glaubens, der Fülle und der materiellen Güter sehr viel bedeutet haben. Die Reise, auf der Ihr Euch befindet: wir wissen, wie schwierig sie ist. Das ist auch der Grund, warum wir diesen Raum jetzt mit unserer Dankbarkeit und mit unserer Liebe durchfluten.

Lebenszeit um Lebenszeit seid Ihr zurückgekehrt, um diese Arbeit zu tun. Ihr seid zurück zum Crimson Circle gekommen, um ein Teil des Klassenraums der neuen Energie zu sein, um ein Lehrender zu sein. Wir ehren Euch sehr für das, was Ihr tut. Wir sagen dies nicht einfach so dahin - es entspringt dem innersten Herzen unseres Seins, dem tiefsten Inneren aller Wesenheiten, die sich hier versammeln. Während Ihr Eure Herzen öffnet, füllt sich dieser Raum mit all jenen, die mit Euch gearbeitet haben und die ganz besonders interessiert sind an dem, was Ihr tut. Es sind die Erzengel. Es sind die Heiligen. Es sind jene, die Euch immer geleitet haben, jene, die Ihr als Eure Engelfreunde bezeichnet habt. Sie fließen jetzt in diesen Raum. Wir sind gekommen, Euch für die Arbeit, die Ihr vollbringt, zu danken.

Wie wir schon zuvor erwähnten, kommt Ihr aus dem Kreis des ALLES, WAS IST. Wir nannten dies die „Erste Schöpfung“. Er war Euer Zuhause. Er ist die Heimat *(der Ursprung)* aller Dinge. Und natürlich sprechen wir in Metaphern *(in Bildsprache)*, damit es Euch besser verständlich ist.

Es gab eine Zeit, in der Ihr Euch innerhalb dieses Kreises des ALLES, WAS IST befandet. Ihr wart ein Schöpfer. Ihr wart ein Lehrender. Ihr wart Schöpfer und Lehrende von höchst außergewöhnlicher Art. Denn Ihr habt beständig gegen die Außengrenzen des Kreises gedrückt und gestoßen, ständig neue Erfahrungen suchend; jene Erfahrungen, die es dem Ewig Einen, dem Urschöpfer, Gott oder Spirit - wie auch immer Ihr die Einheit, das Eins-Sein nennen wollt - erlaubten, sich auszudehnen. Diese Erfahrungen, die Ihr innerhalb des Kreises des ALLES, WAS IST, also innerhalb der Urschöpfung machtet, ermöglichte diesem Kreis, sich stetig zu erweitern.

Und dann habt Ihr damit begonnen, auch gegen die alleräußersten Ränder der Urschöpfung zu drücken und zu stoßen. Ihr bewegtet Euch beim Erschaffen von Erfahrungen auf einer Schwelle, einer hauchdünnen Grenzlinie der Existenz des ALLES, WAS IST, um zu erfahren, ob Ihr auch diese würdet ausloten und erweitern können. Ihr begannt, darin Erfahrungen zu machen, die Ihr in Liebe an die Geistige Welt weitergabt und Spirit nahm sie in Dankbarkeit und Ehrfurcht entgegen. Wisst, dass Ihr durch Euer Erschaffen im absoluten Grenzbereich der Urschöpfung diese erweitert habt.

Und es begann, dass Ihr ein Rumoren in Euch spürtet, welches Ihr noch nie zuvor gespürt hattet. Es begann, dass Ihr eine Unsicherheit fühltet, die Eurem Wesen bis dahin völlig unbekannt war. Ihr begannt, Euch von Gott getrennt zu fühlen. In Eurer Wahrnehmung hattet Ihr zunehmend das Gefühl, Spirit sei nicht mehr länger der AllEine. Dies erzeugte ein Gefühl von Unsicherheit und Misstrauen in Euch. Es erzeugte dieses unbestimmte Gefühl in Euch, dass alle Dinge vielleicht ganz anders seien, als Ihr gedacht hattet, dass sie es sind. Dieses Rumoren ließ Euch damals zum ersten Mal spüren, dass Gott, Spirit, das AllEine nicht die letztendlich vollständige Kontrolle besitzt. Ihr befandet Euch an der äußersten Grenze des Ersten Schöpfungskreises.

An diesem äußersten Rand der Schöpfung begannt Ihr zu fühlen - und wir betonen, dass es sich dabei lediglich um ein Empfinden handelte -, dass der Kern aller Dinge *(das, was Allem zugrunde liegt)* zerbröckelte und abhanden kam. Es verbreitete sich ein Gefühl von Unsicherheit, eine Art Misstrauen und das Gefühl einer Trennung innerhalb des Hauses der Einheit.

Im Laufe dieses großartigen und bedeutenden Prozesses, erschuft Ihr zusammen mit anderen Engeln eine Schöpfung außerhalb der Schöpfung, die lediglich über eine hauchdünne Verbindung verfügte, mit sehr feinen Schnittpunkten und Überlappungen zu dem ALLES, WAS IST. Ihr und die anderen Engel, die sich in diesem Grenzbereich der Urschöpfung befanden, bewegten sich nun in den neuen *(den Zweiten)* Schöpfungskreis hinein. Und so habt Ihr zunehmend vergessen, wer Ihr gewesen und woher

Ihr gekommen seid. Durch dieses neue Gefühl von Trennung und Dualität, welches Ihr nie zuvor kennen gelernt hattet und nun doch in Euch trugt, verschloss sich Euch die Tür nach Hause vollständig. Ihr tatet dies in der Absicht, ein neues, in sich geschlossenes System zu erschaffen, in dem Ihr die Gründungsenergie der Zweiten Schöpfung verankern konntet. Ihr, die Schöpfer!

Das, was Ihr jetzt gerade in Eurem Leben erfahrt, hat nichts mit vergangenen Leben zu tun! Eure Verträge sind alle erfüllt. Das Rumoren, das Ihr verspürt, die nächtlichen Erlebnisse, die Ihr habt, der Schrecken in Euren Träumen, das alles lässt sich zurückführen auf dieses Gefühl der uranfänglichen Trennung. Es hat nichts mit vergangenen Leben zu tun. Es hat nicht einmal etwas mit Euch und Eurem jetzigen Leben zu tun!

Ihr verbindet Euch wieder mit etwas, das sich auf der Ebene Eures Zellkernes befindet. Und Ihr fragt Spirit, Ihr fragt Eure Engel und jene des Crimson Councils, wann denn das ganze Elend in Eurem Leben endlich endet. Wir sagen Euch, liebe Freunde, es wird sich ändern. Es wird sich verändern und auch Ihr werdet Euch verändern. Es ist nicht so, dass morgen schon alle irdischen Schwierigkeiten um Euch herum verschwinden werden. Nein, es ist nicht so, dass schon morgen Euer Leben einem Spaziergang im Grünen gleichen wird. Doch das, was Ihr hier lernt, und das, was Ihr anderweitig darüber lernt, Euch mit der Vergangenheit wieder zu verbinden, wird Euch ermächtigen und in die Lage versetzen, als die neuen Schöpfer diese Veränderungen in Euer Leben zu bringen. Es befähigt Euch, die Lehrenden für die anderen Menschen zu sein, die den gleichen schweren Pfad gewählt haben, den Ihr bereits gegangen seid.

Könnt Ihr die Ehre fühlen, die wir Euch entgegenbringen für das, was Ihr getan habt? Versteht Ihr nun, warum wir Euch Lehrende nennen? Wir sind es, die von Euch lernen!

Was Ihr durch die Botschaften dieses Crimson Circle hört, meine Freunde, sollte Euch nicht überraschen. Es handelt sich um jene Informationen, die Ihr uns bereits gegeben habt. Wir spiegeln sie Euch lediglich als Bestätigung dessen, durch was Ihr wahrhaftig hindurchgegangen seid. Wir kennen den Weg nicht. Und in der Tat, wir haben wirklich eine andere Sichtweise. Es gibt Zeiten, in denen wir Euch leiten und assistieren können, da wir einen größeren Überblick haben. Doch tatsächlich lernen wir von einem jeden Einzelnen von Euch.

In den letzten drei Wochen Eurer Zeitrechnung, während Ihr Euch darin geübt habt, auf der anderen Seite der kleinen Mauer zu stehen, haben wir viel darüber erfahren, wie die Dualität Eurer Dimension wieder mit der Einheit verbunden wird. Wir lernen durch Eure Erfahrungen. Wir sind lediglich die Aufzeichner der Informationen, die Schreiber Eurer Geschichte, jene, welche die neuen Bücher schreiben, Bücher über Euch.

Liebe Freunde, erlaubt uns in diesem Moment wahrhaftig in Euren Kreis heneinzukommen, hinein in Euren Raum, Euch zu umarmen, Euch zu lieben und Euch für all die Arbeit zu ehren, die Ihr vollbracht habt. Nehmt Eure Reise nicht auf die leichte Schulter. Wir tun es nicht. Wir werden Cauldre (Geoffrey Hoppe), unseren Freund, der diese Botschaften in Worte kleidet, bitten, für einen Moment in die Stille zu gehen. Nehmt Euch diese Zeit und gestattet uns, Euch zu umarmen, Euch zärtlich zu küssen, Euch nahe zu sein. Wir werden nach einer kurzen Unterbrechung weitermachen.

* * * *

Liebe Lehrende, willkommen zurück im Klassenzimmer der neuen Energie. Heute werden wir Euch eine neue Lektion übermitteln, eine neue Einsicht. Sie wird vielfach noch herausfordernder sein als die erste, jedoch auch Gewinn bringender. Ebenso wie in Lektion eins werdet Ihr Hausaufgaben bekommen *(Aufgaben für und von Zuhause)*. Und tatsächlich werdet Ihr im Laufe der nächsten Tage Erfahrungen machen können, die Euch zu sehen erlauben, wer Ihr in Wirklichkeit seid.

Als wir uns das letzte Mal versammelten, sprachen wir davon, „alle Dinge so zu akzeptieren, wie sie sind“. Wir sprachen davon, hinter der kleinen Mauer zu stehen, aus der Dualität herauszutreten, um beobachten zu können, wie der Energie-Teppich gewoben wird. Oh, aufgrund Eurer Beobachtungen und Eurer Erkenntnisse beginnt Ihr zu verstehen, wie die

Dinge tatsächlich miteinander verknüpft sind. Falls Ihr nicht zurücktretet, liebe Lehrende, werdet Ihr weiterhin in das Chaos, in die ablaufenden Prozesse und in die Dualität hineingezogen werden. Ihr werdet nicht erkennen können, wie sich eine Sache auf alle anderen auswirkt. Sobald eine problematische Situation in Eurem Leben erscheint, sagt Euch ganz bewusst: „Ich werde mich auf die andere Seite der kleinen Mauer stellen, dieser kleinen Mauer, die mein neues Haus umgibt." Durch Euer Zurücktreten und das tagtägliche Üben wird es Euch möglich, Situationen in einer Weise einschätzen zu können, die Ihr Euch niemals hättet vorstellen können.

Durch Euer neues göttliches Verständnis werdet Ihr erkennen, dass es keinerlei Richtig oder Falsch gibt, ganz gleich in welcher Situation auch immer. Oh, es ist ja so verlockend für den Menschen - wir erinnern Cauldre nur an die Kreuzzüge! - wählerisch und selbstgerecht zu sein, überzeugt davon, dass Rechtschaffenheit und Licht einzig auf seiner Seite sind. Doch ist Euch bewusst, dass die gegnerische Seite sich genauso im Recht fühlt und meint, das Licht einzig auf ihrer Seite zu haben? Nun, wie kann das sein?

Indem Ihr zurücktretet, könnt Ihr beginnen die Energie-Dynamik der Menschen und Situationen um Euch herum sehr klar zu erkennen. Ein Teil der Hausaufgaben für den kommenden Monat wird darin bestehen, die Arbeit, die Ihr begonnen habt, fortzusetzen - das Stehen hinter der kleinen Mauer. Irgendwann kommt dann der Punkt, liebe Freunde, an dem Ihr diese einfache Übung des „Hinter-der-Mauer-Stehens" ganz automatisch anwendet, im Bruchteil einer Sekunde. Ihr werdet unmittelbar die zugrunde liegende Energie-Dynamik jedweder Situation erkennen. Wir bitten Euch, arbeitet weiter daran.

Die Arbeit, die Ihr hier verrichtet, erfordert von Euch, dass Ihr die nötige Energie aufbringt, um etwas zu tun, selbst wenn es sich um das „Einfach-hinter-der-Mauer-Stehen" handelt. Es gibt Hausaufgaben zu erledigen. Wir werden eine Reihe von Lektionen durchgehen, die aufeinander aufbauen. Es wird zunehmend für Euch wichtig sein, unsere erweiterte Familie auf der ganzen Welt, weiterzumachen mit dem bewussten Üben, mit dem bewussten Akzeptieren. Ihr alle seid gut darin. Ihr habt es gut gemacht. Jeder hat es wenigstens einmal probiert! Viele haben es täglich und stündlich versucht. Auf diese Weise werdet Ihr Lehrende. Auf diese Weise werdet Ihr Meister des Lichtes.

Nun werden wir zur zweiten Lektion übergehen. Das tun wir, indem wir Euch zuerst eine kurze Geschichte erzählen. Wir werden Euch die Geschichte einer Lichtarbeiterin namens Susan erzählen. Nun, Susan ist einem jeden von Euch in diesem Raum sehr ähnlich, ganz gleich, ob Ihr männlich oder weiblich seid.

Susan hatte viele vergangene Leben, so wie Ihr es alle hattet. Sie reichten von der machtvollen und hochenergetischen Lebenszeit in Atlantis zu den herausfordernden Inkarnationen im alten Ägypten und über die vielen Inkarnationen quer durch alle Länder Eurer Welt bis einschließlich zu einem Leben, welches (wie bei so vielen von Euch hier) vom Meister der Liebe, Yeshua ben Joseph, berührt wurde. Während all dieser Leben gab es viele Dinge, die Susan gelernt und erfahren hatte. Diese Erfahrungen hatten in ihrer Seele zahlreiche markante Spuren, viele energetische Erinnerungen hinterlassen. So wie alle hier in diesem Raum und alle, die diese Botschaften jetzt lesen, hatte sie sehr gewissenhaft gearbeitet, vor allem in diesen letzten Inkarnationsabfolgen, nachdem der Meister der Liebe auf dieser Erde gewandelt war. Sie war eine Art Verbindlichkeit auf der Ebene ihres Herzens eingegangen - wie so viele hier von Euch es getan haben - die besagte: „Ich werde die Arbeit weiterführen, so wie Er es mir gezeigt hat. Sie durchlebte eine Reihe schwieriger Inkarnationen so wie die meisten von Euch auch. Viele von Euch kennen sie noch von den Klöstern und den Kirchen, welche Ihr gegründet habt, denn sie war mit dabei.

Susan durchlebte viele Kämpfe. Doch der Kreis ihres Karmas brachte sie schließlich in dieses gegenwärtige Leben, ein Leben, in dem das endgültige Loslassen möglich sein würde. *(Das Schließen des Kreises)* Nun wurde sie in eine Familie hineingeboren, in der es, sagen wir einmal, sehr schwierig war zu leben - wie bei so vielen hier von Euch. Susan hatte eine Mutter, die sehr kontrollierend, fordernd und selbstbezogen war. Und sie hatte einen Vater, der sich anderen schnell unterordnete und dafür bekannt war, regelmäßig seine Macht an den Alkohol abzugeben. Sein Leben ließ er überwiegend von der kontrollierenden Mutter bestimmen. Er besaß so gut wie nichts von jener starken Wesensart, welche ein Vater normalerweise haben sollte.

Susan wuchs unter diesen Umständen auf und als Kind war sie sehr schüchtern. Oh, in der Schule war sie großartig. Sie hatte die besten Noten, doch niemand erfuhr davon. Sie war zu schüchtern. Susan fühlte sich wie ein Außenseiter in der Menge. Obwohl sie wusste, dass sie etwas Besonderes in sich trug, brachte sie es einfach nicht fertig, ihr Licht durchscheinen zu lassen. Sie hatte zu schwere Bürden aus ihren vergangenen Leben mitgebracht. Und ihre persönliche familiäre Situation in diesem Leben machte alles nur noch schwerer.

Nun, größtenteils war Susan eine Einzelgängerin. Sie hatte zwar einige engere Freunde, doch sie nahm weder gern an besonderen Schulveranstaltungen teil noch war sie sehr beliebt bei ihren Mitschülern. In ihr existierte etwas Kraftvolles und Besonderes, was danach schrie, herausgelassen zu werden, doch gleichzeitig gab es in ihr auch etwas anderes, was sie davon abhielt und bremste.

Susan verließ ihr Elternhaus so früh wie irgend möglich, um sich aus dieser sehr schwierigen Familiensituation zu befreien und sich selbst zu entdecken. Gleich zu Beginn ihrer Collegezeit verliebte sie sich in einen Jungen, zumindest dachte sie das. Sie wurde schwanger. Da sie noch jung und voller Angst war, entschloss sie sich zu einer Abtreibung. Dies lastete schwer auf ihrer Seele.

Doch ungeachtet dessen war sie eine gute Schülerin. Sie konzentrierte all ihre Energie auf ihr Studium und bekam einen hervorragenden Abschluss. Nach dem College traf sie einen Mann, den sie wirklich liebte, einen Mann, mit dem sie zuvor die Vereinbarung getroffen hatte, ihm in diesem Leben zu begegnen. Susan und ihr neuer Freund heirateten und sie zogen gemeinsam mehrere Kinder groß. Sie hatten all die typischen Probleme, die andere Menschen auch haben. Es gab finanzielle Schwierigkeiten. Es gab Treueprobleme. Es gab Schulprobleme bei den Kindern. Aber es gab auch viel Liebe. Susan liebte ihre Kinder zutiefst und sie liebte ihren Mann zutiefst. Aber ja, dennoch gab es in der Tat Probleme. Und an diesen Problemen trug sie innerlich schwer.

So gelangte Susan in ihrem Leben an einen Punkt, als sie dringend ein neues Licht für ihren Lebensweg benötigte, etwas, das ihr (*Aus*)Richtung und Hinweis geben konnte, sodass sie einer Kirche beitrat. Einige Jahre lang besuchte sie diese konventionelle Kirche regelmäßig. Sie versuchte, etwas über Gott zu lernen und ihn zu verstehen. Sie besuchte die Schulungen, die dort angeboten wurden, und jeden Sonntag ging sie zum Beten in die Andacht. Sie studierte die Bibel, die sie noch nie zuvor gelesen hatte.

Doch, liebe Freunde, Susan, diese Susan, der Ihr alle eines Tages begegnen werdet, wenn ihr Lehrende seid, konnte sich tief in ihrem Herzen nicht auf jene Worte einlassen, die in der Kirche gesprochen wurden. Sie fühlte sich als eine Sünderin; und deswegen konnten Jesus und Gott sie auch nicht wirklich lieben. Allmählich zog sie sich von der Kirche in ihr altes Leben zurück und sie fragte sich, worum es eigentlich wirklich ging.

Eines Tages besuchte Susan eine Buchhandlung. Während sie so durch die Reihen schlenderte und nach irgendeinem Lesestoff suchte, schien ihr auf einmal eines der Bücher, förmlich wie von selbst aus dem Regal heraus entgegenzuspringen. Das Buch hatte einen faszinierenden Einband. Es handelte von einem neuen Licht und einem neuen Weg. Sie fühlte sich davon angezogen, doch war es ihr auch irgendwie peinlich. Sie versteckte es zwischen den anderen Büchern, die sie kaufte, und ging so schnell wie möglich zur Kasse in der Hoffnung, dass niemand sehen würde, welch ein seltsames Buch über Licht und Liebe und das Neue Zeitalter sie demnächst lesen würde.

Sie ging nach Hause und fühlte sich unwiderstehlich von dem Buch angezogen. Susan verschlang es an einem Tag, Wort für Wort. In ihrem Inneren klang es nach Wahrheit. Sie weinte und weinte und weinte, denn es war eine Botschaft von Zuhause.

Nun, viele von Euch werden wissen, wie Susans Geschichte weitergeht, nicht wahr? Susan beschäftigte sich mit dem Bewusstsein des Neuen Zeitalters, besuchte Workshops und traf andere Shaumbra. Sie war begeistert von ihrer neuen Entdeckung. Zum ersten Mal begann sie wirklich zu verstehen, wer sie war. Allmählich erlangte sie Erkenntnisse einer neuen Ordnung.

Doch irgendwo in Susan existierte noch immer etwas Unruhiges, etwas, das sie nicht loslassen konnte, etwas, das sie daran hinderte, wirklich frei zu sein. Und obwohl sie diese neue Arbeit des Neuen Zeitalters liebte, gab es Tage voller Depressionen, an denen ihr gesamter Körper schmerzte. Es gab Tage, an denen sie sehr frustriert war, da sie sich nicht in der Lage fühlte, das zu erschaffen, wonach ihr Herz im Innersten verlangte. Und sie wandte sich erneut an Spirit und sagte: „Was ist es, das ich wissen sollte?"

Sie fragte die Geistige Welt, wann endlich die schwierigen Erfahrungen ihres Lebens aufhören würden. Sie fragte Spirit, wann sie wohl das Nirvana erreicht hätte, den Ort, an dem sie endlich Frieden finden würde. Obwohl sie ihr Leben und ihre Familie und alles, was sie war, liebte, war da doch ebenso ein Teil in Susan, der sich wünschte gehen zu können, der einfach müde war, der zurückgehen wollte nach Hause. Doch gleichzeitig wusste Susan intuitiv auch, dass Zuhause nicht mehr dasselbe Zuhause war. Intuitiv wusste sie, dass es für sie an der Zeit war, die Arbeit fortzusetzen.

Letzte Nacht lag Susan auf ihrem Bett, glücklich mit ihrem Leben und innerlich lächelnd und dennoch fragte sie sich wieder und wieder und wieder, was es denn eigentlich sei, das sie wissen sollte. Sie hatte die Crimson Circle Lektion gelesen. Sie hatte darüber gelesen, alle Dinge zu akzeptieren und ihnen zu gewähren, so zu sein, wie sie sind. Sie hatte es geübt, hinter der kleinen Mauer zu stehen. Sie war zu neuen Einsichten gekommen und doch gab es da noch immer eine große Blockade.

Nun denn, Susan, wir werden es Dir und allen anderen hier mitteilen. Lektion Nummer Zwei lautet: „Akzeptiere Dein Mensch-Sein und Du wirst Dein Gott-Sein kennen lernen". Dies ist eine einfache Lektion und doch eine der kraft- und machtvollsten wie auch herausforderndsten Lektionen. Lasst uns Euch nun erklären, worum es sich dabei handelt, Euer menschliches Selbst zu akzeptieren und anzunehmen.

Susan brachte viele Erfahrungen mit in ihr jetziges Leben hinein. Sie trug den Kern der Erfahrung in sich, wie es gewesen war, dort am äußersten Rand der Ersten Schöpfung zu existieren. Sie trug den Kern der

Erfahrung, dass nicht länger alles Eins *(im Einen)* war, tief in sich. Sie kannte das Empfinden, wie es gewesen war, als dieses Rumoren im Kern aller Dinge begann. Sie kannte dieses Gefühl, nicht mehr mit Spirit verbunden zu sein.

Sie trug die Schuld und die Schmerzen, die Probleme und Schwierigkeiten Hunderte vergangener Inkarnationen auf dieser Erde mit sich. Susan brachte die Schuld und die Urteile und den Schmerz ihrer Erfahrungen als Erdenmensch mit in dieses Leben hinein. Sie gab sich selbst die Schuld dafür, dass ihr Vater trank, für seinen Mangel an Stärke. Sie machte sich Vorwürfe, ihm nicht öfter gesagt zu haben, dass sie ihn liebte, denn eigentlich verachtete sie ihn für das, was er war, und deswegen fühlte sie sich schuldig. Sie fühlte sich schuldig wegen der hartherzigen Gedanken, die sie über ihre eigene Mutter hegte. Oh, als Kind hatte sie oft nachts wach gelegen und sich vorgestellt, ihre Mutter zu erwürgen. Es hatte sich gut angefühlt und sie hatte deswegen Schuldgefühle.

Sie trug schwer daran, denjenigen keine bessere Freundin gewesen zu sein, die während der Jugendzeit den Kontakt mit ihr gesucht hatten. Sie hatten sich zu ihr hingezogen gefühlt, da sie das Licht in ihr spüren konnten. Die Mitschüler der Grund- und Hochschule waren zu ihr gekommen, um geheilt zu werden, doch sie war zu schüchtern und zu gehemmt gewesen, als dass sie es sich erlaubt hätte, einfach ihrer Intuition zu folgen. Sie fühlte sich schuldig, dass sie sich versteckt hatte, dass sie nicht stark genug gewesen war, der Heiler zu sein, den die anderen eigentlich gesucht hatten. Stattdessen hatte sie sich isoliert und, da es für sie so einfacher und sicherer gewesen war, lediglich nur wenige Freundschaften geschlossen.

Sie fühlte sich zutiefst schuldig, ein Kind empfangen und die Schwangerschaft dann abgebrochen zu haben. Sie hatte gehört, dass Gott solche Menschen wie sie hasste. Sie hatte gehört, dass man eine Seele tötet, wenn man abtreibt. Das lastete schwer auf ihr. Dies war eines ihrer tiefsten und dunkelsten Geheimnisse. Sie fühlte sich schuldig.

In ihrer Ehe fühlte sie sich schuldig, da sie ihren Mann nicht besser unterstützen konnte bezüglich seiner eigenen Erfahrungen mit dem Thema

Reichtum und Fülle. Jedes Mal, wenn er beruflich weitergekommen war, traten Schwierigkeiten auf. Jedes Mal, wenn er ein gewisses Maß an finanzieller Freiheit erreicht hatte, passierte etwas, was dies wieder zunichte machte. Er wurde entlassen. Sie fühlte sich schuldig, dass sie ihm nicht hatte helfen können, seine Gefühle der Wertlosigkeit zu überwinden. Sie wusste einfach nicht, wie sie damit umgehen sollte.

Sie fühlte sich schuldig, dass sie ihren Kindern keine bessere Mutter war. Sie wünschte, sie hätte mehr für sie getan, um ihre Probleme zu lösen, sie zu schützen und sie vor Verletzungen zu bewahren. Sie fühlte sich schuldig, weil sie sie zuzeiten verflucht hatte. Susan war dann in ihr Zimmer gegangen, hatte die Tür zugeschlagen und gerufen: „Sprecht mich nie wieder an". Sie fühlte sich schuldig deswegen. Extrem schuldig.

Als Susan der Kirche beitrat und versuchte, etwas in ihrem Innern zu entdecken, fühlte sie sich wertlos, da Gott und Jesus niemals zu ihr sprachen. Sie fühlte sich weder wie „neugeboren" noch „verjüngt". Sie besaß nicht die gleiche Leidenschaft, wie all die anderen Kirchgänger sie hatten. Sie konnte ihre Hände nicht erheben und „Hallelujah" mit der gleichen Hingabe singen wie sie. Sie fühlte sich beschmutzt und schuldig. Durch ihre zahlreichen Kirchenbesuche wusste sie, dass sie eine Sünderin war, denn anscheinend wollte nicht einmal Jesus irgendetwas mit ihr zu tun haben.

Liebe Lehrenden, die Susan, von der wir hier sprechen, ist ein Teil von jedem von Euch. Diese Susan, von der wir hier sprechen, ist auch diejenige, die zu Euch kommen wird, um Heilung und die neuen Lehren und Energien des Neuen Zeitalters zu finden.

Lasst uns Euch berichten, was Susan tat, nachdem sie die Zweite Lektion bekommen hatte. Sie ging nach Hause, schloss ihre Haustür und fühlte sich überhaupt nicht mehr schuldig wegen alledem. Sie lernte ihr Mensch-Sein zu akzeptieren und anzunehmen, also genau das, was sie Leben für Leben verneint und abgelehnt hatte. Sie hatte ihr menschliches Selbst über Hunderte von Inkarnationen verleugnet und abgelehnt. Sie hatte es abgelehnt, lediglich ein Mensch zu sein. Sie wollte nur diesen „ Aufstieg", damit sie sich nicht länger selbst begegnen und mit ihrem Mensch-Sein, ihrem niederen Menschsein, befassen musste.

Wisst Ihr, meine Freunde, als ihr den Ersten Schöpfungskreis verlassen hattet und Ihr schließlich einen physischen Körper annahmt, wie geschockt Ihr wart, so etwas Grobes und Niederes in Besitz nehmen zu müssen? Ihr wusstet, dass ihr von nun an solch einen Körper Leben für Leben würdet mit Euch herumtragen müssen. Ihr fühltet Euch, als sei dieser Körper jetzt die Strafe dafür, dass Ihr Euch zu weit von dem Rand der Ersten Schöpfung entfernt hattet. Doch dem ist nicht so und wir bitten Euch, all diese Gedanken und Überzeugungen loszulassen, jetzt.

Nun, zurück zu Susan. Susan ging also nach Hause, schloss die Tür hinter sich und erkannte, dass sie all diese menschlichen Dinge, die sie getan hatte, abgelehnt und sogar gehasst hatte. Sie hatte versucht einen aufgestiegenen Status zu erreichen, um sich endlich nicht mehr mit den menschlichen Dingen, die sie getan hatte, und dem menschlichen Körper, den sie mit sich herumtrug, auseinander setzen zu müssen. Sie hatte im Crimson Circle gelernt, ihre innere Stimme zu fragen. Susan dachte bei sich: „Ich weiß nicht, wie ich mein Mensch-Sein akzeptieren kann. Soll ich dafür in die Vergangenheit zurück und jedes frühere Leben noch einmal durchgehen? Soll ich der Aufarbeitung dessen mehr Zeit widmen?“

Und die Antwort, die sie in ihrem Innern vernahm, war: „Nein“. Als sie auf ihrem Bett lag und sich fragte, wie sie sich denn nun selbst annehmen und akzeptieren könne und auch ihr ganzes Mensch-Sein, um ihr Gott-Sein kennen zu lernen, hörte sie plötzlich die Antwort laut und deutlich. Es war so einfach. Die Worte, die sie in ihrem Inneren vernahm - nicht von irgendwo außerhalb, sondern von innen heraus - lauteten: „(Er-)Löse Dich von Deinem Festhalten, lockere einfach Deinen Griff, mach nur die Hand auf“.

Als sie dies tat, fühlte sie sich genau so, wie Ihr Euch jetzt fühlen werdet, wenn Ihr EUREN Griff lockert. Ihre Hände umklammerten etwas. EURE Hände umklammern etwas. Löst Euch von Eurem Festhalten. Öffnet dieses Mal Eure Hände. Wir bitten Euch - tut es, jetzt. Öffnet die Fäuste Eurer Hände. Lasst los, lasst frei, was und woran auch immer Ihr da festhaltet.

Susan erkannte, wie fest sie sich an verschiedene Sachen geklammert hatte. Und als sie sich dafür öffnete, fiel ihr die Parabel von Oryan wieder ein, wie er mit seinem Kanu über den Rand des Wasserfalles schoss. Sie sagte sich: „Jetzt ist es Zeit für mich, alle Vorstellungen davon loszulassen, was ich dachte zu sein. Jetzt ist es Zeit für mich, alle Glaubenssätze und Überzeugungen loszulassen, die ich über mich und die Welt so lange mit mir herumgetragen habe. Jetzt ist es Zeit für mich, jegliche Schuld und jeglichen Schmerz loszulassen. Jetzt ist es Zeit für mich, während ich meine Hände öffne, mein menschliches Selbst vollständig genau so anzunehmen, wie es ist. Indem ich das tue, werde ich mit Gewissheit beginnen, mein göttliches Selbst zu erfahren."

Nun kennt Ihr Eure Hausaufgabe! Sie lautet: Lasst los, akzeptiert Euer Mensch-Sein und all das, was Ihr wart, um Euer Gott-Sein kennen zu lernen und zu erfahren. Sicherlich werdet Ihr in den nächsten Tagen die Möglichkeit haben, dies zu üben! Ihr werdet Möglichkeiten bekommen, Euch in Situationen wiederzufinden, in denen Ihr Euch nicht länger verurteilen solltet und weder Schuldgefühle empfinden noch diese mit Euch herumtragen solltet, in denen Ihr Euch einfach so akzeptieren solltet, wie Ihr seid.

Liebe Lehrende, wir, die wir jetzt an Eurer Seite sind, all jene, die Ihr Engel und Erzengel, das ALLES, WAS IST oder Spirit nennt - wir AKZEPTIEREN Euch und LIEBEN Euch als Mensch! Wir akzeptieren jeden Eurer Gedanken, jede Tat, jede Aktion, einfach alles - mit der Leidenschaftlichkeit, der Liebe und der Weisheit Gottes.

Der Ewige Eine liebt Dich grenzenlos, endlos und ohne Bedingungen!

Spirit hat keine Agenda. Es gibt keinen richtigen oder falschen Weg. Es gibt einzig den neuen Weg, den Ihr erschafft. Wenn Spirit Euch so tief liebt und keine Agenda besitzt, solltet auch Ihr, liebe Lehrende, in der Lage sein, Euer Mensch-Sein gleichfalls anzunehmen und zu akzeptieren.

Als Susan sich von ihrem Festhalten an all ihre bisherigen Überzeugungen, ihren Schuldgefühlen und Schmerzen (er)löste, als sie alles, was sie jemals getan hatte, akzeptierte und annahm, bedingungslos und in einer

Weise vollständiger Vergebung für sich selbst, begann sie ihre eigene Göttlichkeit zu erleben und zu erfahren.

Und während sie eines Nachts wach lag und dieses überwältigende Gefühl des befreienden Loslassens gleich einer Welle durch sich hindurchfließen fühlte, kam ihr eine weitere Erkenntnis. Sie erkannte, dass sie im Grunde die ganze Zeit in der Zukunft gelebt und sich ein Bild der Angst kreiert hatte bezüglich dessen, was diese Zukunft ihr wohl bringen würde. Sie erkannte, dass sie sich um die unbezahlten Rechnungen einer Zukunft sorgte, die gar nicht existierte. Sie sorgte sich wegen der Krankheiten, die sie möglicherweise noch bekommen könnte. Nichts von alledem war Wirklichkeit, doch sie projizierte ihr Gefühl des eigenen Unwertseins in die Zukunft. Diese Zukunft repräsentierte ihren Mangel an Vertrauen in ihre eigene Göttlichkeit. Sie fand heraus, dass sie einen Großteil ihrer Zeit und ihrer Energie in ihre Zukunftsängste investierte. Sie musste über sich selbst lachen und fragte sich, warum sie das eigentlich tat.

Während sie ihre Umklammerung löste und ihre Hände öffnete, sagte sie zu sich: „Von nun an will ich in der Gegenwart, im „Jetzt“ leben. Ich werde mich nicht länger vor einer Zukunft fürchten, die es gar nicht gibt. Ich will „Jetzt“ leben.“ Und so begann sie bereits im „Jetzt“ zu leben, indem sie weiterhin übte, hinter der kleinen Mauer zu stehen in voller Akzeptanz und Annahme all dessen, was geschah. Als sie bewusst damit begann, ihre eigenen Schuldgefühle, ihre Schmerzen und ihre Vergangenheit loszulassen, erkannte sie, dass sie damit einen besonderen Moment erschuf, einen göttlichen Augenblick innerhalb des gesamten „Jetzt“, in welchem sie lebte. Sie lernte erneut, ihrem Selbst zu vertrauen. Sie lernte, dass es keinerlei Notwendigkeit dafür gab, ein Angstszenario in die Zukunft zu projizieren, sondern ausschließlich nur im „Jetzt“ zu leben. Und als sie dies tat, vollzog sich das heilige Verschmelzen ihrer Menschlichkeit mit ihrer Göttlichkeit. So begann sie zu lernen, Vertrauen in sich selbst zu bekommen, da ihr Selbst diesen „göttlichen Moment“ erschaffen konnte. Sie konnte sich und ihrem Selbst darin vertrauen, diesen „göttlichen Moment“ herbeiführen zu können. Und so suchte sie nicht mehr im außen, indem sie Spirit darum bat, diesen göttlichen Moment für sie zu erschaffen. Sie vollzog ihn in ihrem Inneren.

Sie erkannte, dass Spirit in ihrem Inneren jederzeit diesen göttlichen Moment für sie bereithält - jederzeit - , sie ihn jedoch abgeblockt hatte. Ähnlich wie in ihrer Kindheit, als sie ihr eigenes Licht blockiert und nicht dabei geholfen hatte, andere zu heilen und zu lehren, obwohl sie wusste, dass sie dazu fähig gewesen wäre. Sie hatte eine Mauer um sich errichtet, die Mauer des Unwertseins. Nun aber, als sie ihr „Ich-bin-es-nicht-wert" losließ *(freisetzte, erlöste)*, erkannte sie, dass sie jetzt in sich Selbst vertrauen konnte, um diesen göttlichen Moment herbeizuführen und zu erleben.

So hatte Susan aufgrund dieser zwei einfachen Lektionen, die sie gelernt hatte, eine ganze Reihe von neuen Einsichten und Erkenntnissen. Erstens, hinter der Mauer zu stehen und alle Dinge so zu akzeptieren, wie sie sind. Und zweitens ihr Mensch-Sein anzunehmen und zu akzeptieren, um so ihr Gott-Sein erfahren und verstehen zu lernen. Ihr Leben begann sich zu verwandeln. Oh, in der Tat blieben die täglichen Herausforderungen mit der Familie, den Freunden und der Arbeit weiterhin bestehen, doch SIE veränderte sich *(ihre Haltung zu den Dingen)*. Die Menschen begannen zu ihr zu kommen, wie sie es nie erwartet hätte, und baten um Heilung und Lehre und Weisheit. Sie baten sie nicht darum, eine andere Wesenheit zu channeln! (Kichern) Sie kamen zu ihr als Susan, dem Göttlichen Menschen. Und sie machte ihre Arbeit gut. Sie zeigte den Menschen, wie sie sich selbst heilen konnten.

Liebe Freunde, Susans Erfahrung ist Eure kollektive Erfahrung in einer einzelnen Geschichte zusammengefasst. Es gibt Teile, in denen Ihr Euch sehr persönlich wiedererkennen mögt. Die Herausforderung hierbei wird darin bestehen, Euer gesamtes Mensch-Sein vollkommen zu akzeptieren. Es hat eine dichte Schwingung und ist tief in Euch verankert. Denn Ihr habt viel Energie in die Schuld und den Schmerz und die problematischen Erfahrungen investiert. Mit dieser einfachen Übung, die wir Euch gegeben haben - dem Öffnen Eurer Hände - ist es Euch zunehmend möglich zu erkennen, wie oft Ihr Euch an solchen Dingen der Vergangenheit festhaltet, die Euch nicht länger dienen. Das beinhaltet auch alle alten Glaubensmuster, die nun bereit sind entlassen zu werden.

Ein großer Teil der Schmerzen, die Ihr in Eurem physischen Körper fühlt, sind unmittelbar verbunden mit dem Festhalten an den alten Glaubensmustern, die Euch längst nicht mehr dienen. Ihr fühlt diese Schmerzen in Eurem physischen Körper, damit sie Euch daran erinnern loszulassen, den Griff zu lockern und das Festhalten zu (er)lösen. Es sind Schmerzen des alten Glaubens an Schuld und der Art und Weise, wie Ihr dachtet, dass die Dinge zu sein hätten. Loslassen erlaubt der Göttlichkeit hereinzukommen.

Eure größte Herausforderung wird die Erinnerung an jene Zeit sein, in welcher Ihr Euch am äußersten Rand des ALLES, WAS IST bewegtet. Hier war es, wo Ihr das uranfängliche Rumoren der Dualität und der Trennung empfunden und Ihr das Vertrauen in Spirit verloren habt. Genau das wird zurückkehren und Euch gerade jetzt herausfordern. Es geht nicht um Eure vergangenen Leben. Es geht nicht einmal um dieses Leben. Die Albträume, die Ihr habt, handeln von einer anderen Zeit und einem anderen Ort. Sie handeln von diesem ursprünglichen Gefühl, als würde Euch der Boden unter den Füßen weggezogen. Wir erinnern Euch daran und bitten Euch gleichzeitig, Eurem Selbst zu vertrauen. Darin besteht die Herausforderung.

Ihr befindet Euch im Klassenzimmer der neuen Energie. Ihr seid diejenigen, die sozusagen am Außenrand der Schöpfung die Erfahrungen machen. Und wieder erzeugt dies ein Gefühl von Angst und Unsicherheit, denn Ihr erinnert Euch, wie es damals war, als Ihr Euch am äußersten Rand bewegtet. Und nun befindet Ihr Euch schon wieder dort! Doch gleichzeitig wissen wir, während unseres Zusammenseins hier als Familie, welch ebenso große Freude und großartiger Lohn Euch damit zuteil wird. Jede Lektion, die wir hier in diesem Klassenzimmer durchnehmen, wird Eure Kernebene mit wichtigen Erfahrungen und wichtigen Erkenntnissen versorgen und unterstützen. Zusammengenommen werden sie Euch helfen zu verstehen, wie Ihr leben und in solch einer Weise erschaffen könnt, wie es Euch noch nie zuvor hier auf Erden möglich war. Jeder einzelne Prozess, den wir mit Euch durchgehen, wird Euch dem einen Schritt näher bringen, ein derart neuer Schöpfer zu sein, wie es Euer Universum, wie es das ALLES, WAS IST noch niemals zuvor gesehen hat!

Vielleicht hört sich das alles grandios an - und aus diesem Grund fließen unsere Tränen, sobald wir Euch die Geschichte von Susan erzählen. Es ist die Geschichte eines jeden Einzelnen von Euch. Vielleicht hört sich das alles grandios an und aus diesem Grund strahlen wir jetzt gerade so sehr, Euch anschauend und wissend, welche Arbeit Ihr vollbringt.

Liebe Freunde, wir lieben Euch so tief. Wir möchten Euch so wie jedes Mal daran erinnern, dass Ihr auf Eurer Reise niemals allein seid.

Du bist gerade inmitten Deiner Familie, von der ein Teil WIR SIND.

Und so ist es.

Lektion Drei

Lebe im göttlichen Augenblick

Und so ist es, liebe Lehrende, dass wir Euch heute wieder willkommen heißen, hier im Unterrichtsraum der neuen spirituellen Energie der Erde. Wir heißen Euch heute willkommen im Crimson Circle, in dem gerade eine Feier stattfindet, und Ihr könnt sicher sein, dass in den Stuhlreihen getanzt wird. Diese Energie hier ist wahrlich heilig und göttlich! Wir werden heute Lektion drei der Schöpfer-Serie mit Euch besprechen. Doch bevor wir das tun, gibt es noch ein paar andere Dinge, über die wir mit Euch reden möchten.

Wir bitten Dich jetzt tief zu atmen. Atme tief in Dein ganzes Sein, oben vom Scheitel durch Deinen gesamten Körper hindurch bis hinunter in Deine Zehen. Atme tief und erlaube dieser göttlichen, Dir innewohnenden Energie sich zu entfalten. Erlaube ihr, sich in jeder Deiner Körperzellen zu entfalten. Erlaube ihr, sich in jedem einzelnen Deiner Moleküle, in jedem Teil Deines Wesens zu entfalten. Dies, was Ihr Eure Göttlichkeit nennt, dies, was Ihr den Gott in Eurem Inneren nennt - es war jederzeit in Euch vorhanden, liebe Freunde. Es hat schon immer in Euch existiert, doch es wartete auf den angemessenen Zeitpunkt, sich entfalten zu können. Und wie Ihr wisst, ist dieser angemessene Zeitpunkt jetzt gekommen. Es ist so weit! Aus diesem Grund versammeln wir uns alle hier in diesem Klassenraum. Darum lesen Zehntausende dieses Material, um zu verstehen, was in ihrem Inneren geschieht, um die Transformation zu verstehen, die sich in ihnen vollzieht.

Oh, liebe Lehrende, es ist für jene von uns, die sich auf der anderen Seite des Schleiers befinden, eine große Freude, nun hier zu sein, eingeladen in Euren Raum. Viele Wesenheiten versammeln sich jetzt hier, viele Wesenheiten, die sich in diesem Augenblick in unseren Zweiten Kreis hineinbewegen. Ihr, die menschlichen Engel, bildet den Ersten Kreis. Wir, von der anderen Seite des Schleiers, bilden den Zweiten Kreis. Und jetzt bewegen wir uns in Euren Kreis hinein, um unsere Energie mit der Euren zu verschmelzen. Wir verschmelzen uns mit Euch. Wir teilen diesen neuen Raum mit Euch, den Ihr gerade mit erschafft. Wir verbinden uns mit Euch in tiefer Freude. Wir verbinden uns mit Euch und all unsere Gesichter lächeln und strahlen!

Es ist für uns nicht immer so einfach, den Menschen derart nahe zu kommen, denn wenn der Schleier dicht ist, wenn die Türen verschlossen sind, ist es nicht so leicht, an Eurer Seite zu sein. Doch wenn Ihr so wie hier jetzt zusammenkommt mit der Absicht, zu lernen und zu wachsen und die Energie des Inneren sich entfalten zu lassen, dann können wir förmlich hereinfluten. Wir können hereinfließen und an Eurer Seite stehen. Wir können einen kleinen Augenblick Eurer Zeit mit Euch teilen. Und genau das tun wir gerade jetzt.

Gestatte es Dir, diesen besonderen Moment zu fühlen. Gestatte es Dir, jene zu fühlen, die Teil Deines Gefolges sind. Gestatte es Deinem göttlichen Gefolge hereinzufließen, um ganz nah an Deiner Seite zu sein. Wir danken Dir für Deine Arbeit. Wir wissen um die Schwierigkeiten, um den Schmerz und um den Kampf auf Deinem Weg. Wir versichern Dir, dass all dies einem weitaus großartigeren Zweck dient. Wir versichern Dir, dass es einen Sinn gibt in dem, was Du tust. Es gibt einen höheren Zweck und es gibt Ziele und Ergebnisse.

Nun ist hier eine besondere Wesenheit anwesend, die heute hereingekommen ist, um an Eurer Seite zu sitzen, um ganz nah bei Euch zu sein. Ihr kennt sie recht gut, vielleicht so gut, dass Ihr nur schwer einen energetischen Unterschied wahrnehmen könnt. Diese Wesenheit, die für Euch hier hereingekommen ist, scheint irgendwie müde, irgendwie vom Kampf gezeichnet zu sein, doch voller Freude, voller Dankbarkeit und ganz bestimmt voller Liebe.

Wir haben schon zuvor in diesem Kreis von all Euren vergangenen Leben gesprochen und von all den Wesenheiten, die Ihr in der Vergangenheit gewesen seid. Sie sind bereits früher in dieser Runde erschienen. Wir haben zugesehen, wie sie vorbeizogen. Wir haben zugesehen, wie sie nach Hause auf unsere Seite des Schleiers zurückkehrten. Wir haben zugesehen, wie Ihr sie aus der Energie der Erde entlassen und verabschiedet habt. Wir haben zugesehen, wie sie Euch dankten für die Arbeit, die Ihr in diesem Leben vollbringt.

Und nun ist diese Wesenheit hier, die so nah bei Euch sitzt und ebenfalls ihre Reise und ihre Erfahrungen und ihre Zeit auf der Erde hinter sich hat. Fühlt diese Energie neben Euch. Fühlt diese enge Liebesverbindung, die zwischen Euch besteht. Liebe Freunde, diese Wesenheit, die Euch hier heute im Ersten Kreis besucht, die jetzt neben Euch sitzt und darauf wartet, wieder entlassen zu werden, die bereit ist, wieder auf diese Seite des Schleiers zurückzukehren, ist genau die Person, die Ihr in diesem Leben gewesen seid, bis jetzt. Es ist diese Person, die vor 30, 40, 50 oder noch mehr Jahren Eurer Zeitrechnung geboren wurde. Es ist die Person, mit der Ihr Euer „ICH“ identifiziert habt, die Person, die denselben Namen trägt, der in Eurem Führerschein steht. (Kichern) Diese Wesenheit kam heute hier herein - und Ihr hattet gedacht, dass Ihr bereits auf Eurem Stuhl sitzen würdet! Liebe Freunde, Ihr befindet Euch tatsächlich in einem aufgestiegenen Status. Ihr habt so viele Veränderungen in Eurem Leben vollzogen! Und nun ist diese Person, die Ihr all die langen Jahre Eures Lebens gewesen seid, bereit heimzukehren.

Und eine neue Wesenheit, eine neue Persönlichkeit, ein neuer Geist geht daraus hervor und erhebt sich. Das ist, wer Du jetzt bist, befreit von alten Verträgen, befreit von altem Karma; vor Dir Dein neues „Buch des Lebens“, ein „Buch des Lebens“, welches nichts außer leeren Seiten enthält, die darauf warten, von Dir und Deinen neuen Schöpfungen gefüllt zu werden!

Oh, meine Lieben, nehmt jetzt dieses „Ich“, das neben Euch sitzt, voller Liebe in den Arm! Denn seine Reise war lang, schwierig und anstrengend. Es ist bereit, auf diese Seite des Schleiers zurückzukehren, heimzukehren. Umarmt dieses „Ich“ neben Euch liebevoll, denn es trägt jenes Gesicht, welches Ihr jeden Morgen Eures Lebens im Spiegel betrachtet habt. Umarmt dieses „Ich“, das jetzt neben Euch sitzt liebevoll, denn es hat so vieles ausgehalten und ertragen. Es ist jener Aspekt von Euch, der das letzte Kapitel Eures Lebensbuches geschrieben hat, indem er durch all die Schwierigkeiten und Nöte der frühen Jahre hindurchging und sich so für den härtesten aller Wege entschieden hat. Er ist jetzt bereit heimzugehen. Meine lieben Freunde, dankt diesem Anteil dafür, dass er im Namen Eurer ganzen Seele so viel ertragen und auf sich genommen hat, im Namen Eurer ganzen Seele!

Nun, die Erinnerungen daran werden Euch noch eine Weile begleiten. Doch seine Energie verlässt Euch nun, um den Weg für Euer neues göttliches Selbst freizugeben, welches dabei ist, in Erscheinung zu treten und sich zu entfalten. Ihr wisst, all diese Eure „Ichs“ warten schon seit geraumer Zeit darauf, gehen zu dürfen. Ihr konntet dieses Drängen und Ziehen fühlen, doch sie konnten nicht eher gehen, bis dass Eure eigene Göttlichkeit derartig erwacht war, diesen neuen menschlichen Engel hervorzubringen. Sie bitten Euch, bevor sie gehen, nur noch um eines. Sie bitten Euch darum, sie zu achten und zu ehren, sie anzuerkennen und ihnen zu danken. Sie bitten Euch zu verstehen, dass alles, was geschehen ist, und alles, was erfahren wurde, in und aus Liebe geschah, damit die alten Lebenszyklen abgeschlossen werden konnten. Darum achtet und ehrt Euch selbst! Liebt Euch selbst!

Umarmt sie jetzt liebevoll und dankt ihnen für alles, was sie getan, für alles, was sie gegeben haben. Ihr seid nun so weit weiterzugehen und Ihr seid nun so weit, Euer neues Haus wirklich allmählich zu verstehen. Es war nicht möglich, liebe Freunde, Eure Vergangenheit in Euer neues Haus mitzunehmen. Dort ist sie lediglich Erinnerung. Dort besteht sie lediglich aus Gedanken und Erfahrungen. Und in Eurem neuen Haus ist es an der Zeit, das alte Selbst, von dem Ihr dachtet, dass Ihr es seid, ebenfalls freizulassen.

Und da wundert Ihr Euch über die Veränderungen, die Eure Biologie durchgemacht hat. Und Ihr wundert Euch über diese Gefühle kürzlich, als Ihr dachtet, dass Ihr wahrscheinlich den Verstand verlieren würdet. (Kichern) Ihr fragt Euch, woher dieses Gefühl der Desorientiertheit kommt.

Ihr fragt Euch, warum andere Menschen Euch nicht einmal mehr wahrnehmen! Ihr wundert Euch, warum es Euch manchmal so erscheint, als wärt Ihr wie unsichtbar! Das ist, weil Ihr gegangen seid. Das alte Ich ist verblasst, damit das neue göttliche Selbst seine Stelle einnehmen kann.

Ihr wundert Euch, warum Ihr manchmal, wenn Ihr in einer Schlange steht, einfach ignoriert werdet, als ob Ihr gar nicht existieren würdet. Ihr wundert Euch, warum Eure Bestellung im Restaurant vergessen wird! Liebe Freunde, das liegt daran, dass das alte Selbst, welches Ihr im Spiegel gesehen habt, seit einiger Zeit verschwunden ist, um den Platz bereitzustellen für die erneuerte Inkarnation des Selbst. Dieses neue Selbst ist in keiner Weise an Karma und Verträge gebunden. Es ist nicht an die Vergangenheit gebunden, sondern lebt ausschließlich in der Gegenwart, im Jetzt!

Meine lieben Freunde, dies ist ein heiliger, sehr gesegneter Übergang und Wechsel! Wir werden für einen Moment innehalten und Cauldre (Geoffrey Hoppe) bitten zu schweigen, während Ihr die wahre Liebe desjenigen wahrnehmen könnt, der neben Euch sitzt. Erlaubt es Euch, diese zu fühlen, bevor wir weitermachen.

* * * *

Hier wartet ein Geschenk, welches dieses (*Dein*) „Ich" Dir jetzt überreichen möchte. Cauldre, hast Du Dich nicht gewundert, warum wir Dich heute gestoppt haben, als Du zur Tür (Deines Hauses) hinaus wolltest? Hast Du Dich nicht gewundert, warum wir Dich baten, das Schwert der Wahrheit, das Excalibur, zum ersten und einzigen Mal mit in diese Gruppe zu bringen? (*Das Schwert wurde vor dem Treffen auf einem Umhang platziert.*) Dieses Ich, welches neben Euch sitzt, überreicht jetzt das Schwert der Wahrheit an Dich, das Schwert der Ermächtigung, das Schwert, welches schon von jeher die Quelle der Wahrheit, der Kraft und Macht gewesen ist, bis auf den heutigen Tag.

Dieses Schwert ist tatsächlich das Einzige, was Ihr mit in Euer neues Haus nehmen werdet. Es ist das Einzige, was in der Galerie Eures neuen Hauses an der Wand hängen wird, um Euch an all das, was Ihr wart, und den ganzen Weg, den Ihr gegangen seid, zu erinnern. Es hängt dort, um all diese Erfahrungen zu würdigen und zu ehren, die Euch diese Erde ebenso wie die gesamte Schöpfung ermöglicht hat, bis hierher an diesen Zeitpunkt zu gelangen.

All das ist einfach. All das ist symbolisch. Und jetzt ist es an der Zeit, all das anzunehmen, es zu akzeptieren und die Fackel von einem Sein zum nächsten zu überreichen. Für gewöhnlich geschieht dies zwischen den Lebenszeiten, sobald Ihr Euren physischen Körper verlasst. Das neue Schwert wurde Euch bisher überreicht, bevor Ihr in der nächsten Inkarnation zur Erde zurückkehrtet. Doch jetzt wird es Euch überreicht, noch während Ihr hier sitzt, noch während Ihr im selben Körper bleibt; einem Körper allerdings, der sich schon sehr bald verändern wird! Nehmt all das an, was Ihr seid, nehmt all das an, was Ihr gewesen seid, akzeptiert die Wahrheit.

* * * *

Nun zu Lektion drei der Schöpfer-Serie.

Wir sind diese Lektionen langsam mit Euch durchgegangen. Wir haben Euch in Lektion eins und in Lektion zwei und nun in Lektion drei mit den grundlegenden Energien der Schöpfer-Serie bekannt gemacht. Intuitiv wusstet Ihr (um) all das bereits. Intuitiv wart Ihr Euch all dessen bewusst, doch war es notwendig, diese Konzepte hier noch einmal grundlegend, als Fundament darzustellen. Vielleicht sind dies für Euch keine furchtbar spannenden Lektionen (Kichern), doch bilden sie das Fundament für das, was noch folgt. Wir werden vier verschiedene Unterrichtseinheiten präsentieren, wobei jeder Block drei individuelle Lektionen enthält. Heute werden wir Lektion drei vorstellen, welche somit das erste Viertel beendet.

Um Euch dabei zu helfen, ein wenig mehr Eure Schöpfernatur zu begreifen, zu verstehen, wie die Dinge erschaffen sind, gehen wir nun zurück in eine Zeit, als Ihr Euch noch im Ursprungskreis befandet, als Ihr Euch noch in der Ersten Schöpfung befandet. Dort verfügtet Ihr über gewisse schöpferische Kräfte und Fähigkeiten. Wir sagen „gewisse“, denn sie waren auf bestimmte Art begrenzt - schwierig zu beschreiben - doch existierten grundlegende Parameter, die bestimmten, in welcher Form Schöpfung im Ersten Kreis möglich war. Eure Reise führte Euch bis an den Rand des Ersten Kreises, an die Außenkante der Schöpfung, über die Ihr Euch dann hinausbewegt habt. Und schließlich gelangtet Ihr an diesen Ort namens Erde.

Doch Eure wahre Schöpferkraft war in der starken Energiedichte der Dualität vor Euch verborgen. Und dafür gab es einen Grund. Ein Teil des Grundes ist der, dass der Zweite Schöpfungskreis, der Kreis der Erdenergien und Eures physikalischen Universums, außerhalb des ALLES, WAS IST existiert. Ihr handhabt eine Energie namens „Dualität“, welche die zwei gegensätzlichen Seiten beinhaltet, die Ihr als das „Licht“ und die „Dunkelheit,“ als das „Gute“ und das „Böse“ bezeichnen würdet; mit den beiden entgegengesetzten, sich spiegelnden Gesichtern.

Als Ihr Euch aus dem ALLES, WAS IST hinausbewegtet, fandet Ihr Euch in einer Leere wieder und Ihr verwandeltet diese Leere in eine Realität. Um in dieser neuen Umgebung erschaffen zu können, bestand jedoch die Notwendigkeit für Euch, alles in eine Zukunft hinein zu projizieren. Es bestand die Notwendigkeit, Euch in diese Leere hineinzubegeben und auf der Basis Eurer Vorstellungen und Gedanken, was einmal sein könnte, zu erschaffen.

Mit anderen Worten, Ihr habt Euer Selbst immer in eine Zukunft hineinprojiziert. Diese Schwingung erschuf den Pfad für Euer „Morgen“. So war Euer Weg, seit Ihr Euer Zuhause verlassen habt. Ihr wart gebunden an die Erinnerungen der Vergangenheit (Karma) und Ihr kreiertet die Zukunft, indem Ihr Euch selbst in Euer Morgen hineinprojiziertet. Und auf diese Art erschafft die Mehrzahl der Menschen ihre Zukunft auf der Erde noch immer. Die tatsächlich eintretende Zukunft entsteht durch eine Art Abgleichung (Assimilation) der Schwingungsfrequenz aller Menschen auf der Erde.

Wir haben schon zuvor erwähnt, dass Spirit den Ausgang (das Resultat) der Vorgänge nicht kennt. Das ist so, weil die Zukunft jetzt nicht existiert! Es existiert kein im Voraus geplantes Labyrinth oder ein Hindernislauf, den Ihr zu durchlaufen habt in der Hoffnung, das Ziel zu finden. Nein, tatsächlich nutzt ein jeder von Euch die Leere und das Nichts und transformiert sie in eine neue Realität, basierend auf der Schwingungsfrequenz Eurer sich in die Zukunft richtenden Gedanken.

Um Euch zu helfen, all dies etwas besser zu verstehen, werden wir jetzt eine kleine Geschichte erzählen.

Es war einmal ein Seemann namens Aaron, der von seiner Regierung beauftragt wurde, hinauszufahren und neue Orte und Länder für das Königreich zu entdecken. Es wurden ihm eine Mannschaft und ein Schiff gegeben und er wurde mit Vorräten versorgt. Er wurde angewiesen, innerhalb eines Jahres, nachdem er diese neuen Länder entdeckt hatte, zurückzukehren.

Und so stach Aaron in See. Er sprach mit seiner Mannschaft, erteilte Anweisungen und unterrichtete sie über die Einzelheiten seiner Pläne. Er erklärte ihnen, wie er die Takelage der Masten gerichtet und die Segel gesetzt haben wollte. Er erklärte ihnen, wie das Schiff zu funktionieren hatte. Als sie zum ersten Mal auf See waren, kam ihnen zunächst noch alles bekannt vor. Doch als sie immer weiter aufs offene Meer gelangten, segelten sie schließlich durch ganz neue, unbekannte Territorien.

Nun, Aaron und seine Mannschaft arbeiteten meistens mit den Kräften der Natur und manchmal auch gegen sie. Sie nutzten den Wind, die Strömung und die Wellen, um voranzukommen. Hin und wieder zogen Stürme auf, gegen die sie anzukämpfen hatten.

Nacht für Nacht arbeitete Aaron mit seinem Kompass, um die Fahrtrichtung festzulegen, ob sie nun nach Osten oder Westen oder Norden oder Süden segeln sollten. Während sie in diese neue Territorien vordrangen, durchlebten sie viele Prüfungen und mühselige Widerstände. Aaron führte Buch über ihre Fortschritte und er schmiedete die Pläne für den nächsten Tag. Unaufhörlich suchte er mit seinem Teleskop den fernen Horizont nach richtungweisenden Hinweisen ab. Sie würden an neuen Inseln anlegen und die dortige Umgebung sowie deren Energievorkommen untersuchen. Sie würden neue Vorräte und Nahrungsmittel sammeln sowie neue Menschenrassen kennen lernen.

Schon während der ganzen Zeit ihrer Reise hatte Aaron das beunruhigende Gefühl, nicht wirklich Neuland zu entdecken. Er spürte, dass das Schiff nicht weit genug abseits segelte, um die exotischen Länder zu finden. Er hatte das Gefühl, als ob die Orte, die sie erkundeten, sich lediglich in Nuancen von den vorherigen unterschieden. Dennoch setzte er seine Reise fort. Weiterhin nutzte er den Wind, um sein Schiff voranzubringen. Er wies seine Mannschaft an, härter zu arbeiten. Die Tage und die Nächte waren lang und schwierig, es war ein Kämpfen und Ringen. Viele von seiner Mannschaft wurden krank. Einige starben während der Reise. Es gab auch Kämpfe mit Inselstämmen, die ihnen nicht unbedingt freundlich gesinnt waren. Die Reise war schwierig und forderte ihren Tribut.

Als sie nach Ablauf des Jahres zurück nach Hause segelten, sah sich Aaron die mitgebrachten Schätze an. Er betrachtete die neuartigen Nahrungsmittel, die neuartigen Waren und er dachte bei sich: „Ich habe das Ziel erreicht, aber wirklich erfüllt bin ich nicht; wirklich zufrieden bin ich nicht, denn wir haben teuer dafür bezahlt." Einige seiner Männer waren nicht mehr zurückgekehrt. Viele waren noch immer krank. Viele waren verbittert und mit Narben übersät. Und so endete Aarons Reise. Und so endete auch sein Leben auf der Erde.

Nun, Aaron kehrte in seiner nächsten Inkarnation erneut als Seemann zurück. Er kehrte zurück und durchlebte in seiner Kindheit all jene Dinge, die es ihm ermöglichten, ein neuartiger Seemann in einer neuartigen Energie zu werden. Als Aaron älter wurde, war er bereit, erneut loszusegeln. Doch dieses Mal besaß er keine komplette Mannschaft. Diesmal entschied er sich, allein loszuziehen. Er beschloss, diesmal nicht im Auftrag eines Königreichs und auch nicht für irgendeine Regierung zu arbeiten, sondern nur für sich allein zu reisen. Er baute sich ein Schiff, das genau richtig für die Reise war, die er antreten würde.

Auf der Ebene seines zellularen Bewusstseins existierten viele versteckte Erinnerungen an das, was er in seinem vorherigen Leben als Seemann und Erforscher gelernt hatte. Als Aaron mit seinem neuen Schiff in See stach, ließ er seinen Kompass zu Hause. Er ließ seine Vorräte zu Hause. Er ließ auch seine Karten und Papiere zu Hause. Und als er sich auf offener See befand, kämpfte er nicht wieder gegen die Strömung und gegen den Wind an, sondern er setzte einfach seine Segel und ließ es zu, auf einen neuen Kurs gebracht zu werden.

Während der ersten Tage seiner Reise war Aaron nervös und ängstlich, denn er dachte, dass das einfache „Zulassen“ seiner Fahrt ihn möglicherweise in ein Unglück führen würde. Das „Zulassen“ würde möglicherweise sein Schiff nehmen und es an den Felsen zerbersten lassen. Doch er ließ dies los. Er vertraute. Gewiss, die Winde und die Strömungen begannen ihn allmählich auf einen anderen Weg, in eine andere Richtung zu führen. Doch Aaron lebte von einem Tag auf den anderen und machte sich weder Gedanken darüber, Buch über die Fortschritte seiner Vergangenheit zu führen noch seinen Kompass zu benutzen, der ihm die zukünftige Richtung zeigen sollte.

So lebte er Tag um Tag, indem er es seinem Schiff in aller Ange-messenheit erlaubte, dorthin geführt zu werden, wo es hin sollte. Es gab Zeiten, in denen Aarons Verstand meinte, der eingeschlagene Weg scheine nun doch nicht der richtige zu sein. Doch Aaron wusste, dass er alles so lassen sollte, wie es war.

Aaron lernte, nur im gegenwärtigen Moment zu leben. Und jeweils zur richtigen Zeit wurde er an die Ufer großartiger neuer Länder getragen, wunderbarer, bedeutender Länder, Länder angefüllt mit Dingen, die er sich zuvor nicht einmal hätte vorstellen können. Oh, das waren nicht die kleinen Inseln, die er in seinem letzten Leben erkundet hatte! Dies waren sehr große neue Länder mit neuen Energien, neuen Möglichkeiten, neuen Kräften und Mächten. Er ließ es zu, von seinem Schiff in derart neue Länder, zu derart neuen Entdeckungen geführt zu werden, die noch jenseits seines Verständnisses lagen!

Indem er seine Werkzeuge der alten Energie beiseite legte, wurde er von den Strömungen und den Winden an diese neuen Orte gebracht. In diesen neuen Ländern erhielt er viele Geschenke, Geschenke des Verständnisses und der Weisheit, Geschenke der Selbstermächtigung, Geschenke des Mit-Schöpfertums sowie die Geschenke des Friedens, der

Liebe und der Freude. Er nahm diese Geschenke mit sich, als er in seine Heimat zurückkehrte.

Wann immer ihm Menschen begegneten und nach diesen Geschenken fragten, erklärte er einfach, dass er an neuen und wundervollen Orten gewesen sei. Er erklärte, dass er wie von einer göttlichen Hand geführt worden sei, und er wusste, es war seine eigene göttliche Hand gewesen! Er brachte diese ganzen Geschenke mit zurück und teilte sie mit den Menschen seines Heimatlandes. Und so trug sich die Geschichte von Aaron zu.

Es ist einfach, liebe Freunde. Es ist wirklich einfach! Versucht es nicht immer so kompliziert zu machen. Lektion drei der Aufstiegs-Reihe-das, was Aaron auf seiner Reise lernte-, lautet: „LEBE IM GÖTTLICHEN MOMENT".

Es ist wirklich so einfach und gleichzeitig liegt so viel Kraft und Macht darin! Viele Inkarnationen brachtet Ihr damit zu, in die Zukunft hinein zu erschaffen, aus der Leere heraus in eine Zukunft hinein zu erschaffen. Nehmt Euch einen Moment Zeit, um über das nachzudenken, was wir hier sagen.

Ihr habt ständig in Gedanken damit gelebt, wie Eure Zukunft, Euer Morgen wohl sein würde. Dies war angemessen. Und für viele Menschen auf der Erde ist dies noch immer angemessen. Doch sobald Ihr in der Neuen Energie zu Schöpfern werdet, werdet Ihr die Wichtigkeit des „Leben im göttlichen Moments" verstehen lernen, dieses Moments, der Jetzt ist! Viele Male werdet Ihr versucht sein, in der Zukunft zu leben, Euch auszumalen, wie Euer Morgen sein wird. Ihr werdet in Versuchung geraten, Angst vor dem Morgen zu haben und alle möglichen Szenarien in Eurem Kopf zu kreieren. Doch als die neuen Schöpfer in dieser Neuen Energie werdet Ihr viel Kraft darin finden, im göttlichen, gegenwärtigen Moment zu leben, welcher das Jetzt ist.

Es mag schwierig sein zu begreifen, wie Ihr ein Schöpfer sein könnt, ohne Eure Gedanken und Schwingungen in die Zukunft zu schicken! Doch, liebe Freunde, sobald Ihr lernt, alle Dinge so zu akzeptieren, wie sie sind

(Schöpfer-Serie, Lektion eins), sobald Ihr lernt, Euer Mensch-Sein zu akzeptieren (Lektion zwei) und lernt, „Im göttlichen Moment zu leben“ (Lektion drei), werdet Ihr ebenso wie Aaron fähig sein, Euch an Orte zu begeben, die Ihr Euch niemals hättet vorstellen können. Dies sind Orte, die Ihr in Eurem menschlichen Verstand nie hättet verzeichnen (kartographieren) und nie hättet entwerfen können. Sobald Ihr diese neuen Orte aufsucht, werdet Ihr beginnen diese neue Kraft, diese neue Macht aus dem Inneren zu verstehen. Ihr werdet beginnen diesen neuen Weg des Erschaffens zu begreifen.

Oh, wir wissen, dass Euch dies noch mehr herausfordern wird als die zwei vorherigen Lektionen! Nachts liegt Ihr wach und projiziert in die Zukunft. Des Nachts liegt Ihr wach und sorgt Euch darum, was sein wird. Des Nachts liegt Ihr wach und plant, wie Ihr morgen wahrhaft sein möchtet. „Im göttlichen Moment zu leben“ wird schon eine gewisse Herausforderung für Euch bedeuten, um es einmal vorsichtig auszudrücken!

Nehmt Euch nun diesen Moment Zeit, um zu erfahren, wie sich ein göttlicher Moment anfühlt, denn Ihr befindet Euch gerade jetzt in einem. Der göttliche Moment ist jetzt. Der göttliche Moment urteilt nicht. Der göttliche Moment ist in sich vollkommen. Es gibt nichts, mit dem man ihn füllen müsste. Er ist ein stiller, friedvoller Ort. Der göttliche Moment ist ein Raum, in dem Ihr eine Liebe fühlen könnt, die Euer ganzes Sein reinigend durchflutet. Der göttliche Moment wird nicht von der Vergangenheit beeinträchtigt. Er beinhaltet auch keinen Entwurf für die Zukunft. Er ist ganz einfach im Jetzt gegenwärtig. Und er ist in jeder Weise perfekt. Dies ist ein wahrhaft göttlicher Moment, in dem es keine Wünsche und Bedürfnisse mehr gibt. Ihr Seid Alles, Was Ihr Seid.

Nun die Lektion drei: „Lebe im göttlichen Moment“. Wie schon bei Lektion eins und zwei so werdet Ihr wahrscheinlich auch hier eine Tendenz verspüren, die Euch in unterschiedliche Richtungen zieht. Wahrscheinlich habt Ihr immer wieder die Tendenz, Euch doch wieder einmal Sorgen um die Zukunft zu machen oder vielleicht über die Schwierigkeiten der Vergangenheit nachzudenken. Kommt, stellt Euch wieder auf die andere Seite der kleinen Mauer Eures neuen Hauses, nehmt alle Dinge genau so, wie sie sind, nehmt Euer Mensch-Sein an, seht, wie perfekt es ist, und lebt im göttlich gegenwärtigen Moment. Oh, aber Ihr sagt: „Tobias, was ist hiermit? Was ist damit? Was, wenn dies passiert? Was, wenn jenes passiert, was dann?" Meine lieben Freunde, verbringt einige Zeit im göttlichen Moment und Ihr werdet sehen, was geschieht!

Denn sobald Ihr Euch im göttlichen Moment befindet, geht eine andere, eine neuartige Schwingung von Euch aus. Diese zieht alle Dinge an, die Ihr braucht. In der Vergangenheit musstet Ihr nach all diesen Dingen suchen, um über sie verfügen zu können; Ihr musstet nach Eurer Fülle suchen, Ihr musstet sogar nach Eurem Glück, nach Eurer Freude und Eurem Partner suchen. Ihr musstet hinausgehen in die Leere einer Zukunft, um darin eine neue Realität zu erschaffen. So wurde bisher die Realität geformt, doch Ihr als die neuen Schöpfer werdet *(im Jetzt)* einen neuen Weg entdecken.

Stellt Euch in Eurem Inneren eine Stimmgabel vor, mit der Seite zum Halten nach oben und den zwei Enden nach unten. Eine Stimmgabel also. Nun, in der alten Energie vibrierten beide Enden unterschiedlich. Sie repräsentierten jeweils einen Aspekt der Dualität und aus dem Grund gibt es dort zwei Enden. Sie vibrierten nicht synchron; sie schwangen auf verschiedenen Frequenzen. Dies war absichtlich so, damit Ihr die Dualität, die Auswirkungen von Licht und Dunkelheit erfahren konntet.

Die Messung der Energieausstrahlung eines jeden Endes betrug im Verhältnis zueinander ungefähr 1/3 zu 2/3. Ein Gabelende vibrierte mit der Energie und der Resonanz von einem Drittel des Ganzen. Das andere vibrierte mit zwei Dritteln des Ganzen. Diese Schwingungsfrequenzen verschoben sich zeitweilig und manchmal veränderten sie sich auch sehr, doch im Durchschnitt betrug das Verhältnis der Energien in der Dualität 1/3 zu 2/3.

Es gab Inkarnationen, die sich zu 2/3 in der Dunkelheit und zu 1/3 im Licht gründeten. Die zwei Enden der Stimmgabel erzeugten ihren jeweiligen Ton absichtlich - voller Absicht hatten sie eine unterschiedliche Schwingungsfrequenz, damit zwischen beiden eine Reibung verursacht werden konnte. Oh, und Ihr habt Euch gewundert, warum Euer Leben in jenen Zeiten so schwierig war! Diese Reibung der Vibrationen wurde insbesondere dazu aufgebaut, um Erfahrungen zu machen, um Verständnis zu entwickeln und um dieses Spiel der Dualität überhaupt spielen zu können.

Sobald Ihr jedoch im göttlichen Moment lebt, besteht keinerlei Notwendigkeit mehr für die gegenteiligen Elemente der Dualität, noch dafür, dass die zwei Enden Eurer Stimmgabel unterschiedlich schwingen. Sobald Ihr im göttlichen Moment lebt, können die Energien dieser beiden wieder synchron vibrieren. Sie beginnen dann auf derselben jeweils angemessenen Frequenzebene zu schwingen. So besteht dann keinerlei Notwendigkeit mehr für ein Verhältnis von 1/3 zu 2/3.

Stellt Euch in Eurem Inneren eine Stimmgabel vor. Stellt Euch vor, sie sei ein Teil Eures Seins. Sie schwang bisher wohl überlegt und bewusst ungleich. Bis jetzt gab es diese Art von Reibung der Vibrationen. Stellt Euch vor, wie die Stimmgabel in Eurem ganzen Sein nun harmonische Töne hervorbringt, da sie jetzt im Einklang mit sich selbst singt (*die Schwingung des einen Endes mit der des anderen)*. Liebe Freunde, erlaubt nun in diesem Moment der Dualität in Euch die Rückkehr in die Harmonie, erlaubt ihr wundervolle Töne zu singen anstelle jener Töne, die noch die Reibung der Dualität in sich tragen. Sobald Ihr im göttlichen Moment lebt und der Dualität gestattet, in Harmonie zu schwingen - voller Schönheit und Freude - wird sie eine neue Balance finden.

Sobald Ihr im göttlichen Moment lebt, werden alle Dinge, die Ihr benötigt, und alle Dinge, die Euch entsprechen, ganz wie von selbst zu Euch kommen. Sie werden zu Euch kommen! Es ist nicht mehr notwendig für Euch, nach ihnen zu suchen. Es ist nicht mehr nötig, sie in Eure Realität zu zwingen. Ihr werdet auf eine ganz neue Art erschaffen. Ihr werdet auch weiterhin aus der Leere die Wirklichkeit erschaffen, doch völlig neuartig, in einer wirklich kraft- und machtvollen Weise.

Die beiden Enden Eurer Stimmgabel repräsentieren die DNS, die zwei bekannten DNS-Stränge, welche die Doppelhelix bilden. Es gibt dort einen „lichten" und einen „dunklen" beziehungsweise einen „positiven" und einen „negativen" Strang. Diese beiden Stränge vibrierten bisher nicht synchron, schwangen nicht im Gleichklang. Sie operierten auf verschiedenen

Frequenzen, die gegenseitige Reibung verursachten. Dies sollte Euch dabei helfen, die Dualität zu begreifen, zu verstehen. Auf der Kernebene Eurer DNS beginnen diese beiden Stränge nun miteinander im Einklang zu arbeiten. Und sobald sie das tun, wird diese Schwingung alle Dinge anziehen, die Eurem Leben angemessen sind. Sobald sie das tun, wird diese Schwingung ebenso dabei helfen, die Narben der Vergangenheit zu heilen. Es wird den in Euch stattfindenden Prozess des Alterns umkehren. Körperliche und emotionale Wunden werden heilen. Lebt einfach nur in diesem göttlichen Moment.

Zusätzlich zu den zwei bekannten DNS Strängen existieren noch zehn weitere sekundäre Stränge. Um jeden primären Strang herum existieren zwei weitere sekundäre Stränge, welche diesen umschließen. Und um dieses Bündel herum existieren wiederum weitere magnetische DNS-Stränge, die dieses ebenfalls umschließen und umfassen. *(A.d.Ü.: Live-Channeling: Sobald die beiden Primär-Stränge wieder in harmonische Schwingung zueinander finden, wird das auch die Interaktion der anderen magnetischen Stränge beeinflussen und verändern. Es wird den gesamten Aufbau aller Stränge verändern hin zu Harmonie und innerem Gleichklang. Dies wird alle Dinge, die von uns gebraucht werden, unmittelbar wie magnetisch und auf kraftvolle Art und Weise anziehen.)*

Ihr geht durch viele Veränderungen hindurch. Ihr entlasst viele Probleme und Schwierigkeiten aus dieser Lebenszeit. Dies erlaubt Eurer Göttlichkeit, die schon immer in Euch war, sich jetzt wahrhaft zu entfalten. Sobald Ihr im göttlichen Moment lebt, gestattet dies Eurer Göttlichkeit hervorzutreten. Sobald Ihr Euch selbst erlaubt, im göttlichen Moment zu leben, verändert Ihr damit die eigentliche Natur der Dualität in und um Euch herum. Es verändert die Art und Weise, wie Ihr auf der Erde erschafft.

Nachdem Ihr mit diesem Konzept des Göttlichen Momentes eine Weile gearbeitet habt, geht einmal zu denjenigen hin, die Energien lesen können, zu den Medialen, zu denjenigen, die die Aura sehen können. Geht hin zu ihnen. Ihr werdet ihnen Angst einjagen! (Kichern) Sie werden Euch mitteilen, dass es Euch gar nicht mehr gibt. Sie werden keine Aura mehr um Euch herum erkennen können, denn diese wird sich verändert haben. Sie werden Eure Chakren nicht mehr erkennen können, denn diese werden zu einem Chakra verschmolzen sein. Sie werden sich dann wohl Sorgen um Euch machen! (Kichern) Sie werden sich wundern, was da los ist. Setzt Euch zusammen mit ihnen in Euren heiligen, göttlichen Moment. Setzt Euch zusammen mit ihnen nieder und erschafft einen Ort der Liebe. Prahlt nicht mit dem, was Ihr gemacht habt oder wer Ihr geworden seid. Doch lasst sie energetisch wissen, dass auch sie sich ebenfalls in jene neuen Ebenen begeben können.

Liebe Freunde, lebt nur im göttlichen Moment. Verändert so auf der Ebene Eures Zellkerns die Schwingungsfrequenz dessen, was Ihr seid. Ihr werdet Euch im Spiegel nicht mehr wieder erkennen. Andere werden Euch nicht wieder erkennen. Es mag ihnen sogar so vorkommen, als Ihr wäret verschwunden.

Nun, dies alles bedarf einiger Anstrengung. Wir bitten Euch, ganz bewusst daran zu arbeiten; arbeitet ganz bewusst daran, alle Dinge so anzunehmen und zu akzeptieren, wie sie sind. Stellt Euch hinter die kleine Mauer, selbst inmitten des Chaos um Euch herum. Akzeptiert Euch in all Eurer Menschlichkeit. Versucht nicht, davor wegzulaufen. Wahrhaftig, seid stolz darauf, ein Mensch zu sein. Seid gerade jetzt auch stolz darauf, ein göttlicher Mensch zu sein. Und nun lebt nur im göttlichen Moment. Sorgt Euch nicht um die Zukunft.

In seinem zweiten Leben lernte Aaron, sich weder um Wind und Regen Sorgen zu machen noch um die Strömungen oder in welche Länder er gelangen würde. Er lebte lediglich im göttlichen Moment. Er begrüßte jeden neuen Tag und jeder Tag brachte ihm ein neues Geschenk. Und jeden Tag verstand er, dass er dieses durch sein Vertrauen in seine eigene Göttlichkeit wie magisch angezogen hatte.

Während Ihr mit diesen grundlegenden Lektionen arbeitet, wird Euch zunehmend die Zahl „4“ auffallen. Bis jetzt befandet Ihr Euch in der Dualität. Ihr befandet Euch in der „Zwei.“ Ihr werdet zunehmend der „4“ begegnen. Wir werden Euch zukünftig noch mehr dazu erklären. 2 zum Quadrat gleich 4 (2 x 2= 4). Versteht, dass Ihr Euch über die Dualität hinausbewegt, doch Ihr beseitigt sie nicht (*Ihr eliminiert sie nicht, sie wird nicht einfach ausgelöscht.*) Ihr bewegt Euch in eine neue Art von Dimensionalität. Die Zahl „4“ wird wichtig werden. Ihr werdet es immer mehr erkennen. Sie wird Euch geradezu entgegenspringen. Sie will Euch erinnern. Sie will Euch daran erinnern, im göttlichen Moment zu leben. Sie will Euch daran erinnern, dass Ihr Euch aus Eurem Inneren heraus verändert.

Eure Mathematiker arbeiten gegenwärtig an einer neuen Quantentheorie. Auf diesem Gebiet werden neue Entdeckungen gemacht. Wahrscheinlich wird schon bald auf so etwas wie die „Quadt“ Mathematik hingewiesen werden, die ein neues Verständnis für die Balance der „4“ beinhaltet, ein Verständnis über die Bedeutung der Quadranten oder vier Sektoren.

Dies alles werden Anzeichen für eine neue Energie hier auf Erden sein. Ihr befindet Euch in der Dualität. Es ist nicht angebracht, zur Singularität zurückzukehren. Ihr befindet Euch in der Dualität und doch existiert eine neue Art von Energie, die Ihr schon bald (er)kennen werdet. Sie wird durch die Zahl 4 repräsentiert.

All dies bedarf einiger Anstrengung. Wir schätzen die Arbeit über alle Maßen, die Ihr hier vollbringt. Wir sehen und verstehen, was Ihr geopfert und was Ihr losgelassen habt, all Eure Zeit, all Eure Energie und all Eure Hingabe. Ihr helft den Weg für die neuen Erkenntnisse zu pflastern, Ihr helft der Neuen Energie, sich entsprechend entfalten zu können. Wir würdigen Euch sehr für die Arbeit, die Ihr tut. Wir bitten Euch zudem, nehmt all das nicht auf die leichte Schulter. Versteht bitte, dass Ihr mit nur geringem Aufwand sehr solide Ergebnisse, sehr dynamische Resultate für Eurer Leben erzielen werdet.

Liebe Freunde, wir sehen das Energiepotenzial der Lehrenden hier und derjenigen, die dieses Material gerade lesen. Wir sehen, wie sich eine Transformation vor uns vollzieht. Wir sehen, wie Altes entlassen und freigesetzt wird. Wir sehen Entschlossenheit, Hingabe und feierliche Einweihung. Manchmal ist es schwierig für uns, all das ermessen zu können, denn es existieren so viele Facetten in der Dualität, die es herausfordernd und schwierig machen; und dennoch, irgendwie habt Ihr es geschafft, so weit zu kommen. Irgendwie habt Ihr es hinbekommen, hier an diesen Punkt zu gelangen.

Als Ihr auf Eure Reise in das jetzige Leben hinein von uns gegangen seid, was haben wir da um Euch geklagt und geweint, wussten wir doch, dies würde die schwerste und herausforderndste all Eurer bisherigen Inkarnationen sein. Dieses Leben würde nicht nur herausfordernd bezüglich aller Lektionen und Erfahrungen sein, es würde zudem noch alles so schnell gehen. Die Dinge würden sich in einem rasanten Tempo verändern.

Und nun seid Ihr so weit, der Göttlichkeit wahrhaftig zu erlauben, sich mitten aus dem Kern Eures Seins zu entfalten - wir sagen Euch noch einmal, liebe Lehrende: Nicht wir vollziehen das. Auch nicht Eure Geistführer. Und ebenso wenig sind es die Engel, die sie Euch geben oder die dies geschehen lassen. Es vollzieht sich durch diesen göttliche Funken, durch das Christusbewusstsein, das in Euch erwacht und in Erscheinung tritt.

Wir bringen Euch diese Lektionen, um Euch zu helfen, Eure Göttlichkeit zu integrieren. Wir bringen sie Euch, damit Ihr versteht, wie Ihr zu Schöpfern in dieser Neuen Energie werdet, wie Ihr den Weg bereitet, wie Ihr Energieschablonen erschafft, welche andere Menschen später nutzen können. Darum nennen wir Euch Lehrende. Wir wissen, Ihr werdet mit anderen Menschen arbeiten. Wir wissen, Ihr werdet Euch gut in sie einfühlen können, da auch Ihr durch all dies hindurchgegangen seid.

Die Energie, die in diesem Leben bis jetzt Dein persönliches „Ich" war, ist nun bereit zu gehen. Oh, sie weiß, dass Du Dich gut an sie erinnern wirst. Sie weiß, dass es Zeiten geben wird, in denen Du manchmal lachen und manchmal weinen wirst, wenn Du Dich an sie zurückerinnerst, doch sie verlässt Dich jetzt in aller Liebe. Noch einmal umarmt sie Dich und bedankt sich bei Dir. Sie weiß, dass Du niemals mehr solche Schwierigkeiten, Kämpfe und Schmerzen zu ertragen hast, wie dieses alte Selbst es zu ertragen hatte. Darin liegt eine große Freude. Und, liebe Freunde, dieses vergangene Leben erinnert Euch daran, dass bei allen Dingen, die Ihr tut, und in all Euren göttlichen Momenten, die Ihr erlebt, Ihr niemals allein seid.

Und so ist es.

Lektion Vier

Erschaffe aus (innewohnender) Gnade

Und so ist es, liebe Freunde und Lehrende, dass wir uns wieder einmal in dieser Runde miteinander verbinden, dass wir wieder zusammen sind in unserem gemeinsamen heiligen Raum. Wir überbringen Euch unsere Grüße, wir überbringen Euch unseren Dank und unsere Ehrerbietung. Nimm Dir jetzt einen Moment Zeit und atme tief und viel von dieser Energie ein, die sich gerade in unserem gemeinsamen Kreis aufbaut. Atme sie ganz tief in Deinen Körper hinein. Atme sie ganz tief in Deinen Geist hinein. Atme sie ganz tief ein und erlaube dieser Energie Dein gesamtes Sein zu durchfluten.

Ich, Tobias, spreche durch unseren Freund hier, denjenigen, den wir Cauldre nennen und den ich als meinen „Sohn“ bezeichne. (Kichern) Während unserer gemeinsamen Zeit werden wir mit Euch arbeiten. Viele Wesenheiten von der anderen Seite des Schleiers bewegen sich jetzt hinein in Euren Kreis, um die Energien anzugleichen und auszurichten und somit eine neue Energie zu verweben. Öffnet bitte Euer Herz und Euer ganzes Sein für all die Energie, die nun hereinfluten möchte. Öffnet Euer Herz und Euer ganzes Sein für jene, die sich gerade in Euren Raum hineinbewegen, jene, die von der anderen Seite des Schleiers kommen, um jetzt hier bei Euch zu sein.

A. d.Üb.: Tobias spricht im Englischen von „Grace“= Gnade. Im folgenden Text wurde das Wort „Grace“ auch mit den Begriffen Anmut und Würde übersetzt, um dem Sinn in diesem Zusammenhang besser gerecht zu werden.)

Durch dieses Sich-Öffnen besteht eine Möglichkeit für Euch zur Heilung und Weiterentwicklung. Es öffnet die Pforten für uns, die wir uns auf der anderen Seite des Schleiers befinden. Gemeinsam mit Euch erschaffen wir einen neuen Raum, eine neue Dimension. Zusammen kreieren wir die neuen Energieschablonen (*die energetischen Blaupausen*) und Gewebemuster für Eure neue Erde.

Fühlt jetzt diese Energie. Sie ist in Euch und um Euch herum anwesend. Fühlt diesen Frieden, diese Liebe und diese Freude, die voll goldener Fülle hier hereinfluten. Dies, liebe Lehrende, ist die Energie der neuen Erde. Dies ist die Energie Eures göttlichen Moments.

Es ist eine große Freude für uns, bei Euch zu sein, denn oft ist es schwierig, so nah an Euch heranzukommen. Oftmals ist es schwierig für uns, zu Euch zu sprechen so wie jetzt. Wir feiern diese Energie, die es uns ermöglicht, so wie jetzt hier zu sein, so nah bei Euch, so nah bei denen, die wir so sehr lieben. Die Distanz, die Euch und uns bisher getrennt hat, wird immer geringer und geringer. Eure Arbeit, die Ihr in Euren vielen Leben auf der Erde vollbracht habt und ganz besonders in diesem Leben, öffnet den Schleier für uns, um Euch sehr viel näher kommen zu können.

Der Schleier war dicht. Bisher war es schwer für uns, Euch zu erreichen, selbst als Ihr aufgeschrien und geweint, selbst als Ihr so sehr gebetet habt. Es war so schwierig für uns, durch den Schleier hinüberzuwechseln, ebenso wie es für Euch schwierig war, unsere Seite zu erreichen. Die Liebe, die Ihr erzeugt habt, hat es uns erst möglich gemacht, so sehr viel näher an Euch heranzukommen. Und nun sind wir Euch heute sehr, sehr nah.

Nehmt Euch diesen Moment und fühlt unsere Liebe. Hört, fühlt und er-spürt diese Botschaften, die wir Euch bringen. Nehmt Euch jetzt diesen Moment und er-fühlt uns. Nehmt Euch diesen Moment und hört die Worte und Gedanken, die wir Euch bringen.

Wir haben beobachtet, wie Ihr durch die letzten drei Lektionen hindurchgegangen seid. Wir wissen, die Lektionen sind nicht immer ganz einfach. Dennoch existiert so viel Entschlossenheit auf Eurer Seite, alle Dinge so zu akzeptieren, wie sie sind (Schöpfer- Serie, Lektion eins), hinter der kleinen Mauer zu stehen, um die Dualität in Aktion zu betrachten und zu beobachten. Liebe Freunde, und gibt es nicht gleichfalls das Verlangen in Euch, wieder in diese Dualität zurückgezogen zu werden? Auch wenn Ihr erkennen könnt, was Ihr auf diese Weise des „Hinter-der-Mauer-Stehens" alles über die menschliche Energie lernen könnt? Was Ihr alles über Euch selbst lernen könnt einfach nur durch das Beobachten?

Dann kam die Lektion: akzeptiere Dein Mensch-Sein (Schöpfer-Serie, Lektion zwei). Wir wissen, dass Ihr ohne Probleme Euer spirituelles Selbst akzeptieren könnt. Euer Mensch-Sein zu akzeptieren und anzunehmen, ist für Euch dagegen weitaus schwieriger.

Und dann kam eine noch schwierigere Lektion: Lebe im göttlichen Moment (Schöpfer-Serie, Lektion drei). Oh, wir sahen, als Ihr Euch entschieden habt, im göttlichen Moment zu stehen. Und tatsächlich, es funktionierte - für den Bruchteil einer Sekunde! (Lachen im Publikum) Und dann wurdet Ihr dort umgehend wieder herausgeholt von Eurer Familie oder Euren Kollegen! Doch das Wichtige war, dass Ihr gespürt habt - selbst wenn es sich nur um einen flüchtigen Moment handelte - wie es ist, in der Göttlichkeit zu sein, ohne sich um das Gestern zu sorgen. Denn, wie Ihr wisst, Eure „Gestern" sind gegangen. All diejenigen Aspekte, die Ihr als Eure „vergangenen Leben" bezeichnet, sind gegangen. Es macht also keinerlei Sinn mehr, sich jetzt weiter in der Vergangenheit aufzuhalten. Das Buch des Lebens, so wie Ihr es kanntet, ist abgeschlossen. Das letzte Kapitel wurde eigenhändig von Euch geschrieben und unterzeichnet. Alle Seiten Eures neuen Lebensbuches sind noch leer und warten darauf, mit Euren Schöpfungen (an)gefüllt zu werden.

Ah, und deswegen sind wir hier! Darum sind wir alle zusammen hier im Unterrichtsraum der neuen Energie. Wir sind hier, um mit Euch daran zu arbeiten, wie man zum Schöpfer, zu einem wahren Schöpfer in der neuen Energie wird. Nicht solch ein Schöpfer, wie Ihr es im Ersten Schöpfungskreis gewesen seid. Nein, Ihr seid die neuen Schöpfer. Und es geht dabei nicht primär um Euch, um Euer Leben. Es geht um alle, die Euch auf dem Weg folgen werden. Zu lernen, im göttlichen Moment zu stehen, ist wohl bisher eine der schwierigsten Lektionen für Euch. Und, so wie Cauldre uns mitteilt, macht es manchmal einfach Spaß, das Spiel der Dualität zu spielen. Es macht zuweilen Spaß, außerhalb des göttlichen Momentes zu sein. Es macht Spaß mit der Dualität zu spielen.

Wisst Ihr eigentlich, wofür dieser Tag (11.11.2000) steht? Dies ist tatsächlich jener Tag in dem Kalender der Maya, welcher als „Der Tag der Dualität" bezeichnet wurde - eine 1 und eine 1, noch mal eine 1 und eine 1 sowie eine 2. Dies wäre ein sehr problematischer Tag geworden, wenn Ihr nicht die Geschichte der Erde, die Geschichte Eures Universums und die Geschichte des Zweiten Schöpfungskreises umgeschrieben hättet. Dieser Tag wäre ein Tag der Dualität geworden, und zwar in einer sehr schwierigen und problematischen Art und Weise. Und er wäre genau 11 Monate nach dem Wechsel Eures Milleniums eingetreten, also nach Eurem Wechsel von der Eins in die Zwei. Dies war der Tag, von dem man gedacht hatte, es würde der Zusammenprall der Zwei werden, Licht und Dunkelheit würden aufeinanderprallen.

Doch seht es jetzt an. Schaut es Euch an. Wir lachen. Und wir kichern. Seht Euch an, was passiert ist - gerade bei diesen jüngsten Ereignissen. In ihnen existiert nach wie vor Dualität. Diese ist jetzt so stark, dass es bei den letzten Präsidentschaftswahlen (November 2000) auf nur einige wenige Stimmen ankam. Erinnert Euch, wie wir Euch bei unserem letzten Treffen mitteilten, dass bis zu diesem erst kurz zurückliegenden Zeitpunkt die Balance von Licht und Dunkelheit noch im Verhältnis von 2/3 zu 1/3 bestand. Und die Balance von 2/3 zu 1/3 war angemessen, um zu lernen; sie war angemessen, um Weisheit und Verständnis zu entwickeln.

Erinnert Ihr Euch, als wir über Eure innere Stimmgabel gesprochen haben? Diese schwang mit ihren beiden Enden nicht im Gleichklang, sondern in unterschiedlichen Frequenzen. Bis zu diesem Zeitpunkt besaßen sie eben diese Schwingungsbalance von 1/3 zu 2/3. Die beiden Enden finden jetzt wieder miteinander zurück in eine harmonische Balance. Es sind nach wie vor noch zwei, doch sie wurden harmonisiert. Sie schwingen nicht mehr derart ungleich, wie sie es früher taten.

Liebe Freunde, seht Euch Eure Wahlen an. Es gibt kein 2/3 zu 1/3. Es gibt keine Kompensations-Balance; sondern eine so haargenau ausgeglichene Balance, dass es sogar auf nur ein paar einzelne Stimmen ankommt. Das ist die neue Dualität. Es ist nicht wie zuvor, dass zwei Seiten existieren, die miteinander kämpfen. Es gibt zwei Seiten, die sich schwingungsmäßig so sehr ähneln, die so nah beieinander sind, dass sie zunehmend in Einklang sind (*einen* Klang erzeugen). Viele von Euch können kaum den Unterschied zwischen Euren einzelnen Kandidaten erkennen, denn sie schwingen auf einer ähnlichen Frequenz.

Dualität existiert und sie wird auch weiterhin existieren. Doch von diesem Tag an wird sie nicht mehr dieselbe sein, besonders für diejenigen nicht, welche in die Energie der neuen Erde eingetreten sind. Es mag weiterhin diese zwei sich spiegelnden Seiten geben, doch sie bekämpfen sich nicht mehr wie zuvor. Sie betrachten einander vielmehr mit großer Neugier. Sie schauen sich nun gegenseitig an und wundern sich, warum sie sich in der Vergangenheit immerzu bekämpft haben.

Ihr werdet dies jetzt auch in Eurem eigenen Leben erkennen können. Ja, es wird zwei Seiten geben. Doch diese zwei Seiten beginnen sich mehr und mehr miteinander zu harmonisieren. Dies ist ein noch nie da gewesenes Ereignis und gleichzeitig das Durchbrechen einer Barriere, die größer war als die, die Ihr bei Eurem Milleniumwechsel oder bei der Harmonischen Konvergenz erfahren habt.

Dies ist „Der Tag der Dualität". Doch seht Euch um. Schaut Euch Euer Leben an. Schaut Euch Eure neuen Schöpfungen an. Sie sind erfüllt mit viel Liebe, viel Fülle und viel Freude. Gewiss, Ihr erlebt noch immer Schwierigkeiten, wir wissen das, doch schaut Euch nur an, wo Ihr nun seid. Schaut Euch an, wie weit Ihr es als Gruppe gebracht habt. Schaut Euch an, wo sich die Erde als Ganzes zur Zeit befindet. Die Dualität bekommt eine neue Energie. Es findet vor Euren eigenen Augen statt und manchmal erkennt Ihr es selbst dann noch nicht! (Kichern)

Wir nutzen nun diesen Moment, um Euch noch näher zu kommen, um Euch zu umarmen, um Euch unsere Ehre zu erweisen und die letzte

Verschmelzung der Energie in diesem Kreis zu vollziehen. Anschließend werden wir mit dem zweiten Abschnitt der Schöpfer-Serie weitermachen, dem zweiten der vier Abschnitte, die wir mit Euch zusammen durchgehen werden. Ist es nicht interessant, dass gerade heute auch Lektion vier an der Reihe ist? Nehmt Euch nun bitte diesen Augenblick Zeit und erlaubt, dass unsere Liebe und unsere Ehrerbietung Euch durchdringen. Denn hier sind viele, so sehr viele, die Euch jetzt gerne ihre Anerkennung überbringen möchten.

* * * *

Oh, wenn wir diese Energie doch nur in Flaschen füllen könnten! Wir würden sie mit zurücknehmen, um all den anderen zu zeigen, was diese Gruppe von Menschen erreicht hat. Die Essenz der Liebe ist es, die Ihr erschaffen habt, und wir werden allen anderen davon berichten.

Liebe Freunde, vor langer Zeit, jedoch nicht annähernd so lange, wie Ihr möglicherweise denkt, befandet Ihr Euch im Ersten Schöpfungskreis, in der ursprünglichen Schöpfung. Es ist ein wenig schwierig zu beschreiben, doch in der ursprünglichen Schöpfung existierten die Elemente der Dualität nicht. Ihr habt aus der Einheit heraus erschaffen. Ihr habt ganz neue Dimensionen geschaffen. Ihr kreiertet die Tiefe und die Weite sowie alle Dinge dazwischen. Ihr wart Pioniere mit einem tiefen Verständnis dafür, wie Ihr aus der Energie des Ewig Einen schöpfen und erschaffen konntet. Ihr hattet viel Spaß dabei und es war für Euch ein sehr freudiges, spielerisches und vollständig erfülltes Erleben. Und Gott liebte es, Euch beim Spielen in Seiner Schöpfung zuzuschauen. Gott lachte, als Ihr im ursprünglichen Schöpfungskreis herumgetollt seid und gespielt habt. Ihr bereitetet Spirit viel Freude damit. Und Ihr wart höchst kreativ. Ihr habt immer weiter erschaffen und erschaffen und somit neue Ebenen erreicht.

Ihr kreiertet mit solch einer Ausdruckskraft und solch einer Leidenschaftlichkeit - einer Passion, die Euch von innen noch immer durchdringt - dass Ihr buchstäblich an die Grenzen der Schöpfung gestoßen seid. Und als Ihr den Außenrand des ALLES, WAS IST erreicht hattet, gab es ein Donnergrollen (*in dem Moment, fast wie auf „Kommando“ bricht im*

Eingangsbereich der Tisch mit den Anmeldeformularen zusammen; Gelächter im Publikum). Als Ihr diese Grenze der Schöpfung erreichtet, meine lieben Freunde, geschah etwas, was weder Ihr noch Spirit je zuvor erlebt hattet. Es vollzog sich der Übergang von der Einheit in die Dualität. Zu jener Zeit existiertet Ihr nicht in menschlicher Form. Ihr existiertet in einer Form, die Ihr als Euren Lichtkörper bezeichnen würdet.

Ihr begannt eine Veränderung zu spüren. Ihr begannt irgendetwas Ungewöhnliches und sehr Unangenehmes zu spüren.

Und das war die Dualität. Ihr fuhrt fort damit, am Außenrand des Ersten Schöpfunskreises zu erschaffen und Erfahrungen zu machen. Und, liebe Freunde, dies war eine äußerst herausfordernde und sehr schwierige Zeit. Es war das erste Mal, dass Ihr Euch von Spirit getrennt fühltet. Es war das erste Mal, dass Ihr keine Harmonie (*Einheit)*, sondern vielmehr eine Dualität (*Gegensätzlichkeit*) wahrgenommen habt. Dies alles war Teil jener Erfahrung, die Ihr gewählt hattet. Es gab nichts Falsches daran. Was Ihr hier getan habt, was hier geschah, war kein Fehler.

Und Ihr begannt solche Dinge wie Misstrauen zu erfahren. Ihr begannt solche Dinge wie Wut und Hass zu erfahren. Ihr verändertet Euch. Ihr verwandeltet, Ihr transformiertet Euch. Ihr wart die sprichwörtliche Raupe, die sich in einen Kokon einspinnt, um ein Schmetterling zu werden. Ihr verließt den Ersten Schöpfungskreis, um Zwei (Dualität) anstelle von Eins zu erfahren.

In diesem Bereich, am Rande der Ersten Schöpfung, erlebtet Ihr einige der traumatischsten und schwierigsten Dinge, durch die Eure Seele je gegangen ist. Falls es jemals eine Vorstellung darüber gegeben hat, wie die Hölle ist, dann dort. Falls es jemals einen wirklichen Krieg und eine wirkliche Schlacht gegeben hat, dann fand sie dort statt; und all das hat Euch zutiefst verletzt. All das hattet weder Ihr noch die anderen, die dabei waren, jemals zuvor gefühlt oder erlebt. Es gab Unstimmigkeiten, Disharmonien und ein immenses Ausmaß an energetischer Zerstörung.

Versteht bitte, dass nichts davon ein Fehler war. Es hatte eine Absprache mit Spirit gegeben, dass Ihr die Erforscher, die Entdecker sein würdet, dass Ihr in die Leere hinausgehen würdet. Ihr würdet etwas vollständig Neues kennen lernen und weder Ihr noch Spirit wusste, was das sein würde. Jetzt wird es Dualität genannt. In dieser Erfahrung an der Grenze des ALLES, WAS IST lag derart viel Energie, eine so große Konzentration und Intensität , dass es Euch buchstäblich hinauskatapultierte an jenen neuen Ort, den wir den Zweiten Kreis nennen, die Zweite Schöpfung.

Wahrscheinlich werdet Ihr viele Fragen hierzu haben, darum werden wir in zukünftigen Lektionen noch weiter darüber sprechen. Als Ihr Euer Zuhause verlassen habt, seid Ihr durch eine äußerst schwierige Erfahrung gegangen. Möglicherweise seid Ihr zur Erde gekommen und begannt hier Euren Inkarnationszyklus zu durchlaufen, Lebenszeit um Lebenszeit.

Wie wir Euch schon früher einmal gesagt haben, diese Idee von Karma mögen wir nicht so sehr. Wir benutzen dieses Wort nicht gerne. Denn all das war kein Karma. Es IST kein Karma. Was es dann ist, liebe Freunde? Nun, Ihr versucht jetzt all diese Erfahrungen, diese Erlebnisse, die Ihr am Rande des Ersten Schöpfungskreises durchmachtet, nachdem Ihr Zuhause verlassen hattet, zu verstehen, zu begreifen, indem Ihr ein ähnliches Erlebnis, eine Parallelerfahrung auf der Erde durchlebt.

Abtrennung: Eure Erfahrungen von Trennung hier helfen Euch dabei zu verstehen, was geschehen ist, als Ihr Eure Heimat verlassen (verloren) habt. *Schmerz*: Euer Erleben von Schmerz hier auf der Erde hilft Euch dabei zu verstehen und zu begreifen, was Ihr empfunden habt, als Ihr Euer Zuhause verlassen (verloren) habt. *Unausgeglichenheit*: Euer Erleben von emotionaler Unausgeglichenheit hilft Euch dabei zu begreifen, was dort am Rande der Ersten Schöpfung geschehen ist.

Versteht Ihr, was wir Euch damit sagen wollen? Es gibt absolut nichts, was Ihr hier auf Eurer Erde falsch gemacht habt! Ihr habt Erfahrungen gewählt, die Euch helfen etwas zu begreifen, was sich vor langer Zeit, doch auch wiederum nicht allzu langer Zeit abgespielt hat. Ihr benutzt die Erde, die Physik der Dualität, Ihr nutzt Masse und Materie, die Euch dabei helfen, etwas von Eurer Vergangenheit zu verstehen. Ihr nutzt Eure physischen Körper, die Euch dabei helfen, zu begreifen, die Euch dabei helfen, die Erfahrungen und Erlebnisse am Außenrand des Ersten Kreises noch einmal zu durchleben, noch einmal nach zu erleben. Eure Erfahrungen auf der Erde stehen in enger Beziehung zu dem, was Ihr erlebtet, als Ihr Euer Zuhause verlassen (verloren) habt. Ihr spielt sie jetzt in der Dualität der Materie noch einmal durch, um sie tiefer verstehen und definieren zu können. Es geht nicht um Karma. Vielmehr geht es darum, erneut etwas in der Materie durchzuspielen, wieder aufzuführen, was sich zu einer anderen Zeit an einem anderen Ort abgespielt hat.

* * * *

Es war einmal ein Engel namens Taylor. Taylor war bereits schon in vielen, vielen Leben über die Erde gewandert. In einem Leben war Taylor ein Krieger, der Krieger eines gierigen Landes, eines gierigen Königreiches. Taylor kümmerte sich nicht um die damalige Agenda. Taylor wollte einfach ein Krieger sein.

Taylor wollte das Blutvergießen und den Kampf erfahren. Taylor wollte die Dualität und die Wut erfahren. Und Taylor übergab all diese Erfahrungen ihrer Seele und dort blieben sie für eine lange, lange Zeit.

Und wieder im nächsten Leben war Taylor eine Mutter, die nicht besonders gut zu ihren Kindern oder ihrem Ehemann war. Sie erfreute sich an der Gesellschaft anderer Männer. Und sie freute sich, wenn sie fort war von ihrer Familie. Sie fühlte sich deswegen schuldig und es lastete schwer auf ihr. Trotzdem machte sie damit weiter und verursachte dadurch viel Schmerz und Schwierigkeiten bei ihren Kindern sowie auch bei ihrem Mann, sodass er letztendlich Selbstmord beging und die Erde verließ. Ihre Seele bewahrte auch all dies in sich, trug es fortan weiter mit, nahm es auf in das Buch ihres Lebens.

Und wieder in einem anderen Leben war Taylor ein Geschäftsmann, der ein Süßwarengeschäft betrieb. Taylor nutzte junge und bedürftige Menschen für billige Arbeit aus. Taylor kümmerte sich nicht sonderlich um ihre Angestellten, sie sorgte sich lediglich um ihre eigene Brieftasche, um ihren eigenen Reichtum. Und Taylor teilte diesen Reichtum mit niemandem.

Sie gab nichts für wohltätige Zwecke, sie nahm alles ausschließlich für sich selbst. Denn sie wollte sich selbst durch ihren wachsenden Wohlstand ein unsterbliches Denkmal setzen. Und all dies lastete wieder schwer auf ihrer Seele, doch das kümmerte sie nicht, sie machte einfach weiter.

In diesem Leben nun war Taylor das Kind missbrauchender Eltern. Schon in ihrer frühen Jugendzeit wurde sie zur Alkoholikerin. Sie trank jeden Tag und senkte somit ihre Schwingungen auf derart niedrige Ebenen herab, dass es selbst für uns schwer zu begreifen war. Sie trank heftig und sie ging in die Dunkelheit. Ihre Schwingungen waren derart herabgesenkt, dass sie vergaß, was Liebe ist. Sie führte kein sehr glückliches Leben. Dafür gab sie ihren Eltern die Schuld. Und sie gab ihren Arbeitskollegen die Schuld. Ihre Trinkerei verursachte schließlich gesundheitliche Probleme. Und dies erzeugte wiederum noch mehr Bitterkeit in ihr.

Taylor befindet sich heute im Crimson Circle und trinkt nicht mehr, denn irgendwann auf dem Weg war ihr ein inspirierendes Buch in die Hände gekommen. Sie nahm an Treffen teil ähnlich wie diesem hier. Sie traf Menschen, die ihr eine helfende Hand boten. Sie traf Menschen, die sie einfach umarmten und ihr sagten, dass sie sie liebten - und sie ließ es zu. Sie traf Menschen, die ihr halfen zu verstehen, dass all die Schuldgefühle ihres ganzen Seins darauf warteten, erlöst zu werden, freigesetzt zu werden, dass sie darauf warteten, gehen zu können - und sie ließ es zu.

Seht Ihr, wir haben Euch die Geschichte von Taylor als eine Hilfestellung erzählt, um bestimmte Dinge besser zu verstehen. Tatsächlich ist dies eine wahre Geschichte. Wir erzählen Euch diese Geschichte als Hilfe, um etwas sehr Wichtiges Eures eigenen Lebens besser verstehen zu können. Seht bitte, Taylor hatte all diese schwierigen Inkarnationen selbst gewählt. Sie hatte sich bereits vor langer Zeit dazu entschlossen. Denn sie wusste, dass Spirit jemanden brauchen würde, der auch bereit war, die tiefsten Ebenen zu durchschreiten.

Jemand musste in diesen großartigen Pool der Dualität hineinspringen, um auch die untersten, die tiefsten und niedersten Teile dessen zu erkunden. Oh, es ist natürlich einfach, einer derjenigen zu sein, der lediglich nur seinen kleinen Zeh hineinsteckt und sagt: „Ich bin so angefüllt mit Licht, dass ich nicht darin versinke. Und ich sammle und nehme nur das Sonnenlicht in mich auf und darum bin ich etwas Besonderes.“ Es ist schwer, Ihr Lieben, wenn man den herausfordernden Pfad nimmt. Taylor sprang in die tiefsten Tiefen der Dualität, als sie dem zustimmte, Alkoholikerin zu werden, die schlimmsten aller Alpträume zu haben sowie die dunkelsten Probleme und Herausforderungen auf sich zu nehmen.

Und Ihr dachtet, das wäre bloß Karma. Ihr dachtet, Ihr würdet Schulden bei Euch selbst begleichen. Liebe Freunde, dies klingt noch nicht einmal logisch, Schulden bei sich selbst abzubezahlen. Du und die anderen Taylors, die Shaumbra ausmachen, sind von jedem von uns zutiefst geliebt. Ihr habt diese schweren Erfahrungen in Euren unterschiedlichen Inkarnationen gewählt, um Spirit dabei zu helfen, die Tiefen von Licht und Dunkelheit zu erkunden (*auszuloten*). Indem Ihr all diese Dinge getan habt, habt Ihr viel gegeben und einen großen Dienst erwiesen. Ihr habt dabei geholfen, die energetischen Erfahrungen der Abtrennung aus dem Ersten Schöpfungskreis - den Gang in die Leere - erneut durchzuspielen, wieder aufzuführen und indem Ihr das tatet, habt Ihr Spirit dabei geholfen, etwas völlig Neues wahrhaft zu begreifen.

Wir wissen, dass dies viele Fragen aufwerfen wird, wie beispielsweise: „Ist es rechtens, uns gegenseitig umzubringen, helfe ich damit wirklich Spirit?“ Ihr Lieben, Eure heutige Weisheit hält Euch davon ab, dies jetzt noch zu tun. Denn in der Vergangenheit habt Ihr das zur Genüge getan; ehrt Euch selbst dafür. Ehrt Euch selbst für den schweren Weg, den Ihr beschritten habt. Und insbesondere, wenn Ihr in die Augen eines anderen schaut und vielleicht nicht das Licht darin erkennt, welches Ihr heute in den Eurigen erblickt, erinnert Euch daran, dass er immer noch dabei hilft, diese großartige Energie namens Dualität auszuloten und zu erkunden. Sie hat zwei Seiten, eine lichte und eine dunkle, eine positive und eine negative. Jemand hat die Tiefen von beidem zu erkunden.

Liebe Freunde, das, was Ihr hier auf der Erde erlebt, hilft Euch, jene Erlebnisse zu verstehen, zu definieren und zu begreifen, welche Ihr damals am Rande der Schöpfung und nach Eurem Weggang von Zuhause erfahren habt. Und all das habt Ihr gut gemacht.

Viele der Träume und Alpträume, die Ihr heute habt, stehen nicht im Zusammenhang mit diesem Leben. Sie stehen nicht einmal im Zusammenhang mit anderen Leben. Ihr wundert Euch, wo diese tiefen inneren Schrecken dann herkommen? Vieles von dem, was Euch jetzt innerlich begegnet, hat mit jenen Erfahrungen zu tun, die Ihr durchmachtet, als Ihr die Heimat verlassen habt. Ihr erlebt sie heute auf eine andere Art und Weise - in Euren Träumen - und so helft Ihr, den „Stoff" für die Zweite Schöpfung zu erschaffen. Die Zweite Schöpfung ist Euer Universum, Eure Erde, die Ausdehnung, die Erweiterung des ALLES, WAS IST.

* * * *

Nun, an einem bestimmten Punkt ihres Weges gab Taylor das Trinken auf. Immer mehr erkannte sie, dass etwas Göttliches in ihr existierte, doch der größte Teil dieser Erkenntnis befand sich lediglich in ihrem Kopf. Von ihrem Herzen her verstand sie es nicht so gut, denn noch immer fühlte sie sich schuldig. Tief im Inneren fühlte sie sich noch immer schuldig, die Erste Schöpfung verlassen zu haben. Und außerdem fühlte sie sich noch immer schuldig, diese vielen schwierigen Leben und diese vielen schwierigen Erfahrungen gewählt zu haben.

In Taylors Leben gab es noch immer Probleme und Herausforderungen. Während sie die Lektionen des Crimson Circle las, begann sie zu verstehen, wie man alle Dinge so akzeptiert, wie sie sind. Sie begann zu verstehen, wie man sein Mensch-Sein akzeptiert und annimmt, obwohl gerade dies für sie eine große Herausforderung war. Denn sie hatte das Gefühl, ihr menschlicher Teil sei etwas, wofür sie sich schämen müsse. Sie hatte noch nicht verstanden, dass ihr Menschlich-Sein göttlich war, dass ihr Menschlich-Sein dem Universum so derart viel gegeben hatte. Taylor begann zu üben, im göttlichen Moment zu stehen, obwohl es schwierig für sie war, -diese Momente selten vorkamen und zudem weit auseinander lagen. So begann sie sich bewusst jeden Tag einen Moment Zeit zu nehmen, um in ihrer Göttlichkeit zu sein. Sie liebte diesen Moment tief, denn er fühlte sich jedes Mal so warm und golden an. Doch dann holten sie ihre Schuldgefühle wieder ein, da sie das Gefühl hatte, sie verdiene diesen göttlichen Moment nicht und so verschwand er wieder.

Doch Taylor wählte es, weiter zu lernen und zu wachsen. Sie hatte noch immer ihre Probleme mit Geld, mit Beziehungen, mit ihrer Gesundheit und ganz besonders damit, sich selbst zu vertrauen. Es gab Zeiten, in denen ihr Leben einfach schwierig war und manchmal verfluchte sie Spirit auch. Es gab Zeiten, in denen sie sagte, dass sie diesen neuen Energieweg auf Erden wieder verlassen würde, da sie keinen großen Unterschied in ihrem Leben sehen konnte. Es gab Zeiten, in denen sie sagte: „Das sind doch alles bloß Worte genauso wie all die Worte anderer Glaubenssysteme, anderer Gruppen. Das sind doch alles bloß Beruhigungstropfen und Trostpflästerchen.“ Es gab Zeiten, in denen sie sehr frustriert war.

Trotz allem wollte Taylor daran glauben, dass sie ihrer Wahrheit folgte. Sie wollte die nächste Ebene erreichen, wusste aber nicht wie. Sie fühlte sich zunehmend so verwirrt, so verlassen, so durcheinander und mehr als alles andere auch so verraten, dass sie eines Nachts einfach schluchzend auf dem Boden zusammenbrach und rief: „Ich kann nicht mehr weiter! Spirit, ich weiß nicht mehr, was ich machen soll. Ich habe Dich um Führung gebeten. Ich habe meine Engel gerufen und ich weiß nicht, was ich noch tun soll!“ Nun Taylor hatte wohl die Worte nicht so aufmerksam gelesen, als es darum ging, dass Spirit es nicht für sie erledigen könne und dass ihre Geistführer abgereist seien. (Kichern)

Doch in ihrem Inneren existierte etwas, was die ganze Zeit versucht hatte hervorzukommen, was versucht hatte, zu ihr zu sprechen, es aber nicht konnte, solange sie sich außerhalb ihres göttlichen Momentes befand; es nicht konnte, solange sie sich über all die ganzen Dinge Sorgen machte. Und als sie so schluchzend zusammenbrach, geschah etwas. Es war wie eine Stimme - nicht von außerhalb, sondern vielmehr von innen heraus. Die innere Stimme sagte zu ihr: „Ich bin Deine Gnade (*Deine Würde*). Ich bin die göttliche Gnade, die göttliche Anmut in Dir. Ich werde mit allem umgehen können. Ich werde alle Dinge ins Gleichgewicht bringen. Ich werde alle Probleme lösen. Ich komme aus Deinem Inneren und ich bin Deine Anmut, Deine Würde, Deine Gnade.“

Taylor lag dort eine lange Zeit auf dem Boden und sie fühlte diese Energie göttlicher Gnade in und aus ihrem eigenen inneren Sein. Es fühlte sich irgendwie richtig an. So hatte sie sich selbst und ihre Probleme nicht an irgendeine unbekannte Wesenheit übergeben oder an irgendeine Vorstellung von einem Gott, den sie nicht kannte oder verstand. Sie übergab all das der Anmut und Würde ihres eigenen inneren Seins. Von diesem Tage an begann sie zu verstehen. Sie begann die Macht und Kraft der inneren Gnade zu verstehen.

* * * *

Liebe Freunde, versteht bitte ganz im Gegensatz zu dem, was in Euren Büchern steht und Eure Lehrer Euch erzählt haben, dass es ein Herausfallen aus der Gnade Gottes niemals gegeben hat. Es hat diesen Luzifer, der aus dem Himmel geworfen wurde, nicht gegeben. Dies alles sind Metaphern. Ihr habt die äußerste Grenze der Schöpfung erfahren. Ihr habt etwas erfahren, was Ihr noch nie zuvor erfahren hattet, und es wurde Dualität genannt. Mit diesem Erleben bewegtet Ihr Euch in die Zweite Schöpfung hinein. Um Euch über die Grenzen der Schöpfung hinauszubringen, wurde eine bestimmte Energie benötigt. Die Erfahrung der Dualität erzeugte diese Energie, die Euch letztendlich in die Zweite Schöpfung hineinkatapultierte. Es war ein Gefühl, als würden Raketen explodieren und sie explodierten mit solch einer gewaltigen Kraft, dass es Euch regelrecht vergessen ließ, woher Ihr gekommen wart. Doch den Fall aus der Gnade gab es nicht. Wir sehen es als einen Schritt von der Eins in die Zwei, einen Schritt, der in Liebe zu Spirit vollzogen wurde.

Nun, lasst uns einen Spaziergang durch Euer neues Haus machen. Dorthin, wo Ihr in letzter Zeit nicht so oft gewesen seid! (Kichern) Es ist hilfreich, mehr Zeit in Eurem neuen Haus zu verbringen. Es ist ein guter Ort. Ihr wart so sehr beschäftigt damit, in der Stadt und der Nachbarschaft herumzurennen. Ihr verbringt nicht gerade sehr viel Zeit in Eurem neuen Haus!

Also lasst uns nun zurück zu Eurem neuen Haus gehen - mit den Engeln an Eurer Seite, denn auch sie lieben es, Eure neue Schöpfung zu erkunden. Lasst uns hineingehen. Und liebe Freunde, wie wir schon sagten, hier existiert nicht sehr viel. Denn Ihr erschafft die Wände. Ihr erschafft den Raum. Ihr erschafft die Energie.

Lasst uns nun gemeinsam in die Küche Eures neuen Hauses gehen. Wie wir sehen, wussten einige von Euch nicht einmal, dass Ihr eine Küche habt! (Kichern) Ihr habt hier auch kaum Zeit verbracht! Dabei habt Ihr hier solch einen grandiosen Ort erbaut. Ihr werdet von nun an mehr Zeit hier verbringen. Denn in der Küche Eures neuen Hauses, in ihrer Mitte befindet sich ein sehr großer, sehr schöner Ofen, der vom Boden bis zur Decke reicht, mit einer großen Glastür. Über der Tür befindet sich eine Inschrift und dort steht in goldschimmernden Buchstaben geschrieben: „Der Ofen der Gnade".

Der Ofen der *inneren* Gnade. Er ist das Symbol Eurer eigenen, *Euch innewohnenden* Energie der Gnade. Denkt jetzt bitte einmal an eine schwierige Situation Eures persönlichen Lebens, in die keine anderen Menschen einbezogen sind. Es geht um eine Eurer persönlichen Situationen, ganz gleich, ob es sich dabei nun um Fülle und Wohlstand, eine allgemeine Angst, ein Gesundheitsproblem oder um das Thema der Einsamkeit handelt. Findet jetzt bitte ein Symbol, welches diese Situation repräsentiert. Wenn es um das Thema der Fülle geht, könnte das Symbol zum Beispiel Deine Geldbörse, Dein Scheckbuch oder Deine Brieftasche sein. Wenn es um Deine Gesundheit geht, könnte das Symbol zum Beispiel ein Foto oder ein Schnappschuss von Dir sein. Denke Dir jetzt dieses Symbol für Deine persönliche schwierige Situation.

Und jetzt gehe damit hin zu dem Ofen der *inneren* Gnade mit seiner großen schönen Glastür und seiner Vom-Boden-bis-zur-Decke-Konstruktion. Lege nun das Symbol Deiner Problematik in diesen Ofen. Lege es hinein - ja, dort auf den Gitterrost.

Wenn Du dieses Symbol im Ofen Deiner inneren Gnade platziert hast, dann schließe die Tür wieder. Wir bitten Dich, sage jetzt nichts, äußere keinerlei Absicht, sprich keine Worte und keinerlei Gebet. Schaue nun nach oben links und Du wirst einen einzelnen Knopf erblicken, den einzigen Knopf an Deinem Ofen der Gnade. Es steht „START" darauf. Drücke den Startknopf, jetzt.

Nun, während diese Themen in Euren *inneren* Gnadeöfen gegart werden, wollen wir Euch einige Dinge über dieses neue Werkzeug erzählen.

Zuallererst, wenn Ihr beginnt, mit diesem Werkzeug der Gnade in Eurem Leben zu arbeiten, nutzt es zunächst nur für Euch selbst. Nutzt es nur für Eure eigenen persönlichen Situationen. Später dann werdet Ihr lernen, wie Ihr es auch für andere Menschen und deren Situationen angemessen einsetzen könnt. Jedoch zum jetzigen Zeitpunkt ist dies nur für Euch. Falls Ihr Euch um ein Kind oder um den Ehepartner sorgt, jetzt ist nicht der angemessene Zeitpunkt, deren Energie dort hineinzulegen. Dies ist vorerst nur für Euch allein.

Und legt jeweils nur ein Thema, ein Problem, ein Konzept hinein. Wir sehen schon, wie einige von Euch versuchen, alles auf einmal dort hineinzustopfen! Während Ihr also lernt, den Ofen der Gnade zu nutzen: immer nur ein Thema auf einmal. Wir bitten Euch auch, diese Problematik für einen Zeitraum von 24 Stunden in dem Ofen der Gnade ruhen zu lassen, für 24 Stunden Eurer Zeit. Und denkt bitte daran, es nach 24 Stunden wieder herauszunehmen! Wenn dieses Thema fertig gegart ist - wenn es ausreichend der Energie Eurer göttlichen Gnade ausgesetzt war, dann könnt Ihr ein weiteres hineinlegen. Aber immer nur eines auf einmal und lasst es 24 Stunden lang darin ruhen.

Obgleich dieses Konzept einfach erscheinen mag - vielleicht sogar banal - sagen wir Euch jetzt, es liegt viel Macht und Kraft darin, denn Lektion vier der Schöpfer-Serie lautet: „Erschaffe aus Deiner Gnade." Lektion vier - Erschaffe aus Deiner (innewohnender) Gnade. Dieses Symbol des Ofens erhaltet Ihr heute, damit Ihr besser verstehen lernt, wie Ihr mit der göttlichen Gnade, der göttlichen Würde arbeiten könnt, die aus Eurem eigenen Inneren stammt. Ihr werdet diese Energie erfahren, sobald Ihr ein Thema in diesen Ofen der Gnade hineinlegt.

Lasst uns nun zu Taylor zurückkehren. Sie legte ihr Portemonnaie in den Ofen ihrer Gnade, denn es repräsentierte für sie das Fülle-Thema, mit dem sie in jener Zeit zu kämpfen hatte. Und sie legte es ohne Erwartung, ohne Wertung und ohne Vorstellung in ihren Ofen. Ohne Programm, ohne Agenda, versteht Ihr, liebe Freunde? Oh, wir wissen, Ihr habt anderen beigebracht zu beten und Ihr habt ihnen intensives Wünschen beigebracht und den Gebrauch von Absichtserklärungen und Zielvorstellungen. Das alles war richtig und gut und voller Liebe und es brachte Euch letztendlich hierher, bis an diesen Punkt. Doch, liebe Freunde, wir bewegen uns nun an einen neuen Ort. Durch den Ofen der *inneren* Gnade werden Gebete, Zielsetzungen oder Absichten nicht mehr benötigt. Er kümmert sich von selbst darum.

Als Taylor ihre Geldbörse dort hineinlegte ohne Agenda, ohne eine Vorstellung und ohne irgendetwas zu erbitten, wisst Ihr was geschah? Ihr Ofen der Gnade brachte aus der tiefen Harmonie der Liebe eine neue, eine gesegnete Energie hervor. Ihr Ofen der Gnade brachte eine neue Balance in ihre finanzielle Situation. Ihr Ofen der Gnade brachte die Energie der Fülle auf eine neue angemessene und ausgeglichene Weise in ihr Leben.

Nun, für Taylor wäre es schwierig gewesen, all das allein durch ihre Gedanken zu erschaffen. Das wäre etwa so, als ob man eine Mahlzeit einnimmt und gedanklich versucht die Verdauungsvorgänge im Körper weiter zu kontrollieren. Ihr esst ganz einfach und lasst den Rest von allein geschehen. Das ist „Die innere Gnade der Verdauung". Und in der gleichen Art und Weise kümmert sich Euer Ofen der Gnade, sobald Ihr etwas in ihn hineinlegt, wie von selbst darum. Es existiert dort ein natürliches Gleichgewicht. Eine natürliche, selbstverständliche Erfüllung nimmt Raum in dieser Neuen Energie.

Ungefähr eine Woche, nachdem Taylor ihr Portemonnaie in den Ofen der *inneren* Gnade gelegt hatte und es dort über Nacht garen und ruhen ließ, verlor sie ihre Arbeit. Hättet Ihr das gedacht!? (Kichern) Sie fragte sich, was hier vorging, vertraute jedoch auch ihrer inneren Gnade, ihrer inneren Würde. Sie wusste, dass Ihr Job tatsächlich ein Hindernis auf dem Weg zum Wohlstand war, denn er hielt sie gefesselt und schränkte sie ein. Er ermöglichte ihr zwar andere Arten von Erfahrungen, doch diese waren nun nicht mehr angemessen. Eine von diesen Erfahrungen war die der finanziellen Einschränkung gewesen. Als sie nun ihre Geldbörse in den Ofen der inneren Gnade gelegt hatte, war klar, dass dies auf eine Veränderung ihrer Arbeit hinauslaufen würde.

Anfänglich machte ihr der Verlust ihrer Arbeitsstelle Angst, also legte Taylor diese Angst wiederum in den Ofen der *inneren* Gnade. Sie erlaubte dieser die momentane Angst vor dem, was sie gerade durchmachte, zu behandeln. Und indem sie dies mit jeder neuen Situation vollzog, erlaubte sie ihrer inneren göttlichen Gnade und Anmut, das angemessene Gleichgewicht, die angemessene Lösung zu finden.

Liebe Freunde, Taylor lernte sich selbst zu vertrauen. Sie wandte sich mit ihren Problemen nicht an einen Engel, einen Geistführer oder an Spirit. Sie überließ die Verwirklichung und Erfüllung ihrem eigenen inneren Sein. Und in der Tat, in dieser Lektion vier „Erschaffe aus Deiner *(innewohnenden)* Gnade“ werdet auch Ihr die Schönheit, das Fließen, das Gleichgewicht und die Liebe der Euch innewohnenden Anmut kennen lernen. Bis heute hattet Ihr noch kein Vertrauen in Eure *(in Euch existierende)* göttliche Gnade. Und auch die Schwingung der Erde war bis zu diesem Zeitpunkt noch nicht so weit, damit Ihr diese Energie wirklich angemessen hättet nutzen können. Doch jetzt gehört sie Euch!

Wir können Euch nur unsere Einsichten bringen, unsere Weisheit. Wir können Euch lediglich Euer eigenes Bewusstsein zurückspiegeln. Tun müsst Ihr es. Nehmt Eure schwierigen Situationen und legt sie in Euren Gnadeofen. Und ja, natürlich könnt Ihr eine Situation wiederholt in den Ofen legen, sofern es keine Auflösung gibt. Ihr könnt sie wieder und wieder dort hineinlegen. Sollte Taylor sich wieder um ihr Geldproblem Sorgen machen, könnte sie ihren Geldbeutel am nächsten Tag erneut hineinlegen. Doch wie gesagt, nur ein Thema pro Tag.

Lektion vier, welche eine grundlegende Lektion für die Anwendung der Schöpferkraft in der Neuen Energie sein wird, heißt „Erschaffe aus Deiner *(innewohnenden)* Gnade.“ Erst habt Ihr zu verstehen und zu lernen, wie es ist, aus Eurer inneren Würde heraus zu erschaffen, bevor wir uns den dynamischeren Schritten zuwenden können. Und erneut erinnern wir Euch daran, diesen Ofen im Moment ausschließlich nur für Euch selbst zu nutzen. Wir präsentieren Euch dieses Werkzeug in dem Bild, in der Metapher eines Ofens, doch es zeigt Euch einen wirklich praktischen Weg, um Ausgeglichenheit und Lösungen durch Eure innere göttliche Gnade, durch Eure innere göttliche Anmut und Würde in Euer Leben zu bringen.

Wohin wird Euch all dies in unseren zukünftigen Lektionen führen? Wir arbeiten mit Euch daran, die wahren Schöpfer in der Neuen Energie zu werden, die Schöpfer Eures eigenen Lebens, die Schöpfer der neuen Energie auf Erden. Und dabei geht es nicht nur um Euch. Es geht auch darum, die Gewebemuster des Neue-Energie-Teppichs (*die neuen Energieschablonen*) zu erschaffen. Genau diese Arbeit, die Ihr momentan tut, und die Erfahrungen der vor Euch liegenden Tage beziehen sich alle auf das Weben dieses neuen Teppichs.

Also, sobald jetzt eine neue Herausforderung in Euer Leben kommt, sagt nicht: „Oh Spirit, warum bringst Du mir das jetzt wieder?" Erinnert Euch daran, Ihr habt es Euch selbst gebracht und Ihr habt es in dem Geist der Liebe getan, um die Webart der Neuen Energie auf Erden zu erschaffen.

Liebe Freunde, wir lieben Euch unermesslich. Durch diese Lektionen bringen wir Euch das Verständnis dafür, warum Ihr hauptsächlich hier auf die Erde gekommen seid. Wir zeigen Euch die Gründe, warum Ihr die Erde wähltet, warum Ihr Mühen und Anstrengungen wähltet. Wir bringen Euch die Botschaft, dass Ihr all dies aus Eurer Herzensgüte und einem tiefen Dienst an Spirit vollbrachtet. Und deshalb gibt es nicht eine einzige Sache, die Ihr getan habt, die unangemessen oder falsch gewesen wäre. Langsam beginnt Ihr diese Weisheit zu verstehen. Ihr habt zutiefst von Euch selbst gegeben. Und wieder einmal mehr tut Ihr es jetzt. Ihr habt gewählt, die Pioniere dieser Neuen Energie zu sein. Deshalb lieben wir Euch so tief und darum seid Ihr in der Tat niemals allein.

Und so ist es.

* * * *

****

"Es geht nicht mehr um Dich."

****

Lektion Fünf

Erwarte Veränderungen und segne sie

Und so ist es, liebe Freunde, dass wir uns erneut versammeln in dem „Circle of Crimson“ in dieser sehr speziellen und besonderen Zeit Eures Jahres (*Weihnachten*). Wir versammeln uns hier mit denjenigen, die wir schon früher gekannt haben. Wir versammeln uns hier mit denjenigen, die mit uns Engel waren und einstmals weitergegangen sind, hin zu einem anderen Ort namens Erde. Wir danken Euch, heute in Euren Raum (*space*) eingeladen zu sein. Es ist wahrlich eine heilige, eine gesegnete und freudvolle Zeit, ihn mit Euch zu teilen.

Wir werden nun in den nächsten Minuten mit Euch arbeiten, um die Energien dieses Raumes, den wir miteinander erschaffen, auszurichten und anzugleichen. Hierzu kommen nun jene von unserer Seite des Schleiers, welche sich auf die verschiedenen „Webarten“ verstehen. Sie wissen diese Energien richtig anzuordnen und zu verbinden. Wir bitten Euch deshalb einfach: Öffnet Euer Herz, öffnet Euren Raum. Wir können nur dann hereinkommen und so nahe bei Euch sein wie jetzt, wenn Ihr es gestattet, wenn Ihr die Erlaubnis erteilt. Wir bitten Euch, öffnet Eure Herzen, damit das ALLES, WAS IST näher an Euch herankommen kann, einen Schritt näher heran.

Hier ist nun Einer (*sehr gefühlvoll)*, welcher in diesen Raum hereinkommt. Er kommt herein, um wieder bei Euch zu sein, um wieder mit Euch, an Eurer Seite zu gehen. Wahrhaftig! Derjenige, welcher nun hereinkommt, entstammt der Familie Sanandas. Er ist der Eine, mit dem Ihr bereits zuvor einmal Seite an Seite gegangen seid. Er lässt Euch, Euch alle, die hier versammelt sind, und alle, die dies lesen, jetzt wissen, dass Er anwesend ist. Er lässt Euch wissen, dass Er jetzt anwesend ist. Wie wir hier in diesem Kreis schon einmal besprachen, kam damals der Moment, dass er weinte, denn er wusste, für ihn war der Zeitpunkt gekommen, wieder zurückzugehen. Und für Euch war der Zeitpunkt gekommen, Euch in Euren unterschiedlichen Inkarnationen weiterzuentwickeln, die Reise fortzusetzen, weiterzulernen und Erfahrungen zu sammeln für Spirit und für das *ALLES, WAS IST.*

Er ist Familie und er ist unter dem Namen Yeshua Ben Joseph (*Jesus*) bekannt. Er berührt jetzt Eure Schulter. Er küsst Eure Stirn. Diese Energie hier, sie ist so vertraut, sie ist so familiär. Es ist die Energie der Familie, die Energie von Shaumbra. Diese Energie ist wahrhaft süß und voller Liebe.

(*Sehr emotional*) Es fällt uns gerade schwer weiterzusprechen, also werden wir uns einen Moment Zeit lassen. Wir werden uns einen Moment Zeit lassen, in dem Yeshua, der Eine, der Euch in der Vergangenheit auf Eurem Weg leitete, durch diese Stuhlreihen wandert. Wir bitten Euch, nehmt einfach diese Liebe, die Er Euch aus der Familie Sanandas bringt, an. Es gibt sie, diese Momente, die so überaus wertvoll und kostbar sind. In der Tat, es gibt sie, diese Momente, die unsere Augen mit Tränen füllen. Dies ist eine Wiedervereinigung der Familie, wenn der Meister der Liebe erneut zurückkehrt und mit Euch ist und bei Euch ist, um Eure Erfahrungen und die Geschichten Eures jetzigen Lebens zu hören. Dies ist wahrhaft voller Süße.

Es ist interessant, dass Ihr Ihn in einigen wenigen Wochen Eurer Zeit feiern und ehren werdet. Jedenfalls meint Ihr das! Denn in Wahrheit ist Er gekommen, um Euch zu feiern und zu ehren. Er ist hierher gekommen und wandelt zwischen den Stühlen, um jeden Einzelnen von Euch, der hier ist oder dies hier liest, zu berühren; um Euch daran zu erinnern, dass Ihr diejenigen seid, die nun in dieser Zeit den Christus-Samen in das Leben tragen und auf die Erde bringen. Ihr seid diejenigen, welche das wahrhaft durchchristete Sein in sich tragen, Ihr seid diejenigen, welche die eigentlichen Christuswesen sind.

Diese Momente sind süß, wahrhaftig! (*Sehr emotional, unterbrochene, sehr bewegte Stimme.*) Selbst für mich, Tobias, ist es schwierig weiterzumachen. (*Pause*)

Derjenige, der aus der Familie Sanandas kommt, nimmt jetzt seinen Platz ein unter Euch und bleibt für den Rest des heutigen Abends bei uns. Jene aus den Legionen der Engel und Erzengel kommen heute nicht in diesen Ersten Kreis. Sie sitzen im Zweiten Kreis und schauen zu. Sie halten Ihre Energie auf Abstand, damit Yeshua Ben Joseph (Jesus Christus) in seiner ganzen Klarheit und Lichtkraft, in seiner ganzen Liebe unter Euch weilen kann. Oh, wir müssen hier für einen Moment unterbrechen!

* * * *

Nun, liebe Freunde, wir erinnern Euch an die Arbeit, die Ihr vollbringt. Wenn wir uns hier versammeln, erinnern wir Euch jedes Mal daran, damit Ihr es nicht vergesst. Ihr erschafft die Energieschablonen (*die Gewebemuster, den Bauplan*) für die Neue Energie. Ihr nehmt die Leere und verwandelt sie in neue Schöpfung. Wir wissen und wir verstehen, dass es schwierige Tage in Eurem Leben gibt. Doch, meine lieben Freunde, wenn Ihr die Bandbreite Eurer Herausforderung kennen und verstehen würdet, dann würdet Ihr auch begreifen, warum bestimmte Schwierigkeiten existieren.

Nun wollen wir über Veränderung sprechen. Um Veränderung ging es auch in der ersten Botschaft an den Crimson Circle durch Cauldre (*Geoffrey*). Wir haben einige Zeit nicht mehr davon gesprochen, doch nun werden wir mit Euch über Veränderung sprechen; über solche Veränderungen, die sowohl unmittelbar in Eurem eigenen Sein, als auch in der ganzen, Euch umgebenden Welt eintreten werden. Wir werden Euch erklären, warum Ihr gewisse Dinge spürt. Wir werden mit Euch über die Transformation sprechen, die in Eurem innersten Wesen stattfindet. Wir wollen Euch helfen zu verstehen, auf welche Art und Weise diese Veränderung Euch eine neue Ermächtigung bringen wird. Und so werdet Ihr dann jenes Mitgefühl, jene Ausgeglichenheit und Liebe besitzen, welche Euch befähigen werden, die Lehrenden der Neuen Energie zu sein.

Wir erkennen die schimmernden crimsonfarbenen Bänder in Eurem Aurafeld. Das ist das wahre Erkennungszeichen eines Lehrers. Oh, es gibt dort noch andere Farben, doch die Crimsonenergie ist das Merkmal des weisen Lehrenden. Versteht es richtig, Ihr seid ein Lehrender derjenigen, die nach Euch kommen werden. Das ist der Grund, warum wir hier bei Euch sind.

Bevor wir jetzt weitermachen, möchten wir Euch eine kurze Geschichte erzählen. Wir lieben es, kurze Geschichten zu erzählen! (*Kichern*) Unsere Geschichte am heutigen Abend handelt von einem jungen Prinzen namens Jack. Nun versteht, Jack lebte in einem prächtigen Königreich und er war der Prinz. Seine Mutter war die Königin und sein Vater war der König - und dies ist ein wichtiger Punkt. Nun war dieser junge Prinz Jack noch ein kleiner Junge und er liebte es, in dem ganzen Königreich zu spielen. Er hatte viele Freunde und Spielgefährten und alle, die ihm begegneten, ehrten ihn und liebten ihn. Er führte ein sehr gutes, wunderschönes Leben als ein Prinz in dem Königreich des ICH BIN.

Während seiner Kindheit hatte Jack das heftige Verlangen, ständig neue Dinge zu erfahren. Er hatte das starke Verlangen, zu spielen und zu lernen und jene, die den jungen Prinzen sahen, schüttelten oftmals den Kopf und bemerkten: „Er ist ganz der Schöpfer, ganz der großartige, herrliche und prächtige Schöpfer. Er ist derjenige, der es liebt zu reisen, der es liebt Erfahrungen zu machen. Seine Seele ist so voller Spielfreude. Er bewegt sich ständig weiter vorwärts."

Oh, dieser junge Prinz Jack konnte einfach seine beiden Füße nicht ruhig halten. Als er seine Teenagerjahre erreichte, führten ihn seine Reisen immer weiter und weiter durch die Länder des Königreiches, sogar bis in die äußersten Regionen, in Dörfer, die sehr weit weg vom Zentrum des Königreiches lagen. Dort traf er auf Bewohner, die zwar dem Königreich angehörten, ihm jedoch unbekannt waren und irgendwie auch anders vorkamen.

Jack unternahm immer längere Reisen. Es gab Zeiten, in denen er tage - oder sogar wochenlang fort war. Er liebte es zu lernen. Er liebte die neuen Tier- und Baumarten, die er in den Außenregionen des Königreiches entdeckte. Er liebte all die neuen Länder und deren Himmel. Er liebte seine Reise. Der junge Prinz Jack machte selten Pause, eine Reise folgte der nächsten. Ständig fand er einen Ort, an dem er noch nie zuvor gewesen war, und immer fand er neue Freunde auf seinem Weg.

Als der junge Prinz sein frühes Mannesalter erreichte, wurde ihm bewusst, dass er schon recht bald das Königreich regieren würde. Er wusste, dass er schon bald auf dem Thron sitzen und König sein würde. Er dachte bei sich: „Bevor ich König werde und im Schloss bleibe, um über das Königreich zu herrschen, möchte ich noch eine letzte Erfahrung machen. Ich werde mich auf einer langen Reise an einen Ort begeben, an dem ich noch nie zuvor gewesen bin, an einen aufregenden, spannenden und herausfordernden Ort."

Der junge Prinz beschloss, auf das königliche Gefolge, welches ihn normalerweise auf seinen Reisen begleitete, zu verzichten. Und so schlüpfte er eines Nachts sehr spät aus dem Schloss, mit nur einer kleinen Tasche als Gepäck für seine lange Reise. Er durchquerte all jene Gebiete und Orte, in denen er früher schon gewesen war. Er kam vorbei an all jenen Dörfern, die er auf seinen früheren Reisen besucht hatte. Er reiste weiter und weiter bis er in völlig neue Regionen des Königreiches gelangte. Diese waren vollständig neu, anders und aufregend, lagen jedoch immer noch innerhalb der Grenzen des Königreichs von ICH BIN.

Während es ihn auf seiner Reise vorantrieb, erreichte Jack schließlich die Landesgrenze. Er stand am Rande eines gewaltigen Wassers, eines Ozeans, wie er ihn noch nie zuvor gesehen hatte. Er hatte Seen gesehen und er hatte Flüsse gesehen, doch so etwas wie dieses hatte er noch nie zuvor erblickt. Aus den Überlieferungen seines Königreiches wusste er, dass es riesige Ozeane geben sollte. Er hatte auch von dem Ort gehört, an dem das Land endete. Und er hatte gehört, dass man dort nicht weiterreisen könne. Man sagte, dass hier das Königreich endete und dass es weder klug noch weise wäre weiterzugehen. Der junge Prinz Jack lag die ganze Nacht wach und überlegte hin und her, ob er nun den nächsten Schritt tun solle oder nicht. Er verhandelte und debattierte mit sich selbst, ob er auf dem Ozean Segel setzen - oder besser nach Hause zurückkehren solle.

Oh, und wie Ihr ja wisst, er war zum Umkehren viel zu rastlos! Und so begann er sich am nächsten Tag ein Schiff zu konstruieren, ein kleines Boot, welches ihn auf seiner Reise tragen würde. Jack arbeitete tagelang daran, bis er mit seinem Boot zufrieden war. Und dann, mit einem Kloß im Hals, einem Stein im Magen und dem Gefühl, als wenn er gerade dabei sei, ein heiliges Gesetz zu brechen und höchstwahrscheinlich dorthin zu reisen, wo man nicht hingelangen sollte, setzte er die Segel.

Die Strömung trug ihn schnell hinaus auf diesen Ozean. Und so segelte er eine gute Anzahl von Tagen. Das Wasser war ruhig. Der Wind war sanft. Die Sonne strahlte und alles schien gut zu laufen. Und dennoch war tief in Jack dieses Unbehagen. Der Kloß in seinem Hals wurde größer. Der Stein in seinem Magen wuchs, ihm wurde immer übler. Er wusste, etwas kam auf ihn zu.

Und eines ruhigen, stillen Nachmittags - nach Jacks Maßstäben war es sogar etwas zu langweilig - sah er auf einmal, wie sich eine gewaltige Feuerwand vor ihm aus dem Ozean erhob. Er begann rückwärts zu paddeln in dem Versuch, dieser Feuerwand zu entrinnen. Doch so sehr er es auch versuchte, er konnte die Kräfte dieser gewaltigen Feuerwand nicht überwinden. Sie zog ihn an, sie zog ihn näher und näher. Mehr und mehr konnte er ihre Hitze, ihren Aufruhr und ihre immense Bewegung wahrnehmen. Er konnte den Aufruhr im Inneren der Feuerwand immer mehr fühlen. Jack schrie und schrie, während er aus Leibeskräften in die Gegenrichtung ruderte in dem Versuch, wieder zurück in das Königreich des ICH BIN zu gelangen. Doch sie zog ihn in sich hinein. Diese Kraft zog ihn direkt in die Feuerwand hinein.

Jack fiel es schwer sich zu erinnern, was danach geschehen war. Es kam ihm vor, als sei er eine endlose Zeit, eine Ewigkeit in dieser Feuerwand gewesen. Als er erwachte, fühlte er sich ausgelaugt, leer und er konnte sich an nichts mehr erinnern. Er erwachte am Strand eines seltsamen und fremd wirkenden Landes. Er konnte sich weder an seinen eigenen Namen erinnern, noch woher er kam. Es gab etwas in seinem Inneren, was ihm sagte, dass er jemand Bestimmtes gewesen sei, doch er wusste nicht wer. Es war, als hätte er sein Gedächtnis verloren.

Als Jack seine Augen öffnete, sah er ein neues Land, das anders war als alles, was er je zuvor gesehen hatte. Und er wusste, es war an der Zeit, aufzustehen und mit den Erkundungen zu beginnen. Er durchstreifte das neue Land Tag um Tag und entdeckte dabei Dinge, die für ihn und seine Seele vollkommen neu waren. Und dennoch fühlte er wieder dieses Unbehagen. Er spürte, es gab da etwas, das er wissen oder woran er sich erinnern sollte, doch er konnte es nicht, er konnte es einfach nicht richtig greifen. Jack versuchte verzweifelt, sich an seine Vergangenheit zu erinnern.

Nachdem er eine geraume Zeit dieses Land erkundet und erforscht hatte, traf er eines Tages eine Frau. Sie sprachen miteinander und freuten sich, einander zu sehen. Es schien eine vertraute Verbindung zwischen ihnen zu geben, doch wussten sie nicht woher. Die Frau nahm Jack mit in ein Dorf, in dem noch andere Menschen lebten. In diesem Dorf waren verschiedene Gebäude errichtet. Kinder waren dort. Eine neue Zivilisation war erschaffen worden, doch keiner aus diesem Dorf konnte sich daran erinnern, woher er gekommen war. Niemand konnte sich daran erinnern, wer sie alle waren. Alle wussten lediglich, dass es an der Zeit war, nach vorne zu schauen, dass es an der Zeit war, ihr Leben weiterzuleben.

Nun, liebe Freunde, es gibt in dieser Geschichte kein bestimmtes Ende, denn es wurde noch nicht geschrieben. Diese Geschichte von Jack und all den anderen, die er in diesem neuen Land traf, ist Eure Geschichte. Ihr seid die Erkundungs- und Abenteurer-Engel. Ihr seid diejenigen, die auszogen, um das gesamte Königreich Gottes im Ersten Schöpfungskreis zu erkunden. Ihr seid die Prinzen und Prinzessinnen, die eines Tages den Thron besteigen werden.

Ihr seid diejenigen, die so rastlos waren und alles entdecken und erforschen wollten. Ihr gingt bis an die äußersten Grenzen der gesamten Schöpfung. Ihr habt die Segel gesetzt und seid über den Ersten Schöpfungskreis hinausgelangt. Und nach vielen, vielen neuen Abenteuern, gelangtet Ihr dann schließlich an einen Ort, den Ihr heute Erde nennt; umgeben von genau dem Universum, welches Ihr mithelft zu erschaffen. Ihr seid diejenigen, die das neue Dorf aufbauen, die die neuen Wege erstellen, die jene neuen Dinge entdecken, welche Ihr unmöglich im alten Königreich hättet entdecken können. Ihr seid diejenigen, welche die Energieschablonen, den Bauplan für die Zweite Schöpfung kreieren. Und nun versucht Ihr Euch zu erinnern, woher Ihr kommt, wo Eure Wurzeln sind, welchen Ursprungs Ihr seid.

Es gab Engel im Königreich, die auszogen nach Euch zu suchen, nachdem Ihr Euer Zuhause verlassen hattet. Der König und die Königin baten sie darum, Euch zu suchen. Die Engel folgten Euren Fußspuren in dem Königreich des ICH BIN bis hin an den Strand des großen Ozeans.

Und als sie dort am Rande der Schöpfung ankamen, wussten sie, dass Ihr auf die sagenhaften Gewässer hinausgefahren wart und das *ALLES, WAS IST* hinter Euch gelassen hattet. Sie brachen in Jubel aus, denn sie erkannten, Ihr liebtet Spirit so tief von ganzem Herzen, dass Ihr diese lange Reise zum Wohle von Allem gewählt und angetreten hattet.

Viele Engel stehen noch immer vor der Feuerwand, unfähig hindurchzukommen. Sie können in die Feuerwand hineinschauen. Sie können die Bilder Eures Erdenlebens auf die Feuerwand projiziert sehen. Auf dieser Leinwand können sie sehen, was Ihr tut. Es ist ihnen zwar möglich, Euch zu fühlen, jedoch können sie die Wand zu diesem Zeitpunkt noch nicht durchdringen.

In dem Maße wie Ihr Euch verändert, verändert sich auch die Feuerwand. In einer relativ kurzen Zeitperiode wird es so für alle anderen des Königreiches ebenfalls möglich sein hindurchzukommen. Und an diesem Punkt werden sich dann die Grenzen des Königreiches von ICH BIN ausdehnen und erweitern. Das Königreich wird sich dann über die Feuerwand hinaus ausbreiten, hinein in jenen neuen Bereich, in jenen neuen Ort, den Ihr erschaffen habt. Der Tag wird kommen, an dem Zuhause zu Euch kommen wird. Ihr werdet die Engel wieder erkennen und dann werdet Ihr Euch wieder an Zuhause erinnern. Das Königreich des ICH BIN wird dann ein noch großartigerer Ort sein als zuvor, weil Ihr, seit Ihr Euer Zuhause verlassen habt, diese Arbeit vollbracht habt.

Dies ist in der Tat eine Geschichte, eine, die Eure Reise darstellt und schildert. Auf unserer Seite reden wir ohne Unterlass darüber - über Eure

Reisen, Eure Erfahrungen und Eure Entdeckungen. Meine lieben Freunde, es gibt hier so viel Ehre für das, was Ihr tut. Es gibt hier so viel Hochachtung für das, was Ihr auf Euch genommen habt. Und das ist auch der Grund, warum die Energie von Yeshua jetzt hier ist, um Euch zu danken und Euch an die Familie zu erinnern.

* * * *

Auf den tiefsten Ebenen Eures Seins vollziehen sich Veränderungen. Tiefer noch als auf den Ebenen Eurer DNA, Eurer magnetischen Energiemuster und den Ebenen Eurer inneren Schwingungen.

Innerhalb des Königreiches befandet Ihr Euch in einem „EinsSein"-Modus, einem Singularmodus. Während Ihr die Feuerwand durchquertet, nahmt Ihr die Merkmale der Dualität an. Das war es, was Jack erlebte. Das war es, was Jack fühlen und erfahren wollte. Und wahrhaftig, das tat er. Das habt Ihr in der Tat alle erfahren!

Als Ihr das Königreich verlassen hattet, nahmt Ihr die Merkmale der Dualität, der Polarität an. Die Einheit existierte für Euch nicht länger, doch stattdessen gab es dort die „Zwei-heit." Es existierten dort das Licht und die Dunkelheit, das Positive und das Negative, wie auch immer Ihr es ausdrücken wollt, stets in einer energetischen Balance von ungefähr 2/3 zu 1/3.

Stellt Euch nun bitte einmal vor, Eure duale Energie wird von einer weißen und einer schwarzen Murmel repräsentiert. Und nun stellt Euch dazu noch eine klare, durchsichtige Murmel vor. Je nachdem, welche Art von Erfahrungen Ihr zu machen wählt, nimmt die klare Murmel entweder mehr die Merkmale des Lichtes oder die der Dunkelheit an. Die klare Murmel will sich nun z. B. transformieren und für eine gewisse Zeit wird sie dann überwiegend die Merkmale der weißen Murmel annehmen. Ihr werdet dann in Eurem Sein eine energetische Balance von zwei Teilen Weiß und einem Teil Schwarz erfahren. Mit diesem energetischen Gleichgewicht durchlauft Ihr eine Reihe von Erfahrungen, die sowohl eine entsprechende „Spannung" erzeugen als auch die angemessenen Herausforderungen bereitstellen, um Euch „Erfüllung" erfahren lassen.

Im Verlauf Eurer Lebenszyklen gab es Zeiten, in denen die verwandelte klare Murmel - also diejenige, die eben weiß geworden war - für kurze Zeit wieder in ihre ursprüngliche Klarheit zurückkehrte. Ah, und in dieser Zeit fühltet Ihr Euch dann völlig im Gleichgewicht! Mit der Zeit bewegte sich die klare Murmel dann erneut zur anderen Seite und nahm wieder überwiegend die Eigenschaften der dunklen Murmel an. So durchlebtet Ihr Erfahrungen mit der entsprechenden energetischen Balance von zwei Teilen Dunkel und einem Teil Weiß in Eurem Leben.

Im Allgemeinen blieb die weiße Murmel für gewöhnlich weiß und die schwarze Murmel blieb für gewöhnlich schwarz. Die klare Murmel veränderte sich, bewegte sich zwischen dem Weiß und dem Schwarz hin und her. Doch wie dem auch sei, es gab hin und wieder Zeitperioden, in denen die weiße Murmel und die schwarze Murmel ihre Polaritäten umkehrten und austauschten, denn tatsächlich ist die eine lediglich der Spiegel der anderen. Die schwarze wurde dann weiß und die weiße wurde schwarz. Und zuweilen reagierte die klare Murmel darauf äußerst verwirrt!

Dieser Polaritätswechsel, diese „Umkehrung der Pole" kommt nur sehr selten vor, vielleicht nur einmal in Tausenden von Jahren. Er findet nicht nur in Eurem individuellen Sein, sondern im Bewusstsein des gesamten Planeten statt. In der Vergangenheit benötigte der vollständige Wechsel der Polaritäten von Hell zu Dunkel und von Dunkel zu Hell Hunderte von Jahren und er kam in Tausenden von Jahren nur einmal vor.

Was zurzeit geschieht, liebe Freunde, ist, dass der Austausch, die Umkehrung der Polaritäten zwischen Licht und Dunkelheit sehr schnell stattfindet. Dies tritt nicht mehr nur alle paar Tausend Jahre in Erscheinung. Gerade jetzt könnt Ihr den Wechsel der Polaritäten wieder stattfinden sehen - in dem die weiße Murmel und die schwarze Murmel ihre Eigenschaften tauschen - und das nun innerhalb weniger Jahre. Es geschieht sehr schnell. Und die klare Murmel versucht nach wie vor die Merkmale des Lichtes und der Dunkelheit anzunehmen, doch sie wird immer verwirrter bei der Frage, welche nun eigentlich welche ist!

Es gibt wenige Menschen, welche ganz spezielle Eigenschaften dieser klaren Murmel in sich tragen. In ihrem Fall nimmt die klare Murmel niemals das spezifische „schwarz-oder-weiß" Muster an, sondern sie verbleibt in einer Art von „grau", das heißt in einem „Sowohl-als-auch" Stadium. Diese Menschen wählen nicht die typische Energiebalance von 2/3 : 1/3. Die Träger dieser Energien helfen dabei, die inneren Strukturen der Energiedynamik aller Menschen zu verändern. Liebe Freunde, ehrt diejenigen, die homosexuell sind. Ehrt diejenigen, die von Eurer „konventionellen" Gesellschaft verhöhnt werden, denn sie haben eine tiefer gehende und weitaus herausforderndere Rolle angenommen. Sie helfen dabei, die Barrieren einer ehemaligen Energiebalance von 2/3 : 1/3 zu durchbrechen. Statt dessen entscheidet sich ihre klare Murmel weder auf der Seite des Weißen noch auf der Seite des Schwarzen zu stehen. Sie verbleibt in einem neutralen Stadium, welches wir in diesem Beispiel das „Sowohl-als-auch" Stadium nennen. Sie sind diejenigen, die helfen die Kluft der Polarität in dieser Zeit zu überbrücken. Ehrt sie zutiefst für diese Arbeit.

Durch all das, was in und um Euch herum zurzeit geschieht - Licht wechselt in Dunkelheit, Dunkelheit in Licht und Klar weiß nicht mehr, was was ist - geschieht etwas vollkommen Neues. Denn, liebe Freunde, es kommt nun eine vierte Murmel hinzu. Eine vierte Murmel kommt jetzt zusätzlich ins Spiel. Diese Murmel besteht aus reinem Kristall. Sie ist ganz besonders rein und klar und unterscheidet sich von den anderen drei Murmeln. Sie aktiviert jene Christusenergie, die bereits in Euch existiert. Die vierte Murmel erscheint nun, um die Christusenergie in Euch zu aktivieren und ins Leben zu bringen.

Sobald diese vierte kristalline Murmel sich in Euer Sein hineinbewegt, versuchen die drei anderen Murmeln - die weiße, die schwarze und die klare - sie hinauszuwerfen! Sie betrachten sie als eine fremdartige Energie, die in ihrer alten Dualitätsenergie nicht willkommen ist. Sie verstehen nicht, woher die vierte Murmel kommt, und so entsteht ein Aufruhr im Innern! Und da wundert Ihr Euch, warum Eure Rücken und Schultern so sehr schmerzen! Da fragt Ihr Euch, warum diese emotionalen Kämpfe in Eurem Wesen stattfinden, obwohl Ihr dachtet, dass Euer Leben ausgeglichen sein sollte. Ihr übernehmt nun mehr und mehr die Eigenschaften der vierten Murmel. Die anderen drei Murmeln sind deswegen gerade sehr verwirrt, denn sie besaßen noch niemals dieses vierte Element. Wir haben schon zuvor mit Euch über die Wichtigkeit der Zahl Vier gesprochen und das hier ist ihr Kern, das Herzstück, dies ist die Essenz des Gleichgewichtes der „Vier".

Was geschieht nun auf der tiefsten Ebene Eures emotionalen, physischen und mentalen Seins? Die vierte Murmel integriert sich mehr und mehr in Eure energetische Grundstruktur. Sie kommuniziert mit den drei anderen Murmeln und versichert ihnen, dass sie ein Teil von deren eigener neuer Energie ist. Während die drei ursprünglichen Murmeln lernen, die vierte Murmel zu akzeptieren, während sie lernen, ihre besondere, andersartige Energie zu verstehen, werden sie aufhören diese anzugreifen. Sie werden den Versuch beenden, die vierte Murmel hinauszuwerfen. Sie werden dessen sehr müde werden. Diese vierte Murmel ist kraftvoll, machtvoller als die drei anderen zusammen. Und diese werden beginnen, der vierten Murmel zuzuhören. Sie werden beginnen, die Schwingung der vierten Murmel wahrzunehmen und zu fühlen.

Und dann wird etwas geschehen, meine lieben Freunde. Die weiße Murmel wird ihre weißen Eigenschaften verlieren und die schwarze Murmel wird ihre schwarzen Eigenschaften verlieren. Die klare Murmel wird aus sich selbst heraus rein und klar. Und so werden dann alle vier Murmeln beginnen, eine ganz neue Farbe auszustrahlen, eine multidimensionale Farbe. Sie werden schimmern und leuchten, miteinander singen und tanzen. Sie werden sich miteinander und umeinander drehen, sie werden zusammen feiern. Sie werden keine spezifische Einzelfarbe mehr besitzen, sondern die Gesamtheit aller Farben in perfekter Klarheit in sich tragen. Sie werden in Einheit, im Einklang miteinander sein.

Und das ist dann der Punkt, an dem Ihr die Dualität, so wie Ihr sie kennt, hinter Euch lassen werdet. Ihr werdet Euch auf die nächste Ebene begeben. Dies ist nicht das, was Ihr Euch unter Eurer fünften, sechsten oder siebten Dimension vorstellt, denn Ihr denkt sie Euch linear. Es ist vielmehr exponentiell. *(AdÜ.: Begriff aus der Mathematik: Wachstum verändert sich proportional zum Bestand... das Bild einer immer steiler ansteigenden Kurve anstelle einer Geraden.)* Die Veränderung der Murmeln geschieht momentan in Euch. Wir können in diese Gruppe hineinschauen und sehen, wie schwierig und herausfordernd es für Euch bisher gewesen ist, die vierte Murmel zu akzeptieren.

In der Vergangenheit haben wir Euch gebeten, alle Dinge so zu akzeptieren, wie sie sind. Wir haben Euch gebeten, mehr zu „erlauben" geschehen zu lassen, als mit Anstrengung und Mühen zu „bearbeiten". Wir kommunizierten mit Euch auf unterschiedlichen Ebenen. Wir teilten Euch mit, dass für die Polarität die Zeit gekommen sei, das Spiel zu beenden. Wir teilten Euch mit, dass das alte Gleichgewicht von 2/3 und 1/3 nicht länger existiert. Wir baten Euch in der Vergangenheit (*frühere Channelings der ersten Serie*) Euch Pausen zu gönnen, nichts (*„no-thing"*) zu tun, einfach in einem friedvollen, ruhigen Zustand zu sein. In dieser gesamten Zeit konnten die drei Murmeln lernen, die vierte kristalline Murmel mehr und mehr zuzulassen und zu akzeptieren.

Durch diesen schwierigen Prozess hindurchzugehen, ist nicht einfach. Insbesondere Eure Biologie hatte sich bisher noch nicht auf dieses vierte energetische Element eingestellt und ausgerichtet und Eure Emotionen waren definitiv noch nicht daran angepasst. Ihr seid es gewohnt, Euch in der Dualität zu bewegen - gut oder schlecht, richtig oder falsch -, abhängig davon, welcher Tag gerade ist oder welche Schattierung, welche Färbung Eure klare Murmel gerade aufweist.

Liebe Freunde, liebe Shaumbra, wir bitten Euch nun, Veränderungen in Eurem Leben nicht nur zu erwarten, sondern diese auch zu segnen.

Lektion Nummer fünf - ERWARTET VERÄNDERUNGEN IN EUREM LEBEN UND SEGNET SIE. Ihr habt darum gebeten, diejenigen zu sein, die lernen, die wachsen und erleben. Ihr seid diejenigen, die um eine weitere Inkarnation auf dieser Erde baten. Ihr seid diejenigen, die sagten, sie würden sich über die Dualität hinausbewegen, hinein in die neueste der neuen Energien. Wäre es daher nicht angebracht und so auch damit zu rechnen, dass es zu Veränderungen in Eurem Leben kommen wird und dass es Euch in einigen Fällen sogar so vorkommt, als würde Eurem Sein alles entrissen werden? Ihr schafft Platz, Ihr bereitet den Weg für eine neue Energie.

An all diejenigen von Euch, die gerade ihre allerschwierigste Zeit durchleben - wir reichen Euch jetzt unsere Hand und unsere Liebe ist bei Euch, denn wir wissen, was Ihr gerade durchmacht. Doch dies alles geschieht nicht ohne Grund. Es dient einem Zweck. Wir bitten jeden von

Euch, diese Veränderungen einfach geschehen zu lassen. Es mag Euch so vorkommen, als ob Euer altes Selbst zerbröckeln würde. Es mag Euch so vorkommen, als ob Euch all Eure Träume, all Eure Hoffnungen und Ziele, die Ihr jemals hattet, weggenommen würden. Und auf eine gewisse Art und Weise liegt Ihr richtig damit. Ihr bereitet den Weg. Das vierte Element zieht in Euch ein. Damit dies wirklich geschehen kann, haben sich viele Dinge in Eurem Leben zu verändern.

Liebe Freunde und Shaumbra, erwartet Veränderungen in Eurem Leben und segnet sie. Wenn Ihr Eure Arbeitsstelle verliert, segnet dies. Wenn Euer Körper krank wird, nachdem Ihr ihn in Euren Ofen der Gnade gelegt habt und Ihr Euch fragt, warum das geschieht, segnet diese Veränderungen. Wir wissen, dies entspricht nicht dem, was Ihr erwartet hattet, denn Ihr hattet gedacht, dass Ihr direkt und sofort gesund werden würdet, dass Ihr auf der Stelle zurück ins Gleichgewicht finden würdet. Doch manchmal sind die Veränderungen tief greifenderer Art. Manchmal bedarf es einer vollständigen Umkehrung und Erneuerung. Manchmal haben die alten Grundmauern, die alten Fundamente erst abgerissen zu werden. Diese Veränderungen, die Ihr durchmacht, sie sind wahrhaft heilig. Geratet deswegen nicht in Angst und Panik. Macht Euch deswegen keine Sorgen. Sogar Cauldre schimpft jetzt mit uns, wenn wir dies sagen. Er sagt, wir hätten leicht reden, denn schließlich wären es ja nicht wir, die diese Veränderungen durchmachen müssten! (Kichern)...
Und wir verstehen das.

Aus unser Perspektive können wir sehen, was mit Euch und Eurem Leben geschieht. Diese stattfindenden Veränderungen sind ihrer Essenz nach eine Reinigung, eine Klärung. Wir können sehen, dass all dies den Weg bereitet für das vierte Element in Euch. Es mag Tage geben, in denen Ihr krank im Bett liegt und Euch kaum noch bewegen könnt. Und vielleicht wird es Tage geben, an denen Ihr depressiv seid und nicht versteht warum. Kämpft gegen diese Dinge nicht an. Segnet sie. Segnet sie, denn das wird ihnen eine neue Energie verleihen.

Was tatsächlich geschieht, ist, dass die drei ursprünglichen Murmeln versuchen, die vierte Murmel abzusondern. Sie betrachten diese als eine

Bedrohung von außen. Und das ist das erste Mal, dass die drei ursprünglichen Murmeln auf derselben Seite stehen und einer Meinung sind! (Kichern) Das vierte Element verwirrt sie sehr. Sie stellen es auf die Probe. Sie glauben, es sei ein Schwindler und Betrüger. Sie glauben, es käme von einem Ort, der nicht dem höchsten Wohl Eures Seins dient. Sie versuchen etwas in Eurem Inneren zu verteidigen, das sehr wertvoll für sie war - ihre Existenz in der Dualität. Mit Eurer „Erlaubnis“, durch Euer Zulassen wird sich die vierte Murmel schneller und leichter integrieren können. Sprecht mit Eurem inneren Sein und lasst Euer Selbst wissen, dass das Integrieren des vierten Elementes zum Prozess gehört. Dies wird den Übergang viel weicher, viel sanfter und leichter machen.

Lasst es zu, dass die weiße und die schwarze und die klare Murmel dem vierten Element näher kommen. Erlaubt ihnen, die ihm (*dem 4. Element*) innewohnende Liebe und tiefe Akzeptanz zu fühlen sowie seine Klarheit zu spüren. Dies ist eine Sache, die Euch in Eurem bewussten Mensch-Sein auffallen wird - diese Klarheit, die mit dem vierten Element in Euch einziehen wird. Daran werdet Ihr allmählich erkennen, dass es wirklich ist, dass es wahr ist. Doch inzwischen, Freunde, während dieser neue Tanz in Eurem Inneren stattfindet, erwartet Veränderungen in Eurem Leben und segnet sie. Segnet sie, denn sie bereiten den Weg für etwas sehr Tiefes und Heiliges. Segnet diese Veränderungen Eures Lebens.

Sobald die weiße Murmel, die schwarze Murmel und die klare Murmel beginnen, sich mit dem vierten Element wohl zu fühlen, werden sie sich ihm in gewisser Weise angleichen. Sie werden dann die charakteristischen Eigenschaften der vierten Murmel übernehmen. Und während sie dies tun, legen sie zunehmend die elektromagnetischen Eigenschaften der Dualität ab, an der sie so lange festgehalten haben. Sie werden die eindeutigen Eigenschaften des Hell, Dunkel und Klar verlieren. Eines Tages werden sie erwachen und feststellen, dass sie nicht länger ihre alten Deckmäntel tragen, dass sie nicht mehr die charakteristischen Merkmale der Dualität besitzen.

Wir sprechen hier nicht über etwas, was erst in einer entfernten Zukunft stattfinden wird. Gerade jetzt geschieht es in Euch. Und in der

Zwischenzeit rechnet mit Veränderungen in Eurem gesamten Sein - physisch, emotional und mental. Segnet diese Veränderungen. Sodann fangt an die neuen Dinge wahrzunehmen, die sich damit in Eurem Leben zeigen werden.

Sobald Ihr beginnt, mit anderen Menschen zu arbeiten, um ihnen zu zeigen, wie sie sich selbst heilen können, werdet Ihr den wohl überlegten, auf einander aufbauenden und manchmal langsamen Prozess dieser Lektionen zu verstehen beginnen. Ihr werdet verstehen, was sich in ihrem Inneren abspielt, dieses Ablegen des Alten, diese Akzeptanz des Neuen. Wenn Ihr Euch ihr „vereintes Chakra" und ihre Energiefelder anschaut, werdet Ihr erkennen können, wie sie beginnen das vierte Element in sich aufzunehmen. Ihr werdet dann wissen, wie Ihr mit ihnen arbeiten könnt.

Als Erstes durchlauft Ihr den Prozess dieser Lektionen, um so das Mitgefühl zu entwickeln, welches Ihr als Lehrende brauchen werdet. Ihr erfahrt ihn sozusagen aus erster Hand. Möglicherweise erlebt Ihr ihn tiefer und stärker als all diejenigen, die Ihr noch unterrichten werdet. Ihr seid unter den Ersten, die das vierte Element in ihr Sein integrieren.

Und dafür lieben wir Euch so sehr. Für diesen Dienst danken und ehren wir Euch so sehr. Es erstaunt und verblüfft uns jedes Mal, all die Seelen und Wesen hier mit lächelnden Gesichtern zu sehen, Euer Lachen zu hören. Es erstaunt uns, denn wir wissen, wie schwierig diese Reise ist. Jederzeit könntet Ihr sagen: „Lieber Spirit, ich kann diesen schwierigen Pfad, diese Reise nicht länger fortsetzen." Wir wissen, dass Ihr jederzeit sagen könntet „nie wieder" und dennoch kommt Ihr hierhin zurück, Mal für Mal, Zeit um Zeit! Und Ihr kommt wieder aus Liebe. Ihr kommt wieder, um zu dienen. Ihr gestattet Euren Körpern, neue Dinge auszuprobieren und neue Energien zu integrieren. Ihr gestattet Euren Emotionen und Gefühlen ein Lernfeld zu sein nicht nur für Euch, sondern auch für andere Menschen.

Oh, wir haben Euch schon zuvor gesagt, dass es in Wirklichkeit nicht mehr um Euch geht. Versteht Ihr das? Ihr habt alles geklärt. Das, was Ihr jetzt erlebt, erfahrt Ihr aus Liebe zu Spirit und zu all den anderen, die folgen werden. All die Kümmernisse und Herausforderungen, die Ihr jetzt gerade durchlebt, sind wahrlich nicht Eure eigenen. Ihr akzeptiert sie und nehmt sie an im Namen des ALLES, WAS IST. Ihr akzeptiert und nehmt die Integration des vierten Elements in dieser Zeit in dem Wissen an, dass es sowohl für Euer physisches als auch für Euer menschliches Sein mit Schwierigkeiten verbunden ist.

Und das ist es, warum wir Euch so ehren. Das ist es, warum es Yeshua Ben Joseph danach verlangte, sich heute mit Euch zu verbinden. Darum bat er die anderen Engel, aus einiger Entfernung zuzusehen. Er bat darum, diese Zeit mit Euch als Familie verbringen zu können Seite an Seite, ganz persönlich mit jedem Einzelnen. Er war die ganze Zeit über hier - wusstet Ihr das - und hat jedem von Euch die ihm entsprechende Energieschwingung zukommen lassen. Während Ihr dabei gewesen seid, die Worte hier zu lesen, berührte Euch dieser großartige Meister auf eine sehr besondere Weise. Nun bedankt er sich für die Gelegenheit, bei Euch sein zu können, diese höchst kostbare Zeit mit Euch zu teilen sowie auch die Enthüllung dieser neuen Informationen.

Diese Information, liebe Freunde, wird eine Menge alten Denkens verwandeln. Wir haben es die „Mathematik der Vier" genannt. Sie ist Teil dessen, was Ihr als Quantensprung bezeichnen würdet, und bezieht sich auf die Zeit des Jahres 2012 (und wie wir Euch sagten, wird er höchstwahrscheinlich viel früher stattfinden). Wir teilen Euch dies mit, weil Ihr mit die Ersten seid, die das vierte Element in ihr gesamtes Sein integrieren.

Wir lieben Euch so sehr und von ganzem Herzen, Freunde. Bei all den Veränderungen und dem Wandel im Inneren, wisst, dass Ihr niemals allein seid.

Und so ist es.

Lektion Sechs

In Dir befindet sich göttliche Balance

Und so ist es, liebe Freunde, dass wir uns erneut mit Euch in dieser Energie des Crimson Circle versammeln. Voller Freude kommen wir herein in Euren Raum und Eure Energie. Oh, wie offen Eure Herzen dieses Mal sind! Ihr akzeptiert uns inzwischen so tief, liebevoll und wahrhaftig. Wir danken für Eure Erlaubnis und die Möglichkeit, in Euren Raum (*space*) hineinkommen zu können.

Auch die Akzeptanz Eurer selbst - dessen, wer Ihr wirklich seid - hat sich seit unserer letzten Lektion auffällig verändert. Seit unserer ersten Lektion* ist das Ausmaß dieser Veränderung immens. Ein Teil unserer Aufgabe im Crimson Council besteht darin, Euch Perspektiven und Sichtweisen zu eröffnen, Euch zu zeigen, was wir sehen. Es gibt Zeiten, in denen Ihr Euren eigenen Fortschritt nicht erkennen könnt, da Ihr Euch inmitten Eurer Erfahrungen befindet. Ihr seid so sehr ein Teil der Dualität, dass es für Euch schwierig ist, zu erkennen, wer Ihr wirklich seid. Darum bieten wir Euch unsere Sichtweise - unsere Perspektive an. Und wahrhaftig, liebe Freunde, Ihr besitzt nicht mehr dasselbe Bewusstsein wie noch vor ein paar Monaten. Ihr habt eine Menge des Alten abgelegt und begonnen die Energie des Neuen zu umarmen. Und diese Energie ist Euer eigenes Göttliches Selbst.

* Erste gechannelte Tobias-Lektion, Die Neue Erde-Serie, August 1999

Ich, Tobias, und jene des Crimson Councils sind hier, um mit Euch zu teilen, was wir sehen. Wir schauen in Euer Herz und in Euer vereintes Chakra und erkennen, dass Ihr dabei seid, Eure Göttlichkeit zu akzeptieren und anzunehmen. Wir wissen, wie schwierig und herausfordernd dies war. Und wir wissen, dass einige unter Euch Tobias regelrecht verflucht haben! Und auch die ganzen Lektionen, die wir Euch gegeben haben, habt Ihr verflucht! Jetzt lachen wir alle mit Euch! (Kichern) Und ehren Euch gleichzeitig sehr, denn wir wissen, es war schwierig.

Wir kommen im Verlauf dieser Serie - welche wir die Schöpfer-Serie nennen - zu Euch, um Euch darüber zu informieren, wie der Mensch ein ermächtigter Mensch wird. Wir wissen, das Letzte, was ein menschlicher Engel jetzt hören möchte, ist eine weitere Phrase, sind weitere Allgemeinplätze. Darum sind wir sehr vorsichtig damit. Wir werden fortfahren, Euch in unseren Gesprächen so viel wie möglich solide und praktische Informationen zu geben. Doch, liebe Freunde, dies zwischen uns ist keine Einbahn-Straße. Wir werden uns nicht in phrasenhaften Gemeinplätzen ergehen und Euch auch keine leeren Worte anbieten, nur damit Ihr Euch für ein paar Momente Eurer Zeit gut fühlen könnt.

Wir geben Euch jene Informationen, die wir von Euch bezüglich Eures eigenen Weges erhalten. Wir geben Euch jene Informationen, die ein Teil von EUCH uns auftrug, sie Euch mitzuteilen, da Ihr es benötigen würdet, sie zu hören. Wir leiten lediglich die Informationen zurück, die von Euch kommen. Darum erscheinen sie Euch so vertraut. Darum scheint Dir die Energie von Tobias und des Crimson Council oft so nah zu sein, als wäre sie nur für Dich bestimmt. Wir channeln DICH.

Wir werden weiterhin die Informationen an Euch zurückgeben, doch ist es dann an Euch, den menschlichen Engeln, diese auch anzuwenden. Es liegt an Euch, diese neuen Werkzeuge zu nutzen. Letztendlich liegt es bei Euch, Schöpfer zu sein. Wie wir Euch schon zuvor gesagt haben, wir können es nicht für Euch erledigen und wir kennen nicht alle Antworten auf Eure Fragen.

Die Verschmelzung dieser Energie zwischen Euch, uns und Spirit ist wahrhaft voller Süße! Wir wissen, Euer Leben ist von zahlreichen

Aktivitäten, vielen Gedanken und wichtigen Angelegenheiten erfüllt. Wir bitten Euch nun, nehmt Euch diesen Moment, um zu pausieren und zu verschmelzen. Liebe Freunde, nehmt Euch diesen Moment, um zu erfühlen, was Ihr gemeinsam mit Spirit in diesem Raum geholfen habt zu erschaffen. Es ist ein Gefühl von wahrer Liebe, ein Gefühl von Frieden, ein Gefühl Eures eigenen Göttlichen Selbst, welches sanft und ruhig im Inneren erwacht.

* * * *

Nun, es befindet sich jetzt so etwas wie eine sehr interessante Energie hier, ganz anders als die, welche Ihr möglicherweise bisher erfahren habt. Wie Ihr ja wisst, kommen immer viele zu Besuch, sobald Ihr Euch in diesem Kreis versammelt. Sie kommen von der anderen Seite des Schleiers herein, neugierig und gespannt auf die Arbeit, die Ihr vollbringt. In gewisser Weise, liebe Freunde, haben sie im Voraus zu reservieren, denn ansonsten würden sie Euren Raum überfluten. (Kichern) Wir sind sehr wählerisch darin, wer Euch während dieser besonderen Zeit besuchen darf. Innerhalb Eures Kreises gibt es auch eine bestimmte Sitzordnung. Ihr, die Menschen, sitzt im ersten Kreis. Dann kommen die anderen, die sich in einem Kreis dort herum versammeln, sowie weitere Kreise, die sich noch darüber hinaus erstrecken.

Die Energie unserer heute geladenen Gäste unterscheidet sich von der Energie vergangener Lektionen. Sie können nicht so nah herankommen, wie unsere vorherigen Gäste. Vermittler helfen dabei, die Energielinien zu erschaffen, die es unseren Gästen ermöglicht, Euch zuzuschauen und mit Euch zu verschmelzen. Im Augenblick ist es ihnen noch nicht möglich, direkt hereinzukommen. Darum sind so genannte Helferengel anwesend, welche diese Kluft überbrücken.

Die Gäste unserer heutigen Lektion waren noch niemals zuvor auf der Erde. Sie durchquerten noch niemals die Feuerwand und warten nun unruhig auf den geeigneten Zeitpunkt, dies innerhalb der nächsten fünf Jahre zu vollziehen. Bevor sie einen physischen Körper annehmen und in das Bewusstsein der Erde eintauchen können, werden sie sich in eine Art Empfangs - oder Übergangsraum begeben. Ihr kanntet sie, als Ihr Euch noch im Königreich befunden habt, als Ihr noch im Ersten Schöpfungskreis gewesen seid. Einst habt Ihr mit ihnen gespielt und sie lernten von Euch, selbst dann, als Ihr nicht mehr bei ihnen wart. Sie haben Euch zutiefst vermisst. Ihr würdet Euch nicht mehr an ihre Namen und noch nicht einmal mehr an ihre Energien erinnern. Doch sie sind es, die Ihr so gut kanntet und nach denen Ihr Euch so sehr gesehnt habt. Oh, und tatsächlich erkennen sie Euch nun (*auf Grund der Veränderung*) kaum wieder! Beinahe alle von Euch haben schon einmal nach ihrem eigenen spirituellen oder Engelnamen gefragt, diesem Namen, unter dem Ihr bekannt wart, bevor Ihr zur Erde kamt. Wisst Ihr, meine lieben Freunde, warum Ihr nicht in der Lage seid, ihn wirklich greifen zu können? Dieser Name, unter dem Ihr auf der anderen Seite bekannt wart - er gleicht einer Schwingung oder einem Ton -, Ihr tragt diesen Namen nicht mehr.

Ihr habt Euch so sehr verändert, seit Ihr mit Euren Reisen auf der Erde begonnen habt. Es käme einer Entehrung gleich, Euch bei dem Namen zu nennen, unter dem Ihr bekannt wart, bevor Ihr zur Erde gegangen seid. Es wäre eine Herabsetzung, eine Entehrung. Es wäre so, als würde man einen General als Leutnant ansprechen. Es wäre so, als würde man einen Arzt als Studenten bezeichnen. Es käme einer Entehrung gleich, diesen alten Namen zu benutzen, da Ihr schon so weit gereist seid, da Ihr Euch schon so sehr weiterentwickelt habt. Ein neuer Name taucht nun aus Eurem Inneren auf. Und dies ist nicht jener Name, den Ihr auf der anderen Seite getragen habt, sondern ein gänzlich neuer Name, den Ihr gerade jetzt helft mit zu erschaffen und zu definieren. Auf Grund dieses neuen Namens beginnen wir die Art von Energien zu erkennen und zu verstehen, die in Euch geboren werden. Während dies geschieht, beginnt Euer neuer Name mehr und mehr Gestalt anzunehmen. Es wäre unangebracht für uns, Euch diesen Namen mitzuteilen, denn Ihr werdet ihn selbst herausfinden. Und dann werdet Ihr ihn wissen ohne Fragen und Zweifel. Doch dieser Name wird noch immer geboren. Und deshalb bitten wir Euch, geduldig zu sein.

* * * *

Jene, die hereingekommen sind, um während dieser Lektion zuzuschauen, sind aus einem sehr guten Grund hier. Sie haben Euch die ganze

Zeit von dem Ersten Schöpfungskreis aus beobachtet. Sie waren verblüfft über das, was Ihr getan hattet, und darüber, was es heißt auf der Erde zu sein; sich in der Dualität zu bewegen und keinerlei Erinnerung daran zu haben, wer man in Wahrheit ist. Sie fühlen sich geehrt, dass Ihr Eure Erinnerung, Euer Gedächtnis wiedererlangt. Sie fühlen sich geehrt, wenn sie sehen, dass Ihr die Energie der „Zwei" verlassen habt und nun beginnt, eine neue Balance zu leben, in der Ihr die Energie des Christusbewusstseins einbringt. Sobald die kritische Masse erreicht ist, sobald genügend Shaumbra, genügend Lichtarbeiter, in Eurer Welt diese Energie des Christusbewusstseins eingebracht und integriert haben, wird es an ihnen sein, ihre Reise durch die Feuerwand zu beginnen.

Sie sind heute gekommen, um zu beobachten, da sie sich in einer Art Training und Vorbereitung befinden. Oh, Ihr Lieben, sie werden in ungefähr fünf Jahren Eurer Zeitrechnung auf die Erde kommen. Sie werden sich in einen physischen Körper inkarnieren und die menschlichen Bedingungen annehmen. Sie sind nicht das, was Ihr als Indigokinder bezeichnen würdet, denn dies ist ein anderer Typus. Die Indigokinder sind durch eine Reihe von Leben auf der Erde gegangen. Die meisten Indigos sind alte Erdenseelen.

Es gibt andere, welche „Kristallkinder" genannt werden - oh, Ihr verwendet so viele Namen für diese und jene Gruppen. (Kichern) Doch dies sind nicht diejenigen, auf die wir uns beziehen, denn wir geben ihnen zu diesem Zeitpunkt noch keine Namen. Sie kommen aus dem Königreich des Ersten Schöpfungskreises und haben noch nie den menschlichen Zustand angenommen. Man könnte sagen, sie sind sehr nervös, sehr aufgeregt! Was Ihr vollbracht habt, versetzt sie in Erstaunen. Sie befinden sich in einer Art Training und beginnen, sich langsam anzupassen und anzugleichen. Sie beginnen die nötigen Voraussetzungen für sich zu erstellen und bemühen sich, mehr und mehr zu verstehen.

Diese „Neuen" werden Euch im Laufe der nächsten paar Jahre eingehend studieren. Wenn Ihr also mitten in der Nacht aufwachen und eine Energie im Raum wahrnehmen solltet oder falls Ihr möglicherweise das Gefühl habt, Ihr seid inmitten der Nacht angerempelt worden - sie sind halt immer noch irgendwie schwerfällig und unbeholfen -, dann sind sie es, die einfach hereinkommen, um sich einmal genauer umzusehen. In dem Maße, wie Ihr Euer Göttliches Sein integriert, sind sie zunehmend in der Lage, Euch immer näher und näher zu kommen. Sie versuchen, diesen Prozess des Mensch-Seins zu verstehen, ihn zu begreifen. Sie „beschatten" Euch sozusagen.

Und falls Ihr sie um Rat fragt, was Ihr mit Eurem Leben anfangen solltet, werden sie keine Ahnung haben. Denn sie lernen von Euch! Verwechselt sie bitte nicht mit Euren Geistführern oder Engeln, liebe Freunde. Sie sind die Auszubildenden. Sie besitzen nicht die Möglichkeit, sich völlig frei vor oder zurück zu bewegen. Sie müssen immer - und wir benutzen hier Eure Worte - sie müssen immer von einer Art Engel Eurer Seite der Feuerwand eskortiert werden.

Nun sind sie hier mit Euch. Auch wenn Ihr dies lest, sie sind jetzt neben Euch. Wir bitten Euch, begrüßt sie in Eurem Herzen. Wir bitten Euch, sendet ihnen Eure Liebe, gerade so wie auch sie ihre Liebe zu Euch senden. Voll eifriger und gespannter Erwartung schauen sie ihrer bevorstehenden Reise auf die Erde entgegen. Wir bitten Euch, teilt mit ihnen Seele und Tiefe all jener Erfahrungen Eurer eigenen Lebenszeiten auf der Erde. Voller Spannung fiebern sie dieser Zeit entgegen, in der sie Euren Fußspuren folgen werden.

* * * *

Dies führt uns zu der Fortsetzung von Jacks Geschichte, des Prinzen von ICH BIN. In unserer letzten Lektion erzählten wir die Geschichte von Jack, dem Prinzen aus dem Königreich des Ersten Schöpfungskreises, der sich daran erfreute, alle Teile des Königreiches zu bereisen, viele andere Bewohner kennen zu lernen und viele neue Dinge zu erleben und zu lernen, indem er immer neue Dörfer des Königreiches aufsuchte. Wir haben Euch diese Geschichte erzählt, damit Ihr besser verstehen könnt, wie Ihr zur Erde kamt. Denn tatsächlich ist jeder von Euch Jack. Worüber wir in der letzten Lektion nicht mit Euch gesprochen haben, ist, was mit Jack geschah, als er an die Stelle kam, an der das Land des Königreiches endete. Dort schob er sein Boot hinaus auf den großen Ozean und es war für ein paar Tage so windstill, dass es Jack begann langweilig zu werden.

Eines Tages, während Jack auf dem Wasser so dahintrieb und nach neuen Abenteuern Ausschau hielt, sah er eine riesige Feuerwand. Und diese machte ihm Angst. Er begann in die Gegenrichtung zu paddeln, zurück in die Richtung des Landes, aus dem er gekommen war, zurück in das Königreich, welches sein Zuhause gewesen war. Und dennoch, die Feuerwand zog ihn einfach in sich hinein. Er war voller Angst und erschrocken bis ins Mark, denn sie zog ihn immer weiter in sich hinein, ohne dass er etwas hätte dagegen tun können. Nachdem er durch die Feuerwand hindurchgegangen war, erwachte Jack an den Ufern eines neuen Landes. Hier traf er dann andere, die so waren wie er, und gemeinsam begannen sie neue Dörfer zu errichten. So erschufen sie die Architektur und die Energiemuster für dieses neue Land.

Nun, lasst uns noch einmal dorthin zurückgehen und darüber sprechen, was während dieser Zeit passierte, als Jack durch die Feuerwand ging. In unserer letzten Lektion haben wir uns darauf nicht so sehr konzentriert, da wir speziell heute darüber sprechen wollten.

Für Jack - und für Dich - war dies eine sehr traumatische Erfahrung. Denn zum ersten Mal fühlte er, dass er keinerlei Kontrolle mehr hatte. Diese Feuerwand zog ihn in sich hinein und alles, sein gesamtes Sein schrie in ihm auf. Es war das allererste Mal, dass Jack blanken Terror verspürte. Es war das allererste Mal, dass Jack das Gefühl hatte, als würde sein ganzes Sein zerrissen und abgetrennt. Denn bisher war er ein Prinz, ein Thronerbe gewesen; bisher hatte er die Freiheit besessen, auf jede ihm erdenkliche Weise zu kreieren.

Doch die Feuerwand veränderte all dies augenblicklich. Während er die Wand aus Feuer durchquerte, brannte sie im Kern seines ganzen inneren Seins und dies verursachte in ihm Widerspruch und Schmerz und Trauer und Leid, alles Dinge, die er noch nie zuvor erlebt hatte, als er noch zu Hause im Königreich gewesen war. Es erzeugte etwas in ihm, was man als Schuld bezeichnen könnte. Noch während er durch diese gefürchtete Wand stürzte, noch während er sich verzweifelt fragte, was er da getan hatte, überkam ihn dieses Gefühl von Schuld - er war zu weit gegangen. Er hätte zu Hause, im Königreich bleiben sollen, wo alle Dinge noch gut und eins waren.

Jack wurde von der Feuerwand zerschmettert. Sie zerschmetterte die Einheit, die er einmal gewesen war, und in gewisser Weise könnte man sagen, dass dies einen Krieg in ihm auslöste. Die Erlebnisse, die er in jenem Augenblick hatte, als er die Wand aus Feuer durchquerte, kamen ihm wie eine Ewigkeit vor. Prinz Jack, derjenige, der im Königreich ein Schöpfer gewesen war, erschuf nun innerhalb der Feuerwand jene Erfahrungen, die erfüllt waren von tiefstem Leid und abgrundtiefem Kummer, die erfüllt waren von Wut und Hass.

Oh, wir wissen, einigen von Euch fällt es sehr schwer, dies zu hören. Doch all dies war angemessen. All dies sollte so sein. Und, Ihr werdet es sehen, all dies war letztendlich erfüllt von großartigster, allertiefster Liebe.

Prinz Jack erschien es, als verbringe er eine Ewigkeit in der Feuerwand, die ihn in Tausende von Stücken zerschmetterte. Diese Teile gebaren sich dann später, gewissermaßen aus sich selbst heraus, in zwei unterschiedliche Regionen hinein.

Eine kleine Anzahl der Stücke stürzte durch das Universum und kam letztendlich zu einem Ort namens Erde und erweckte sich dort selbst, vielleicht in einem menschlichen Körper, zu neuem Leben. Und Jack war es also bestimmt, in diesem menschlichen Körper im Laufe vieler, vieler Inkarnationen über die Erde zu wandeln und Erfahrungen zu sammeln für „etwas“ von unvorstellbarer Größenordnung.

Jedoch der größere Teil von Jack, der zertrümmert worden war, blieb noch etwas länger in der Wand aus Feuer. Diese Anteile von Jack verbrachten (*getrennt voneinander*) noch einige Zeit voller Aufruhr und Schwierigkeiten in der Feuerwand. Doch dann vereinigten sie sich. Sie fanden einander wieder. Sie erkannten sich an ihren Schwingungen und fanden wieder zusammen. Und sie wickelten sich in eine Art großes Energie-Gewebe ein, um sich zu schützen. Ihr würdet es einen Kokon nennen. Und in diesen Kokon legten sich Jacks Anteile, geschützt durch das energetische Gewebe, nun schlafen.

Der vereinigte Teil von Jack schlief also in dem Kokon und schaute nun nach innen. Denn seht, Jack war immer ein nach außen orientierter

Schöpfer gewesen, ein Abenteurer, derjenige, der nach neuen Ländern gesucht hatte. Jack hatte ständig im äußeren Ausdruck gelebt, doch nun lag sein größter Teil in einem Kokon, im Tiefschlaf und schaute nach innen.

Dies war noch niemals zuvor geschehen. Ein Teil von Spirit verspürte die dringende Notwendigkeit, nun durch Jack nach innen zu schauen, eine neue Sichtweise, eine andere Perspektive einzunehmen, viel stärker noch, als weiterhin im außen zu erschaffen.

Der andere Teil von Jack wurde schließlich ein Mensch, der in vielen Inkarnationen gelebt und vergessen hatte, wer er eigentlich war, der vergessen hatte, dass er ursprünglich von den Engeln abstammte. Er kam zu der Überzeugung, lediglich ein Mensch zu sein. Oh, er vergaß sogar immer wieder, dass er schon frühere Leben auf Erden gehabt hatte. Er glaubte, dass seine Existenz lediglich dazu da sei, geboren zu werden, zu leben und dann zu sterben. Von einer Inkarnation zur nächsten vergaß er immer wieder, wer er gewesen war. Sein Name änderte sich von Leben zu Leben und gelegentlich wechselte er auch das Geschlecht. Als Mensch war er reich an Erfahrungen.

Und in einem Leben, welches noch gar nicht so lange her ist, begann er sich schließlich zu fragen: „Warum (*das alles)*?“ Er fragte sich, wer er eigentlich in Wirklichkeit sei. Er fragte sich, wer eigentlich in Wahrheit sein Vater sei. Jedoch die Worte, die er darauf zur Antwort erhielt, fanden keinen Widerhall in ihm. Die Worte, die er von Seiten der Kirchen und mittels spiritueller Doktrin zu hören bekam, fanden keine Resonanz in ihm. Er wusste, es musste da etwas Größeres geben und das suchte er zu finden. So machte er sich auf die Suche nach einer Wiedervereinigung mit etwas, wovon er wusste, dass es existierte, was er bisher jedoch noch nicht greifen konnte. Er konnte es einfach nicht benennen. Jack verbrachte einige Leben mit der Suche nach sich selbst und er lebte während dieser Inkarnationen in Einsamkeit und Abgeschiedenheit. Er suchte, er kämpfte und schlug mit dem Kopf gegen die Wand.

Nach vielen Versuchen voller Enttäuschungen und innerer Not gab Jack letztendlich eines Tages auf. Es kümmerte ihn nicht mehr länger, ob er noch einmal erneut als Mensch leben oder sterben würde. Er liebte seine Familie und er liebte diejenigen, die er entlang des Weges getroffen hatte, doch alles andere kümmerte ihn fortan nicht mehr. Ihm war es nun gleichgültig, oder besser gesagt, er hatte einfach keine Lust mehr, ein Mensch zu sein.

Und dies war keine schlechte Sache, meine lieben Freunde. Dies war keine schlechte Sache. Denn die Zeit war gekommen, das bisherige Menschsein loszulassen und freizugeben, weder länger an menschlichen Glaubensmustern festzuhalten noch die menschlichen Konditionen aufrechtzuerhalten.

Die anderen Menschen dachten, Jack hätte jetzt seinen Verstand verloren. Sie sorgten sich um ihn, und sobald sie unter sich waren, sprachen sie darüber, dass Jack möglicherweise lebensmüde (*selbstmordgefährdet*) sei und dass er wohl nicht recht bei Sinnen sei. Sie meinten, Jack solle lieber einen einfachen Job annehmen, eine einfache Arbeit verrichten und sich nicht über so gewaltige Dinge wie dieses „Sich-selbst-Finden“ den Kopf zerbrechen.

Letzten Endes gab Jack sein Suchen im außen auf. Er saß einfach ruhig und begann zu akzeptieren, er begann alles so zu nehmen, wie es war. Er fing an, auf seine eigene innere Stimme zu lauschen. Er legte seine Bücher beiseite. Er beendete den Kampf, der in seinem Herzen und in seinem Verstand getobt hatte. Und dann erst begann Jack zu verstehen, was wirklich vor sich ging. Der größere Teil von ihm, der in diesem Kokon gelegen und nach innen geschaut hatte, beendete nun seinen Schlaf, beendete seinen Blick ins Innere und war jetzt bereit zu erwachen.

Und, liebe Freunde, als der größere Teil von Jack dort im Kokon beschloss zu erwachen, war er - wie ein kleines Kind. Oh, Ihr denkt, Euer Wahres Selbst sei wie ein Vater oder eine Mutter? Nein, es ist wie ein Kind. Sobald es erwacht, sehnt es sich als Erstes nach einer Wiedervereinigung mit Euch. Sobald Euer Wahres Selbst aufwacht und aus seinem Kokon herauskommt, möchte es Euch finden, möchte es zu Euch. Und das, Ihr Lieben, ist das Erwachen des Christusbewusstseins in Euch.

Nun, Jack saß also eine ganze Zeit lang ruhig da und lauschte. Zuerst versuchte er es auf jene Art und Weise, die man ihm beigebracht hatte, doch es funktionierte nicht so gut. Er bemerkte, dass er schon wieder dabei war, im außen zu suchen, sogar während er versuchte, still zu sein. Er suchte in seinen Gedanken, seinem Verstand und nutzte dabei jene Techniken, die in alten Büchern standen. Doch als er endlich alle alten Wege losließ und aufgab, begann er zu hören, begann er zu fühlen - die Energie der Liebe, des Sehnens und der Leidenschaftlichkeit jenes Teiles, der zurückgelassen worden war.

Und an diesem Punkt begann Jack etwas zu verstehen und zu erfahren, was nicht einmal wir Euch erklären könnten. Wir möchten es auch nicht, da dies für jeden von Euch sehr individuell und einzigartig sein wird. In keinem Buch hätte Jack etwas über diesen Prozess oder diese Technik nachlesen können. Es wird so derart einzigartig und sehr persönlich für jeden von Euch sein, dass es sich nicht skizzieren oder beschreiben lässt. Oh, natürlich können wir mit Euch darüber sprechen, wie man zum Schöpfer wird. Und wir können mit Euch darüber sprechen, wie Ihr hierher gekommen seid, oder mit Euch über jene Dinge reden, die Ihr im Moment erlebt. Doch dieser Prozess, das Erwachen Eurer eigenen Göttlichkeit, ist so sehr tief und so sehr persönlich, dass es uns nicht möglich ist, ihn auch nur ansatzweise zu beschreiben. Ihr werdet es erfahren und verstehen.

Jack saß ganz ruhig, - lauschte in sein innerstes Sein - öffnete sich - und ließ (*es*) auf allertiefster Ebene geschehen, auf der Ebene vollkommenen Loslassens, vollkommenen Zulassens. Und nun begann er, seine Göttlichkeit zu hören und zu erkennen. Jetzt konnte er beginnen, alles, was er wirklich war und was Ihr Euer Wahres Selbst nennt, zu integrieren. Fälschlicherweise verwechseln manche von Euch dies mit ihren Geistführern oder mit Energien von außen. Jene sind dafür da, Euch zu leiten, mit Euch zu arbeiten und Euch ihre Liebe zu geben, doch meine lieben Freunde, die innere Ent-deckung ist etwas weitaus Gewaltigeres und Großartigeres.

Wir werden künftig noch mehr dazu sagen, doch möchten wir jetzt noch ein wenig weitermachen mit der Geschichte von Jack, denn - es ist Eure Geschichte. Als Ihr die riesige Feuerwand durchquertet, habt Ihr viel von Euch zurückgelassen. Ein großer Teil von Euch ging durch einen Aufruhr und Tumult, welcher nur schwer zu beschreiben ist, welcher sogar für Euer inneres Sein nur schwer verständlich ist. Lediglich ein kleiner Teil Eurer gesamten Energie kam zu diesem Ort namens Erde, auf dem er viele, viele Lebenszeiten verbrachte. Doch jener Teil von Euch, der zurückgelassen wurde - den Ihr Euer Wahres Selbst nennt - er erwacht nun. Und genau dies geschieht im Moment in Euch. Darum nehmt Ihr in Eurem Körper und Eurem Verstand (mind) so sonderbare Dinge wahr. Aus diesem Grund versammeln wir uns alle hier. Und darum ehren wir Dich so sehr.

Vergesst nicht, es geht dabei nicht um eine äußere Wesenheit. Euer Wahres Selbst ist kein engelähnliches Wesen mit Flügeln. Du bist es selbst. Du bist es und es kommt aus Deinem Innersten. Wenn Ihr Euch noch einmal einige der Metaphern anseht, die wir in dieser Parabel verwendet haben, werdet Ihr vieles besser verstehen. Es kommt aus Eurem Innersten.

Dies ist die sechste Lektion der Schöpfer-Serie. Wir bitten Euch, entspannt Euch einmal für einen Moment, denn wir bemerken, wie erstarrt Ihr seid. (Kichern) Jene, die heute zu Besuch hier sind, haben in den Außenkreisen gesessen und gebannt zugehört, so wie Ihr Euren Geschichten am Lagerfeuer lauscht. Völlig erstaunt haben sie die Geschichte von Jack verfolgt, denn sie wissen, dass es dabei um Euch ging. Sie stehen sozusagen mit offenem Mund da und staunen. Hier existiert so viel Ehrerbietung für Euch.

* * * *

Liebe Freunde, dies ist die Lektion sechs der Schöpfer-Serie. Wir wollen nun eine kurze Rückschau halten und werden an diesem Punkt einen warnenden Hinweis einfügen. Solltet Ihr die vorherigen Lektionen nicht vollständig begriffen oder verstanden haben, bitten wir Euch, geht noch einmal zurück. An dieser Stelle der Straße unserer Lektionen erstellen wir ein Schild mit der Aufschrift: „Wenn Du etwas noch nicht verstanden hast, gehe noch einmal dorthin zurück."

Denn was wir nach dieser Lektion besprechen werden, beinhaltet ganz praktische Anwendungen, praktische Werkzeuge für Dich, um ein

Schöpfer in der neuen Energie sein zu können. Solltest Du den Kern dieser grundlegenden Lektionen *(Lektionen 1-6)* noch nicht ganz verstanden und ergriffen haben und solltest Du trotzdem versuchen weiterzugehen, kann dies gegebenenfalls eine schmerzvolle Angelegenheit für Dich werden. Denn dann wird Dir Deine eigene Schöpferenergie möglicherweise einen Schlag verpassen und das wirst Du nicht so sehr mögen.

Für diejenigen, die diese Lektionen zukünftig lehren werden, erinnert Euch an das Schild, auf dem geschrieben steht: „Stopp, gehe noch einmal zurück, wenn Du die vorherigen Lektionen noch nicht völlig verstanden hast." Und solltest Du bei Lektion Sechs eingestiegen sein und Dir keine Zeit genommen haben, Lektion 1-5 zu betrachten und zu erfahren, empfehlen wir Dir dringend zurückzugehen und von vorne zu beginnen.

Die ersten drei Lektionen dieser Serie waren fundamentale, grundlegende Lektionen. Lektion eins: „Akzeptiere alle Dinge so, wie sie sind." Dies war die Lektion, die davon handelte, sich hinter die kleine Mauer zu stellen. Dies war die Lektion vom Ausstieg aus der Dualität und den Dramen; hinter der kleinen Wand zu stehen und alles, was um Euch herum vor sich geht, lediglich zu beobachten. Durch diese Lektion konntet Ihr merken und verstehen, wie schnell es geht, in die Dualität verwickelt zu werden. Durch das Stehen hinter der kleinen Mauer habt Ihr gesehen, wie leicht das Verlangen in Euch aufsteigt, wieder in die Dualität zurückspringen!

Durch das Stehen hinter der kleinen Mauer bekamt Ihr eine neue Perspektive, eine irgendwie distanzierte Sichtweise, doch nicht notwendigerweise ohne jede Anteilnahme. Ihr habt nun bloß einen besseren Aussichtspunkt, um alles zu beobachten, was so geschieht, und Ihr erkennt die interessante Dynamik anderer Menschen. Ihr beginnt dann zu verstehen, wie die Dualität in Wahrheit funktionierte.

Lektion zwei, eine weitere fundamentale, grundlegende Lektion: Akzeptiere Dein Mensch-Sein und Du wirst Dein Gott-Sein erfahren. Dies ist wahrscheinlich eine der für Euch nervigsten Lektionen, doch, meine lieben Freunde(!) - Ihr werdet sie um Eurer selbst willen und für diejenigen, die Ihr unterrichten werdet, verstehen müssen. Wenn Du Dein Mensch-Sein nicht akzeptierst, gehe direkt zurück auf „LOS“, (*kassiere kein Geld*) und fang noch einmal von vorne an. (Kichern) Wenn Du Dein Mensch-Sein nicht akzeptierst, wenn Du Dich selber ablehnst, wird dies zu einem späteren Zeitpunkt wieder auftauchen. Dein menschliches Selbst möchte akzeptiert und angenommen werden und später wird es weit schwieriger sein, dies zu heilen, als es jetzt der Fall ist.

Ihr seid aus einem ganz bestimmten Grund hier auf die Erde gekommen. Ihr seid aus einem ganz bestimmten Grund durch diese vielen, vielen Leben gegangen. Sobald Ihr Euch der Integration Eurer Göttlichkeit nähert, habt Ihr in der Tat die Tendenz, Euer Mensch-Sein abzulehnen und als wertlos zu erachten. Einige von Euch glauben, dass sie im Begriff sind aufzusteigen, um niemals wieder zur Erde zurückzukommen. Meine lieben Freunde, das ist keine Akzeptanz! Wenn es das ist, wie Ihr über Euch denkt, werdet Ihr auf dem Weg des Crimson Circle Probleme bekommen. Versteht Ihr, was wir hier sagen? Denkt an die Schönheit, die Freude und die Liebe des Mensch-Seins. Nehmt es an. Sollte es schwierig für Euch sein, dies wirklich zu akzeptieren, dann nehmt Euch die Zeit, daran zu arbeiten. Und sollte es Euer Wunsch sein, Euch hinauszukatapultieren, um niemals mehr an diesen herausfordernden Ort Erde zurückzukehren, oh, liebe Freunde, dann werdet Ihr noch viele Namen tragen in vielen künftigen Leben!

Lektion zwei: Akzeptiere Dein Mensch-Sein und Du wirst Dein Gott-Sein kennenlernen. Dies ist eine Kernlektion. Akzeptiere alles, was und wie Du bist. Akzeptiere Dein menschliches Selbst. Jack kam an einen Punkt, an dem es für ihn darum ging zu lernen, in den Spiegel zu schauen und Gott zu erblicken. Wisst Ihr, was wir meinen? Es geht für Euch darum, an diesen Punkt in Eurem Innersten zu gelangen, an dem Ihr Euch selbst als Gott erkennen könnt, denn wahrhaftig, das seid Ihr! Sich in menschlichem Zustand zu befinden, ist eine freudvolle, großartige und liebevolle Sache. In den Außenkreisen sitzen hier Dutzende über Dutzende von Wesenheiten, die dies begehren, die sich nach dieser Mensch-Sein Erfahrung sehnen. Akzeptiere Dein Mensch-Sein und Du wirst Dein Gott-Sein erfahren.

Und dann gibt es da noch das Leben im göttlichen Moment. Lektion drei: Lebe im göttlichen Moment. Wie Ihr ja wisst, ist es einfach, sich in der

Vergangenheit aufzuhalten oder sich über die Zukunft zu sorgen. Doch als Schöpfer werdet Ihr Euch weder in der Vergangenheit noch in der Zukunft befinden. Ihr werdet nur im Moment leben, im göttlichen Moment. Interessanterweise enthält der göttliche Moment Vergangenheit und Zukunft gleichermaßen. Sobald Ihr Euch im göttlichen Moment befindet, heilt Ihr Eure Vergangenheit und erschafft zugleich eine unglaublich phantastische, Ehrfurcht gebietende Zukunft. In Eurem göttlichen Moment befindet Ihr Euch zugleich in der Vergangenheit und in der Zukunft, doch in Wahrheit seid Ihr in dem, was wir als die „Nicht-Zeit" („*no time*"), die Zeitlosigkeit bezeichnen würden.

Innerhalb des göttlichen Momentes wird sich darum auch Euer Alterungsprozess stark verlangsamen, da Ihr Euch gleichzeitig sowohl in der Vergangenheit als auch in der Zukunft wie auch in der „Nicht-Zeit" befindet. Wenn Ihr es wünscht, den Alterungsprozess Eures Körpers zu verlangsamen, lebt im göttlichen Moment. Auch die Heilung Eures physischen Körpers beschleunigt sich exponentiell (*siehe oben*), sobald Ihr Euch im göttlichen Moment befindet. Im göttlichen Moment wird der Heilungsprozess um ein Vielfaches beschleunigt und der Alterungsprozess verlangsamt sich.

Oh, dies waren nun also jene Schlüssellektionen. (Kichern) Und wir hoffen, dass Ihr sie nicht nur aufgrund der wundervollen Energie lest! Sie sind die Grundsteinlektionen, welche vielleicht nicht gerade die spannendsten, doch auf alle Fälle die wichtigsten sind. Diese ersten drei Lektionen der Schöpfer-Serie sind die Lektionen der Akzeptanz: Alle Dinge zu akzeptieren, Euch selber zu akzeptieren, den Moment, in dem Ihr Euch befindet, zu akzeptieren. Es sind die Akzeptanzlektionen innerhalb dieser Serie.

Dann bewegten wir uns in die vierte Lektion hinein. Dies war eine etwas lustigere Lektion, denn sie gab Euch das erste wirkliche Werkzeug an die Hand: in Würde zu erschaffen. Der Ofen der inneren Gnade ist Euer Werkzeug, um für jedwede Situation eine Lösung zu finden. Auch das Weitergeben dieser Lektion wird Euch Freude bereiten. Aus Eurer inneren Gnade heraus zu erschaffen bedeutet, Euer menschliches Denken aus dem Weg zu räumen, für einen Moment beiseite zu treten und Eurem Wahren Selbst zu erlauben, mit dem Prozess zu beginnen, eine angemessene Lösung zu finden. In Würde und Anmut zu kreieren bedeutet außerdem, Eure eigene Agenda, Eure eigenen Vorstellungen aus der gegebenen Situation herauszuhalten. Denn Eure Vorstellungen sind begrenzt, sie begrenzen nur das gesamte Potenzial, das wahre Ausmaß der gesamten Schöpfung. Lektion vier, aus Eurer inneren Gnade heraus zu erschaffen, läutet eine völlig neue Art von Prozess ein, da er nicht Eurer Vorstellung und Eurem Verstand entspringt, sondern Eurem tiefsten Inneren. So könnt Ihr auf eine ganz neue Art und Weise Lösungen erschaffen.

Sobald Ihr in Würde kreiert, erwartet Ihr dann nicht Veränderungen in Eurem Leben? Lektion fünf: Erwarte Veränderungen und segne sie! Die Veränderungen, die Ihr anfangt in Eurem Leben zu erfahren, sind trotz aller Frustration und Verärgerung angemessen. Und Ihr werdet erkennen, dass Altes hinausgeworfen wurde, um Platz zu schaffen für etwas Neues, viel Großartigeres. Und hier ist nun die Parallele zu dem, was sich tatsächlich und buchstäblich in Euch vollzieht, denn dieses Neue, was nun Einzug hält in Euch, ist jener Teil von Euch Selbst, jener größere Teil von Euch, der zurückgelassen wurde - in der Feuerwand. Diese Dinge, die sich nun aus Eurem Leben verabschieden, basieren auf alten menschlichen Begrenzungen, welche jetzt gerade entfernt werden, um Platz zu machen für diese weitaus großartigere Energie.

(*Sehr emotional*) Wir werden hier für einen Moment unterbrechen, denn es ist oft schwierig für uns, Euch so nahe zu sein und all die Herausforderungen und Schmerzen zu fühlen, die Ihr durchgemacht habt, und Euer Leid. Und trotzdem geht Ihr Euren Weg weiter! Dies versetzt uns in Erstaunen. Und die Emotionen, die nun hier fühlbar werden, sind von jenen aus den äußeren Kreisen, die weinen, in tiefster Ehre für Euch. Sie weinen, da sie erkennen, was Ihr durchgemacht habt, und sie fragen sich, wie sie jemals in Eure Fußspuren werden treten können.
(*sehr emotional - Pause*)

* * * *

Wir werden jetzt weitermachen.
Ihr könnt nicht erwarten, eine Reihe von Veränderungen mit Hilfe

des Ofens der innewohnenden Gnade in Gang zu setzen, ohne damit zu rechnen, dass in Eurem Leben etwas geschieht. Die alten Wege verblassen immer mehr, um Platz zu machen für das Neue. Liebe Freunde, sobald Ihr den Ofen der innenwohnenden Gnade einschaltet, erwartet Veränderungen in Eurem Leben!

Nun, wir bitten Euch, begebt Euch jetzt einmal in Euer neues Haus. Und wir bitten Euch, nehmt Euch einen Augenblick Zeit und stellt sicher, dass Ihr Euch auch wirklich in Eurem neuen Haus befindet. (Kichern) Denn falls Ihr gerade draußen im Garten sein solltet, kommt doch bitte jetzt herein und seid hier mit uns. Verschließt nun alle Jalousien, Fenster und Türen, damit es keine Ruhestörungen mehr von außen gibt.

Für diejenigen, die noch nicht so sehr vertraut sind, mit dem, was wir hier erzählen: Das neue Haus ist eine Metapher, ein Symbol Eures neuen göttlichen Selbst, des neuen göttlichen Menschen. Das ist Euer neues Haus, es ist das, wer Ihr seid. Es ist ein magischer Ort, erfüllt von allem, was Ihr wahrhaft wünscht.

Doch nun bitten wir Euch, die Fenster, Türen und Vorhänge zu schließen. Gehen wir jetzt gemeinsam zurück in die Küche, in der Euer Ofen der Gnade steht. Oh, und wir können sogar riechen, wie in Eurem neuen Haus verschiedene Dinge gebacken werden!

Nun, liebe Freunde, betreten wir also Eure Küche. Meine Güte - was für eine Unordnung! Ihr habt so derart viele Angelegenheiten in Euren Ofen gepackt und dann vergessen sie rechtzeitig wieder herauszunehmen, dass Euer Ofen noch voll gestopft ist mit Themen! Und jene Angelegenheiten, an die Ihr Euch noch erinnert hattet, sie rechtzeitig herauszunehmen, liegen jetzt auf der Ablage herum, denn Ihr wusstet nicht, was Ihr mit ihnen tun solltet! Es gibt ganze Backbleche voll mit Bildern, Geldbörsen und Brillen! Liebe Freunde, Eure Themen liegen einfach überall herum, - zum Abkühlen sozusagen. Also wirklich - eine Unordnung ist das!

Und, Freunde, diese Zeit des Auskühlens, sie war vollkommen angemessen. Wir haben Euch diese Information bis jetzt noch nicht gegeben, da wir wollten, dass Ihr Euch daran erinnert, sobald Ihr anderen dies vermittelt. Es bedarf einer Abkühlperiode! Es bedarf einer Periode des Übergangs von dem Zeitpunkt an, wo Ihr etwas aus dem Ofen herausnehmt, bis hin zu dem Zeitpunkt, an dem die Dinge sich auf Eurer menschlichen Ebene wirklich zu verwandeln beginnen. Und wie Ihr ja wisst, Veränderungen finden in jedem Fall statt, sie sind ein natürlicher Bestandteil des Abkühlungsprozesses.

Bevor wir hier weitermachen, lasst uns erst über jene Themen sprechen, die dort auf dem Tisch liegen und abkühlen. Eure Themen sind gar nicht so komplex, wie Ihr meint. Schaut Euch all die Backbleche mit den Angelegenheiten dort auf der Ablage an. Wir sehen hauptsächlich vier Kategorien menschlicher Sorge, in die alle diese Angelegenheiten hineinpassen. Wir sehen also vier Bereiche menschlicher Besorgnisse. Und hier ist wieder die Zahl Vier!

Als Erstes sind da jene Themen, die mit Eurer Biologie zu tun haben, mit Eurem physischen Sein, mit dessen Schmerzen und Qualen, mit den Krankheiten und den Bedürfnissen des Körpers. Dies sind die biologischen Themen.

Zweitens gibt es hier solche Angelegenheiten, die mit Partnerschaft, Beziehungen und Freundschaft zu tun haben. Dies war und wird auch weiterhin für viele von Euch ein Thema bleiben. Denn Beziehungen repräsentieren vom Prinzip her die Dualität, die „Zwei." Und darum sind Partnerschaften auch solch eine Herausforderung. Wir sehen, dass zwar viele von Euch ihr Beziehungsthema in den Ofen legen wollten - doch nur ein paar haben es auch wirklich getan! (Kichern) Viele haben ihre eigenen Bedürfnisse bezüglich einer Partnerschaft in den Ofen gelegt und nicht etwa eine andere Person. Und das war sehr angemessen, denn wie wir Euch schon sagten, legt jetzt nur solche Dinge in den Ofen, die lediglich Euch angehen.

Weiterhin gibt es hier Geld- oder Füllethemen. Als Mensch benötigt Ihr bestimmte Dinge und für gewöhnlich sind diese mit Geld zu erwerben. Es sind also jene Angelegenheiten rund um das Thema Geld, rund um das Thema der Fülle. Und erst kürzlich haben wir eine große Menge dieser

Angelegenheiten in Euren Öfen gesehen! (Kichern) Manche zum wiederholten Mal! Füllethemen sind die schwierigsten, und um hier den Durchbruch zu erzielen, werdet Ihr diese möglicherweise wieder und wieder in den Ofen zu legen haben. Doch sobald dieses Thema zu arbeiten beginnt, werdet Ihr in diesem Bereich die schnellsten Veränderungen Eures Lebens beobachten können.

Und zu guter Letzt gibt es hier Angelegenheiten rund um das Thema des Selbstwertes, darüber, wer Ihr wirklich seid, und bezüglich Eures eigenen Wertes. Diese Themen können nun unmittelbar auf jene Zeit zurückgeführt werden, als Ihr die Feuerwand durchquertet. In diesem Leben habt Ihr Euch schon so sehr weiterentwickelt und vieles bereits losgelassen. Jene „Unwert-Problematik", die Ihr jedoch bisher noch nicht auflösen konntet, steht in direktem Zusammenhang mit dieser traumatischen Zeit, als Ihr durch die Feuerwand gegangen seid. Und mit diesem Wissen dürfte es Euch möglich sein, Eure Selbstwertthemen recht leicht aufzulösen. Denn was Ihr beim Durchschreiten der Feuerwand tatet, geschah ausschließlich zum Dienste des ALLES, WAS IST. Ihr seid durch die Feuerwand gegangen, um einen neuen Bereich zu erkunden, einen neuen Kreis, der von niemandem jemals zuvor erschaffen wurde. So kam es dazu, dass Ihr auf die Erde kamt und nun hier seid. Wir ehren Euch zutiefst dafür, dass Ihr das für Spirit getan habt. Und nun bitten wir Euch, legt dieses Problem endgültig beiseite. Es gibt nichts, was Ihr je falsch gemacht hättet, denn alles geschah aus Liebe und Eurer tiefen Bereitschaft zu dienen.

Lasst uns nun in Eure Küche zurückkehren mit den ganzen Angelegenheiten und Themen auf der Ablage. Wir bitten Euch jetzt, alle Ofenbleche mit den Themen zu nehmen und sie in die Luft zu werfen! Nehmt all Eure Themen und werft sie wirklich in die Luft. - Und, bemerkt Ihr etwas? - Sie fallen nicht mehr herunter auf den Boden. Eure Themen schweben nun mitten in der Luft wie aufgehängt. Und sie beginnen sich zu wandeln, zu transformieren. Denn an Stelle eines Zettels, eines Bildes oder eines anderen physischen Objektes, wie zum Beispiel einer Brieftasche, verwandeln sie sich jetzt in hell leuchtende, funkelnde Lichter. Sie sind wie Sterne, die nun dort an der Decke Eurer großen Küche herumschweben.

Sobald Ihr Eure Angelegenheiten aus dem Ofen der Gnade herausnehmt, - die als göttliche Gnade und Würde in Euch existiert -, abkühlen lasst und in die Luft werft, transformieren sich problematische Themen in helle, funkelnde Sterne. Es existiert nämlich eine natürliche Ordnung für alle Dinge, die dann Raum bekommt, eine natürliche Lösung, die dann Raum erhält, sobald Ihr die Resultate nicht mehr einschränkt oder begrenzt, sobald Ihr zulasst, dass die Dinge von selbst in ein Gleichgewicht finden. Dann verwandelt sich ein schweres, menschliches Problem zurück in funkelnde Lichtenergie.

Nun, liebe Freunde, lasst diese Themen hier als strahlende Lichter im Moment in der Küche Eures neuen Hauses schweben, denn wir wollen jetzt Lektion sechs der Schöpfer-Serie mit Euch teilen. Dies ist möglicherweise die magischste aller Lektionen, die wir Euch geben werden. Die anderen sind wohl praktischer orientiert, doch in dieser liegt die größte Magie. Nehmt Euch also etwas Zeit dafür, liebe Freunde.

Lektion sechs: In Euch existiert ein göttliches Gleichgewicht. In Euch wohnt göttliche Balance. Diese ganzen funkelnden Lichter, die einst problematische Themen waren, finden jetzt in ihre eigene Balance. Als Ihr Eure Themen in den Ofen der Gnade hinein und dann zum Auskühlen zur Seite legtet, habt Ihr Eure Probleme entlassen. Sie sind nun ganz ohne physische Schwere, ohne die Schwere eines fühl- und greifbaren Objektes. Ihr habt Eure Themen in die Luft geworfen und ihnen erlaubt, ihr eigenes Gleichgewicht zu finden. Und an diesem Punkt verwandeln sie sich dann in strahlende, klare Lichter. Ja, sie werden von selbst in Balance kommen.

Mal angenommen, Ihr hättet zum Beispiel ein physisches Problem in Eurem Leben. Sobald Ihr dies in den Ofen der Gnade legt und backen lasst und dann die Veränderungen in Eurem Körper zulasst, wird es in seine natürliche Balance finden. Dieses natürliche Gleichgewicht wird Euch weder von Tobias noch Euren Geistführern, noch von Yeshua oder irgendeinem anderen Wesen gegeben. Es wohnt in Deinem innersten Sein. Dieser magische Transformationsprozess vollzieht sich, sobald Du es erlaubst. Dies bezieht sich auf all Eure Angelegenheiten, ob es sich nun um Euren Körper handelt, Eure Beziehungen, Euren Reichtum oder Euer Selbstwertgefühl.

Nun habt Ihr also all diese strahlenden „ehemaligen“ Themen in Eurer Küche herumschweben. Es sind jene ehemaligen Angelegenheiten, die jetzt, jeweils angemessen, in die Euch innewohnende Balance gefunden haben. Nehmt all diese funkelnden Lichter und reiht sie jetzt auf zu einer wunderschönen Halskette aus Licht. Zukünftig werdet Ihr diese Halskette aus Licht bei ganz bestimmten Zeremonien tragen, auf die wir später noch eingehen werden. Jedes einzelne dieser glitzernden Lichter ist wie ein Edelstein, ein Juwel um Euch herum. Sie alle erinnern daran, dass Ihr durch viele Erfahrungen gegangen seid, in der jedes Mal auch eine Perle aus Liebe, Licht und tiefer Freude verborgen war, denn jede Erfahrung hatte einen Grund. Diese Halskette wird eine Erinnerung sein an all das, was Ihr gelernt habt. Sie wird auch eine Erinnerung sein an all das, was Ihr darüber gelernt habt, einer ganz neuen Art der Schöpfung zu erlauben, in Euer Leben zu treten.

Lektion sechs: In Dir wohnt göttliche Balance. Sobald Ihr diesem göttlichen Gleichgewicht erlaubt, aktiv zu werden, kommen Eure ehemals schwierigen Angelegenheiten in der besten und angebrachtesten Weise zu Euch zurück. In Euch wohnt eine neue göttliche Balance. Wir bitten Euch, die Jalousien und die Türen Eures neuen Hauses weiter geschlossen zu halten, denn wir möchten, dass Ihr versteht, dass sie Euch innewohnt, in Euch existiert. Es ist nun nicht mehr angemessen, Eure Geistführer um Hilfe zu bitten. Sie lieben Euch voller Zärtlichkeit, doch sie befinden sich nicht mehr in Eurer unmittelbaren Energie. Und es ist ebenfalls nicht mehr angebracht, Tobias oder jedwedes andere äußere Wesen um Hilfe zu bitten. In DIR wohnt die göttliche Balance.

Die Beziehung existiert zwischen Euch und Eurem Höheren Selbst und Euer Höheres Selbst findet Ihr keineswegs, wenn Ihr aus dem Fenster schaut. Denn da ist es nicht, es ist nicht dort draußen. Es existiert nichts im außen, was Euch mit Eurer Göttlichkeit verbinden könnte. Solltet Ihr Euch selbst dabei erwischen, im außen nach Antworten zu suchen, werden wir Euch daran erinnern, dass die Verbindung zu Eurem göttlichen Sein, die Rückverbindung an das, woher Ihr kamt, die Verbindung zu Eurer Zukunft, in die Ihr Euch hineinbewegt, im Inneren ist! Liebe Freunde, er-innert Euch immer daran. Dies ist eine Lektion über Magie, die Ihr bald mehr und mehr verstehen werdet. In Euch wohnt göttliche Balance.

Wir haben nun die erste Hälfte der Schöpfer-Serie durchgenommen. Wir gaben Euch die fundamentalen Lektionen der Akzeptanz. Und jetzt gaben wir Euch die drei Lektionen der Umwandlung - in Gnade, Würde und Anmut zu erschaffen, die Veränderungen Eures Lebens zu akzeptieren und zu verstehen, dass jenes göttliche Gleichgewicht in Euch existiert, sobald Ihr es ganz einfach erlaubt und zulasst.

Liebe Freunde, diejenigen, die sich hier in den äußeren Kreisen versammelt haben, wissen nicht, ob sie fähig sind, je einen menschlichen Körper zu tragen und in Eure Fußspuren zu treten. Doch dieser Weg wurde durch die von Euch vollbrachte Arbeit geebnet und gepflastert. Sie werden nicht mehr durch die Herausforderungen, Schwierigkeiten und Lektionen zu gehen haben, die Ihr durchzumachen hattet. Denn sie werden Lehrer haben, wie Ihr sie nie hattet. Sie werden einen Pfad beschreiten, der mit Feuer bereitet wurde von denen, die wir Shaumbra nennen. Sobald sie in einen physischen Körper eintreten - wie es schon bald der Fall sein wird - und die Herausforderungen der Dualität erfahren, werden sie einen Lehrer brauchen. Und wenn sie ihn dann am dringendsten brauchen, werden sie einen Menschen treffen, einen, der eine strahlende, funkelnde Halskette aus Licht trägt. Und sie werden Euch wieder erkennen und wissen, Ihr werdet ihr menschlicher Lehrer sein, der sie auf ihrem neuen Weg (beg)leiten wird.

Wir lieben Euch von ganzem Herzen, Ihr seid niemals allein.

Lektion Sieben

Kreiere in großen Zügen - Erschaffe großzügig

Und so ist es, liebe Freunde, liebe Shaumbra, dass wir uns erneut in diesem Kreis versammeln. Es kommt uns nur wie ein kurzer Moment vor, seit wir Euch verlassen haben, doch wir wissen, dass Ihr während dieser Zeit viele wunderbare und einige herausfordernde Erfahrungen gemacht habt! Es tut gut, Eurer Musik zuzuhören, der Geschichte Eurer Reise in diesen melodischen Schwingungen zu lauschen. Ich, Tobias, schätze diese Momente sehr. Ich warte schon immer auf diese Zeiten, in denen die Familie sich so wie hier wieder trifft.

Während wir hier schon einmal begonnen haben, werden wir jetzt mit Euch arbeiten und die Energien aufeinander abstimmen. Jene von unserer Seite des Schleiers kommen nun herein, um die Verschmelzung der Energien Euer Menschlichkeit und Eurer Göttlichkeit mit der unseren zu erleichtern.

Liebe Freunde, liebe Shaumbra, ich kenne Euch so gut! Ich kenne Euch aufgrund jener Arbeit, die wir schon in der Vergangenheit miteinander vollbracht haben. Darum sollte Euch diese Energie eigentlich auch sehr vertraut sein.

Während wir diesen Kreis mehr und mehr erweitern, öffnet bitte Euer Herz, denn hier seid Ihr in einem sicheren Raum. Öffnet Eure Herzen und erlaubt der Liebe und dem Licht, erlaubt dem Christusbewusstsein in Euch in diesen Kreis, den wir hier gemeinsam aufgebaut und erschaffen haben, hineinzuströmen, sich zu ergießen. Atme tief. Atme tief und erlaube dieser Kraft, Dein ganzes Sein zu durchdringen, Deinen ganzen Körper und auch Deinen gesamten Geist. Atme tief und wisse, dass Du (*hier mit der)* Familie bist!

Jene, die nun hereinkommen, richten die Energien dieses Raumes aus, indem sie dabei helfen, alle vorhandenen Schwingungen miteinander zu verweben. Während dieser Zeit, die wir zusammen verbringen, befinden wir uns alle in einer völlig neuen Energie, in einer ganz neuen Dimension, die wir hier gemeinsam erschaffen. Es ist die Energie der neuen Erde, die neue spirituelle Energie. Und sobald Ihr diesen Raum (*space*) verlasst, verschwindet sie nicht einfach wieder, denn sie wird zu einem Teil Eures Seins, sie wird quasi in Euch verankert. Sie stellt eine Art Energiemuster, eine Art Energieblaupause dar, was dann die alten Energien in Euch kopieren und nachahmen werden.

Die alten Energien in Euch werden die neuen Energien, die Ihr aus Eurem Inneren heraus kreiert, betrachten und sagen: „Dies ist in der Tat das Licht. Dies ist in der Tat das, was wir auf den Sub-DNS Ebenen *(AdÜ.: Der chemischen Schicht*) kopieren und nachahmen wollen.“ Es vollzieht sich hier ein sehr interessanter Prozess - wie diese Energiepartikel, die sich in Euren tiefsten Tiefen (*Bereichen*) befinden, reagieren. Denn diese Partikel warten auf die richtige Schwingung, die richtige Balance, um in Erscheinung treten zu können. Und diese Balance (*diese Ausgleichung*) vollzieht sich nun gerade in Euch.

Die Energie dieses Kreises wurde in Euer gesamtes Sein eingebracht und dort verankert. Sie verschwindet nicht wieder. Diese Zeit, diese Dimension und dieser Raum, in dem wir uns jetzt miteinander befinden, sie sind etwas, was tiefste Heilung für Euch bereithält. Es ist eine Zeit der neuen Balance. Selbst wenn Ihr dies erst Wochen, Monate oder Jahre später lesen solltet, empfangt Ihr doch dieselbe Energie. Auch wenn Ihr nicht physisch anwesend sein konntet, als diese Botschaften im Original durchgegeben wurden, die Energie bleibt dieselbe. An all diejenigen, die dies zu einem späteren Zeitpunkt lesen werden: Du bist jetzt ebenso sehr bei uns wie jeder andere Mensch, der gerade in seiner physischen Form hier sitzt.

Nun, wir haben an dieser Stelle viel zu besprechen und anschließend werden wir weitergehen zu Lektion sieben dieser Schöpfer-Serie. Wir wissen, Ihr habt eine Menge Hausarbeiten erledigt. Und darum macht Ihr zurzeit sehr interessante Erfahrungen in Eurem Leben! Eure Hausaufgaben finden nicht nur in Eurem Geist statt. Sie bestehen nicht nur aus dem, was gerade in diesen besonderen Momenten geschieht, wenn Ihr hinter der kleinen Mauer steht oder ein Thema in den Ofen der Gnade legt. Eure Hausaufgaben sind all jene Dinge, die gerade aktuell in Eurem Leben stattfinden.

Denkt bitte einen Moment darüber nach, über jene Erfahrung, die Ihr vor drei Tagen oder zwei Wochen oder möglicherweise letzte Nacht gemacht habt. Das sind Eure Hausaufgaben. Das ist, was Ihr erschafft. Diese Herausforderungen, Umstände und Erfahrungen sind es, die Euch dabei helfen, ein wahrhaft göttlicher Mensch zu werden.

Manchmal, wenn wir so mit Euch beisammen sitzen wie jetzt, können wir kaum noch ein Wort herausbringen. Am liebsten würden wir einfach nur hier bei Euch sitzen. Am liebsten würden wir einfach nur unseren Gefühlen freien Lauf lassen in Form von Tränen - Tränen voll unbeschreiblicher Freude - doch mehr als alles andere: Tränen voll unglaublicher Hochachtung und Ehrerbietung. Ihr habt es von uns und von anderen zuvor schon öfter gehört. Und doch schaut Ihr auf Euch selbst nicht so, wie wir es tun! Ihr seht immer noch nicht, wer Ihr seid und was Ihr gerade vollbringt. Da gibt es diejenigen unter Euch, die morgens aufwachen und sich klein und unbedeutend und allein fühlen. Ihr habt noch nicht einmal angefangen zu begreifen, was Ihr gerade tut und wer Ihr seid! Ihr denkt, dass wir Eure Mission auf diesem Ort namens Erde allzu übertrieben, allzu überzogen darstellen. Oh, liebe Freunde, - welch eine Überraschung auf Euch wartet! Hoffentlich wird diese Überraschung noch eintreten, während Ihr Euch im Körper befindet. Die Überraschung, zu erkennen, wie wahrhaft kraft- und machtvoll Ihr in Wirklichkeit seid.

Wir haben Euch die Geschichte des Prinzen Jack erzählt, welche die Geschichte von Euch allen ebenso wie die eines jeden Einzelnen ist. Wir können sie nicht einmal annähernd mit all der Ehre, der Großartigkeit, der Liebe und der Aufopferung wiedergeben, die in ihr enthalten ist. Was Ihr hier von mir, Tobias, oder den anderen hört, ist bei weitem keine übertriebene oder aufgebauschte Geschichte - sie kratzt kaum an der Oberfläche. Hier seid Ihr, diejenigen, die einst die Prinzen und Prinzessinnen des Königreiches des ALLES, WAS IST waren. Ihr wähltet, das Königreich für „etwas" von unglaublicher Ehre und Hochachtung zu verlassen. Hier seid Ihr nun an diesem winzigen Ort namens Erde und denkt, dass Ihr nichts weiter als bloß Menschen seid, glaubt, dass Ihr wahrscheinlich achtzig oder neunzig Jahre lang lebt und kämpfen müsst, um zu überleben und um stets das Richtige zu tun. Ihr seht nicht, wer Ihr wirklich seid!

Eine Absicht des Crimson Council besteht darin, Euch zu helfen, dieses Verständnis in Euch zu erwecken. Und wie wir schon zuvor erwähnten, werdet Ihr es nicht mithilfe Eures Verstandes (*mind*) begreifen, sondern durch Euer Herz. Oder genauer gesagt, durch das „Vereinte Chakra", den Christussamen in Euch. „Verliert" ruhig für eine Weile den Verstand, das ist eine wunderbare Sache! (Kichern) Es gibt Substanzen, die Euch dabei helfen können, doch, meine lieben Freunde, Ihr schafft das besser ganz alleine!

Nun, jedes Mal, wenn wir uns in diesem Kreis hier versammeln, kommen ganz bestimmte „geladene Gäste" hinzu. Nehmt Euch nun also einen Moment Zeit, liebe Freunde, um die Energie jener zu erfühlen, die sich jetzt im zweiten Kreis um Euch herum versammeln. In der Tat befindet Ihr, die Menschen, Euch im ersten Kreis. Jene der anderen Seite, die kommen, um zu beobachten, sie umgeben („*um-hüllen*") Euch mit ihrer Energie und ihrer Liebe. Oh, sie sind sehr fasziniert. Jedes Mal, sobald wir uns so wie hier versammeln, kommt eine neue Gruppe „geladener Gäste" hinzu. Tatsächlich benötigen sie ein RSVP (*répondez s'il vous plaît = um Antwort wird gebeten = sehr vornehme Einladung bei sehr vornehmen Gästen)*, um hier sein zu dürfen! (Kichern)

Die heutigen Gäste bringen eine Art technische Energie mit herein. Auch auf unserer Seite existieren ganz bestimmte Energiegruppen oder

Familien. Es gibt zum Beispiel eine Gruppe von Engelwesen, deren Arbeit darin besteht, die Schwingungen der Erde und der Menschen auf der Erde zu beobachten und zu messen. Jene, die also heute im zweiten Kreis sitzen, sind Techniker. Sie sind - und Cauldre lacht gerade darüber - aber ja, sie sind „Himmlische Ingenieure". Sie sind aus einem ganz besonderen Grund hier. In erster Linie, weil sie sich freuen, in Eurer Gesellschaft zu sein und Euch zulächeln möchten. Des Weiteren sind sie jene, welche durch „Mess-" und „Zählgeräte" den Einfluss Eurer Arbeit auf das große Ganze, also auf alle Dinge beobachten und erkennen. Sie waren kürzlich sehr beschäftigt damit, die Schwingungen Gaias und die der Menschheit zu messen, und sie sind jetzt hierher gekommen, da dies ein Teil ihrer Forschungsarbeit ist.

Und sie sehen eine Gruppe von Menschen inmitten eines intensiven Transformationsprozesses mit der Absicht, ihre eigene Göttlichkeit zu integrieren. Sie verbinden sich gerade mit uns, da Eure Schwingung anders ist als die der meisten anderen Menschen. Denn Ihr habt Euch selbst in den Dienst gestellt. Ihr habt in vielen, vielen Leben die spirituellen Aspekte Eurer Selbst und die der Menschen studiert. Ihr habt so sehr viel Zeit sowohl in Euren menschlichen Schulen als auch zwischen den jeweiligen Lebenszeiten in den Schulen auf unserer Seite des Schleiers verbracht und dabei den Aufstiegsprozess studiert. Ihr seid diejenigen, die nicht nur lernen, liebe Freunde, sondern diese Erkenntnisse auch Tag für Tag leben!

Die Techniker verbinden sich jetzt mit uns, um Eure Erfahrungen zu messen, abzulesen und aufzunehmen. Sie stehen sozusagen mit ihren Messgeräten und Notizblöcken neben Euch und sind sehr neugierig auf Euch. Nein, sie mischen sich nicht ein. Sie stellen Euch weder auf die Probe noch berühren (*pieksen*) sie Euch. Sie bleiben auf Distanz. Sie waren kürzlich sehr beschäftigt nicht nur mit Euch, sondern mit allen Menschen und mit der Erde. Es sind nämlich - wie sagt man - viele Anstürme und turbulente Schwingungen zu messen.

Die Messungen verändern sich jetzt schneller denn je. Die Schwingungen gehen hoch und runter, sie gehen auf und ab. Sie folgen nicht mehr den alten Mustern. Und ja, wir beobachten natürlich auch Euren Aktienmarkt, denn dieser ist ein interessanter Indikator für bestimmte

Aspekte des menschlichen Bewusstseins. Die Schwingungen verändern sich so schnell wie noch nie zuvor und diese Veränderungen gewinnen an Schwungkraft. Man kann sich das so vorstellen wie die Beschleunigung eines Rades, welches sich erst langsam zu drehen beginnt und dann immer schneller und schneller wird. Während Ihr dieses sich schnell drehende Rad betrachtet, beginnen sich die Muster im Kreisinneren zu verändern. Manchmal erweckt ein Rad, welches sich schnell im Uhrzeigersinn dreht, den Eindruck, als ob es sich nun gegen den Uhrzeigersinn drehen würde. Die Schwungkraft und die Beschleunigung verändern sich und die dann wahrzunehmenden Muster sind nicht immer so, wie es scheint.

Jene, welche die Schwingungen verfolgen, messen und aufzeichnen, sind besonders an Lichtarbeitern, an Shaumbra interessiert. Sie sehen das hohe Maß der Veränderung in dieser Gruppe. Sie sehen den neuen Weg, der durch Eure Energien erbaut wird und beobachten alles mit höchster Aufmerksamkeit.

Als ein Ergebnis der Beschleunigung sowie Eurer veränderten Schwingungen werdet Ihr tatsächlich sehen, wie sich die Erde verändert, wie Gaia sich neu ausrichtet. Ihr werdet Veränderungen in Euch selbst entdecken. Es werden Quantensprünge in den Technologien der Erde stattfinden, doch mehr als alles andere wird es Quantensprünge in Eurer eigenen Erleuchtung geben. Ihr lebt in einer Zeit großartigster Veränderungen und Ihr seid mittendrin. Haltet Euch fest, schnallt Euch an, denn dieser wilde Ritt wird noch eine Weile andauern! (Kichern)

Nun, liebe Freunde, bevor wir hier weitermachen, lasst uns jetzt die letztendliche Verschmelzung dieser Energien vollziehen. Wir sind nun nahe bei Dir und bitten Dich, lass Dich von uns berühren, lass Dich liebevoll umarmen. Erinnere Dich, wer Du bist. Wir übermitteln Dir die Energie der Er-innerung, damit Du Dich besinnen magst, wer Du in Wirklichkeit bist!

* * * *

Tatsächlich ist es für uns voller Süße, hier bei Euch zu sein, denn was wir sehen, ist strahlende Absicht, die Absicht zu dienen. Wir empfinden

Ehrfurcht, da wir wissen, dass die Frage, die Euch in Eurem Innersten am dringlichsten beschäftigt, sich nicht um Geld dreht, nicht um Gesundheit und sicher auch nicht darum, wie man zu mehr Macht über andere Menschen kommt. Was Ihr innerlich am häufigsten fragt, ist: „Liebe(r) Spirit, wie kann ich am besten dienen? Liebe(r) Spirit, wie kann ich der Menschheit helfen? Liebe(r) Spirit, wie kann ich in Einklang mit Dir sein?"

Versteht Ihr, was wir hier sagen? In Eurem Herzen ist kein Eigennutz, Ihr bittet nicht für Euch selbst. Ihr fragt, wie Ihr Spirit am besten dienen könnt. Das versetzt uns in Erstaunen! Mich erstaunt das besonders, denn ich glaube, wenn ich an Eurer Stelle wäre, würde ich mit Sicherheit um mehr Geld bitten! (Kichern) Ich würde ganz bestimmt um unerschütterliche Gesundheit bitten! Ich würde ganz sicher um irgendetwas bitten, was nicht so hoch schwingend und so voller Liebe wäre wie das, worum ich Euch bitten höre! Ihr sagt: „Lieber Spirit, wie kann ich heute am besten dienen? Liebe Spirit, was möchtest Du von mir, dass ich es tue?" Und wenn ein Mensch an diesem Punkt angekommen ist, wissen wir, dass er wahrhaft erleuchtet ist, wissen wir, dass er wirklich auf seinem Weg ist!

Liebe Freunde, wir erwähnen dies hier extra, denn an diesem Punkt Eures Weges braucht Ihr keine Angst mehr davor zu haben, dass Ihr fallen könntet. Ihr braucht Euch keine Sorgen mehr zu machen, dass Ihr den Boden unter den Füssen verlieren oder Euch rückwärts entwickeln könntet. Macht Euch nie wieder Sorgen darüber, dass Ihr in die alten Wege, in die alten Muster zurückfallen könntet. Denn die Schwingung Eurer Liebe sowie Eurer Bereitschaft zu dienen ist macht- und kraftvoll.

Wir werden nun die Geschichte des Prinzen Jack und seiner Reise weitererzählen, dieser Reise, die ihn letztendlich eben zur Erde gebracht hat. Wir erzählen Euch diese Geschichte von Jack, um zu schildern, was mit Euch geschehen ist, denn Ihr seid die Prinzen und Prinzessinnen des Königreiches der Ersten Schöpfung. Wir erzählen sie Euch immer nur Stück für Stück und jeweils zu ihrer Zeit, damit Ihr sie besser aufnehmen und verarbeiten könnt, damit Ihr besser versteht, wer Ihr in Wirklichkeit seid. Für eine gewisse Zeit werden wir also noch damit fortfahren, Euch jeweils einen bestimmten Abschnitt dieser Geschichte zu erzählen.

Wir warnen Euch vorab: einige Menschen werden möglicherweise nicht so begeistert davon sein. Viele werden wohl Ihre Stirn runzeln und vielleicht werden einige von denen, die Lichtarbeiter genannt werden, sogar ihre Fäuste ballen. Und Cauldre bitten wir jetzt, einfach zurückzutreten und aus dem Weg zu gehen, während wir diese Information übermitteln. Er weiß bereits, was kommt und ist nicht gerade freudig erregt darüber, dass wir nun hergehen und die „Büchse der Pandora" *(engl.: can of worms - Büchse voller Würmer) öffnen!* (Kichern)

Jack war also ein Prinz im Königreich des ICH BIN. Er war ein großartiger Erforscher und ein großartiger Schöpfer. Und es wurde ihm schnell langweilig. Er reiste daher bis an das Ende des Königreiches, wo er dann Segel setzte und in See stach. Schließlich gelangte er an die Feuerwand, welche die Grenze der bis dahin bekannten Schöpfung darstellte. Dies erschreckte und ängstigte ihn zutiefst. Er versuchte verzweifelt umzukehren ins Königreich zurück, doch die Nicht-Energie, das Vakuum in der Feuerwand zog ihn in sich hinein.

Es schien ihm, als verbringe er eine Ewigkeit in dieser Wand aus Feuer. Sein ganzes Sein wurde dort zerschmettert und in viele tausende Teile zerbrochen. Einige dieser Teile hüllten sich dann schließlich ein in eine Art „Kokon", fielen dort in einen langen Schlaf, um nach innen zu schauen, innere Erfahrungen zu machen. Denn Jack war bis dahin ein nach außen schauender Schöpfer gewesen. Der andere Teil von Jacks Energie begab sich jedoch nicht in diesen Kokon, in diese nach innen - schauende Energie. Ein Teil von ihm setzte die Reise weiter fort.

Nun, Jack ging nicht gleich direkt zur Erde. Es gab eine Art Übergangszeit, die irgendwie nur schwer zu beschreiben ist. Doch in enger Zusammenarbeit mit Cauldre wollen wir versuchen, es zu übermitteln. Jenseits der Feuerwand - war das Nichts, völlige Leere, absolute Finsternis. Dies war jene Leere, die später Euer physisches Universum werden würde. Als Jack in diese Leere hinüberwechselte, existierten dort keine Sterne. Es existierten dort weder Galaxien noch irgendwelche Arten von Energie. In der Leere war nichts.

Als Jack aus der Feuerwand herauskam, erblickte er sein eigenes Gegenteil, sein Dual, seinen Spiegel (*Dualität*). Und so begann er Erfahrungen zu machen - erst mit sich selbst und dann mit anderen Wesenheiten. Diese frühen, allerersten Erfahrungen erzeugten eine Art Energie, welche er zunehmend begann auszustrahlen, sie strömten sozusagen aus ihm heraus. Eine Energie, welche die energetischen Strukturen und Muster des Universums erschuf, das zuvor völlige Leere gewesen war. Jack machte Erfahrungen und erzeugte so völlig neue energetische Gewebe. Diese energetischen Gewebe wurden dann später Eure Sterne, Galaxien sowie Sonnensysteme. Für Jack war dies eine sehr interessante Zeitperiode.

Auf Grund seiner Erfahrungen begann er nach und nach eine neue Identität anzunehmen. Er vermischte sich mit anderen Wesenheiten, die ebenso die Feuerwand durchquert hatten. Er verband sich mit ihnen und formte somit neue „Energie - Gruppen". Diese energetisch sehr familiären Gruppen reisten in andere, neue Bereiche des Universums. Und wie Ihr aus Euren derzeitigen Erfahrungen mit Familien wisst, entstanden auch hier interne Kriege. Jack und die anderen begannen zu kämpfen. Gewaltige Schlachten führten letztendlich dazu, dass ganze Gruppen zerschlagen und zersplittert wurden, ihre ursprüngliche Form verloren.

Während dieser sehr chaotischen Zeit war Jack immer noch dabei zu lernen, wie er sich auf diese neue Situation nach dem Durchqueren der Feuerwand einstellen konnte. Niemals zuvor hatte er Ähnliches erlebt und gefühlt. Er versuchte sich zu erinnern und herauszubekommen, wer er war. Doch allmählich nahm er solch neue Eigenschaften an, die er in keinerlei Beziehung mehr zu sich setzen konnte. Jack empfand seltsame Gefühle und fremdartige Schwingungen bezüglich seiner eigenen Energie. Wo er einst pures, reines Bewusstsein gewesen war, begann er nun eine Dichte und Schwere anzunehmen, eine Art Schwere des Seins, welche später dann sein physischer Körper werden würde.

Jack mochte seine Schwere nicht. Er mochte es nicht, diese Verlangsamung seiner Energie wahrzunehmen. Den Abstieg zu fühlen und zu erleben vom Gedanken zum Licht bis hin zum Elektron. Er mochte die ganze Situation nicht und er versuchte alles, um dort wieder herauszukommen, doch er wusste nicht wie. Zunehmend wurde er dichter und dichter. Planeten des Universums begannen sich herauszubilden, nahmen Masse und Form an.

Oh, meine lieben Freunde, Jack - also Du - mochte oder wollte nichts von alledem. Du fühltest Dich, als würdest Du fallen und fallen und fallen. Deine Energie, Deine Schwingung verlangsamte sich mehr und mehr. Du kämpftest dagegen an, denn Du hattest das deutliche Gefühl, dass Du Dich dann niemals wieder daran würdest erinnern können, wer Du eigentlich warst oder woher Du gekommen bist. Du versuchtest verzweifelt, die Schwingung des Königreiches zu halten. Ja, Du verfluchtest diese Wand aus Feuer!

Ihr wart mitten im Chaos gelandet. Entsetzliche Kriege tobten innerhalb Eures Universums. In dieser Zeit entstand das Konzept von „Töten und getötet werden“, das Konzept von „Tod und Sterben“. Es existierten Ärger, Zorn und Wut gegenüber anderen und Euch selbst. Ganze Gruppen von Wesenheiten zogen durch das immer dichter und fester werdende Universum, welche versuchten, anderen Gruppen ihre Macht zu rauben. Sie dachten, wenn sie anderen Wesen nur genügend Macht und Energie abziehen könnten, würden sie damit ihre eigene Schwingung wieder erhöhen und das würde sie letztendlich wieder zurück nach Hause bringen, heim ins Königreich.

Ihr reistet in ganzen Gruppen, einige groß, einige klein und währenddessen hieltet Ihr Euch gewissermaßen an den Händen und verknüpftet so Eure Energien miteinander. Ihr lebtet innerhalb dieser „familiären Energie-Schiffe“, mit denen Ihr überall hinreisen und eine Menge Erfahrungen machen konntet. In Eurem Universum entstanden energetische „Highways“, auf denen Ihr lerntet, richtig gut zu reisen. Ihr konntet von einem Teil des Universums zum anderen gelangen und dabei Entfernungen von Millionen und sogar Milliarden von Lichtjahren in Sekundenschnelle überwinden oder zurücklegen, um es einmal in Eurer Größenordnung auszudrücken. Ihr wart überaus geschickt im interdimensionalen Reisen. Liebe Freunde, Eure Science-fiction Geschichten und Filme handeln nicht so sehr von Eurer Zukunft, sondern vielmehr von Eurer VERGANGENHEIT!

Die ganze Zeit über widersetztet und wehrtet Ihr Euch gegen die Verlangsamung und die Verfestigung der Energien, die sowohl in Euch als auch im gesamten Universum vonstatten gingen. Dann machtet Ihr weitere sonderbare und befremdliche Erfahrungen, denn Ihr begannt mit gegenständlichen Dingen zusammenzustoßen! Ihr konntet nun nicht mehr durch Objekte hindurchgehen (*schweben*). Eine Energie konnte nicht mehr durch eine andere Energie hindurchgelangen. Die Dinge wurden so solide, so dicht und langsam, dass Ihr mehr und mehr mit Sternen, Planeten, Meteoriten und Asteroiden kollidiertet. Dies überraschte und verärgerte Euch.

Die Kriege gingen weiter. Die Schlachten nahmen zu. Dies war keine gute Zeit. Ständig versuchtet Ihr die richtige Schwingung wiederzuerlangen, um den Weg zurück nach Hause zu finden. Dennoch erforschtet Ihr dadurch auch, in welcher Art und Weise die Energie außerhalb des Königreiches funktionierte. Zugleich sank Eure Energiegefrequenz immer weiter herab.

Letztendlich geriet alles in eine Sackgasse, es ging nichts mehr. Das Bewusstsein konnte sich nicht mehr weiter entwickeln. Die Konflikte und Schlachten zwischen dem Licht und der Dunkelheit gerieten in eine Pattsituation. Das Universum, so wie Ihr es kanntet, hörte auf, sich auszudehnen. Eure Wissenschaftler werden dies bald auf Grund ihrer Messungen erkennen können. Sie werden erkennen, dass das Universum zum Stillstand kam.

Um eine Lösung für diese energetische Sackgasse zu finden, kam das Bewusstsein aller Energien des Universums zusammen und erschuf etwas, was als Orden der Erzengel (*Order of the Arc - Ordnung des Lichtbogens)* bezeichnet wurde. Ja, diese damalige Schöpfung ist Euch heute als Erzengel bekannt. Wir werden in anderen Treffen noch ausführlicher über den Orden der Erzengel sprechen.

An diesem Punkt entstand innerhalb einer bestimmten Gruppe von Engeln der Entschluss und die Übereinkunft darüber, sich auf die Erde zu inkarnieren. Ihr einigtet Euch darauf, hierfür durch den letzten Schleier zu gehen und die letzte, endgültige Grenze zu überschreiten, um eine sehr dichte (eingeschränkte) physische Form anzunehmen. Ihr kamt überein, dort vollständig zu vergessen, wer Ihr wirklich seid und so durch die Kreisläufe von Leben und Tod zu gehen. Durch diese Erfahrung würde es möglich werden, den Kreis zu schließen, der begonnen hatte, als Ihr das Königreich verlassen hattet. Indem Ihr auf der Erde lebtet, würdet Ihr Euch wieder daran erinnern können, wer Ihr gewesen seid, bevor Ihr die Feuerwand durchquert hattet.

Darum seid Ihr hier! Deswegen habt Ihr Hunderte und Hunderte und Hunderte von Inkarnationen durchlebt. Auf Grund Eurer Vereinbarung seid Ihr durch die Kreisläufe der Erdenleben gegangen, um den Kreis endlich zu schließen. Diese Vereinbarung ist das, was die Vergangenheit heilt, jene Zeit heilt, in der Ihr die Feuerwand durchquertet, sowie auch jene Zeit, in der aus der Leere Eures Universums, so wie Ihr es kennt, erschaffen wurde. Ihr seid durch diese ganzen Leben gegangen, um all das zu heilen, um all das wieder zu entdecken.

Die Arbeit, die Ihr hier auf Erden vollbringt, wird endgültig die energetische Sackgasse auflösen, die immer noch im Universum existiert. Ja, alles da draußen befindet sich in einem Stillstand. Möglicherweise werdet Ihr Euch darüber erstaunt am Kopf kratzen, besonders wenn ihr in den Sternenhimmel schaut und dort so viel Aktivität seht. All das ist hier nur schwer mit Worten zu erklären und so werden wir dies mittels Energien versuchen. Was Ihr im Universum gerade seht, ist Eure Vergangenheit. Ihr nehmt es als Eure Gegenwart wahr, doch das ist eine inter-dimensionale Illusion. Bis Ihr eine Lösung auf Erden gefunden habt, verbleiben alle Dinge des Universums in einem Stillstand.

Die eingeladenen Gäste dieser Lektion, welche die Messungen vornehmen und Eure energetischen Aktivitäten beobachten, sind hier, weil der Kreis sich nun bald schließt. Ihr befindet Euch im finalen Stadium einer Reise, welche einen Zeitrahmen umfasst, den wir nicht einmal ansatzweise erklären könnten. Doch nun schließt sich der Kreis wieder auf Grund eben jener Arbeit, die Ihr vollbracht habt.

So sollte es Euch nicht wundern, dass Euer tägliches Leben gerade jetzt so herausfordernd und schwierig ist. Es geht dabei nicht um Euch! Denn

Ihr heilt gerade nicht nur Euer gegenwärtiges Selbst, Ihr habt bereits Hunderte und Hunderte und Aberhunderte vergangener Leben geheilt. Die meisten davon wurden bereits als geheilt entlassen und Gaia setzt nun ebenfalls jene Energien frei, die in Eurer Erde gespeichert waren. Was Ihr momentan gerade in Wahrheit heilt, ist jene Zeit, in der die absolute Leere strukturiert wurde, die Zeit zwischen der Feuerwand und Eurer Ankunft auf der Erde. Ihr heilt diese Zeit, in der Ihr im Universum herumgestürmt seid und die Anfänge von Masse und Materie erlebt habt. Jene Zeit, in der Ihr Euch frei durch Zeit und Raum bewegen konntet.

Nun, diejenigen, die Ihr als „Außerirdische Wesen“ oder „Aliens“ bezeichnet, liebe Freunde, sind lediglich Aspekte Eurer Selbst aus jener vergangenen Zeit, in der die Leere Strukturen erhielt. Wir haben Euch schon gesagt, schaut hinauf in Euren Sternenhimmel, in Euer Universum, da draußen ist nicht viel. Und wir meinen das auch ganz genau so. Ihr schaut aus einer begrenzten dimensionalen Perspektive Eures physikalischen Universums. Und in der Tat existiert dort wirklich nicht sehr viel! Lediglich all Eure sich überkreuzenden Energien der Vergangenheit, die sich manchmal auch mit Eurem gegenwärtigen Leben auf der Erde überschneiden, sind dort anzutreffen.

Stellt Euch vor, Ihr steht in Eurem Wohnzimmer. Alles, was Ihr jetzt seht, ist nur das Wohnzimmer. Und doch gibt es noch andere Räume im Haus, die Ihr nicht sehen könnt, da Ihr eben in diesem einen Augenblick nur an einer Stelle steht. Vielerlei Aktivitäten finden in den anderen Räumen statt, doch diese sind Euch nicht bewusst, da Ihr sie weder sehen noch hören könnt. Euer Universum ist dem ganz ähnlich. Dort gibt es viele Räume und viele Dimensionen. Wenn Ihr in Euren Himmel schaut und die Sterne seht - in diesem Raum dort existiert nicht viel im Sinne von „Leben“. Wohl gibt es dort eine Menge Energie, doch im Hinblick auf Lebensformen existiert dort nicht viel. Im Universum gibt es Räume, die Seite-an-Seite existieren, Dimension-an-Dimension, die Ihr weder sehen noch hören könnt. Mittlerweile beginnen einige von Euch, diese anderen Räume wahrzunehmen, sie zu erfühlen. All diese Räume befinden sich unter ein und demselben Dach, doch sind sie getrennt voneinander.

Manchmal, ab und zu, unter ungewöhnlichen energetischen Umständen kommt es zu einem „Durchströmen" oder „Hinüberwechseln" von einem Raum zum anderen. Dann könnt Ihr auf einmal in einen der anderen Räume hineinsehen oder eine Wesenheit aus dem anderen Raum marschiert versehentlich durch die Tür und landet in Eurem Raum. Wenn so etwas geschieht, dann handelt es sich (nur) um Euch selbst aus Eurer eigenen Vergangenheit! Oh, es wird wie ein Außerirdischer aussehen und sich wie ein Außerirdischer anfühlen, doch, liebe Freunde, Ihr seid es selbst aus Eurer Vergangenheit. Mit dieser gewaltigen Menge an Heilungsarbeit, die gerade vollzogen wird, befindet Ihr Euch nun sozusagen parallel zu Eurer eigenen Vergangenheit.

Ihr befindet Euch gerade im Wohnzimmer und doch heilt Ihr zur selben Zeit auch alle anderen Räume, sodass es zu Überschneidungen, zu Überkreuzungen kommen kann. Gibt es Außerirdische in Eurem Universum, die weiser und großartiger und schlauer sind als Ihr? Wahrhaftig, meine Freunde, nein! Es handelt sich um Aspekte Eures Selbst aus der Vergangenheit. Wie könnten sie dann weiser, schlauer oder noch mächtiger sein als Ihr? Diese Aspekte Eures Selbst - Teile Eurer Vergangenheit - tauchen gerade jetzt in Eurer Gegenwart auf. Denn selbst während Ihr hier sitzt, existiert jener Teil von Euch, der die Struktur in der Leere der Vergangenheit aufgebaut hat bzw. jetzt gerade aufbaut, ebenfalls zur selben Zeit.

Wir wollen hier mit Konzepten von alternativen Realitäten oder multiplen Dimensionen nicht zu weit vom Thema abkommen. Wir möchten einfach nur die Tatsache unterstreichen, dass Ihr diese Wesenheiten aus der Vergangenheit seid und dass sie zeitweise Euren Weg kreuzen können. Doch die wichtigste Sache, die Ihr wissen solltet, liebe Freunde, ist die, dass Ihr durch Eure Arbeit den Kreis schließt. Gebt Eure Kraft und Eure Macht niemals an jemand anderen ab, auch nicht an jene Wesen, welche Ihr als Außerirdische bezeichnen würdet.

Obwohl es sich bei diesen Wesenheiten um Eure simultanen Aspekte aus der Vergangenheit handelt, werden sie versuchen sich Euch als hoch entwickelte, intelligente Wesen zu präsentieren. Sie werden versuchen, Euch zu erzählen - und darin liegt ein kleiner Funken Wahrheit -, dass sie Eure „Eltern“ seien, dass Ihr von ihnen abstammt und sie den „Abstammungssamen“ für Euch bereitgestellt haben. Nun, tatsächlich sind sie Eure Vergangenheit! Doch lasst Euch keinesfalls einreden, dass sie jene hoch entwickelten Wesen wären, die angeblich den Schlüssel zur Erkenntnis aller Dinge besäßen.

Liebe Freunde, die Schwingung des Wortes „Alien“ ist „a lie“ *(eine Lüge)*. Gebt niemals Eure Macht an jemand anderen ab. Ihr steht so kurz vor der Vollendung Eures Kreises. Dies ist wohl eine äußerst intensive Zeit, in der sogar Aspekte Eurer selbst aus der Vergangenheit zurückkommen werden und versuchen wollen, Euch zu täuschen, Euch herabzusetzen und Euch weiszumachen, sie seien die wahren Weisen. Und obwohl Ihr gerade dabei seid, diese Vergangenheit zu heilen, werden Euch diese früheren Aspekte in gewisser Weise versuchen zu täuschen.

Warum? Das „Du“ der Vergangenheit möchte wissen, ob Du im Jetzt entdeckt hast, wer Du wirklich bist. Das „Du“ der Vergangenheit befragt Dich im Jetzt und Heute: Hast Du Deine göttliche Herkunft entdeckt? Nimmst Du Deine Göttlichkeit in Besitz? Suchst Du noch immer im außen nach Lösungen oder hast Du Deine Kraft und Macht im Inneren entdeckt und erfahren? Das „Du“ Deiner Vergangenheit möchte wissen, ob es auf Dich zählen kann. Darum wollen Euch diese Aspekte „testen“. Hast Du letztendlich Deine Wahrheit entdeckt oder spielst Du noch Spielchen? Eure Vergangen-heitsaspekte können so lange nicht heilen, bis Ihr Eure Göttlichkeit entdeckt und in Besitz genommen habt.

Ich, Tobias, möchte, dass Ihr Euch an genau diese Energie erinnert, die wir in diesem Augenblick miteinander teilen, diese Energie des Christussamens in Euch. Ihr habt ihn schon immer in Euch getragen und brauchtet ihn nur erneut zu entdecken. Folge niemandem außer dem Gott in Dir! Sobald Ihr die schlussendliche Verknüpfung Eures Kreises vollzieht, werden Herausforderungen auf Euch zukommen, die schwierig sein werden. Darum sprechen wir dieses Thema jetzt an.

Erzählen wir Euch hier etwa, dass Ihr eine Begegnung mit Außerirdischen haben werdet? In gewisser Weise ja, das tun wir. Es geschieht vielleicht nicht, während Ihr um 1 Uhr nachts die Straße hinunterfahrt und an einem Bahnübergang anzuhalten habt. Doch es kann während des Schlafens geschehen. Es kann und das wird es höchstwahrscheinlich auch, in Form einer plötzlich auftauchenden alten Erinnerung wie ein Güterzug durch Euch hindurchrauschen. Eine plötzliche Erinnerung, die Angst in Euch hervorruft, Euch lähmt und handlungsunfähig macht. Sobald dies geschieht, möchten wir, dass Ihr zu der Energie dieser Zeit zurückkehrt, dieser Zeit, als Spirit, als Yeshua, als der Crimson Council und Tobias vor und mit Euch saßen und Euch sagten: „Ihr Lieben, Ihr seid (*der*) Gott, der erwacht. Lasst niemand anderen vor Euch oder über Euch stehen.“ *(AdÜ.: ...den Ihr im Grunde in die uranfängliche Leere hinein selbst erschaffen habt...)*

(Kichern) Natürlich wird dies eine Menge Fragen über Außerirdische aufwerfen! Wir sind darauf vorbereitet, alle Fragen zu besprechen, die Ihr möglicherweise habt.

* * * *

An dieser Stelle werden wir die Energien verändern und zu Lektion sieben der Schöpfer-Serie übergehen. Nun, liebe Freunde, erzählen wir Euch eine kurze Geschichte, damit Ihr Lektion sieben besser verstehen könnt. Es handelt sich hierbei um eine sehr einfache Lektion. Wahrscheinlich werdet Ihr damit zu kämpfen haben, weil sie so einfach ist. Und wahrscheinlich werdet Ihr deswegen versuchen, irgendetwas Kompliziertes daraus zu machen.

Lektion sieben ist die erste derjenigen, die wir als die „praktischen Lektionen der äußeren Schöpfung“ bezeichnen würden. Vieles, worüber wir bis zu diesem Zeitpunkt gesprochen haben, diente einem grundlegenden Verstehen und Bearbeiten der alten Energie, die zuerst in Balance zu kommen hatte. Wir werden Euch nun eine Anzahl von Schritten nennen, welche für das Kreieren in der Neuen Energie wichtig sind. Für einige von Euch wird sich dies wahrscheinlich sehr merkwürdig oder ungewöhnlich anfühlen. Denn in Euch - wie in allen Menschen - existiert eine tief verwurzelte Angst vor Eurer eigenen Schöpferkraft und -macht. Ihr empfindet eine tiefe Abneigung dagegen, erneut (bewusst) zu erschaffen, denn einerseits liegt es schon lange zurück und andererseits sind noch immer Scham- und Schuldgefühle in Euch vorhanden bezüglich dessen, was Ihr meint, in der Vergangenheit getan zu haben.

Tief in Eurem Sein seid Ihr noch davon überzeugt, mit dem Durchschreiten der Feuerwand gesündigt zu haben. Ihr hattet damals das Gefühl, zu weit gegangen zu sein. Ihr fühltet Euch schuldig, Euch in einer Energie von Chaos und Kampf wieder zu finden, während Ihr dabei wart, aus der Leere zu erschaffen. Oh, liebe Freunde, gegen diese Schlachten, die dort stattgefunden haben, war „Krieg der Sterne" (Star Wars) ein Kinderspiel! Wenn wir Euch also ermutigen, Eure wahren Schöpferfähigkeiten zu nutzen, werden einige von Euch eventuell davor zurückschrecken. Manche werden sich fragen, ob das alles seine Richtigkeit hat, und möglicherweise denken, dass die Zeit noch nicht reif ist, ihre Schöpferkraft erneut (bewusst) anzuwenden.

* * * *

Es gab einmal einen menschlichen Engel namens Anna. Er war ein wunderbarer Engel gerade so wie Du. In den letzten 30 Jahren hatte Anna viele spirituelle Seminare besucht, in denen sie die Methode des „Mind Control" (das Kontrollieren ihres Verstandes, ihrer Gedanken) erlernte, was an sich schon amüsant ist. Sie lernte, wie ein bestimmtes Ritual des Meditierens zu befolgen ist, um den Verstand auszuschalten. Doch wir wissen und Ihr wisst, der Verstand ließ sich niemals wirklich abschalten. Zweimal täglich verbrachte sie jeweils 20 Minuten in einer höchst unbequemen Körperhaltung, da sie dachte, dass es das wäre, was sie tun sollte. In gewisser Weise tat dies ihrer Seele sogar sehr gut. Es war hilfreich für ihren Weg, da es Erfahrungen für sie bereithielt, die sie für ihr weiteres Lernen und Wachsen nutzen konnte.

Anna besuchte viele Kurse, in denen die unterschiedlichsten Techniken vermittelt wurden - wie man friedvoll wird, wie man ruhig wird, wie man nett wird, wie man gott-ähnlich wird, wie man Gott folgt, wie man sich erfolgreich vor Gott versteckt... (Kichern) Diese Kurse waren wie einzelne Pflastersteine auf ihrem Weg, die ihr letztendlich halfen, bis hierher an diesen Punkt zu kommen.

Doch im Stillen fragte sich Anna immer wieder: „Wenn ich hier so viel lerne und mich so schnell entwickle, warum kann ich dann mein eigenes Wesen, meine eigene Umgebung nicht beeinflussen? Wieso kann ich dann meinen Verstand nicht derartig fokussieren, dass sich zum Beispiel der Wasserstrahl verändert, während er aus dem Hahn fließt?" Sie probierte es, doch es funktionierte nicht. „Wieso kann ich nicht einmal kraft meiner Gedanken die Kerzenflamme zum Flackern bringen?"

Anna war frustriert, denn sie fühlte sich, als hätte sie nur wenig bis gar keine Kontrolle über ihr Leben. Seht Ihr, was sie nicht realisierte, war, dass ihre ganze Arbeit und Anstrengung etwas in ihrem Inneren zum Erwachen brachte. Nichtsdestoweniger war sie frustriert, dass sich nichts in ihrer äußeren Realität änderte. Die Dinge auf der Außenseite veränderten sich einfach nicht. Dafür gab es viele Gründe. Ein Grund war der, dass die Zeit noch nicht reif war und dies noch nicht angemessen gewesen wäre. Es hätte - wie soll ich sagen - einen Zusammenprall und Verbrennen (*crash and burn)* stattgefunden. Die Zeit war noch nicht ganz reif.

Annas persönliche Energiebalance - Ihr wisst schon, die klare, die weiße und die dunkle Murmel, über die wir in der letzten Lektion gesprochen haben, befanden sich in ihrem Inneren noch immer in einem wunderbaren Spiel. Und die Zeit war noch nicht reif, das Spiel zu beenden. Ein weiterer Grund war die Tatsache, dass sie weiterhin ihre Macht und Kraft noch an andere abgab. Sie besuchte Kurse oder las ein Buch und schon wurde sie zum „Bewunderer", zum „Anhänger" dessen. Doch ein „Schöpfer" ist kein „Anhänger"! Das ist ein Widerspruch in sich.

Doch nun, liebe Freunde, nun ist die Zeit reif. Wie wir bereits sagten, jene, die sich im zweiten Kreis für diese heutige Lektion versammelt haben, sind jene, welche die Energien messen und überwachen. Und sie sind im höchsten Grade fasziniert und aufgeregt, da die Zeit jetzt gekommen ist. Sie wissen, dass die erste Gruppe von Menschen nun damit beginnen kann, ihre Schöpfungsfähigkeiten einzusetzen, ihre Schöpferkraft anzuwenden. Du gehörst zu dieser Gruppe.

Anna war sehr frustriert, da sie eben das Gefühl hatte, ihr Leben über ihren Geist nicht kontrollieren zu können. An einem bestimmten Punkt warf sie, wie so viele von Euch es getan haben, all ihre Bücher, all ihre „Werkzeuge“ fort und sagte: „Keine Kurse und Seminare mehr, die mir nichts gebracht und nur eine Menge Geld gekostet haben!“ Meine lieben Freunde, dies ist keine angemessene Sichtweise, denn wie wir schon sagten, all diese Dinge, diese Seminare und Disziplinen, Methoden und Techniken waren in Wirklichkeit Meilensteine, die ihr dabei halfen zurückzufinden zur Familie. Auf diese Weise traf sie die anderen in diesen Seminaren. Die Energie dieser Zusammenkünfte brachte im Grunde die Familie erneut zusammen.

Anna erfuhr von ihrem „Neuen Haus“. Sie verstand es nicht wirklich, doch sie fühlte sich gut, sobald sie sich dort hinbegab. Irgendwie passte es, und auch wenn sich nichts weiter abspielte, so hatte sie dort wenigstens für ein paar Minuten ihre Ruhe! (Kichern) Also verbrachte sie einfach etwas mehr Zeit in ihrem Neuen Haus und wir bitten Euch jetzt, dies ebenfalls zu tun. Versetzt Euch nun bitte in die Energie Eures Neuen Hauses. (*Er*-)fühlt die Melodie, das Lied Eures Neuen Hauses. Solltet Ihr es nicht hören können, (*er*)fühlt es einfach. Wisst, dass dort in Eurem Neuen Haus eine besondere Schwingung existiert, eine Art Kern- oder Grundschwingung.

Anna gelangte schließlich an diesen Punkt, an dem sie viele der alten Wege bereits losgelassen hatte und nun wirklich bereit war, mit dem Erschaffen zu beginnen.

In ihrem Neuen Haus entdeckte Anna nun auf dem Boden ihres Wohnzimmers einen Eimer voll leuchtender Farbe mit einem großen Malerpinsel darin. Sie wusste sofort, dass er aus einem bestimmten Grund dort war, denn sie hatte ihn nicht dort abgestellt. Als sie das letzte Mal hier gewesen war, hatte er sich noch nicht dort befunden. Und doch fühlte es sich irgendwie richtig an.

Der Pinsel war außerordentlich groß. Er war größer als jeder Pinsel, den sie je gesehen hatte. Sie schaute sich in ihrem Neuen Haus um und fragte sich, was sie mit diesem Pinsel und dieser Farbe nun anfangen sollte. Doch anstatt sich Sorgen zu machen - schließlich befand sie sich in dieser wunderbaren Energie ihres Neuen Hauses - fragte sie sich einfach: „Was ist es, was ich über diesen Eimer leuchtender, hübscher Farbe und diesen großen Pinsel wissen sollte?“ Und eine Stimme aus ihrem Inneren - die weder von einem Geistführer noch von Tobias stammte - empfahl ihr, den Pinsel zu nehmen, ihn in die Farbe zu tauchen und einen breiten, großzügigen Strich auf jede Wand ihres Neuen Hauses zu malen. Während Anna den Pinsel voll leuchtender Farbe großzügig und breit quer über die Wand ihres Neuen Hauses zog, lernte sie etwas über Lektion sieben.

Lektion sieben: Erschaffe in großen Zügen - erschaffe großzügig. Kreiere in großen Zügen (*breiten Pinselstrichen*). Dies ist eine einfache, doch profunde Lektion. In den kommenden Tagen werdet Ihr ein erstes wirkliches Verständnis davon erlangen, wie es ist, in der Neuen Energie zu erschaffen. Ihr werdet kein Opfer mehr sein, Ihr werdet nicht mehr länger einfach nur auf die Dinge reagieren, die in Eurem Leben geschehen. Von nun an seid Ihr in der Lage, unmittelbar zu kreieren.

Seid bitte in Eurem Neuen Haus und nehmt dessen Schwingung wahr. Und sobald Ihr bereit seid, nehmt diesen großen Pinsel, taucht ihn in die Farbe und kreiert einen breiten, großzügigen Pinselstrich. Lediglich einen, keine weiteren. Legt dann den Pinsel nieder, setzt Euch auf den Boden und seht zu, was mit dem breiten Strich geschieht, den Ihr erschaffen habt. Beobachtet ihn. Er wird sich verändern. Er wird sich verformen, denn er wird in sein eigenes Gleichgewicht, in seine eigene Balance finden. Ihr befindet Euch in Eurem Neuen Haus und in dieser Energie wohnt die göttliche Balance. Eure erste Schöpfung - Euer erster breiter Pinselstrich - wird nun ganz von selbst in sein eigenes göttliches Gleichgewicht finden.

Was erschafft Ihr nun? In unserer letzten Lektion sprachen wir mit Euch über die vier Bereiche menschlicher Erfahrungen. Wir sprachen von Ressourcen (Mitteln), auch Fülle und Wohlstand genannt. Wir sprachen von Körper und Gesundheit. Wir sprachen von Beziehungen und von Selbstwert. Wählt nun irgendeinen dieser vier Bereiche aus und haltet ihn an und in Eurem Herzen. Und jetzt erschafft dafür einen breiten, großzügigen Pinselstrich und kreiert Euch auf die Art und Weise eine Balance innerhalb dieses Themenbereiches. So erschafft Ihr ein Gleichgewicht. Es ist nicht notwendig, dabei eine bestimmte Absicht für Spirit oder Euch selber zu formulieren, denn Ihr erschafft in göttlicher Balance. Dieses Mal erschafft Ihr einfach in aktiver Weise einen großzügigen, breiten Pinselstrich.

Was bedeutet das? Was wird nun passieren? Möglicherweise werdet Ihr an dieser Stelle eine gewisse Angst empfinden. Möglicherweise fragt Ihr Euch, was Ihr denn nun ganz real erschaffen werdet und was das Resultat Eurer neuen Schöpfung sein wird. Diese Angst bezieht sich unmittelbar auf jene Zeit, bevor Ihr zur Erde gekommen seid. Sie steht in direkter Beziehung zu Eurer Scham, die Ihr beim Durchqueren der Feuerwand empfunden habt, weil Ihr das Königreich verlassen hattet. Lokalisiert sie und nehmt Kontakt mit dieser Angst auf. Setzt Euch mit ihr zusammen in Euer Neues Haus. Sagt ihr, dass Ihr sie versteht, sprecht mit ihr. Diese Angst kann sowohl Euer bester Freund als auch, in Eurer Funktion als Schöpfer, Euer schlimmster Feind werden. Diese Angst wird, sofern sie beiseite geschoben wird, zu Euch zurückkommen. Sie wird zurückkehren und wie ein Alien ausschauen. (Kichern)

Wir meinen das sehr ernst. Solltet Ihr dieser Angst erlauben, zu wachsen und an Macht zu gewinnen, wird sie Euch an jene Orte zurückführen, an denen sie geboren wurde.

Lektion sieben: Kreiert großzügig. Kümmert Euch nicht um das „Wie“ oder Details. Dieser Raum (*space*) ist erfüllt mit den Mechanikern und Ingenieuren, die an diesen Details arbeiten werden. Ihr als Schöpfer habt Euch nun nicht mehr näher damit zu beschäftigen. Erschafft einfach in breiten, großzügigen Pinselstrichen. Wahrscheinlich werdet Ihr dazu neigen, mit einem feinen Pinsel in das Gemalte hineingehen zu wollen und Spirit und Eurem göttlichen Selbst genauestens zu erzählen, wie sie es zu machen haben. Widersteht dieser Versuchung. Setzt Euch einfach vor diesen schönen, breiten Pinselstrich, den Ihr erschaffen habt, und erlaubt ihm, in seine eigene göttliche Balance zu finden. Dies ist ganz einfach, liebe Freunde, und zugleich auch sehr schwierig.

Nehmt zum Beispiel einmal das Thema Beziehungen. Ihr habt Spirit oder Euch selbst nicht zu erklären, worum es Euch dabei geht. Ihr müsst es nicht bis ins Detail erläutern. Nehmt einfach dieses eine Thema und haltet es an und in Eurem Herzen, erschafft einen breiten Pinselstrich als Schöpfer und seid dann gewiss, liebe Freunde, dass Eure eigene Göttlichkeit alles Weitere handhaben wird.

Könnt Ihr erkennen, was hier vor sich geht? Ihr lernt nun Eurer eigenen Göttlichkeit zu vertrauen und ihr die Arbeit zu überlassen. In der Vergangenheit habt Ihr ständig versucht, all die Details zu handhaben! Ihr wart so lange Zeit vom Königreich getrennt (*habt Euch getrennt gefühlt*), dass Ihr ständig meintet, Euch um jede Kleinigkeit selber kümmern zu müssen. Jetzt ist es an der Zeit zu vertrauen! Oh, meine lieben Freunde, sobald Ihr Eurer Göttlichkeit erlaubt, die angemessene Balance herbeizuführen, wird Euer Leben um ein Vielfaches leichter werden! Ihr werdet einfach die Maler, die Schöpfer wunderbarer, breiter Pinselstriche. Die Mechanik der Manifestation wird für Euch auf anderer Ebene bearbeitet und so werdet Ihr sehr viel mehr Freude am Leben haben.

Möglicherweise fragt Ihr Euch: Warum die Wand? Warum die Farbe? Nun, verlasst einmal, nachdem Ihr Euren breiten, großzügigen Pinselstrich erschaffen habt, Euer Neues Haus. Die Dinge im außen werden jetzt ganz anders aussehen. Sie werden nun, aufgrund Eurer inneren Arbeit, einfach anders aussehen! Ihr werdet jetzt über all das, was Ihr bisher wahrnehmen konntet, hinaussehen können. Ihr werdet die Art und Weise erkennen können, in der Dinge erschaffen werden. Ihr habt im Inneren etwas mit Eurem ersten großzügigen Pinselstrich verändert und jetzt werdet Ihr beginnen, das außen ganz anders wahrzunehmen.

Lektion sieben: Erschafft großzügige Pinselstriche, liebe Freunde, und widersteht dem Drang, die dünnen Pinsel für die Details benutzen zu wollen. Dies tun jetzt andere für Euch. Nachdem Ihr einen breiten Strich erschaffen habt, setzt Euch lediglich auf den Boden und bewundert das Kunstwerk, welches Ihr gerade kreiert habt. Wir haben mit Euch zuvor über den Ofen der Gnade gesprochen und wir gaben Euch eine Anleitung, wie Ihr alte Themen dort hineinlegen könnt. Der Ofen der innewohnenden Gnade eignet sich wunderbar für alte Themen. Jedoch ist er auch hervorragend dazu geeignet, all die neuen Dinge, die Ihr erschafft, zu bearbeiten und ins Gleichgewicht, in die Balance zu bringen. Er ist sozusagen ein in sich vollständiges Energiesystem Eures Neuen Hauses.

Sobald Ihr einen breiten Pinselstrich gemalt habt, wird Euer Ofen der Gnade die Energien bearbeiten und ausbalancieren. Er ermöglicht der Anmut, der Würde und der Gnade, Eure neuen Schöpfungen in die göttliche Balance zu führen. Er sorgt dafür, dass sich alles in der angemessensten und liebevollsten Art und Weise manifestiert. Eure eigene Göttlichkeit wird sich also um das passende Gleichgewicht kümmern.

Ihr tragt so etwas wie eine angeborene Angst in Euch, wieder Dinge zu erschaffen, die nicht angemessen sind. Dies war bisher für viele von Euch eine Blockade. Ihr hattet Angst zu erschaffen, denn Ihr wusstet nicht, ob es diesmal das Richtige sein würde. Ihr habt die ganze Zeit darauf gewartet, dass Spirit Euch sagen würde, wie und was Ihr erschaffen sollt, damit Ihr nur nicht erneut etwas Unangemessenes kreiert. Doch der Ofen Eurer inneren Gnade, Eure eigene Göttlichkeit und die Liebe Spirits sind Garanten dafür, dass Ihr gar nichts Unangemessenes erschaffen könnt. Mit dem Gleichgewicht Eurer vier Murmeln werdet Ihr nichts „Böses“ oder „Dunkles“ kreieren können. Die Liebe in Euch kann nichts „Falsches“ erschaffen.

Was also könntet Ihr jetzt kreieren? Nun, das ist einfach. Mittels Eures großzügigen Pinselstrichs kreiert Ihr eine neue Balance der Beziehungen, eine Balance des Reichtums, eine Balance der Gesundheit und des Selbstwertgefühls. Während Ihr diesen breiten Strich malt, erschafft Ihr eine neue Balance. Macht Euch keine Gedanken darüber, was Euch dieses Gleichgewicht kosten wird oder wie der neue Liebhaber in Eurem Leben aussehen wird. Göttlichkeit wird sich um die Balance kümmern und alle angemessenen Dinge in Euer Leben bringen. Sobald Ihr Euch im Inneren verändert, ändert sich auch Eure Schwingungsebene. Durch die Veränderung Eurer inneren Energiemuster ändert sich, sobald Ihr dann Euer Neues Haus wieder verlasst, auch Eure Wahrnehmung davon, wie die Dinge des außen zu sein scheinen. Und so verändert Ihr die Realität, ohne dass Ihr auch nur ein einziges anderes menschliches Wesen beeinflusst habt. Dies ist sehr interessant, nicht wahr? Darum haben wir Euch gebeten: „Betet nicht darum, die Welt zu verändern. Betet lediglich darum, in Euch zu erwachen.“ Sobald Ihr dies tut, werdet Ihr Eure Realität verändern.

Lektion sieben: eine sehr einfache Lektion und doch ist sie Eure erste in „Aktivem Erschaffen“. Sucht Euch also jeweils immer einen der vier Bereiche menschlicher Herausforderung, die wir vorher besprochen haben, aus: Beziehung, Wohlstand, Gesundheit oder Selbstwert. Arbeitet jetzt eine gewisse Zeit lang damit. Kreiert großzügig und in breiten Pinselstrichen.

Nun, liebe Freunde, unsere heute geladenen Gäste, welche die Energien messen und überwachen, sie lächeln, denn Sie spüren eine Schwingungsfrequenz, welche sie bisher nur bei sehr wenigen anderen Menschen bemerkt haben. Diese Schwingung ist geboren aus der leuchtenden Liebe in Euch.

Unsere Gäste werden noch viele weitere Messungen bei allen Shaumbra und der Erde vornehmen. Sie sagen, dass ein Wandel, dass Verschiebungen auf der Erde erwartet werden sollten. Ihr werdet Verschiebungen, Bewegungen im Bereich der Macht sehen. Ihr werdet Verschiebungen und Wandel in und auf Gaia sehen. Und dies wird sich weiter verstärken. Die Erdbeben kürzlich in Südamerika und Indien sind nur erst der Anfang. Es wird weitere geben und sie werden angemessen sein. Später werden wir Euch erklären, wie Ihr mit dieser Art von Situationen umgehen könnt.

Dies ist wahrhaft eine Zeit der Liebe und der Wiedervereinigung (*Rück-vereinigung, re-union*), während wir so wie hier zusammenkommen. Wir genießen unsere gemeinsame Zeit. Nehmt diese Energie mit. Nehmt Eure Gefühle aus einem Treffen wie diesem hier mit. Haltet und bewahrt sie in Euch. Meine lieben Freunde, eine Vielfalt an Wesen existiert auf der anderen Seite des Schleiers, die dazu da sind, für Euch zu arbeiten, mit Euch zu arbeiten und auf Euch zu achten.

Tatsächlich seid Ihr nie, niemals allein.

Und so ist es.

****

„Wir channeln Dich."

****

Lektion Acht

Empfange die Frucht der Rose

Und so ist es, liebe Freunde, dass wir heute wieder einmal als Familie in unserem Crimson Circle zusammenkommen. Zeiten wie diese sind so kostbar und zudem gibt es innerhalb dieser Lektion eine Menge zu besprechen. Da ist so viel, was wir Euch übermitteln möchten, so viel, was wir Euch zu sagen haben. Ein Teil davon wird Euch in Worten überbracht, den größten Teil jedoch könnt Ihr jetzt als Energieschwingung wahrnehmen.

Doch zuallererst möchten wir Euch aus unserem tiefsten Inneren wissen lassen, dass wir Euch sehr inniglich und von ganzem Herzen lieben. Wir ehren Euch so sehr für das, was Ihr hier tut. Wir ehren Euch dafür, dass Ihr Euer ganzes Leben hingebt. Genau das ist es, was Ihr hier macht, denn Ihr habt Euch vollständig in den Dienst gestellt. Ihr habt vereinbart, die alten Energiewege loszulassen. Dies auch zu vollziehen, ist nicht einfach. Ihr habt vereinbart, alles Alte freizusetzen und gehen zu lassen. Ihr wart Euch einig, alles, was Ihr jemals dachtet zu sein, loszulassen, um mit bei den Ersten zu sein, die sich in die Neue Energie hineinbegeben. Wir wissen, wie viele Tränen es Euch gekostet hat, und wir wissen, wie viel Not es in Euch verursacht hat.

Darum kommen wir dieses Mal in Euren Kreis regelrecht hereingeflutet, ganz gleich wo Du Dich in diesem Moment befindest. Jene Wesen, die sich nicht im menschlichen Körper befinden, fluten jetzt in den zweiten Kreis, um Euch für Eure Reise zu danken.

Diese Reise, auf der Ihr Euch nun befindet, ist die eines wahren Lehrenden, die eines Herzens-Lehrers. Was immer Ihr gerade in Eurem Leben durchmacht, es beinhaltet jene notwendigen Erfahrungen, die es Euch ermöglichen, anderen Menschen, die sich ebenfalls in die Neue Energie hineinbewegen, hilfreich zur Seite zu stehen. Ihr lernt die Lektionen des Crimson Circle auf eine immens schnelle Art und Weise, sodass Ihr zu Lehrern, Beratern und menschlichen „Geistführern" für andere werden könnt.

Schon sehr bald wird der Punkt kommen, an dem diese Menschen zu Euch kommen werden. Und sie werden nicht notwendigerweise jene Merkmale der Neuen Energie, des New Age oder des Metaphysischen aufweisen. Es werden diejenigen sein, die sich auf ihrer eigenen Suche befinden - einer einsamen und stillen Suche. Sie werden bis vor die Tür Eures Neuen Hauses geleitet und dann nicht recht wissen, warum sie dort sind! Sobald Ihr die Tür Eures Neuen Hauses öffnet und sie hereinbittet, werden sie erst einmal überrascht sein und erschrocken aussehen. Dann werdet Ihr in der Lage sein, ihnen genau zu erklären, warum sie gekommen sind. Dann werdet Ihr wissen, wie ihre bisherige Reise ausgesehen hat, da Ihr selbst diese Wege gegangen seid. Dann werdet Ihr wissen, dass nun die Zeit für Euch gekommen ist, ein Lehrer zu sein, ein Lehrender dieser Neuen Energie.

Liebe Shaumbra, möglicherweise verbindet Ihr an dieser Stelle Euer Lehren mit den Methoden und Fertigkeiten, die Ihr bereits kennt, denn Ihr könnt das „Wissen" (*im Sinne von Bewusst-Sein)*, welches Ihr beim Crimson Circle erlangt habt, mit Euren gegenwärtigen Praktiken der Heilung und Unterstützung kombinieren. Jedoch wird Euer neues „Wissen" nun einen anderen Schwung dort hineinbringen, den Schwung der Neuen Energie. All die Lektionen, welche wir mit Euch durchgegangen sind, könnt Ihr dort integrieren; die Lektionen darüber, hinter der kleinen Mauer zu stehen, die Lektion über den Ofen der Gnade, die Lektion, Veränderungen zu akzeptieren und diese zu segnen, und die Lektion über den großzügigen

Pinselstrich. Und dann werdet Ihr Euch mit Euren Menschen-Schülern zusammensetzen, Ihr werdet für sie ein Begleiter auf ihrer eigenen Reise sein. Denn, wie Ihr ja wisst, könnt Ihr die Dinge nicht für sie erledigen. Und doch könnt Ihr ihnen dabei helfen zu verstehen, dass der Übergang in die Neue Energie tatsächlich möglich IST. Darum seid Ihr jetzt gerade hier in der Energie des Crimson Circle. Ihr habt Eure spirituellen Verträge dieses Lebens alle erledigt und abgeschlossen. Ihr habt ebenso alle Dinge Eurer anderen Leben gelöst und beendet. All das habt Ihr freigesetzt und entlassen, um nun auch noch Euch selbst hinzugeben und den Übergang in die Neue Energie mit als Erste zu vollziehen. Ihr seid diejenigen, welche die Schwingungen, Strukturen und Energiemuster der Neuen Energie erproben.

Ihr seid die Lehrer der Neuen Energie! Darum haben jene, die heute in den Zweiten Kreis gekommen sind, so viel Respekt für Euch. Jene, die Ihr als Engel bezeichnet, nennen einen jeden Einzelnen von Euch „Meister", den Meister der Reise. Ihr wart so lange, so sehr, sehr lange unterwegs - fernab der Heimat, fernab von Zuhause, fernab des Ersten Schöpfungskreises, länger als uns die Erinnerung daran lieb ist. Jene, die noch zu Hause sind, ebenso wie jene, die gleichfalls die Feuerwand durchquerten, jedoch keine menschliche Form annahmen, empfinden so viel Ehrerbietung für das, was Ihr hier tut!

Wie wir schon öfter gesagt haben, könnt Ihr das große Ganze noch nicht erkennen. Ihr könnt es noch nicht vollständig überblicken auf Grund der Dualität, in der Ihr Euch zurzeit befindet. Vielleicht können wir Euch dabei helfen zu verstehen, dass es tatsächlich ein viel größeres Bild gibt, wenn wir so wie hier mit Euch zusammen sind. In der Tat gibt es für all das, was Ihr tut, immer einen Grund, alles hat seine besondere Bedeutung: kein einziger Gedanke, kein einziger Atemzug, keine einzige Handlung ist vergebens; keine einzige Träne, die nicht von Spirit gesehen wird. Ja, wir hören Eure Gedanken, wir hören, wenn Ihr mit uns sprecht. Eure Botschaft ist angekommen! Wahrhaftig - das ist sie!

Während Ihr Eure Biologie und Euren Geist weiterentwickelt, werdet Ihr Dinge bemerken, die über Euer gegenwärtiges menschliches Wahrnehmungsvermögen hinausgehen.

Eure Physis und Eure Sinne werden erheblich schärfer, empfindsamer und sensitiver. Einige von Euch sind nicht so begeistert über das, was Ihr als Allergien bezeichnet! Doch im eigentlichen Sinne Eurer menschlichen Biologie sind dies gar keine Allergien. Ihr mögt es einfach nicht, körperliche Gebrechen und Schmerzen zu haben. Ihr mögt es nicht, Euch orientierungslos zu fühlen oder nicht zu spüren, dass Eure zwei Füße auf dem Boden stehen. Doch, liebe Freunde, alles dies ist Teil des Prozesses.

Ihr werdet immer empfindsamer, immer empfänglicher für jene unsichtbaren Dinge rund um Euch herum. Ja, Ihr werdet tatsächlich empfänglicher für die Gedanken anderer Menschen. Die Energie einer Gruppe von Menschen scheint Euch mehr denn je zu erreichen und Ihr reagiert auch immer sensibler bezüglich des Ungleichgewichtes Eurer Erde. Sobald plötzlich (*unerwartet*) etwas mit Euch geschieht, was Ihr nicht so richtig einordnen könnt, bezeichnet Ihr dies als Grippe. Doch, liebe Freunde, es ist keine Grippe, wie Ihr sie in der Vergangenheit erfahren habt! Vielleicht könntet Ihr sie als „Neue Energie Grippe" bezeichnen, denn sie hat viel mehr etwas mit Euren inneren Veränderungen zu tun als mit einem normalen biologischen Ereignis. All dies sind Zeichen Eures inneren Wechsels und sie werden noch eine Zeit lang andauern.

Und doch können diese Veränderungen auch einfacher vonstatten gehen. Sobald Ihr versteht, dass Eure Schwingung in der Neuen Energie kräftiger, stärker und klarer ist als zuvor, können sie sich sanfter innerhalb Eures Körpers und Geistes vollziehen. Eure energetischen Sinne sind geschärfter und Ihr werdet beginnen, die unsichtbaren Dinge zu sehen. Ihr werdet beginnen, Dinge zu hören, die Ihr nie zuvor gehört habt. All dies wird sich in Bewusstseinsebenen abspielen, zu denen Ihr für gewöhnlich keinen Zugang hattet. Solltet Ihr darauf warten, dass sich etwas vor Euren physischen Augen manifestiert, dann sucht es nicht dort. Denn die ersten Zeichen, die Anfänge dessen liegen in der unsichtbaren Welt, auf den unsichtbaren Ebenen. Sobald Ihr in die Neue Energie übergegangen seid, werdet Ihr zudem beginnen, mehr Tiefe in Eurer menschlichen Realität wahrzunehmen.

Der Vorgang der physischen Anpassung, diese erweiterte Sensibilität und Empfindsamkeit, ist einfach Teil des Prozesses. Lauft nicht davor weg.

Lauft nicht davon, sobald Ihr Euch in einer Gruppe von Menschen befindet und Euch deren Energien erreichen werden. Bleibt da und steht in dieser Energie. Fürchtet Euch nicht vor ihr. Sie kann Euch nicht verletzen. Ihr empfangt die Energien und Gedanken derjenigen, die noch immer fest in der alten Energie verankert und verwurzelt sind. Bleibt da und fühlt einfach. Und während Ihr noch in diesem energetischen Raum stehen bleibt, wird es Euch möglich sein, ein umfassenderes Verständnis zu erlangen.

Wie wir schon zuvor erwähnten, haben viele Menschen das Bedürfnis, erst einmal in der alten Energie zu verbleiben. Denn es würde praktisch eine energetische Flutwelle verursachen, wenn sich alle Menschen gleichzeitig in die Neue Energie stürzen wollten! Stellt Euch einmal vor, wie es wäre, wenn alle, mit denen Ihr arbeitet, mit denen Ihr lebt und die Ihr kennt, sich gleichzeitig in die Neue Energie stürzen würden! Das wäre höchst chaotisch!

Doch die Menschen, mit denen Ihr Tag für Tag lebt, sie beobachten Euch auf eine Art und Weise, die Ihr möglicherweise gar nicht bemerkt. Sie sind sehr neugierig, was mit Euch geschieht, und gewiss werden sie Euch deswegen löchern. Sie werden nachbohren und Euch ausfragen. Und in der Tat, ja, sie werden Euch ganz schön auf die Nerven gehen. (Kichern) Sie versuchen einfach zu verstehen, durch was Ihr gerade durchgeht. Denn sie wissen, dass da etwas in ihnen ist, was gerade dabei ist zu erwachen. Sie wissen, dass sie schon bald - vielleicht in diesem Leben, vielleicht in einem anderen - sich ebenfalls in die Neue Energie hineinbegeben werden. Also sind sie neugierig, was Ihr da tut. Natürlich haben sie manchmal eine etwas kuriose Art Fragen zu stellen! Und sie reagieren in einer Art und Weise auf Euch, die Ihr nicht unbedingt erwartet hättet. Sie sind halt sehr neugierig.

Wie Ihr ja wisst, meine lieben Freunde, gibt es bei unseren Versammlungen immer eine Gruppe „geladener Gäste." Jene, die sich während dieser Lektion mit uns verbinden, sind heute diejenigen, die Ihr aus Eurem täglichen Leben, aus Eurem Alltag kennt. Sie sind gekommen, um bei Euch zu sein, um neben Euch zu sitzen, um zu sehen, was passiert, sobald Ihr in die Neue Energie hinüberwechselt. Die Gruppe, die uns nun im Zweiten Kreis besucht, besteht aus Euren Arbeitskollegen, den

Mitgliedern Eurer irdischen Familie und denjenigen, die Ihr als Eure engsten Freunde bezeichnet; also jenen Menschen, mit denen Ihr tagtäglich interagiert.

In der Tat handelt es sich bei ihnen, die sich hier in dem Zweiten Kreis mit uns im Geiste verbinden, um lebendige Wesen, die sich augenblicklich in menschlichen Körpern befinden. Tote Besucher hatten wir ja schon ausreichend während unserer Treffen! (Kichern) Mit all denen, die uns heute besuchen, habt Ihr in Eurem gegenwärtigen Leben irgendwie zu tun.

Ebenso wie Ihr verfügen sie über Teile ihres Bewusstseins, die außerhalb des menschlichen Körpers reisen können. Mit Hilfe der „Runner" und der „Energie -Weber", die sich in nicht-menschlicher Form befinden, können sie nun hier im Zweiten Kreis anwesend sein. In gewisser Weise wurde ein Teil ihres Bewusstseins hierher begleitet (eskortiert), um bei Euch zu sein und sich mit Euch zu verbinden. Sie sind sehr neugierig.

Oh, es könnte sich durchaus um diejenigen handeln, die Euch tagtäglich das Leben schwer machen. Vielleicht ein Chef, der sehr hart mit Euch umspringt, ein manipulierender Arbeitskollege oder ein Familienmitglied, welches sich an Euch klammert und ständig Energie zieht. Sie alle sind hierher gekommen, um sich im Zweiten Kreis mit uns zu verbinden. Und sie empfinden in erster Linie Liebe und Hochachtung für Euch. Sie sind sehr neugierig, zu erfahren, was Ihr hier tut, denn sie können es noch nicht richtig verstehen. Und wie Ihr ja wisst, handelt man sich mit Erklärungen auch nicht gerade viel Positives ein! (amüsiert) Sie haben es gern, in Eurer Energie zu sein, und sie mögen es, Euch in ihrer eigenen liebevollen Weise anzustubsen.

Sie sind heute hierher gekommen, um eine neue Art von Menschen zu beobachten, die sich in eine neue Energie hineinbewegen. Und das nächste Mal, wenn Ihr sie wieder seht, werden sie Euch anders ansehen. Sie werden Euch mit größeren Augen betrachten als zuvor und noch neugieriger sein, denn sie sind mit Euch auf einer anderen Ebene in Verbindung gekommen. Nun haben sie im äußeren Kreis gesessen und Euch beobachtet, einen Menschen, der zutiefst sich selbst gegeben hat, der alles, was er dachte zu sein, aufgegeben und seine alte Identität losgelassen hat. Beim nächsten Mal, wenn Ihr sie wieder seht, werden sie Euch anders anschauen. Vielleicht werfen sie Euch einen liebevolleren, wissenden Blick zu oder möglicherweise sind sie doch auch wütender denn je zuvor, weil sie herausfinden wollen, wer Ihr seid!

Sie alle haben sich jetzt hier für diese Lektion versammelt, um Euch auf Eurer Reise zu ermutigen; Euch zu ermutigen, weiterzumachen und weiterhin voranzugehen. Sie wissen, dass dieser Weg nicht einfach ist, doch sie wissen auch, dass eine neue Art von Schöpfer daraus hervorgehen wird.

Heute sind noch andere Wesenheiten gleichfalls hier versammelt einschließlich derer des Crimson Council, die ständig mit Euch arbeiten. Legionen von Engeln sind sozusagen jetzt hier für Euch anwesend. Und natürlich bin ich hier, Euer Tobias, der jeden Einzelnen von Euch gut kennt. Wir haben schon manche Träne miteinander vergossen! Wir sind schon manche Meile des Weges miteinander gegangen. Du kennst mich. Du kennst meine Energie. Wir haben uns schon gegenseitig in die Augen geschaut und uns umarmt, damals, als wir zusammen inkarniert waren. Und schon immer wussten wir, dass wir gemeinsam für diese Arbeit von Shaumbra zurückkehren würden.

Ich, Tobias, werde immer ein bisschen emotional, da ich nicht als Mensch bei Euch sein kann. Oh, wie sehr ich mich danach sehne, unter Euch zu sein, Euch noch einmal in die Augen zu schauen von Mensch zu Mensch und Euch alle wieder in die Arme zu schließen. Es ehrt mich ebenso wie all jene des Crimson Circles, hier bei Euch sein zu können. Wir alle applaudieren, denn Ihr seid die ersten sanften Lehrer der Neuen Energie.

* * * *

Die Energie Eurer Erde verändert sich. Tatsächlich verändert sich Eure eigene Energie! Dies ist so offensichtlich in allem, was in Euch und um Euch herum geschieht. Tagtäglich könnt Ihr es in Euren Nachrichten sehen. Tagtäglich bekommt Ihr Hinweise darauf an Eurer Arbeitsstelle, in Eurer Arbeitssituation, wo sich vieles entweder verändert hat oder beendet wurde.

Euer Körper gibt Euch Hinweise darauf, denn er spricht jetzt in einer anderen Sprache mit Euch. Stimmt Euch einfach auf all diese Dinge ein und wisst, dass sie absolut angemessen sind. Seid Euch im Klaren darüber, dass Ihr etwas zurücklasst. In gewisser Weise verliert Ihr etwas, jedoch öffnet Ihr Euch dadurch einem völlig neuen Weg.

Der Weg der Neuen Energie basiert schwerlich auf dem Weg von Alten! Sobald Ihr versucht, etwas auf den Grundlagen der alten Energie aufzubauen, lauft Ihr in eine Sackgasse. Es funktioniert einfach nicht! Immer wieder seid Ihr aufgefordert, die neuen Orte aufzusuchen, in Eure eigene Energie und um Euch herum zu schauen. Und Ihr fragt uns: „Wo finde ich die neue Energie?“ Liebe Freunde, zapft das an, was Ihr als Euer Wahres Selbst bezeichnet und was wir eher „Die Innere Göttlichkeit“ nennen. Sitzt einfach im inneren Raum Eures Neuen Hauses; eine Metapher für Eure erwachende Göttlichkeit. Erzwingt und forciert nichts über Euren Verstand. Seid einfach, hört einfach zu und es wird zu Euch kommen. Seid geduldig und es wird zu Euch kommen. Wir wissen, dass dies wahr ist. Wir wissen, dass dies die Wahrheit ist!

* * * *

Jetzt werden wir Euch weiter von Jacks Reise berichten, dem Prinzen aus dem Königreich des ICH BIN. Es ist auch Eure Reise, denn tatsächlich seid Ihr dieser Jack. Wir benutzen eine Parabel, um Euch die lange Reise, auf der Ihr Euch befindet, besser erklären zu können. Wie Ihr bereits wisst, war Jack der Prinz eines Königreiches. Er unternahm viele ausgedehnte Reisen aus seinem tiefen Bedürfnis heraus, zu erschaffen, sich zu erweitern, immer weiterzulernen und seiner Liebe zu erlauben, sich zu verströmen. Und während einer seiner langen Reisen kam Jack schließlich an das Ende des Landes. Er stand am Ufer eines gewaltigen Meeres und sah sich vor die Entscheidung gestellt, ob er entweder weitergehen oder ins Königreich zurückkehren sollte. Doch wie Ihr bereits wisst, konnte Jack der Versuchung weiterzureisen nicht widerstehen.

Also setzte er die Segel und fuhr hinaus auf das große Gewässer, hinein in eine völlig neue Art von Energie, welche er noch nie zuvor erlebt hatte. Und er segelte und segelte, bis er zu der Wand aus Feuer gelangte, ein

Bild für das Ende des Ersten Schöpfungskreises, das Ende der gesamten bis dahin bekannten Schöpfung. Er bemühte sich, rückwärts zu paddeln und gegen den Sog der Feuerwand anzukämpfen.

Doch sie zog ihn in sich hinein und zerschmetterte ihn in Milliarden und Abermilliarden einzelner Fragmente. Das war ein äußerst traumatisches Ereignis für ihn. Und als er wieder aus der Feuerwand herauskam, war er ein anderer. Der überwiegende Teil seiner Energie und seines Bewusstseins hatte sich in eine Art „Energiekokon" zurückgezogen und eingehüllt zu einem sehr, sehr langen Schlaf. Denn dieser Teil hatte das dringende Bedürfnis, nach innen zu schauen, eine innere Reise zu erfahren. Bis zu diesem Zeitpunkt hatte Jack noch niemals in sich hineingeschaut, denn er hatte stets im äußeren Ausdruck gelebt. Doch nachdem er die Feuerwand durchquert hatte, entstand innerhalb dieses Kokons eine neue Sichtweise seiner Selbst.

Ein anderer Teil von Jack zog sich nicht in den Kokon zurück. Dieser Teil seines Seins setzte den Weg durch die Feuerwand fort, und als er auf der anderen Seite heraustrat, umfing ihn das absolute Nichts, eine vollkommene Leere, die totale Finsternis. Und als er seine Augen öffnete auf dieser anderen Seite der Feuerwand, blickte er in sein eigenes Spiegelbild, sein eigenes Gegenteil, er erfuhr Dualität. Zum ersten Mal war Jack nun nicht mehr in der „Einheit." Jetzt war er „Zwei." Und das war der Anfang der Dualität, so wie Ihr sie kennt.

Als die Dualität in der Leere Form annahm, brachen gewaltige Kriege aus. Unter den vielen Wesenheiten, die durch die Feuerwand in die Leere gewechselt waren, entbrannten viele heftige Schlachten und Kriege darum, nach Hause zurückkehren zu können. In Eurer verzweifelten Bemühung ins Königreich zurückzukehren, versuchtet Ihr Euch gegenseitig der Energien zu berauben. Es gab Kriege einzig aus dem Grund, um die Energien anderer zu erlangen. Die Krieger dachten, dass dies ein Weg wäre, nach Hause zurückzukehren.

Diese Kämpfe erschufen und erweiterten letztendlich das, was Ihr heute als Dualität bezeichnet. Die Kriege wurden immer intensiver und machten so die Dualität - die Energie der Zwei - noch größer und stärker. Während dieser Zeit großer Schlachten wurde die Leere in eine neue Wirklichkeit transformiert. Euer physisches Universum mit all seinen Sternen und Galaxien wurde erschaffen.

Die Schlachten wurden überwältigend. Weder die eine noch die andere Seite konnte an Vormacht gewinnen oder siegen, um in Eurer Terminologie zu bleiben. Und so, liebe Freunde, kam es letzten Endes zu einer Pattsituation. Die Kämpfe konnten nicht weitergehen. Etwas musste sich verändern, damit Jack, Ihr und alle anderen sich weiterentwickeln konnten.

Zu jener Zeit existierten viele, viele Wesenheiten in Eurem neuen, sich erweiternden Universum. Die festgefahrene Situation hatte dazu geführt, dass auf keiner der beiden Seiten, weder auf der einen noch auf der anderen die Energie der Dualität weiterhin funktionieren oder sich weiter entwickeln konnte. Es war keine Expansion, keine Ausdehnung der Energie im Universum mehr möglich. Doch dies stand nun im völligen Gegensatz zu allem, was Spirit je gekannt hatte, was Jack je gekannt hatte, was das bisherige Maß aller Dinge gewesen war.

Liebe Freunde, und so ist es zu einer Überbrückung des Bewusstseins aller Wesenheiten, die in Eurem Universum existierten, gekommen. Ihr wart noch keine Wesenheiten in physischer Form, so wie Ihr sie heute kennt. Ihr wart Wesenheiten, die sich über Energie und Schwingung definierten, doch wart Ihr noch nicht in die physische Materie herabgestiegen. Es gab viele Zusammenkünfte, um die Natur der Dualität und die energetische Pattsituation, die sich eingestellt hatte, zu besprechen. Ihr erkanntet, dass die Schlachten beiden Seiten wenig gebracht hatten. Es war an der Zeit, diese Schlachten zu beenden. Es war an der Zeit, sich auf den nächsten Abschnitt der Reise einzulassen.

Viele Wesenheiten versammelten sich bei diesem noch nie da gewesenen, beispiellosen Treffen. Dies war der Anfang des „Ordens der Erzengel" (*Ordnung des Lichtbogens)*, was Ihr heute als Eure Erzengel bezeichnen würdet. Ihr fandet zusammen und auf den höchsten Ebenen Eures

Bewusstseins kam es zu der Übereinkunft, dass einige der Engel absteigen und ihre Schwingungen stark herabsetzen würden. In dieser verdichteten Schwingungsform würden die Engel dann das annehmen, was Ihr heute als Körper bezeichnet. Sie würden an Masse gewinnen.

Als Ihr noch Engel wart in Eurem neu entstehenden Universum, konntet Ihr noch in Gedankenschnelle erschaffen. Zuweilen geriet Euch dies außer Kontrolle. Zuweilen, liebe Freunde, wusstet Ihr nicht einmal mehr, auf welcher Seite Ihr steht! Ihr wusstet Eure eigenen Energien nicht mehr richtig einzuschätzen und zu kontrollieren und die Dinge schienen aus dem Ruder zu laufen.

Ein wesentlicher Grund für diesen Entschluss, einen Körper anzunehmen, bestand darin, dass Schöpfung nicht mehr in diesem rasanten Tempo erfolgen sollte wie bisher. Aktion und Reaktion würden verlangsamt werden und somit entstünde die Gelegenheit, Erfahrungen zu durchleben. Damit wäre dann die Möglichkeit gegeben, etwas abwägen und einschätzen zu können, um es so wieder in Balance zu bringen.

So wurde beschlossen, dass diese Engel ihren Geist in die Materie einbringen würden. Und es wurde auch beschlossen, dass Ihr Euch nicht mehr an diese Reise, die Euch an jenen Punkt gebracht hatte, würdet erinnern können. So würdet Ihr Euch nicht mehr an die Schlachten erinnern können, nicht daran, durch die Feuerwand gegangen zu sein, und nicht mehr an das Königreich, aus dem Ihr stammt. Es würde ein vollkommener Neuanfang sein. Und es würde Euch, es würde Spirit erlauben, die Natur der Dualität, die Natur der „Zwei" wirklich zu begreifen. Denn vor der Durchquerung der Feuerwand war Spirit stets der Ausdruck des „Einen" gewesen. Ohne jede Erinnerung auf die Erde zu kommen, würde letztendlich ein wirkliches Verstehen der Dualität ermöglichen.

Zu jener Zeit existierten viele, viele Engelwesen in Eurem neuen Universum und natürlich wollten die meisten von ihnen ein Teil dieses neuen Ortes namens Erde sein. Und als ein Aufruf an alle Freiwilligen erfolgte, liebe Freunde, wart Ihr unter den Ersten! Ihr wart mit bei den Ersten. Anfänglich kamt Ihr noch in nicht-physischer Form auf die Erde. Mit Hilfe sehr vieler Wesenheiten der anderen Seite gelang es Euch, Eure Energie letzten Endes so zu verändern, dass Ihr die energetische Dimension der Erde betreten konntet. Lange Zeit besuchtet Ihr die Erde in Eurer Engelgestalt, noch bevor Ihr Euch hier je in physischer Gestalt inkarniert hattet. Ihr und all die anderen, Ihr kamt hierher, um die energetischen Muster und Gitter zu erstellen und zu verankern. Ihr kamt hierher, um das Gewebe und die Grundlagen dieses Ortes namens Erde zu erstellen und einzurichten. Ihr besuchtet die Erde für lange Zeit, noch bevor Ihr überhaupt eine physische Form angenommen habt; einerseits um Euch daran zu gewöhnen, andererseits um dabei zu helfen, die Energien zu verankern. Und Ihr erhieltet viel Unterstützung dabei von jenen Engeln, welche diese Eure Reise nicht antraten.

An einem bestimmten Punkt stieg dann jeder von Euch schließlich zur Erde herab und nahm einen menschlichen Körper an. So begannt Ihr Eure Inkarnationszyklen und wandeltet in vielen verschiedenen physischen Formen über die Erde. In einer Inkarnation wart Ihr männlich, in einer anderen weiblich. Um diese Sache namens Dualität in allen Facetten zu erfahren, wandertet Ihr auf vielen unterschiedlichen Wegen durch Eure Erdenleben.

Und jetzt, jetzt habt Ihr den Zyklus Eurer Inkarnationen auf Erden vollendet. Ihr seid einen langen Weg gegangen. Jetzt bereitet Ihr Euch darauf vor, Euch mit dem *ALLES, WAS IST* wieder zu vereinen. Und, falls Ihr es so wählt, werdet Ihr hier auf der Erde bleiben, um ein Lehrer derer zu sein, die Euren Fußspuren folgen werden.

An dieser Stelle möchten wir hier einen Moment lang über Eure Träume sprechen, denn diese werden zunehmend intensiver, realer und weitaus drastischer werden. Viele Eurer aktuellen Träume führen Euch direkt zurück in jene Zeit, bevor Ihr hier auf die Erde gekommen seid, als Ihr noch geholfen hattet aus der Leere eine neue Wirklichkeit zu erschaffen, in jene Zeit der Kriege und Schlachten. So reist Ihr also nun des Nachts dorthin zurück, um viele der früheren Ereignisse zu lösen und zu klären.

Dies ist irgendwie schwer zu beschreiben, liebe Freunde, doch selbst während Ihr hier Euer normales Leben führt und im Begriff seid, Eure

Lebenszyklen nach einer langen Reise zu vollenden, so seid Ihr dennoch gleichzeitig an all diesen anderen Orten erneut anwesend. Ihr seid wieder zurück in jener Zeit, als das Universum erschaffen wurde, und in jener Zeit, bevor Ihr auf die Erde kamt. Sobald Ihr nachts Eure Augen schließt und in Euren Traumzustand übergeht, reist ein Teil von Euch in die Vergangenheit. Ihr reist durch Zeit und Raum mit dem Vorhaben, die Vergangenheit zu erlösen. Und dort berichtet Ihr der Seele Eurer Vergangenheit, dass nun, in der Zukunft, gerade eine Vollendung stattfindet, eine Wiedervereinigung. Ihr besucht Eure Vergangenheit, um endlich zu verkünden, dass keinerlei Notwendigkeit mehr für die Schlachten und Kämpfe besteht, da Ihr den Weg durch das nächste Tor gefunden habt. Ihr reist zurück, um Eurem eigenen Selbst zu berichten, dass die Zeit gekommen ist, die Konflikte und all das Chaos zu beenden. Ihr befindet Euch im Hier und Jetzt und bringt gleichzeitig eine Lösung in und für Eure Vergangenheit. Denkt einmal!

Etwas Interessantes findet hier statt, liebe Freunde, etwas sehr Interessantes. Ihr reist des Nachts in Euren Träumen. Ihr reist zurück in jene Zeit, nachdem Ihr die Feuerwand durchquert hattet, noch bevor Ihr zur Erde gekommen seid. In jene Zeit, als die Leere Form annahm, in die Zeit der großen Kriege. Und noch während Ihr dorthin zurückreist, versucht Euer Bewusstsein aus der Vergangenheit gleichzeitig hier in Euer heutiges Jetzt zu reisen! Und manchmal trefft Ihr Euch dann genau in der Mitte. Das passiert, wenn Ihr nachts auf einmal wie hochschreckt!

In unserer letzten Lektion sprachen wir über Eure sogenannten „Aliens“, welche in Wirklichkeit Aspekte Eurer selbst aus der Vergangenheit sind. Sie sind genau diejenigen, mit denen Ihr manchmal nachts zusammenstoßt, denn Ihr reist gerade zurück, um etwas Altes zu erlösen. Und sie reisen gerade nach vorne, um Lösungen für jenes Chaos zu finden, in welchem sie sich in ihrer eigenen „Jetzt-Zeit“ befinden. Kein Wunder also, dass Eure Träume so intensiv sind!

Sobald Ihr von einem Traum erwacht, erschafft Euer Geist eine symbolische Interpretation dieser Traumerfahrungen. Ihr bringt nicht das klare Gesamtbild dessen mit zurück, was Ihr erlebt habt, sondern eine Reihe von Symbolen. Gewöhnlich beziehen sich diese auf Menschen und Ereignisse

Eures jetzigen Lebens. Ihr träumt gewöhnlich von den Menschen, die Euch augenblicklich umgeben, wie Eure Familie und jene, die mit Euch arbeiten. Warum das so ist, meine lieben Freunde? Weil all diejenigen, die sich in Eurem jetzigen Leben befinden und nun während dieser Lektion im Zweiten Kreis anwesend sind, genau diejenigen sind, mit denen Ihr in Eurer Vergangenheit gekämpft habt! Darum ist es so wichtig für sie, während dieser Lektion hier zu sein; denn in all dem, was hier geschieht, liegt sehr viel Vollendung und Vollkommenheit! Während Ihr sie jetzt gerade in der Vergangenheit bekämpft, habt Ihr im Hier und Heute diese Konflikte mit ihnen. Und während Ihr in der Vergangenheit gerade versucht, die Situationen mit ihnen zu lösen, bemüht Ihr Euch gleichzeitig, auch im Hier und Heute eine Lösung zu finden.

Alles ist sehr kompliziert miteinander verwoben und verknüpft. Diejenigen, die sich während dieser Lektion im Zweiten Kreis versammelt haben, werden Euch, wenn Ihr sie das nächste Mal seht, sehr sonderbar anschauen, denn sie werden wissen, dass Ihr es wisst, aber sie werden nicht wissen, wieso sie es wissen! (Kichern) Auf den tiefsten Ebenen Eures Seins existiert der Wunsch, die Vergangenheit zu erlösen, die Dinge in die Einheit zurückzubringen und Euch dann in die Energie der Neuen Erde zu begeben. Im Moment ergießen sich gerade gewaltige Mengen von Energie hier herein. Und eine Vielzahl von Wesenheiten in nicht-menschlicher Form hilft dabei, diesen Vorgang zu erleichtern.

Hier sitzt Ihr nun und begreift weder, wer Ihr wirklich seid, noch versteht Ihr, was in Wahrheit geschieht! Einige von Euch meinen, ihr Leben wäre lediglich von geringem Wert. Sie denken, sie hätten nicht viel erreicht in diesem Leben. Sie fürchten sich davor, ein Versager zu sein. Liebe Freunde, angesichts dieser Gedanken und Empfindungen, die Ihr Euch gegenüber habt, müssen wir weinen! Denn wir wissen, dass Ihr die Ersten seid, die diese Neue Energie annehmen und gleichzeitig die Vergangenheit heilen. Ihr löst jene Probleme, die in der Vergangenheit Eures Universums aufgetreten sind und welche in derart verschiedenen dimensionalen Ebenen in Erscheinung treten, wie Ihr es nie erwartet hättet. Ihr arbeitet daran, sie zu lösen, sie wieder zusammenzubringen, um Euch von der Dualität in die Neue Energie der Vier zu bewegen. Diese „Quad - Energie“ befindet sich in

Balance und ist somit die Energie der Schöpferkraft Eurer materiellen Welt. Das ist der Grund, warum wir Euch von ganzem Herzen so ehren und wertschätzen. Das ist der Grund, warum wir wissen, dass Ihr weise und mitfühlende Lehrer sein werdet.

* * * *

Liebe Shaumbra, Lektion acht der Schöpfer Serie ist eine sehr wichtige Lektion, welche Ihr eines Tages auch an andere weitergeben werdet. Acht ist eine wunderschöne Lektion - und sie beinhaltet noch nicht einmal viele Hausaufgaben! Wir bitten Euch jetzt, Euch in Euer Neues Haus zu begeben. Sitzt dort einfach in der Energie Eures göttlichen Selbstes, begebt Euch in das göttliche Stadium des Seins. Denn wir möchten Euch noch eine kurze Geschichte erzählen, bevor wir die Lektion enthüllen.

Im inneren Raum ihres Neuen Hauses befindet sich gerade ein Familienmitglied, eine, die wir ebenfalls als Shaumbra (*eine, die auf dem Weg ist*) bezeichnen. Ihr Name ist Catherine. Und als wir Catherine während dieser Lektion besuchen, weint sie. Catherine ist sehr traurig, denn sie ist sich nicht sicher, wer sie eigentlich ist. Catherine hatte in ihren innersten Momenten zu ihrem Selbst und zu Spirit gesagt, dass es für sie jetzt an der Zeit sei, nach Hause zu gehen, weil sie keinerlei Daseinsgrund oder Sinn mehr in ihrem Leben fühlen konnte. Catherine weint viele Tränen, da sie vieles einfach nicht verstehen kann. Sie hatte Spirit wieder und wieder um Antworten gebeten, doch nur sehr wenig hören können. Das, was sie erhalten hatte, waren nur Häppchen, lediglich Bruchstücke, doch keine vollständigen und ganzen Antworten. Catherine hatte gegen das angekämpft, was sie als eine Depression bezeichnete. Sie war schon zu einem Arzt gegangen und hatte Pillen verschrieben bekommen, die ihr über ihre Depression hinweghelfen sollten. Doch, meine lieben Freunde, sie merkte, dass nicht einmal die Pillen an der tiefen Traurigkeit in ihrem Inneren etwas ändern konnten.

Catherine weint und schluchzt sehr, denn sie hat bisher schon so viele Dinge ausprobiert. Alles Mögliche hatte sie schon versucht - anders zu sein, anders zu handeln - und nichts hatte wirklich in ihrem Leben funktioniert. Sie kann das einfach nicht verstehen und in gewisser Weise fühlt sie sich von Spirit im Stich gelassen. Oh, sie weiß schon, dass ihre geistigen Führer innerhalb der letzten Jahre gegangen sind. Zudem hatte sie auch ihre Arbeitsstelle verloren, die ihr viel bedeutet hatte. Sie hatte wohl eine andere Arbeit gefunden, die ihr jedoch nicht annähernd so viel bedeutete. Aufgrund dessen, was sie dachte und woran sie glaubte, wurde sie zudem von einigen aus ihrer Familie gemieden. Wenn sie noch mit ihr sprachen, schienen die Gespräche ausweichend und unbedeutend gehalten zu werden und waren längst nicht mehr so liebevoll und voller Interesse wie früher. Catherine kann das nicht verstehen.

Letztendlich ist sie nun physisch völlig erschöpft. Ihr Energielevel ist niedrig und auch das versteht sie nicht, denn schließlich geht sie doch zu allen möglichen Körpertherapeuten, zu denen, die dabei helfen, die Energie des Menschen wiederherzustellen. Wenn es wirkt, dann immer nur für kurze Zeit. Es gelingt ihr jedoch nicht, dies über eine Zeitspanne von Wochen und Monaten aufrechtzuerhalten. Sie kann dies nicht verstehen und deswegen strömen Tränen aus ihren Augen. Diejenige namens Catherine, diejenige, die zu unserer Familie gehört, diejenige, die wir im Grunde alle sind, sieht keinen Sinn mehr darin weiterzumachen. Es gibt Zeiten, in denen sie das Gefühl hat, sie könnte einfach nichts mehr tun, nicht einmal mehr ein Buch lesen, nicht einmal mehr fernsehen. Catherine glaubt, dass alle Empfindungen und Gefühle sie verlassen haben. Sie kann nicht einmal mehr die Energie der Hoffnung aufbringen.

Lasst uns hier einen Moment lang Catherines Geschichte unterbrechen und darüber sprechen, was derzeit mit vielen von Euch geschieht. Während Ihr Euch aus der alten Energie heraus- und in die neue Energie hineinbewegt, lasst ihr viele der Dinge los, die bisher zutiefst in Euch verwurzelt waren. Ihr lasst so viele der Dinge los, die Euch lieb und teuer waren. „Los-lassen" erzeugt eine Leere, ein Gefühl von Nichts. Sobald Catherine oder Ihr wieder zurückgeht, um zu versuchen all das, was ihr zuvor wusstet, erneut zu ergreifen und es der Neuen Energie hinzuzufügen, funktioniert dies einfach nicht. Das Alte und das Neue sind wie Öl und Wasser.

Wie wir es schon zuvor angemerkt haben, werdet Ihr physisch, emotional und spirituell immer sensitiver. Dennoch sind die sensitiven Energien noch nicht vollständig an Ort und Stelle; denn für diese Energien ist es schwierig ihren Platz einzunehmen, solange Ihr noch immer an Altem und Bekanntem festhaltet. Oh ja, tatsächlich wachen viele von Euch um drei Uhr morgens auf - und manche um vier - (Kichern) und fragen sich, wer sie eigentlich jetzt sind, fragen sich, was sie überhaupt hier machen.

Es gibt verschiedene Gründe, warum Ihr zu diesen Zeiten aufwacht. Zunächst einmal habt Ihr gerade eine Serie von „Träumen" beendet - die wir als „Wirklichkeiten" bezeichnen - in denen ihr in jene Zeit vor Eurer Ankunft auf der Erde zurückgereist seid, um die Konflikte der Dualität lösen zu helfen. Bei der Rückkehr von diesen Reisen habt Ihr oft das Gefühl, einen Alptraum oder manchmal immensen Stress gehabt zu haben, und das lässt Euch aufwachen. Und es kommt auch vor, dass wir Euch absichtlich aus diesen Träumen aufwecken, denn wir wissen, dass Ihr wenigstens ein paar Stunden Ruhe benötigt, bevor Ihr zur Arbeit geht!

Ihr wacht also um drei oder vier Uhr morgens auf und denkt über Euer Leben als Mensch nach, fragt Euch, wer Ihr seid, fragt Euch, auf welchem Weg es weitergeht. Für die meisten von Euch liegt die einzige Lösung, welche sie überhaupt finden können, im Loslassen, im Gehen-lassen, im Freilassen. Wir haben Euch sagen hören: „Ich weiß nicht, welchen Weg ich gehen soll. Ich weiß nicht, was als Nächstes zu tun ist. Ich weiß nicht mehr, was richtig und was falsch ist; darum befreie ich mich, ich gebe alles frei und lasse los." Und liebe Freunde, dies ist in der Tat die angemessenste Sache. Sobald Ihr loslasst, fallt Ihr nämlich direkt in die liebenden Hände dessen, wer Ihr wirklich seid, in die Hände Spirits, in die Hände (des) Gottes, der Ihr seid. Sobald Ihr loslasst, fallt Ihr nicht in eine Flammengrube; Ihr fallt nicht in einen Abgrund, obgleich Ihr Euch davor fürchtet. Ihr fallt in die liebenden Hände (des) Gottes, der Ihr seid.

Eure Entscheidungen werden von nun an anders aussehen. Ihr seid es gewohnt, täglich etwas zu entscheiden oder eine Wahl zu treffen. Im Allgemeinen konntet Ihr immer nur eine von drei Möglichkeiten wählen: Ihr konntet Euch links herum drehen, Ihr konntet Euch rechts herum drehen oder Ihr konntet Euch gar nicht bewegen. Ihr konntet ins Licht gehen, Ihr konntet in die Dunkelheit gehen oder genau dort bleiben, wo Ihr wart. Eure

Wahl bestand darin, entweder nach vorne oder nach hinten zu gehen oder Euch überhaupt nicht zu bewegen. Bis jetzt waren Eure Tage angefüllt mit den Entscheidungen dieser drei Möglichkeiten. Doch nun erscheint ein neuer Weg in Eurem Leben. Sobald Ihr loslasst, werdet Ihr ihn klar erkennen und Euch wundern, warum Ihr ihn nicht schon früher gesehen habt.

Denn in der Neuen Energie ist die Auswahl nicht mehr begrenzt auf Licht und Dunkelheit und Neutral; positiv, negativ oder neutral; links, rechts oder mittig. Es gibt eine gänzlich neue Auswahlpalette. Lasst es uns - ALLES - nennen, A-L-L-E-S. (*engl.:* ALL) Zudem wird Euch noch eine weitere Wahlmöglichkeit offen stehen, welche von einem Ort göttlichen Wissens stammt und Euch eine ganz neue Art von Auswahl ermöglicht. Sie beinhaltet ein Lösungskonzept, welches alle anderen übertrifft. Sie wird als eine Art „Wissen" zu Euch kommen. Ihr werdet nicht mehr über den Verstand entscheiden müssen, ob nun links, rechts oder mittig für Euch richtig ist.

Sie kommt von ganz oben zu Euch und wird ALLES sein, *ALLES, WAS IST.* Und sie wird sich für Euch überhaupt nicht wie eine Wahlmöglichkeit anfühlen; denn sie wird einfach ein „Wissen" sein, ein göttliches Wissen. Ihr werdet Euch einfach in diese Richtung bewegen. Und wenn Ihr dann zurückblickt, werdet Ihr erkennen, wie anstrengend es für Euch als ein Mensch in der alten Energie gewesen ist, Entscheidungen treffen zu müssen. ALLES wird sich satt, komplett und vollständig anfühlen. ALLES wird voller Liebe sein und die anderen Möglichkeiten, die Ihr zuvor hattet, werden Euch dagegen wie Teillösungen vorkommen.

Es wird einen neuen Weg geben, Entscheidungen zu treffen, doch bevor dies eintreten kann, wird noch etwas anderes geschehen. Etwas anderes wird noch in Euer Leben eintreten. Doch wenden wir uns jetzt erst wieder Catherine zu, die leise weinend dort sitzt und sich fragt, was sie als Nächstes tun soll, welche Richtung sie einschlagen soll. Genau in diesem Moment sitzt sie dort und fragt sich, ob sie sich nun nach links oder nach rechts wenden soll oder ob sie einfach dort bleiben soll, wo sie sich befindet. Sie glaubt, dies seien die einzigen Möglichkeiten in ihrem Leben. Denn bis jetzt hat sie ALLES noch nicht entdeckt. Sie hat dieses glühende, leuchtende Wissen noch nicht erkannt, welches über alle anderen Optionen herausragt. Sie hat ihren Blick noch nicht nach oben gerichtet. Und daher scheint Ihr Leben wirklich leer. Es kommt ihr tatsächlich vor wie ein einziger Kampf voller Schwierigkeiten, denn bisher hat sie ALLES noch nicht entdeckt.

Catherine erhebt sich jetzt von ihrem Platz in dem Inneren Raum ihres Neuen Hauses. Sie ist genauso frustriert wie zuvor oder vielleicht eher noch mehr, denn sie hatte wieder keine Antworten bekommen. Sie hatte so gehofft und gebetet, dass Spirit sich vor ihren Augen manifestieren würde. Und wenn schon nicht Spirit erreichbar sei, dachte sie, dann würde doch bestimmt Ich, Tobias, zu ihr kommen und ihr die Antworten geben! Doch wie Ihr ja wisst, meine lieben Freunde, ist dies weder angebracht noch angemessen.

Catherine steht also auf und verlässt ihren Inneren Raum. Sie beginnt durch ihr Neues Haus zu wandern. Und sie ist voller Erstaunen darüber, wie leer ihr Neues Haus ist, vor allem wenn man in Betracht zieht, wie lange sie dort schon wohnt! Oh, natürlich gibt es dort einen gewissen Ofen und Backbleche voller Themen, die auf der Theke in der Küche liegen. Doch in den anderen Räumen gibt es kaum Möbel. Natürlich ist hier überall dieses klare, leuchtende Glühen, doch bisher hat sie sich noch nicht damit verbunden. Natürlich hat sie schon diese bestimmte Schwingung gehört, besonders wenn sie wirklich etwas losgelassen hatte; dann hatte sie dieses Summen, diese leise Musik, diese Schwingung, von der Ich, Tobias, wohl mal erzählt hatte, vernommen, doch bisher hat sie sich noch nicht wirklich damit verbunden.

Catherine wandert also durch ihr Neues Haus, geht von Raum zu Raum und bittet Spirit darum, ihr endlich die Antworten zu geben; bittet ihre Geistführer inständig, doch wieder zu ihr zurückzukommen. Und obwohl sie genau weiß, dass diese längst abgereist sind, versucht sie mit ihnen zu verhandeln. Sie verspricht, zukünftig netter zu ihnen zu sein und auch aufzuhören, sie um so viele Gefallen zu bitten; wenn sie doch nur zu ihr zurückkommen würden! So streift sie durch ihr Neues Haus und fühlt sich sehr traurig und sehr allein. Schließlich entscheidet sie sich dazu, nach draußen zu gehen und einen langen Spaziergang zu machen. Denn möglicherweise ist ja etwas außerhalb ihres Neuen Hauses, was sie verpasst hat, irgendwo in der Dualität, im täglichen Leben und draußen auf den Straßen. Bestimmt hat sie dort einen entscheidenden Hinweis übersehen, möglicherweise ist dort ein Mensch, der eine Nachricht für sie hat!

Als sie sich so zurück Richtung Haustür begibt, nimmt sie auf einmal in ihrem Augenwinkel ein funkelndes Licht wahr. Irgendetwas lenkt Catherines Aufmerksamkeit auf sich und hält sie nun von ihrem weiteren Vorhaben ab. Und diesmal blickt sie nicht nach links oder nach rechts oder dorthin, worauf ihr Blick ohnehin gerichtet war, sondern zurück in ihr Neues Haus und durch all diese Dinge hindurch. Und sie schaut direkt in ALLES, in diese neue Dimension, die nun endlich ihre menschliche Dimension berührt. Und dort sieht sie etwas, von dem sie nicht fassen kann, wie sie es bisher übersehen konnte; denn seitdem sie ihr Neues Haus zum ersten Mal betreten hatte, war es schon dort gewesen. Da, auf dem Tisch in einer Vase steht eine ROSE aus KRISTALL.

Wir haben Euch dies schon in einer vorherigen Lektion berichtet (in Lektion neun, *„Das Neue Camelot," aus Die Neue Erde-Serie, April 2000; AdÜ: bisher noch nicht als Buch erschienen).* Wir sagten Euch, sobald Ihr Euer Neues Haus zum ersten Mal betretet, würdet Ihr dort nur einen einzigen Gegenstand vorfinden und das sei eine Rose aus Kristall. Wir erzählten Euch zudem, dass diese Kristallrose eine Frucht hervorbringen werde. Sie werde im Gegensatz zu allen anderen Rosen, die Ihr kennt, eine Frucht entwickeln.

Catherine also richtete ihre Aufmerksamkeit durch ihre Realität hindurch auf das ALLES. Und als sie sich so der Rose näherte, überkam sie einfach ein tiefes Wissen. In diesem Augenblick kämpfte sie nicht mehr mit der Frage: „Was soll ich mit der Rose anfangen?", denn sie schaute auf (das) ALLES. Sie richtete ihren Blick über diese offensichtlichen Optionen hinaus, welche da waren: soll ich die Rose berühren, soll ich die Rose nicht berühren oder soll ich lieber gar nichts tun? Sie schaute auf das ALLES und in diesem Bewusstsein wusste sie einfach, was sie zu tun hatte. Sie gestattete ihrem menschlichen Intellekt nicht länger, den regulären Prozess der Dualität, also des Kämpfens mit Entscheidungen, zu durchlaufen. Sie wusste nun einfach intuitiv, dass die Zeit gekommen war, die Frucht der Rose an sich zu nehmen, sie zu empfangen, sie in den Mund zu nehmen und sie zu verdauen, um sie somit ganz in ihr Wesen, in ihr Sein aufzunehmen und zu integrieren.

Liebe Freunde, die Frucht der Rose - das ist Eure Passion, Eure Leidenschaftlichkeit in der Neuen Energie! LEKTION ACHT - EMPFANGE DIE FRUCHT DER ROSE. Nimm die Frucht der Rose in Empfang. Denn sie ist jene Leidenschaftlichkeit, die Ihr damals im Innersten versteckt und vergraben habt, als Ihr von Zuhause weggegangen seid. Sie ist jene Passion, die Ihr vergessen und zurückgelassen habt, als Ihr an diesen Ort namens Erde gekommen seid. Sie ist jene Art von Leidenschaft, die Ihr im Königreich, im Ersten Schöpfungskreis, noch besessen habt. Ihr habt sie noch mit Euch durch die Feuerwand getragen. Doch seitdem war sie ständig vor Euch verborgen.

Auf der Erde dann wurde Eure „göttliche Leidenschaft“ durch etwas ersetzt, was Ihr als das „menschliche Ego“ bezeichnet. Darauf habt Ihr Euer Leben aufgebaut. Eure Leidenschaft wurde so ein Teil Eurer menschlichen Natur, die sich fortan auf andere Menschen, auf das Essen, auf bestimmte Arbeiten und Euren kreativen Ausdruck auf der Erde ausrichtete. Doch all diese Leidenschaften basierten letztendlich auf Euren menschlichen Voraussetzungen und Bedingungen und nicht auf Eurem Geburtsrecht als ein spirituelles Wesen!

Sobald Ihr die Frucht der Rose empfangt, bringt sie Euch Eure göttliche Passion zurück. Denn was hatte Catherine so vermisst, als sie schluchzend in ihrem Inneren Raum saß? Warum fühlte sie solch eine Leere und Verlassenheit in sich? Weil sie all ihre alten menschlichen Leidenschaften losgelassen hatte, all diese unvollständigen Leidenschaften. Und nun war nichts mehr übrig geblieben, nichts, was noch aus ihrem Inneren, was aus ihrem Herzen kam. Lediglich diese Leere.

Meine lieben Freunde, als Ihr auf die Erde und in Eure Biologie gekommen seid, als Ihr in Euren Körper hinabgestiegen seid, habt Ihr Euch selbst sogar in noch weitere Teile zerbrochen, jene Teile, die Ihr als Chakren bezeichnet. Sieben davon habt Ihr in Eurer menschlichen Biologie und weitere fünf in Eurem ätherischen Körper.

Und wie wir schon erwähnten, all diese (12) kommen jetzt wieder zusammen und verschmelzen nun zu einem einzigen Chakra. Sie kommen zusammen in einem einzigen Chakra, dem „Vereinten Chakra".

Sobald Ihr die Frucht der Rose in Empfang nehmt, kommt damit jene Leidenschaftlichkeit, jene Passion zurück, die in Euch versteckt und vergraben war. Ihr werdet spüren, wie sich die Energie Eures Körpers erneuert. Ihr werdet fühlen, wie sich Sinn und Zweck Eures Lebens erneuern. Ihr werdet fühlen, wie sich die Absicht und die Ausrichtung Eures Lebens erneuern! Und Ihr werdet dieses wichtige Element der göttlichen Leidenschaft wieder in Euer Wesen integrieren. Denn die alten, in sich unvollständigen Leidenschaften des Menschen, die auf dem menschlichen „Ego" basierten, sie verabschieden sich nun. Darum fühlte sich Catherine so unvollständig. Sobald Ihr die Frucht der Rose in Eurem Wesen empfangt, wird dies eine derartige Leidenschaftlichkeit in Euch entzünden, die wir nicht einmal beschreiben können, da sie nicht in menschliche Worte gefasst werden kann. Sie basiert auf einer Energie, die Ihr derzeit noch nicht gewohnt seid. Diese Erfahrung werdet Ihr ganz allein machen und sie wird Euch zutiefst erfüllen. Ihr werdet ein neues Glühen in Eurem Inneren wahrnehmen und es wird aus Euch herausstrahlen. Es wird ganz anders sein als alles, was Ihr je zuvor erfahren habt. Denn der menschliche Geist ist nicht in der Lage, sie aus sich heraus zu erschaffen, und auch das „Ego" kann sie nicht erzeugen. Für all diejenigen, die möglicherweise meinen, sie auf der menschlichen Ebene kontrollieren zu können - dies wird nicht funktionieren. Sie befindet sich in diesem Ort (Zustand) des ALLES und sie ist für einen jeden von Euch verfügbar.

Die Worte dieser Lektion acht sind sehr sorgfältig gewählt. Wir bitten Dich diese Energie in Empfang zu nehmen. Wir wissen, dass Ihr als Shaumbra oft Schwierigkeiten damit habt, etwas anzunehmen! Ihr habt ständig das Gefühl, alles von Grund auf selber erschaffen und Euch durch alles selbst hindurchkämpfen zu müssen. Doch nun befindet sich hier ein Geschenk und es gehört Euch. Es bleibt in Eurem Neuen Haus und es ist für Euch bestimmt. Nehmt es in Empfang, denn es ist Eure spirituelle, göttliche Leidenschaft. Sie wird eine Erneuerung mit sich bringen, jedoch wird diese Erneuerung an anderen Stellen vorkommen, als Ihr es bisher gewohnt wart.

Liebe Freunde, Ihr verändert Euch. Ihr könnt nicht auf den alten Fundamenten der alten Energie aufbauen. Schritt für Schritt begebt Ihr Euch in die Neue Energie. Bringt daher jene Leidenschaftlichkeit, jene Passion zur Entfaltung, welche Ihr noch aus dem Königreich in Eurem Inneren tragt.

Leidenschaft ist Ausdruck der Liebe - sich zeigende Liebeskraft. Leidenschaft ist Liebe, die sich offenbart. LEIDENSCHAFT IST LIEBE, DIE SICH OFFENBART. Leidenschaft ist etwas, was Ihr die ganze Zeit über besessen hattet, denn Ihr habt Euch schon von jeher ins außen gerichtet. Jack war von jeher ein äußerer Ausdruck; Spirit drückte sich immer nach außen *(im außen)* aus, bis Teile von Euch sich in den Kokon einhüllten. Als Ihr Euer Zuhause verlassen habt, verstecktet Ihr diese Leidenschaft tief in Eurem Sein, wissend, dass Ihr sie zur angemessenen Zeit wieder hervorbringen würdet.

Ihr kreiertet die Dualität sowie eine Form spiritueller Amnesie (Gedächtnisverlust). Eure wahre Passion, Eure göttliche Leidenschaft habt Ihr somit gleichfalls zurückgelassen. Eure Leben auf der Erde habt Ihr auf Eure Wünsche, Bedürfnisse und menschlichen Leidenschaften ausgerichtet, die jedoch im Vergleich mit Eurer göttlichen Leidenschaftlichkeit unvollkommen sind.

Nun, wie Ihr wisst, hat die Rose, die für die Offenbarung der Liebe steht, auch Dornen. Liebe Freunde, solltet Ihr versuchen diese Leidenschaftlichkeit mit Eurer alten Energie, auf Eure alte menschliche Art und Weise beherrschen und kontrollieren zu wollen, wird es weh tun. Dafür sind Dornen eben da. Solltet Ihr versuchen diese neue Passion dafür nutzen zu wollen, Eure alten menschlichen Energiewege wieder zu beleben, wird es wehtun. Diese Passion und jene Liebe, die sich darin offenbart, ist ausschließlich für die Neue Energie kreiert.

Solltet Ihr Fragen bezüglich der angemessenen Nutzung Eurer neuen Leidenschaftlichkeit haben, dann sucht in dem ALLES nach der Antwort. Sucht die Antwort an jenem Ort, der jenseits der Dualität liegt. Falls Ihr Euch nicht so sicher seid, dann setzt Euch einfach in Euren stillen göttlichen Moment. Und die Antwort wird zu Euch kommen. Ihr werdet diese Antwort als ein inneres Wissen bekommen, welches Eure neue Leidenschaft entzünden hilft und Euch letztendlich auf die neuen Wege des Erschaffens führt.

Lektion acht - Empfange die Frucht der Rose. Nehmt diese Leidenschaft in Euch auf, die schon von jeher die Eure war, jene Leidenschaftlichkeit, die Euer Leben erneuern wird. Sollten Eure Erwartungen darin bestehen, einfach Euer altes Selbst noch größer, stärker und machtvoller zu machen, dann werden Euch die Dornen der Rose daran erinnern, dass dies weder angebracht noch angemessen ist! Eure Leidenschaftlichkeit wird Euer Treibstoff, Euer Kraftstoff in der Neuen Energie sein. Sie wird für Euch und für Catherine eine Erneuerung mit sich bringen und ihrem Leben einen derartigen Sinn, eine derartige Erfüllung verleihen, wie sie es noch in keiner ihrer bisherigen Inkarnationen erfahren hat.

Diese Lektion ist einfach. Sie beinhaltet nur wenig Hausaufgaben, liebe Freunde, außer der, eine passende Zeit der Stille zu finden, in der Du Dich der Eingangstür Deines neuen Hauses näherst, um die Schwingung der Vase mit jener Kristallrose wahrzunehmen und zu fühlen. Und dann, sobald Du bereit bist, wenn das ALLES Dich führt und (ge)leitet, nimm einfach von dieser Frucht und empfange sie in Deinem Innersten. Dies wird eine neue Runde physischer Veränderungen innerhalb Eures Seins einläuten, von denen einige möglicherweise etwas unbehaglich sein können, jedoch nur kurze Zeit andauern werden. Die Sensitivität Eures Körpers und Eures energetischen Fühlens wird erhöht und zudem werdet Ihr bemerken, wie Ihr mehr und mehr das sehen (und wahrnehmen) werdet, was sich hinter dem Offensichtlichen verbirgt.

Wenn wir den Ausdruck „sehen" benutzen - Cauldre bittet uns, dies näher zu erklären -, bezieht sich das auf Euer Wahrnehmungsvermögen. Einige mögen mit ihren Augen „dahinter" sehen. Andere mögen aus ihrem „Vereinten Chakra" heraus „dahinter" sehen. Wieder andere mögen es ganz einfach intuitiv wissen. Doch Ihr werdet beginnen über das, was Ihr zuvor gesehen habt, hinaus zu „schauen". Ihr werdet dies zunehmend erfahren. Noch einmal: seid nicht überrascht, sollte sich die Sensitivität Eures Körpers eine Zeit lang erhöhen, er bemüht sich lediglich darum, sich an die Neue Energie zu gewöhnen. Dies alles sind Prozesse und Veränderungen, durch die Ihr hindurchgeht.

Lektion acht - Empfange die Frucht der Rose. Der Tag wird kommen, an dem Ihr andere Menschen, die an Eure Tür kommen, unterrichten werdet. Der Tag wird kommen, an dem Ihr ihnen diese Lektion erklärt. Und sie wird ihnen so einfach erscheinen. Dennoch werden sie sie nicht ergreifen können! Sie werden sich wundern, worüber Ihr da eigentlich sprecht! Sie werden sich wundern über all diese Metaphern von Kristallrosen, Früchten, Dornen, Leidenschaften und Passionen. Und mit einem breiten Lächeln auf Eurem Gesicht werdet Ihr wissen, was sie meinen, denn auch Ihr habt einmal in diesem Raum gesessen und „es nicht greifen können" und ebenso habt Ihr doch auch erfahren, wie diese neue Leidenschaftlichkeit in Euer Sein gekommen ist.

Liebe Freunde, es ist uns eine Ehre, diese Zeit und diesen Raum gemeinsam mit Euch zu teilen. Wir geben Euch hiermit eine sehr einfache, doch auch höchst machtvolle Lektion an die Hand. Sie ist eine der Schlüssellektionen dieser Serie, denn wie solltet Ihr ohne Eure göttliche Leidenschaft in der Neuen Energie erschaffen können? Letztendlich wird sie Euch dabei helfen ein Lehrer derjenigen zu sein, die sich in die Neue Energie hineinbewegen werden.

Du gehst derzeit wahrhaftig durch viele, viele Veränderungen hindurch.Verstehe bitte, dass dies einfach ein Teil des Prozesses ist. Währenddessen arbeiten so sehr viele Wesenheiten von unserer Seite des Schleiers mit Dir. Doch letztendlich liegt es bei Dir.

Wir lieben Dich so sehr und von ganzem Herzen für alles, was Du tust. Jene, die für diese Lektion in den Zweiten Kreis hinzugekommen sind - diejenigen, die im Moment zu Deinem Leben gehören und die auch schon in der Vergangenheit um Dich waren - sie danken Dir für all das, was Du tust. Sie werden unter den Ersten sein, die Dich als ein Lehrender aufsuchen werden (in welcher Form auch immer). Sie lieben Dich inniglich. Liebe Freunde, Ihr seid niemals allein.

Und so ist es.

****

„Du kannst Dir das Potenzial von morgen nicht in Deinem Bewusstsein von heute vorstellen.“

****

Lektion Neun

Tanze mit allem, was vor Deiner Tür steht

Und so ist es liebe Freunde, Shaumbra und Lehrer, dass wir wieder einmal zusammenfinden in unserem Kreis, in unserem Ort der Liebe. Wir danken Euch, Shaumbra, dass Ihr uns in diesem Raum willkommen heißt und uns eingeladen habt in Eure Runde. Heute gibt es vieles, über das wir sprechen möchten, vieles, über das wir berichten möchten. Es handelt sich dabei um eine neue Information, die bewirken wird, dass Ihr die Art und Weise, wie Ihr in der Vergangenheit mit den Dingen umgegangen seid, überdenken werdet; die bewirken wird, dass Ihr überdenken werdet, wer Ihr seid und was es für Euch bedeutet, ein wahrer Schöpfer zu sein.

Wir bitten Euch nun, Euer Herz und Euer Sein weit zu öffnen, während all die Engel und Wesenheiten in diesen Raum hereinfluten, um Euch bei Lektion neun der Schöpfer-Serie Gesellschaft zu leisten. Sie möchten bei diesen Ersten sein, die in die Neue Energie wechseln, bei Euch, den Lehrenden. Denn Ihr habt zugestimmt, die Ersten zu sein, die sich in diesen neuen Raum (*space*), in diese neue Dimension hineinbewegen; Ihr habt zugestimmt, die Lehrer anderer Menschen zu sein.

Wie wir Euch schon früher sagten, nicht Cauldre channelt Tobias oder jene des Crimson Councils, sondern Ich, Tobias, bin es, der Euch channelt durch Cauldre. Wir channeln Euch! Wir nehmen all Eure Erfahrungen, Energien, Gedanken und Träume und channeln sie dann an

Euch zurück. Es gibt wirklich nur sehr wenige Dinge, die wir während unserer gemeinsamen Zeiten berichten werden, die völlig neu für Euch sind. Da wir in der Tat Euch channeln, sollte es so sein, dass unsere Worte eine Resonanz in Eurem Wesen, in Eurem Sein hervorrufen. Wir nehmen all Euer Wissen sowie all Eure Erkenntnisse und päsentieren sie Euch einfach aus einem anderen Blickwinkel. In dieser Aussage ist noch so viel mehr enthalten (*als es gerade den Anschein hat*), was Ihr jedoch in dem Maße verstehen werdet, wie Ihr zu Eurer eigenen Göttlichkeit erwacht. Wir channeln Euch und es ist uns solch ein Vergnügen und solch eine Freude, dass Ihr uns hierher eingeladen habt, um an all dem teilhaben zu können.

Nehmt Euch jetzt ein paar Minuten Zeit, liebe Freunde, und atmet tief. Atmet tief bis in den Kern Eures Seins hinein. Atmet diese Liebe, die wir Euch bringen, ein. Atmet diese Ehrerbietung ein. Atmet diese Energie Eurer Freunde ein, Eurer Shaumbra-Familie, die hereingeflutet kommt, um während dieser Lektion neben Euch zu sitzen. Atmet tief ein. Nehmt diese Energie in Euch auf, die extra gekommen ist, um jetzt bei Euch zu sein.

Lasst Euch ehren für Eure Reise. Lasst Euch ehren für Euren Eintritt in diese Neue Energie, dafür, dass Ihr den Schwingungswechsel, den Übergang weiterhin durchlebt. Dafür, dass Ihr so viele Dinge aus Eurem Leben losgelassen habt und es so erst möglich gemacht habt, hier zu sein. Es so erst möglich gemacht habt, die Lehrenden der Neuen Energie zu werden.

Wir wissen, dass es unter Euch einige zaghafte und befangene Familienmitglieder gibt, die sich dieses Augenblicks nicht wert fühlen, so als würden sie diese großartige Liebe, die hier anwesend ist, gar nicht verdienen. Weißt Du, wir sehen Dich und wir lächeln Dich an. Wir kennen Dich gut, denn Du bist Familie trotz der Tatsache, dass es für Dich schwer sein mag, dies anzunehmen. Ihr seid die Zaghaften, die Stillen, die diese brennende Leidenschaft im Wesensinneren fühlen. Viele Fragen gehen durch Euren Kopf. Ihr wisst, dass etwas vor sich geht, dennoch steht Ihr noch in der Ecke. Ihr seid Euch nicht ganz sicher, warum Spirit, Tobias oder der Crimson Council Euch ehren und zu Euren Füßen knien sollten, so wie wir es gerade tun. Lasst Euch Zeit, Ihr Zaghaften, Ihr Stillen, Ihr, die Ihr nicht so sicher seid, lasst Euch Zeit. Ihr werdet wissen, wann es so weit ist, nach vorne zu gehen. Ihr werdet wissen, wann es an der Zeit ist, unerschrocken und mutig das zu sagen, was Ihr zu sagen habt und in der Neuen Energie aktiv zu werden.

Und bis dahin akzeptiert und nehmt das Lächeln und diese Liebe an, die wir für Euch empfinden. Akzeptiert, dass wir Euch ehren. Ihr werdet geehrt, weil Euer Weg lang und voller Erfahrungen war. Wir wissen, was Ihr getan habt. Wir haben es gesehen. Wir haben es gefühlt. Alles wurde aufgezeichnet. Ihr Zaghaften, Ihr Schüchternen, Ihr Stillen, bald wird die Zeit kommen, in der Ihr Eure innere Göttlichkeit annehmen werdet. Ihr seid wahrhaft genauso außergewöhnlich und geliebt wie jeder andere, der sich mit diesen Informationen verbindet. Wir sehen Euer leuchtendes Herz und wir sprechen zu Euch.

Jedes Mal sind geladene Gäste anwesend, die sich mit uns für die jeweilige Lektion verbinden. Sie kommen, um an diesem wunderbaren Ereignis teilzuhaben. Sie kommen, um zu beobachten, um zu sehen, was es für einen Menschen bedeutet, in seiner Göttlichkeit zu wandeln. Auf unserer Seite gibt es sehr, sehr viele Wesenheiten, die ganz gespannt und neugierig sind, die regelrecht Schlange stehen und darauf warten, hierher kommen zu können. Heute ist im Zweiten Kreis eine besondere Gruppe geladener Gäste anwesend, welche uns während dieser Lektion besucht.

Ihr, die Menschen, sitzt im Ersten Kreis. Dann gibt es jene, die als Beobachter herkommen, um neben Euch zu stehen, um Euch zu ehren, um mit Euch ein Lächeln und manche Tränen zu teilen. Sie befinden sich im Zweiten Kreis. Innerhalb der letzten Augenblicke sind sie hereingekommen und haben ihren Platz neben Euch eingenommen.

Wusstet Ihr, dass, wann immer wir uns hier so wie jetzt versammeln, gemeinsam eine Neue Energie erschaffen wird, eine neue Dimension? Diese ist weder irdisch noch befindet sie sich auf unserer Ebene. Es ist vielmehr eine ganz neue Dimension der Göttlichkeit. Genau diese wird erschaffen, sobald Ihr Euer Herz öffnet, sobald Ihr jene, die sich nicht in einem physischen Körper befinden, willkommen heißt. Und genau das geschieht hier in diesem Moment.

Diejenigen, welche sich während dieser Lektion im Zweiten Kreis befinden, haben ein besonderes Interesse an Euch und Eurer Reise. Sie möchten Euch ermutigen, Eure Reise in die Neue Energie fortzusetzen, um ein Lehrer für andere sein zu können. Ihr „Geist“ besucht Euch, weil sie Euch ebenso wie all die anderen hier, versichern möchten, dass Ihr auf dem richtigen Weg seid. Während der kommenden Monate und Jahre Eures Lebens werden sie wieder zu Euch kommen. Sie werden dann vor Euch sitzen und Euch von Mensch zu Mensch begegnen.

Die Besucher des Zweiten Kreises sind heute jene, die Eure zukünftigen Schüler sein werden. Sie werden zu Euch kommen, um zu lernen und zu heilen. Sie werden auf seltsame und mysteriöse Art und Weise bei Euch auftauchen und noch nicht einmal wissen, wie sie dorthin gelangt sind. Doch sie werden Euch aufsuchen. Denn sie werden die Weisheit eines Menschen sehen, fühlen und spüren, der den Weg bereits gegangen ist, der seine Göttlichkeit akzeptiert und angenommen hat, der in die Neue Energie eingegangen ist und nun aus dieser Dimension, aus dieser neuen Schwingung heraus arbeitet. Sie sind diejenigen, die demnächst von der alten in die Neue Energie hinüberwechseln werden. Und sie werden einen Menschen brauchen, der sie begleitet. Sie werden einen Menschen brauchen, der die Kluft vom Alten in das Neue bereits überwunden hat, um ihnen zu versichern und zu zeigen, dass dies möglich ist.

Dabei ist interessant, dass Ihr auch schon in der Vergangenheit ihre Lehrer gewesen seid. Ihr habt in anderen Leben auch schon mit ihnen in Tempeln, Kirchen und Klassenzimmern gesessen; Ihr seid ihre Lehrer gewesen. Dies wird also weder für Euch noch für sie eine vollkommen neue Erfahrung sein, denn Ihr habt dies früher schon einmal durchgespielt.

Sie wussten, dass Ihr unter den Ersten sein würdet, die in die Neue Energie hineingehen. Darum erhoben sie ihre Hand, meldeten sich und sagten: „Sobald Du es geschafft hast, sei bitte mein Lehrer. Sei Du bitte derjenige, der mir zeigt, wie ich lernen kann, meinen Körper und meine Gefühle zu heilen, der mir zeigt, wie ich lernen kann, meinen Geist (*Spirit*) zu lieben.“

Unsere Besucher haben einen guten Grund, hier zu sein. Sie haben einen guten Grund, Euch weiter anzufeuern, indem sie Euch zujubeln. Denn sie wussten, wie schwierig es sein würde, unter den Ersten zu sein. Sie wussten, dass es möglicherweise bedeuten würde, all das aufzugeben, was Euch lieb und teuer war: Eure Familie, Eure berufliche Karriere, Eure Gesundheit und sogar Eure eigene Sichtweise auf Euch selbst. Sie wussten, es würde eine große Herausforderung sein. Und darum haben sie auch nicht ihre Hand erhoben, als es darum ging, wer unter den Ersten sein würde! (Kichern) Doch sie wussten, dass Du ein guter Lehrer sein würdest. Sie kommen heute hierher und wissen, dass Ihr diese Lektionen durcharbeitet, und sie wissen, dass Ihr in Eurem Leben schon viele Erfahrungen im Loslassen, im Annehmen und mit der Ermächtigung gemacht habt.

Die Besucher haben große Ehrfurcht vor dem, was Ihr hier tut, ebenso wie wir. Eure Arbeit ist so unglaublich, so voller Kraft und Macht. Ihr vollbringt sie und erweist damit Spirit und dem ALLES, WAS IST den denkbar größten Dienst. Und dennoch, Ihr selbst erkennt es nicht! Und dennoch erkennt Ihr selber nicht, wer Ihr seid oder welche Auswirkungen Ihr auf die Menschen in Eurer Umgebung habt. Und dennoch erkennt Ihr nicht, wie sehr Ihr Eure Erde und das Bewusstsein dieses Planeten beeinflusst. Und dennoch erkennt Ihr nicht, wie sehr Ihr Euer Universum verändert und vor allem jenen Ort, den wir „Zuhause" nennen. Alles, was Ihr heute, morgen und in den folgenden Tagen tut, verändert sämtliche Dinge um Euch herum. Doch in Wirklichkeit verändert es die ursprüngliche Essenz des Königreiches, aus dem Ihr stammt.

Wir haben schon viel über die Reise des Prinzen Jack gesprochen, Eure Reise. Wir haben darüber gesprochen, wie Ihr hierher zur Erde gekommen seid, um zu vergessen, wer Ihr bisher gewesen wart. Eure Gedanken, Taten und Handlungen verändern tatsächlich die ursprüngliche Beschaffenheit des Königreiches.

Ihr könnt diese Kraft und Macht Eurer Arbeit noch nicht erkennen. Ihr glaubt, dass Ihr lediglich ein Leben in diesem Körper verbringt und Euch Tag für Tag bemüht, es irgendwie hinzubekommen. Doch in Wahrheit verändert Ihr die Natur von Zuhause. Dafür ehren wir Euch so sehr. Dafür danken wir Euch. Und wie gesagt, eines Tages werden wir alle gemeinsam feiern und lachen. Sobald Ihr in der Lage sein werdet, Eure spirituellen Augen zu öffnen, werdet Ihr erkennen können, welche Auswirkung Euer Tun auf die ganze Schöpfung hatte, nicht nur auf dieses Universum, in dem Ihr lebt, sondern auf die gesamte Schöpfung.

Schon des Öfteren wurde uns die Frage gestellt: „Kehre ich zwischen den Leben nach Hause zurück?“ Die Antwort ist: „Nein“. Doch Ihr kehrt an einen Ort zurück, der die Merkmale von Zuhause besitzt. Er ist erfüllt von Eurer Familie. Er ist erfüllt von Engeln, die Euch dabei helfen, Euch erneut auszurichten, nachdem Ihr Euren physischen Körper verlassen habt. Sie helfen Euch dabei, Eure nächste Zeit auf der Erde vorzubereiten. Doch handelt es sich hierbei nicht um jene Heimat, die Ihr einst gekannt habt. Solltet Ihr dorthin zurückkehren, würdet Ihr niemals wieder zur Erde kommen, denn das würdet Ihr dann als zu schwierig empfinden. Des Weiteren, liebe Freunde, wenn Ihr jetzt nach Hause zurückkehren würdet, zurück ins Königreich - Ihr würdet es nicht wieder erkennen. Diese Arbeit, die Ihr und all die anderen menschlichen Engel vollbracht habt, sie hat die ursprüngliche Natur, die Urschwingung und insbesondere die Tiefe des Königreiches, aus dem Ihr stammt, vollkommen verändert.

Die Zeit wird kommen, in der Euch alle Erinnerungen Eurer gesamten Reise zugänglich sein werden, in der Ihr Euch an Eure ganze Reise erinnern werdet. Es wird wie eine Art Bibliothek sein, die Euch dann vollständig zugänglich ist. Wenn es um das Thema „Nach-Hause-Zurückkehren“ geht, kennen wir Euch nur allzu gut! Wir wissen, dass Ihr die Abenteurer seid. Sobald Ihr in die Neue Energie wechselt und den „Quad-Sprung“ (*Quantensprung*) in die Energie der Vier vollzogen habt, werdet Ihr weitere Unternehmungen starten wollen, um neue Dimensionen und neue Orte zu erschaffen. Eure Füße werden niemals stillstehen. Und wenn Ihr zu neuen Unternehmungen aufbrecht, werden wir direkt neben Euch stehen, denn schon immer waren wir bei Euch.

Liebe Freunde, dieser Raum ist jetzt in stimmiger Weise ausgerichtet, voller Wesenheiten, die Schlange stehen, um mit Euch zu arbeiten. Ihr werdet Ihnen viel zu geben haben. Oh, sie werden sich Euch in mancherlei Weise widersetzen, genauso wie Ihr Euch in vielen Dingen Tobias widersetzt. (Kichern) Zuweilen werden sie Euch verfluchen, doch sie haben die tiefste

Liebe und den größten Respekt vor Euch. Sie füllen nun zunehmend diesen Raum und schauen erwartungsvoll der Zeit entgegen, in der Ihr Eure neue Rolle als ein Lehrer des Göttlichen akzeptiert und annehmt.

Ihr Zaghaften, Ihr Schüchternen, auch zu Euch sprechen wir. Ihr seid ebenso auf dem Weg wie jeder andere hier. Es ist einfach nur so, dass Ihr Euch entschieden habt, einen Schritt weiter hinten zu stehen. Ihr arbeitet gleichfalls hart, Ihr geht ebenso sehr durch Eure Themen und Ihr seid genauso wertvoll wie jeder andere hier. Ihr lieben Schüchternen und Stillen, wir sprechen mit der Energie dieses Channelings vor allem Euch an. Unsere Besucher sind hierher gekommen, um Euch an Eure vergangenen Leben, die Ihr miteinander verbracht habt, zu erinnern. Sie kommen zu Euch in tiefem Respekt vor dieser neuen Arbeit, die Ihr zusammen vollbringen werdet.

Sie sagen Euch: „Oh, lieber Lehrender, nimm bitte diese Rolle an, die Dich erwartet. Akzeptiere den Stuhl der Ehre, der Dich erwartet, den Stuhl eines Lehrers der Neuen Energie." Sie schauen schon erwartungsvoll jener Zeit entgegen, wenn sie erneut von Euch lernen werden. Sie wissen, dass es Zeiten gibt, in denen Ihr Euch selbst nicht vertraut, doch bitten sie Euch darum, Eure Reise fortzusetzen. Sie bitten Euch, die Worte und die Energie dieser Lektion in Euch aufzunehmen, denn sie wird ein wichtiges Element für Euren Übergang in das Neue sein. Sie bedanken sich nun bei Euch und nehmen wieder ihren Platz im Zweiten Kreis ein, während wir jetzt mit dieser Lektion weitermachen.

* * * *

Noch bevor Ihr zur Erde gekommen seid, galt es viele Vorbereitungen zu treffen. Eure Energie wurde zur Biologie; Ihr nahmt eine physische Form an. Diese Vorbereitungen benötigten Äonen von Zeit. Doch noch bevor Ihr in physischer Gestalt zur Erde gekommen seid, besuchtet Ihr sie im Geiste (*in Spirit)*, in dieser Lichtform, die Ihr zu jener Zeit noch gewesen seid. Während das Universum Strukturen anzunehmen begann, seid Ihr in Eurem Lichtkörper zur Erde gereist, um Euch den Eigenschaften dieses Planeten anzupassen, Euch also an die Dimension der „Zwei", die in der Materie zum Ausdruck kam, zu gewöhnen.

Diese Besuche auf der Erde waren notwendig für Euch und sie erfolgten über einen längeren Zeitraum. Ihr reistet noch in Eurem Lichtkörper, denn Ihr hattet Euer Sein erst an diese neue, langsam schwingende Energie der Erde anzupassen. Um Euch einem physischen Körper anzupassen, hattet Ihr Euch erst darauf einzustellen, sehr langsam zu schwingen.

Als Ihr anfänglich zur Erde gekommen seid, war diese quasi noch ein unfruchtbarer Ort. Ihr kamt hierher, um den Samen Eurer Energie in diesen Planeten zu pflanzen und Euch auf die Dualität eines langsamer schwingenden Zustandes einzustellen. Ihr kamt hierher, um Euer Bewusstsein und Eure Energie in die Erde selbst hineinzugeben.

Als die Essenz des Lebens auf der Erde Form anzunehmen begann, platziertet Ihr Eure Schwingung in die allerkleinsten Lebensformen hinein, um zu erfahren, wie es ist, in einen lebendigen Organismus dieser Erde hineingeboren zu werden. Zeitalter für Zeitalter gabt Ihr Eure Energie in immer höher entwickelte Lebensformen hinein, welche sich auf Eurer Erde entfalteten. Dies alles erstreckte sich über einen sehr langen Zeitraum, doch aus der Position Eurer damaligen Dimension, aus der heraus Ihr tätig wart, dauerte es im Grunde gar nicht so lange.

Als besonders angenehm habt Ihr es empfunden, Euch selbst in das Element Wasser hineinzuplatzieren, da Eure Schwingung der des Wassers ähnelte und Ihr es nicht als so rau und herb empfandet wie das feste Land. Ihr habt viel Zeit damit verbracht, jene Lebensformen des Wassers, die sich zunehmend auf Eurem Planeten entwickelten, mit Eurer Energie zu befruchten. Zu Euren liebsten Lebensformen des Wasserelementes zählten die Wale, die Tümmler und die Delfine. Ihr verbrachtet sehr viel Zeit damit, diese neuen Lebensformen zu erfahren, denn Ihr liebtet diese Energie sehr. Ihr liebtet die Verspieltheit und Ihr liebtet die Fähigkeit, Euch in diesen physischen Körpern auszudrücken und zu erleben. Bis auf den heutigen Tag besitzt Ihr eine tiefe Affinität (*Zugehörigkeit, Verwandschaft*) zu diesen Wesenheiten.

Versteht dies richtig: Ihr seid es gewesen. Ihr und all die anderen Engel, Ihr seid es gewesen, die diesen Planeten mit Ihrer Energie befruchteten. Ihr verwandeltet einen an sich toten Felsbrocken in einen lebendigen Organismus, in Gaia. In Euren Lichtkörpern kamt Ihr hierher und habt der Erde jene Energiemuster eingegeben, welche diese in eine dynamisch lebendige und wachsende Kraft verwandelten. Gaia - das seid Ihr, denn Ihr seid einstmals hierher gekommen und habt ihr Eure energetischen Samen eingepflanzt. All die Ozeane und Seen - das seid Ihr, denn darin seid Ihr schon geschwommen, noch lange bevor Ihr je einen physischen Körper angenommen hattet. All die Bäume, Blumen und Pflanzen, die Euch ernähren - Ihr seid es selbst.

Denn Ihr habt all die Strukturen und Muster, die Architektur und das Saatgut genau dieses Planeten kreiert und erschaffen. Gaia ist ein lebender Organismus. Gaia - das seid Ihr. Schaut hinauf zu Euren Sternen, dort existiert kein vergleichbarer Ort, der solche Eigenschaften besitzt wie Gaia. Ihr seid nicht dorthin gegangen, um sie als Engel zu befruchten, Ihr seid hierher gekommen. Natürlich, Ihr seid in die äußersten Entfernungen des Universums gereist, bevor Ihr hierher kamt. In Eurem Lichtkörper erkundetet Ihr auch andere Sterne und Planeten, doch, liebe Freunde, die Erde war der Planet Eurer Wahl, der Platz, den Ihr letztendlich erwähltet, um in der Biologie, in der Physis diese großartige Erfahrung der Dualität zu durchleben.

Noch bevor Ihr überhaupt hierher kommen konntet, waren viele Vorbereitungen erforderlich. Es war klar, sobald Ihr zur Erde gehen und Eure Energie in die physische Materie eingeben würdet, dass Ihr eine Gruppe benötigen würdet, die Euch begleitet. Dies sind jene, die Ihr als Eure „Geistführer" bezeichnet habt. In der Regel reisten immer zwei Engel mit Euch. Sie nahmen keinen physischen Körper an so wie Ihr, sie verblieben im Lichtkörper. Während Eurer vielen Lebenszeiten auf Erden blieben sie stets an Eurer Seite. Sie waren ständig bei und mit Euch. Ihre Aufgabe bestand darin, das Gleichgewicht Eurer Energien, den „spirituellen Quotienten", aufrechtzuerhalten, also Euch in der Balance zu halten. Sie waren die Boten von der anderen Seite des Schleiers, die Euch jederzeit begleitet haben. Wären sie, diese Engelführer (**Führer aus dem Reich der Engel**) nicht stets an Eurer Seite gewesen, hätte die Möglichkeit bestanden, dass Ihr so tief in die Dualität eingetaucht wäret, dass Ihr wahrscheinlich nie wieder herausgefunden hättet.

Eure Geistführer waren Eure Rückverbindung zur anderen Seite des Schleiers, der „Draht“ zurück zu uns. Sie waren eine recht lange Zeit bei Euch. Oh und wie Ihr ja wisst, sind sie nun bereits abgereist oder befinden sich gerade in einem Prozess, sich wieder in ihre eigene Energie zurückzuziehen. Für Euch ist jetzt die Zeit gekommen, ALLES, WAS IHR SEID, zu akzeptieren, um so Eure eigene Göttlichkeit anzunehmen. Dies ist ein Kompliment höchster Ordnung, dass Ihr jetzt selbst Eure eigene Balance aufrechterhalten könnt.

Vor einigen Jahren in eben diesem Raum erklärte Kryon weitere Merkmale Eurer Geistführer. Kryon erklärte, dass sie große Gefäße mit sich trugen und während Ihr als Menschen zu immer neuen Erkenntnissen oder neuen Ebenen des Verstehens und der Erleuchtung gelangtet, ergoss sich Eure Energie in jene Gefäße hinein wie goldenes, flüssiges Licht. Jene großen Gefäße füllten sich mit all Eurer Erleuchtung und Eurem neuen Verständnis, welches gleichsam wie goldenes Wissen, wie goldene Weisheit aus Euch heraustropfte und von Euren Geistführern aufgefangen wurde. Oh ja, Ihr wart damit einverstanden, all die gelebten Erfahrungen und Erkenntnisse an sie freizugeben. Sie haben sie Euch nicht einfach gestohlen! (Kichern), denn es handelte sich dabei um etwas von Euch, was Euch zu bestimmten Zeiten auf diesem Ort Erde nicht unbedingt gedient hätte.

Die Geistführer sammelten diese Energie ein und sobald die Gefäße gefüllt waren, kam eine andere Gruppe, nahmen sie mit und ersetzten diese durch neue, leere Gefäße. Und diesen unbeschreiblichen Honig aus (Materie) Substanz - golden und süß und nährend - nahmen sie mit auf die andere Seite des Schleiers. Dort wurde diese Energie dafür benötigt, Euer Universum weiter zu erschaffen. Sie fand also ihren Weg zurück in jenes Königreich, aus dem Ihr gekommen seid. Diese Eure Energie, dieser goldene Honig Eurer Erleuchtung und Weisheit, fand also seinen Weg heim ins Königreich, um die ursprüngliche Natur von Zuhause zu verändern, um so das ALLES, WAS IST zu erweitern. Dies war das größte Geschenk der Liebe, das jemals von einer Wesenheit erbracht wurde.

Und Ihr wundert Euch, warum wir Euch so sehr ehren; warum wir weinen, sobald wir vor Euch sitzen, wissend, dass Ihr Euch noch nicht daran erinnern könnt, wer Ihr seid!

Von jeher existierte schon eine Gruppe und es wird sie auch weiterhin geben, welche wir die „Runner“ (*Läufer*) nennen. Sie sind jene, die von Eurer Seite des Schleiers auf die unsere hin- und herwechseln. Sie werden auch weiterhin als „Energie - Boten“ dienen. Sie sind es, die diese Energien von Euch zurück auf die andere Seite des Schleiers bringen. Sie sind „Läufer“, denn sie befördern Eure Energie zurück zur anderen Seite und bringen wiederum die neuen Werkzeuge und Gefäße mit zurück zu Euch. Dieser Tage sind sie enorm beschäftigt, diese Läufer, denn es gibt sehr viel Arbeit für sie!

Eure Läufer stehen nicht länger mit Euren Geistführern in Verbindung. Für gewöhnlich arbeiteten sie auf direktem Weg mit diesen zusammen. Eure Geistführer waren stets wie Säulen der Liebe direkt neben Euch positioniert; doch nun arbeiten die Läufer ganz direkt mit Euch.

* * * *

Seit jener Zeit, als Ihr (*zum ersten Mal im physischen Körper*) zur Erde gekommen seid, bis heute war es Euch nicht möglich, ein Schöpfer im wahrsten Sinne des Wortes zu sein. Eure jeweiligen Inkarnationen plantet Ihr gemeinsam mit Eurem „Engel-Team“ stets im Voraus. Bestimmte Ziele und Lektionen wurden zusammen erarbeitet und festgelegt. Ihr erstelltet sozusagen eine Art „spirituellen Geschäftsplan“ und seid erst dann im menschlichen Körper auf die Erde zurückgekommen. So gingt Ihr durch all jene Erfahrungen, die Ihr für Euch selbst erstellt hattet. Sobald Ihr ein Ziel erreichtet, wandtet Ihr Euch dem nächsten, welches Ihr im Voraus für Euch geplant hattet, zu. Innerhalb dieses Modus, meine lieben Freunde, war es natürlich schwierig, ein Schöpfer im eigentlichen Sinne zu sein. Innerhalb dieses Verfahrens wart Ihr jemand, der Erfahrungen sammelte, jemand, der lernte. Doch ein Schöpfer zu sein, war Euch kaum möglich, da die Parameter Eures Lebens von vornherein festgelegt waren.

Und im innersten Kern Eures Seins wart Ihr sehr frustriert, denn bevor Ihr auf die Erde gekommen wart, seid Ihr wirkliche Schöpfer gewesen. Ihr hattet Euch und Eure Kraft immer im außen offenbart und zum Ausdruck gebracht. Ihr wart frustriert, denn es schien, als wäre es Euch nicht mehr möglich, aus Euren „Schubladen" (*Boxen*) auszubrechen und so wie früher über diesen offenen und leicht fließenden schöpferischen Ausdruck zu verfügen.. Dies hat sich nun geändert, denn alle Kapitel Eures Lebensbuches sind geschrieben. In Eurem neuen Buch existieren nur leere Seiten, die darauf warten, von Euch schöpferisch gefüllt zu werden.

In Eurem Neuen Haus ereignen sich eine Menge neuer Dinge. Wenn Ihr zum Beispiel Euren Pinsel ergreift und einen breiten, großzügigen Strich kreiert, erschafft Ihr damit einen energetischen Ausdruck. Diese Handlung erzeugt eine Schwingung, die sofort beginnt mit Euch zu resonieren und die immer weiter anwächst. Alles bleibt so lange in einem neutralen Zustand, bis Ihr diesen breiten Pinselstrich kreiert. Doch sobald Ihr diesen ersten großzügigen Strich vollzieht, fängt alles an. Mit dem breiten Strich löst Ihr eine Energieschwingung aus, die auf sehr tiefen Ebenen zu arbeiten beginnt.

Diese Energie wird aus dem Inneren Eures Neuen Hauses heraus eine Schwingung erzeugen, der Ihr dann nur noch die Leidenschaft, diese Frucht der Rose, hinzuzufügen braucht. Sie ist der zusätzliche Treibstoff für die Schwingung, die von Eurem Pinselstrich ausgeht. Die Auswirkung dieser neuen Schöpferenergie könnt Ihr Euch ähnlich vorstellen, als würde ein Stein ins Wasser geworfen. Dieser erzeugt erst kleine Wellen, die sich dann mehr und mehr ausbreiten. Euer Pinselstrich erzeugt also Wellen von Energie und diese Energiewellen durchdringen dann letztendlich Euer ganzes Haus.

Liebe Freunde, wie Ihr möglicherweise schon bemerkt habt, haben wir Eure „Absicht" hierbei völlig außen vor gelassen. Wir sagten Euch nicht, dass Ihr eine bestimmte Absicht aussprechen solltet, sobald Ihr den breiten Strich kreiert oder während Ihr Eure Leidenschaftlichkeit dem hinzufügt. Den Grund dafür möchten wir jetzt mit Euch besprechen. Der großzügige Strich „zündet" sozusagen einen energetischen Ausdruck. Die Leidenschaft (*Passion*) fügt diesem Ausdruck den Kraftstoff, den Brennstoff hinzu. Diese Energiewellen, die aus der Liebeskraft des neuen Schöpfers entstehen, werden ausgesandt. Diese Wellen der Liebe breiten sich jetzt aus über Euer neues Haus und die kleine Mauer Eures neuen Hauses hinaus. Diese Wellen voller Liebesschwingung durchdringen alle Dinge um Euch herum, alle

Menschen, Eure Stadt, die Erde, die Ihr mitzuerschaffen geholfen habt. Liebeswelle um Liebeswelle um Liebeswelle breitet sich aus. Warum sollte es notwendig sein, diesen Liebeswellen zu sagen, was sie tun oder was sie sein sollten? Sie kommen aus Eurem Innersten. Ihr seid es selbst.

Während diese Wellen aus Euch hinausströmen, verändern sie die Schwingung der Dinge in und außerhalb von Euch. Sie entströmen Euch und berühren dann andere Menschen. Sie berühren die Erde. Sie berühren die Himmel und die Wasser. Sie berühren das menschliche Bewusstsein. Die Wellen der Liebe benötigen keine Absicht, da sie ihr spirituelles Gleichgewicht schon in sich tragen. Sie existieren in der Balance der „4", dem neuen spirituellen Gleichgewicht der Erde. Es besteht keinerlei Notwendigkeit, ihnen noch eine Absicht umzuhängen. Sie sind in sich ausgeglichen. Und sobald sie andere Elemente, andere Schwingungen oder sogar ein anderes Bewusstsein berühren, besitzt die balancierte Liebesschwingung der „4" das Potenzial, all diese Energien ebenfalls ins Gleichgewicht zu bringen und zu verjüngen. Es liegt dann auf Seiten der berührten, der empfangenden Energie, wie sie, wenn überhaupt, darauf reagieren möchte.

Diese Energie Eures göttlichen Seins ist in sich vollständig und rund. Es gibt keinerlei Grund, ihr eine Agenda, eine Richtung oder sonst irgendetwas hinzuzufügen. Sie entströmt Euch voller Reinheit, Vollkommenheit und Liebe. Befrachtet sie nicht mit Euren menschlichen Gedankenspielen. Akzeptiert, dass sie in der perfekten Weise von Euch ausgeht, denn sie entströmt Euch bereits in einem Zustand der Vollendung.

Und nun geschieht noch etwas sehr Interessantes. Sobald Ihr einen Stein ins Wasser werft, strömen die Wellen nach außen, werden letztendlich immer schwächer, bis sie schließlich ganz verschwinden. Beim Aussenden Eurer göttlichen Energiewellen verhält es sich anders. Während die Wellen der Liebe ausströmen und alle Dinge um Euch herum berühren, findet gleichzeitig eine Reflektion (*eine Widerspiegelung*) dieser Wellen statt, die dann erneut zu Euch zurückkommen.

Diese Energie wird auf die angemessenste Art und Weise zu Euch zurückkehren; denn sobald Euch diese Wellen der Liebesschwingung entströmen, werden sie von jenen begleitet, die wir „Runner“ (*Läufer*) nennen. Diese sorgen dafür, dass die Wellen das passende Ziel finden. Die Läufer „schalten“ sich praktisch dazwischen und erleichtern so den richtigen Energiefluss. Sobald die Wellen reflektiert werden und mit Unterstützung der Läufer zu Euch zurückkommen, bringen sie Euch alles mit zurück, was Ihr braucht, alles zur rechten Zeit und alles auf die angemessenste Art und Weise. Dann werdet Ihr ein Hämmern an Eurer Tür hören, wie Ihr es noch nie zuvor gehört habt!

Liebe Freunde, Lektion neun der Schöpfer-Serie: Tanze mit allem, was vor Deiner Tür steht.

Im Laufe des Prozesses, in dem Ihr Euch in die Neue Energie hineinbegebt, werdet Ihr dann dumpfe Schläge, ein Hämmern und Klopfen an Eurer Haustür hören. Einige von Euch verstecken sich in dem Moment und öffnen die Tür einfach nicht! Wieder andere öffnen die Haustür, sehen nicht das, was zu sehen sie erwartet hatten, ignorieren vollkommen, was da vor ihrer Tür aufgetaucht ist, und schlagen die Tür wieder zu. Sie warten darauf, dass Spirit ihnen das liefert, von dem sie meinen, dass es das richtige und angemessene Paket sei.

Liebe Freunde, Lektion neun: Tanze mit dem, was vor Deiner Haustür steht, denn es wird durchaus angemessen sein. Das, was zu Euch kommt, wird durchaus angebracht und angemessen sein. Denn es werden jene sein, welche sich heute im Zweiten Kreis versammelt haben, die dann vor Eurer Haustür stehen. Sie werden zu Euch kommen und weder wissen warum noch werden sie wissen, wer Ihr seid oder was sie zu Euch geführt hat. Sie werden einen bestimmten Gesichtsausdruck haben, möglicherweise verängstigt oder nervös, vor allen Dingen jedoch verwirrt und sprachlos. Sie werden nicht wissen, was sie vor Eure Tür führte. Denn sie können die Läufer nicht sehen, die sie begleitet haben; Eure und ihre Läufer, die sie zu Euch gebracht haben.

Ganz gleich wer oder was an Deine Haustür kommt, tanze damit. Denn es IST angemessen.

Tanze mit allem, was vor Deiner Haustür steht, denn jetzt ist es an der Zeit zu interagieren. Es ist an der Zeit, alles zu ergreifen, was Ihr über Euch selbst wisst, alles, was Ihr gelernt habt, um es jetzt anzuwenden. Es ist an der Zeit, mit allem zu tanzen, was an Eure Tür kommt, ob es nun eine Person oder ein Gegenstand oder ein Gedanke ist. Oh, es könnte ja auch ein Scheck von der Lottostelle sein! (amüsiert) Was immer auch vor Eurer Haustür steht, es wurde Euch in angemessener Weise gebracht. Denn Eure Läufer lieferten es aufgrund Eurer eigenen Schwingungsenergie. Es ist an der Zeit, damit zu interagieren, es ist Zeit, damit zu tanzen und Eure Energie damit zu verschmelzen. Wenn es vor Eure Haustür gebracht wurde, dann IST es angemessen. IHR selbst habt die Wellen ausgesandt, die es dorthin geführt haben.

Lasst uns nun über einige Merkmale der alten Energie sprechen. Es gibt Menschen, die wir einmal als „Eicheljäger" bezeichnen möchten, jene Menschen, die also Eicheln suchen und sammeln; ähnlich den Eichhörnchen, die vor dem langen Winter Nüsse sammeln. Die menschlichen Eicheljäger sammeln und bunkern die Eicheln und Nüsse, da sie befürchten, nicht genügend (Lebens-) Mittel zu besitzen. Also sammeln sie Eicheln, suchen gebückt den Boden ab und bringen, was sie gefunden haben, zurück ins Haus als Vorrat für den anstehenden langen Winter. Sie handeln wirklich umsichtig. Doch, liebe Freunde, sie tun es auch aus einer gewissen Angst heraus.

Dann gibt es in der alten Energien noch jene Menschen, welche zu den „Wollern" (*„Willer" - eine TobiasWortschöpfung*) gehören. Sie „wollen", dass bestimmte Dinge geschehen, und versuchen dies kraft ihres reinen Willens zu erreichen. Sie versuchen etwas zu erschaffen, indem sie es mit ihrem Willen erzwingen. Gelegentlich funktioniert das, doch für gewöhnlich kostet sie das viel Kraft und letzten Endes sind sie müde und frustriert. Denn sie versuchen die Schöpfung in eine Richtung zu zwingen, die so nicht angemessen ist.

Ferner gibt es noch die „Vorsteller" (*„Imaginer"*), also jene, die denken, sobald sie etwas visualisieren und in ihrem Geist ein Bild der Dinge erschaffen, die sie gerne hätten, dass diese dann zu ihnen kommen werden. Gelegentlich funktioniert dies, wenn ausreichend Energie dort hineinfließt.

Doch, meine lieben Freunde, warum Euch ermüden, warum Euch frustrieren? Es gibt einen besseren Weg in der neuen Energie zu erschaffen: Kreiert Euren breiten, großzügigen Pinselstrich, fügt Eure Passion, Eure Leidenschaft hinzu und dann wartet, bis die Dinge vor Eurer Haustür stehen. Sobald dies geschieht, ist die Zeit reif, damit zu interagieren, ist die Zeit reif, Eure Energie und Eure menschlichen ebenso wie Eure spirituellen Fähigkeiten anzuwenden.

Wann immer ein Schüler zu Euch gebracht wird - auch wenn Ihr es vielleicht nicht so besonders mögen werdet, wie er aussieht, sich benimmt oder riecht - ist es Zeit zu tanzen. (Kichern) Tretet näher, werdet persönlich, denn er wurde aus einem göttlichen Grund zu Euch gebracht.

Legt Eure menschlichen Urteile beiseite und wisst, dass alles genau so ist, wie es sein soll, wisst, dass es angemessen ist. Und sollte vor Eurer Tür ein Gegenstand liegen, dann gibt es einen Grund dafür, dass er da ist. Solltet Ihr zum Beispiel Eure Arbeitsstelle verlieren, dann wisst, dass Euch dies nicht ohne Grund vor die Haustür gelegt wurde. Tanzt damit. Zeigt Eure Gefühle. Empfindet Ihr dabei Wut und Schmerz - dann tanzt und bringt es zum Ausdruck. Ihr habt nicht heiliger zu sein, als Ihr es (*ohnehin*) seid. Wir wissen, dass oftmals Schmerz damit verbunden ist. Doch sobald Ihr tanzt, sobald Ihr Eure Gefühle zeigt, sobald Ihr den Augenblick umarmt, so wie er ist, dann werdet Ihr Dinge darin entdecken, die Euch kurz zuvor noch verborgen geblieben sind. Tanzt mit allem, was vor Eurer Haustür steht.

Dies wird für viele von Euch eine Herausforderung sein, denn Ihr seid es gewöhnt, Pläne zu schmieden. Ihr seid gewohnt, die Art und Weise im Voraus festzulegen, wie die Dinge auszusehen und zu sein haben oder wie Ihr sie gern hättet. Dies wird einen Paradigmenwechsel für Euch bedeuten in der Größenordnung (*von der „2“ zu*) der „4.“

Anstelle des Sorgens, Planens, Eicheln-Sammelns, anstelle des Wollens, dass die Dinge geschehen, werden wir Euch den einfachen Weg zeigen. Nehmt ihn, Euren breiten Pinsel. Kreiert einen großzügigen Strich. Dies wird eine Schwingungssequenz auf den höchsten Ebenen spiritueller Physik einleiten. Wenn Ihr dem noch Eure Leidenschaftlichkeit hinzufügt, strömen die Schwingungswellen aus, welche schließlich diejenigen beeinflussen werden, die dafür bereit sind. Eure Liebesschwingungen verändern die Natur, die Beschaffenheit aller Dinge außerhalb Eures Neuen Hauses, sobald der Empfänger bereit ist. Die Reflexionen dieser Wellen bringen dann alle Dinge zu Euch zurück, die angemessen sind. Das können Menschen sein, Beziehungen, Fülle oder Gesundheit. Die Wellen werden es zu Euch zurückbringen. Die Läufer erleichtern diesen Prozess, um sicherzustellen, dass es auch wirklich bei Euch ankommt - allen Dingen zum Trotz, die möglicherweise versuchen, dies zu verhindern.

Versteht Ihr, was wir hier sagen? Steht in Eurer Göttlichkeit und wisst, dass alle angemessenen Dinge zu Euch kommen werden. Versucht nicht, es von Spirit zu erflehen. Bettelt nicht um diese Dinge, liebe Freunde. Dies ist wirklich so einfach, dass es für Euch eine Herausforderung darstellen wird. Eure Ängste werden hochkommen und sobald Ihr dann für einige Zeit kein Klopfen an der Tür hört, werdet Ihr denken, dass Ihr etwas falsch gemacht habt. Doch in all dem gibt es weder eine Schwierigkeit noch ein Problem noch eine Herausforderung. Es geht nicht darum zu lernen, wie man es richtig macht. Es geht um das Einfache.

Wenn Ihr an Eurer Tür nicht sofort etwas hört, bedeutet dies lediglich, dass die ausgesandten Schwingungswellen ihre Arbeit verrichten. Für Euch ist jetzt die Zeit gekommen, Euch in den Schaukelstuhl Eures Neuen Hauses zu setzen und das Klopfen an der Tür abzuwarten. Nun ist die Zeit zu entspannen und nicht die, sich Sorgen zu machen. Denn solltet Ihr Euch jetzt sorgen und solltet Ihr Eurer Göttlichkeit nicht vertrauen, verändert dies Eure ausgesandte Schwingung und sicherlich wird sie dann nicht das zurückbringen, was der höchsten Ebene Eurer wirklichen Schöpferkraft entspricht. Also sorge Dich nicht, sobald Du sie ausgesendet hast.

Liebe Freunde, Lektion neun: Tanze mit allem, was vor Deiner Haustür steht.

Sobald Ihr dieses Klopfen hört, sobald etwas zu Euch kommt, wisst, dass dies das Allerbeste (*das Höchste*) ist und in aller Angemessenheit dorthin gebracht wurde. Jetzt ist die Zeit gekommen, damit zu tanzen. Jetzt ist die Zeit für Euch gekommen, an die Arbeit zu gehen.

Ihr fragt: „Tobias, woher können wir wissen, was wir tun sollen, wenn wir die Tür öffnen und dort etwas stehen sehen?“ Und wir sagen Euch, liebe Freunde, dass wir Euch die Antwort darauf schon in unserer letzten Lektion mitgeteilt haben. Schaut nicht länger auf die Wahlmöglichkeiten von links oder von rechts oder gar nichts zu tun. Schaut in das ALLES hinein. Wenn die Person, die von den Läufern zu Euch gebracht wurde, dort vor Eurer Tür steht und Ihr beide gleichermaßen erstaunt seid, was sie dort will, dann schaut über das Offensichtliche hinaus. Begebt Euch in das ALLES hinein. Das ALLES ist die vierte Ebene des Verstehens. Das ALLES ist die höhere Ebene der Erkenntnis. Es trägt die Antwort bereits in sich und Ihr werdet dann genau wissen, was zu tun ist. Ihr werdet wissen, wie Ihr zu tanzen habt.

Tanze mit allem, was vor Deiner Haustür steht. Nun ist die Zeit gekommen, um zu interagieren. Wir benutzen hier die Terminologie des „Tanzes“, denn der Tanz ist - und so verstehen wir ihn - ein wunderschöner, offenbarender Ausdruck des Menschen - obwohl Cauldre in dieser Kunst nicht gerade so bewandert ist! (Kichern) Tanz ist ein wunderschönes, sich offenbarendes Zusammenspiel der Elemente; ein fließender Ausdruck voller Anmut und Würde. Darum sagen wir auch nicht einfach nur: „Mach etwas mit all dem, was vor Deiner Haustür steht.“ Wir wählen den Begriff des „Tanzes“, da er die Schönheit und die Vollständigkeit in sich trägt. Es handelt sich dabei um eine Kunst. Einfach tanzen. Miteinander in Kontakt und Austausch kommen. Sobald Ihr in das ALLES hineinschaut, werdet Ihr ganz genau wissen, was Ihr mit dem Gegenstand, dem Gedanken, der Person, dem Gefühl oder der Möglichkeit - was auch immer an Eure Haustür kommt, tun könnt.

Und hier ist eine weitere Herausforderung für Euch, die Lehrer: Ist es Euch möglich, all Eure tagtäglichen Pläne fallen zu lassen? Könnt Ihr über die Art und Weise, wie Ihr DENKT, dass die Dinge sein sollten, hinausgehen? Ihr seid bisher sehr zielorientiert gewesen. Das hat Euch gut gedient und hat Euch letztendlich hierher gebracht. Ihr habt bisher die Dinge mit Eurem menschlichen Verstand geplant, doch nun ist es an der Zeit, auch das zu entlassen, auch das loszulassen. Oh, dies wird einige von Euch sehr herausfordern! Wir beziehen uns hier auf die Dinge Eures täglichen Lebens. Wir wissen, dass es an Eurem Arbeitsplatz immer noch erforderlich ist, sich damit auseinanderzusetzen, doch in der Neuen Energie werdet Ihr beginnen zu erkennen, welch eine Täuschung diesen alten Plänen zu Grunde liegt. Ihr werdet mehr und mehr erkennen, wie sehr sie Euer Leben eingeschränkt haben.

Ihr werdet dieses Pläneschmieden nicht länger brauchen. Und auch diese schwierigen mentalen Übungen wie Willenskraft, Fokussieren und Imaginieren werden nicht mehr notwendig sein. Liebe Freunde, gerade dies hat Euch letztendlich so müde gemacht! Gerade dies war die Ursache für Euren zunehmenden Energieverlust! Ihr versucht Eure Gesundheit zu „wollen". Das funktioniert nicht so gut! Ihr versucht Eure Fülle zu „wollen" und findet Euch flach auf dem Boden wieder - total pleite!

In der Neuen Energie sendet Ihr eine (*göttliche*) Schwingung aus und die Reflexion dessen bringt exakt das zurück, was Ihr braucht. Und wenn es dann zu Euch kommt, tanzt damit. Vielleicht ist es ein Angebot für eine neue Arbeit, vielleicht eine neue Therapiemethode, die der Neuen Energie angemessen ist, also etwas, was diese Dinge heilen kann, die Euren physischen Körper geplagt haben. Vielleicht ist es ein neuer Partner oder eine neue Freundschaft. Und vielleicht, liebe Freunde, ist es auch eine ganz neue Sichtweise Eurer selbst bezüglich dessen, wer Ihr wirklich seid, bezüglich Eurer langen Reise, auf die Ihr Euch begeben habt, und bezüglich dessen, was Ihr alles geleistet habt, um mitzuhelfen die ursprüngliche Natur des ALLES, WAS IST zu verändern!

Lektion neun ist so sehr einfach, doch sie wird bewirken, dass Ihr die Art und Weise überdenken werdet, in der Ihr bisher gehandelt habt. Einfach in Eurem Neuen Haus zu sein, in breiten, großzügigen Strichen zu kreieren und dem dann Eure Leidenschaft, Eure Passion hinzuzufügen, ist das, was Wellen der Liebe aussendet ohne Absicht und ohne Agenda. Das IST Vollkommenheit und es wird Euch anschließend alles in vollkommener Weise zurückbringen, was Ihr benötigt. Diese Lektion wird Euch herausfordern! Doch sobald Ihr beginnen werdet zu verstehen, werdet Ihr darüber erstaunt sein, wie Ihr ohne dies auskommen konntet.

Liebe Freunde, meine lieben Freunde, in den nächsten drei Lektionen gibt es nun eine Menge für Euch zu lernen. Von daher bitten wir Euch, arbeitet mit dieser Lektion - tanzt mit all dem, was vor Eurer Haustür steht. Was auch immer in Euer Leben tritt, es wird angemessen sein. Es wird Euer Denken herausfordern, denn Ihr mögt vielleicht nicht verstehen, wie es sein kann, dass dies, was sich dort befindet, angemessen sein soll. Möglicherweise werdet Ihr denken, dass Spirit Euch fürchterliche Dinge bringt; doch sobald Ihr mit ihnen tanzt, werdet Ihr herausfinden, wie angemessen sie sind, und Ihr werdet über alle Maße hinaus die Geschenke darin entdecken.

Dies ist eine Meilenstein-Lektion. Sobald Ihr sie anderen beibringt, werden Eure Schüler herausgefordert sein, sich an einen Ort des Vertrauens und des Wissens zu begeben und viele ihrer alten Wege zu verlassen. Wege allerdings, die ihr Leben eingeschränkt haben.

Ihr seid ohne Vertrag. Ihr seid ohne Plan. An diesem Punkt gibt es für Euch keine Lebenslektion mehr zu erfüllen. Die Seiten liegen offen und leer vor Euch. Ihr seid jetzt ein Schöpfer. Wir überbringen Euch diese Lektion, damit Ihr wirklich beginnen könnt, Euer Leben zu kreieren.

Bevor wir diese Lektion beenden, ist noch jemand hier, mit dem Du schon in der Vergangenheit gewandelt bist. Er war der Anfang, der Initiator einer familiären Energie, welche bis auf den heutigen Tag weiter andauert; weiter andauert in der allergrößten Liebe. Er, den wir Yeshua Ben Joseph nennen, kommt, um Dich für Deine Reise zu ehren und um Dich anzulächeln. Ja, seine Energie war während dieser Lektion die ganze Zeit anwesend. Er stand neben Dir. Er bittet Dich zu verstehen, dass die Imagination von Kreuz und Tod nicht sehr hilfreich ist! Ja, es war eine herausfordernde, schwierige Erfahrung und doch war sie erfüllt von Freude. Es geschah, um der Menschheit zu zeigen, dass die Liebe und die Gnade und die Erneuerung in Euch allen möglich ist.

Während Yeshua am Kreuz hing, stieg sein Geist herunter und wandelte zwischen denen, die sich dort versammelt hatten. Und sein Geist dehnte sich aus über das ganze Land und es waren da viele, viele, welche meinten, ihn in diesem speziellen Moment und zu dieser Zeit an ihrer Seite gesehen zu haben. Viele von Euch waren ihm so nahe. Viele in anderen Ländern fühlten trotz der weiten Entfernung diesen Einen neben sich gehen, welcher die Energie des Christus in sich trug. Und Ihr fragt Euch, wie Er an zwei Orten zur selben Zeit sein konnte? Wie Er am Tage des Sturmes auf dem Hügel sein und dennoch neben Euch wandeln konnte? Er kam, um Euch zu beweisen, dass alles Leben sich erneuert und dass auch Ihr Euch erneuert.

Er ist jetzt hierher gekommen, um Euch mitzuteilen, dass Ihr Euch wieder einmal mehr erneuert, Euch verjüngt. Doch nicht der alte Menschenverstand und nicht der alte Menschenkörper, nicht die alte Energie ist es, die sich verjüngt. Ihr verjüngt und verwandelt Euch in ganz ähnlicher Weise wie Er es zu jener Zeit vor 2000 Jahren (*Auferstehung*) getan hat. Seine Liebe ergießt sich ebenso wie die unsere hin zu allen Menschen, welche diese Shaumbra-Schwingung weiter in sich tragen, die vor etwa 2000 Jahren ihren Anfang genommen hat.

Und so ist es.

Lektion Zehn

Kehre ein in Deinen Göttlichen Willen

Und so ist es, liebe Freunde, liebe Shaumbra, dass wir uns erneut miteinander in unserem Kreis versammeln. Diese Zeit ist so sehr kostbar, sie ist eine Zeit der Liebe, eine Zeit der Ehrerbietung und des Dankes. Wir bitten Euch, fühlt all das, was in Euren Raum (*space*) und in Euren Kreis hereinfließt, denn hier sind zahlreiche Wesenheiten, die jetzt eintreten und sehr viel Energie mit sich bringen. Wir bitten Euch, öffnet Eure Herzen. Wir verbinden uns miteinander in diesem Kreis, denn es gibt viel zu besprechen.

Die Energie ist hier so überaus süß! Es fällt uns sogar schwer, Worte an Euch zu richten, denn die Energie ist so dicht. Es ist viel leichter für uns, unsere Gefühle und Gedanken an Euch in Form von Schwingungen, in Form von Liebe zu übermitteln. Doch wir wissen auch, wie sehr Ihr es liebt Worte zu hören, also werden wir damit fortfahren. (Kichern)

Wir haben Cauldre - denjenigen, der diese Botschaften in menschliche Worte fasst - heute während dieser Zeit, in der wir miteinander verschmelzen, mitgeteilt, dass wir die Energie dieser Lektion auf eine neue und höhere Ebene anheben würden. Dies wird sich für Euch möglicherweise anders anfühlen als das, was Ihr bisher wahrgenommen habt. Während Ihr in der Vergangenheit Euer Augenmerk auf die Verschmelzung mit uns gerichtet habt, wird es nun ein bisschen anders sein. Wir sind bereit, diese Energie mit Euch auf die nächste Ebene zu bringen. Dies ist das Resultat jener Arbeit, die Ihr in Eurem Leben vollzogen habt. Es ist das Resultat allen neuen Denkens, das in Eurem Gehirn vor sich ging, all des Studierens der Lektionen, all der Betrachtungen und Erwägungen darüber, wer Ihr seid und was Ihr hier tut, all dessen, was Ihr tief verinnerlicht und in Euch aufgenommen habt. Ah und wir wissen, es war sehr viel! Wir wissen, dass es sehr herausfordernd war.

Die Arbeit, die Ihr im Laufe dieser letzten Lektionen vollbracht habt, sie bewirkt einen Unterschied. Sie erlaubt uns, also jenen, die hereinkommen, um Euch zu besuchen, sowie auch Euren Läufern, die Energie auf eine vollkommen neue Ebene zu bringen. Denn demnächst wird es Euch möglich sein, diese Energie bis in Eure Biologie hinein zu fühlen. Es wird Euch möglich sein, sie in Eurem Herzen zu fühlen. Und dann seid Ihr in der Lage, den Unterschied in Eurem alltäglichen Leben benennen zu können.

Wir geben Euch hier einen kleinen Anhaltspunkt. Noch während Ihr diese Neue Energie integriert, werdet Ihr bemerken, dass die Dinge einfacher werden. Sie werden weniger herausfordernd sein. Das Leben wird anders sein; manchmal werdet Ihr darüber staunen, wie die Dinge zu Euch kommen. Liebe Freunde, in der Neuen Energie und in der Energie, die mit dieser Lektion überbracht wird, braucht Ihr nicht mehr so hart um alles zu kämpfen. Alles wird da sein, IST schon da.

Es gibt Worte der Macht und der Kraft, die Ihr sehr bald verstehen lernen werdet. Diese Worte habt Ihr zwar in Eurem Kopf gedacht, doch Ihr habt sie nicht gerade in Euer Leben integriert. Es handelt sich um die einfache Energie der Worte ICH BIN. Sie ist, meine lieben Freunde, die Essenz all unserer Lehren.

ICH BIN

Das ist der Grund, warum wir sagen, dass es nicht länger angebracht ist, seine Absicht zu verkünden. Denn die Absicht trennt Dich von der Realität. Die Absicht auszusprechen bedeutet, dass Du noch nicht ganz dort bist. Das ICH BIN platziert Dich augenblicklich in den Moment, in das Jetzt. Es ist nicht getrennt, anders oder abseits von allem. ES IST und es entströmt Deinem Inneren.

(Kichern) Wir haben gehört, dass es wohl etwas Spott gegeben hat, möglicherweise auch Kritik bezüglich unserer Einstellung zu Gebeten, liebe Freunde. Wir sagen nicht, dass Gebete unangemessen sind. Wir sagen Euch, dass diejenigen, die sich in die Neue Energie begeben, keine Gebete mehr benötigen. Denn Gebete gehen davon aus, dass sich die Dinge nicht in der richtigen Balance, im richtigen Gleichgewicht befinden.

Jetzt schimpft sogar Cauldre mit uns! Er sagt uns, dass es Zeiten gibt, in denen er dennoch das Beten braucht. Wir ehren und verstehen das. Während Ihr Euch in die Neue Energie hineinbewegt, werdet Ihr zunehmend die Kraft und Macht des ICH BIN verstehen und erkennen, die Kraft des JETZT, die Macht des GÖTTLICHEN MOMENTES. Es wird für Euch nicht länger notwendig sein, zu einer Wesenheit im außen oder einem Geist zu beten, den Ihr nicht einmal gut kennt. Es wird nicht notwendig sein, zu einem Geistführer zu beten, den Ihr niemals getroffen habt und der ein Namenloser für Euch ist! Es wird für Euch in der Neuen Energie nicht mehr notwendig sein, all das zu tun. Ihr werdet Euch einfach in dem ICH BIN befinden ohne Absicht, einfach im SEIN.

Wir wissen, das ICH BIN Konzept ist Euch vertraut. Bisher war es schwierig für Euch, dies in Euer Herz zu integrieren und es von dort aus Wirklichkeit werden zu lassen. In gewisser Weise existierte dort eine verschlossene Tür, die bisher dieses wahre Verständnis und Mitgefühl verhindert hatte, welches dem ICH BIN erlaubt hätte, hervorzutreten. Aufgrund der besonderen Arbeit, die Ihr vollzogen habt, bewegen wir uns nun auf eine neue Schwingungsebene. Wie wir schon sagten, sie wird sich anders anfühlen. Die Energie wird nicht demselben „Ort“ entstammen, von dem aus Ihr Euch für gewöhnlich mit Tobias, dem Crimson Circle und den anderen Wesenheiten verbindet. Sie wird nicht von demselben Ort ausgehen wie zuvor. Schaut nicht zurück. Sie kommt von einem neuen Ort. Solltet Ihr Euch nun fragen, von wo sie denn herkommen wird, werden wir für einen Moment innehalten, so dass Ihr ihre Anwesenheit in Euch wahrnehmen und fühlen könnt.

ICH BIN im GÖTTLICHEN MOMENT.

✻ ✻ ✻ ✻

Die Neue Energie ist hier. Die Göttliche Energie, die Eurem Inneren entströmt, ist hier, in diesem Moment. Sucht nicht länger nach der Göttlichen Energie. Beendet den Kampf Eurer Gedanken, öffnet Euer ganzes Wesen, Euer Sein und erlaubt ihr hervorzutreten.

(Kichern) An dieser Stelle können wir uns das Lachen nicht verkneifen. Ja, wir lachen und weinen zur selben Zeit! Es ist schon recht komisch mit Euch. Während wir uns hier versammeln, während Legionen von Engeln in Euren Raum fluten, sehen wir etwas, was Ihr jetzt noch nicht ganz erkennen könnt. Wir sehen diejenigen, welche die neuen Lehrer sein werden, diejenigen, welche die energetischen Muster der Neuen Energie erstellen. Wir sehen diejenigen, welche ein Licht tragen, das beginnt, hell leuchtend im Inneren zu erstrahlen - das beginnt beständig und wahrhaftig zu leuchten. Euer Licht flackert nicht mehr; es ist auch nicht mehr trüb wie noch vor einem Jahr. Es leuchtet klar und hell. Wir sehen, wie dieses Licht zunehmend in Euch wächst, und dennoch, meine lieben Freunde, können so viele von Euch es bisher nicht erkennen. Darum kichern wir. Ihr kämpft noch viel zu sehr darum!

In all Euren Inkarnationen auf der Erde habt Ihr danach gesucht und Ausschau gehalten. Ihr wurdet extra dafür ausgebildet, dies zu tun. Ihr habt Unterricht erhalten, in dem Euch die Suche beigebracht wurde! Und so suchtet Ihr außerhalb Eurer Selbst, um zu finden, was nur im Innern gefunden werden kann. All das war angemessen, doch nun verändern sich die Dinge. Im Crimson Circle dreht sich alles um Veränderung. In Eurer menschlichen Engelgruppe des Crimson Circle dreht sich ebenfalls alles um Veränderung. All die Arbeit, die Ihr geleistet habt, sowie all die Herausforderungen, die Ihr durchgemacht habt, dienten dazu, die Energien zu verändern, zu transformieren. Veränderungen waren ein großer Bestandteil eines Prozesses, der das Christusfeuer in Euch entfachte. Denn das Christusfeuer zieht ein in Euer ganzes Wesen, in Euer ganzes Sein. Wir können Euch von unserer Perspektive aus sagen, dass wir es in Euch erkennen können. Ganz gleich, wie sehr Ihr an Euch selber zweifelt, wir tun es nicht. Wir sehen es klar in Euch.

Oh, dies ist solch ein gesegneter Moment für uns. Denn Ihr seid unsere Familie. Ihr habt Euch auf den Weg gemacht, um viele Abenteuer zu erleben und viele Erfahrungen zu sammeln. Uns durchströmt ein besonderes Gefühl der Liebe und Dankbarkeit, denn hier sind viele, die Euch noch folgen werden. Alle Engel des Universums warten; warten bis ihre Zeit gekommen ist, die Kluft zu überwinden. Sobald sie dies tun, werden sie das Wissen und die nützlichen Erfahrungen all jener anderen menschlichen Engel besitzen, die vor ihnen in die Neue Energie gewechselt sind. Oh ja, natürlich werden wir es aus uns heraus zu bewerkstelligen haben, ebenso wie Ihr es aus Euch heraus zu bewerkstelligen habt. Und doch werden wir dann wissen, dass es vor uns jene gegeben hat, die nicht aufgaben, die ihr Leben und ihr gesamtes Sein hingaben, die Tausende von Erdenleben hingaben, um an diesen Punkt zu gelangen, an dem Ihr jetzt seid. Warum denkt Ihr, dass wir Euch so sehr für die Arbeit ehren, die Ihr vollbringt?

Ja, wir lieben diesen Begriff „Veränderungs-Arbeiter" („Changeworkers"), der von einer anderen Person hier kreiert wurde. In der Tat, Ihr SEID diese Veränderungsarbeiter und wir ehren Euch dafür sehr. Zuweilen möchten wir geradewegs aufhören zu sprechen und einfach bei Euch sitzen, um mit Euch zu weinen und zu lachen. Wir wünschten, dass wir Euch das große Gesamtbild dessen zeigen könnten, was Ihr vollbracht habt. Es ist Ehrfurcht gebietend.

Während sich die Energie dieses Kreises anhebt, werdet Ihr viele Veränderungen in und um Euch herum wahrnehmen können. Eines der Dinge, die Ihr möglicherweise fühlen werdet, und wir sagten es bereits, ist, dass WIR EUCH channeln. Wir verbinden uns mit einem jedem von Euch, auch wenn Euer physisches Sein nicht in diesem Raum anwesend ist. Wir verbinden uns mit Euch und channeln Euch buchstäblich Eure eigenen Gedanken und Erfahrungen zurück. Wir bitten Euch, nehmt Euch selbst in der Energie dieser Lektion wahr, fühlt Euch selbst in diesen Worten.

DEIN Abdruck leuchtet durch die Worte, die von Cauldre ausgesprochen werden. DEIN Abdruck ist in dieser gechannelten Energie enthalten. Deine Energie drückt sich in den Gedanken, Gefühlen und dem Spirit von Tobias aus und wird an Dich zurückgechannelt. Fühle Dich selbst in unseren Worten. In allem hier ist ein Teil von Dir. Es fällt uns leicht, uns damit zu verbinden. DU bist es (selbst).

Ihr habt uns gefragt, wie sich Euer Geist (*Spirit*) wohl anfühlt. In dieser Lektion habt Ihr die Gelegenheit, ihn zu erfahren. Euer Geist kommt gerade zu Euch zurück, denn WIR channeln wahrhaftig EUCH. Ist das nicht alles sehr amüsant?

Da seid Ihr, da ist der Crimson Circle, da sind all die anderen Menschen, die ebenfalls Shaumbra sind, da sind jene in nicht-physischer Form, die sich alle heute hier versammelt haben; der Kreis füllt sich jetzt zunehmend. Doch Ihr befindet Euch in der Mitte all dieser Energie und all dieser Liebe, die sich mehr und mehr entfaltet. Sie ist nicht mehr von Euch getrennt oder in irgendeiner Weise anders als Ihr. Und Ihr lauscht auch nicht einfach irgendeiner erhabenen Wesenheit, der es wiederfuhr, dass sie aus der Bibel eliminiert wurde und im Gefängnis landete. (Amüsiert) Spürt Euch selbst in dieser Energie. Sie ist hier und für Euch vorhanden, Ihr könnt über sie verfügen. Denn Ihr habt darum gebeten, das Spiegelbild Spirits in Euch erkennen zu können. Ihr habt darum gebeten, das Christuslicht in Euch fühlen zu können. Innerhalb dieser nächsten energetischen Entwicklungsstufe (*Evolution*), ist Euch dies möglich, es steht Euch hier zur Verfügung.

Liebe Freunde, ist Euch schon jemals aufgefallen, dass die meisten anderen Menschen diese innere Arbeit nicht in solch einem Umfang betreiben, wie Ihr es tut? Es spielt für sie keine so große Rolle, denn sie suchen immer noch im außen. Ehrt sie dafür, denn es ist angemessen. Und ist es Euch schon einmal aufgefallen, welch enorme Menge an innerer Arbeit Ihr leistet und wie viel Eurer Zeit und Kraft dies alles in Anspruch nimmt? Der Grund dafür ist der, dass Ihr eine Metamorphose durchlauft, einen göttlichen Prozess, einen Prozess der Veränderung.

Morgens nach dem Aufwachen hegt Ihr als Erstes solche Gedanken wie: „Wer bin Ich?“ und „Was sollte ich jetzt tun?“ und „Wohin sollte ich mich bewegen?“ Diese inneren Gedanken erzeugen wesentliche Energien, welche Euch nach vorne, in ein größeres Verstehen befördern. Ja, sie bewegen das ALLES, WAS IST nach vorne. Den ganzen Tag über beschäftigt Ihr Euch gedanklich mit Eurem Selbst - beziehungsweise damit, was Ihr als die andere Seite des Selbst bezeichnet, was Ihr Eure „Selbst-Zweifel“ nennt. Ist Euch mal aufgefallen, dass andere Menschen nicht annähernd so viel innerlich plappern und mit sich selber diskutieren, wie Ihr es tut?

(Kichern) Es geht hierbei nicht etwa darum, dass Ihr den überaus großen Wunsch oder die dringende Notwendigkeit verspüren würdet, den Prozess noch mehr voranzutreiben. Es geht auch nicht darum, dass Ihr stets und ständig Eure Probleme lösen müsst. Nein, es handelt sich hierbei um eine Eigenschaft von Shaumbra, innerlich ständig zu graben und dann noch mehr zu graben und nachzugrübeln, zu erwägen und nachzudenken und immer noch weiter zu graben! Und jedes Mal, wenn Ihr dies tut, wird ein Pfad durch einen Tunnel des Bewusstseins angelegt, den Ihr immer weiter und weiter grabt. Letzten Endes führt der Tunnel zu Erleuchtung und Verstehen. Der Tunnel erschafft eine Öffnung, durch die Eure göttliche Schwingung, Eure göttliche Energie ihren Weg findet.

Verurteilt Euch nicht für Eure innere Arbeit. Sie BEWIRKT einen Unterschied nicht nur in Euch, sondern auch in der Energie dieses Planeten, im Universum sowie innerhalb des Königreiches, aus dem Ihr einst gekommen seid. Liebe Freunde, macht weiter mit Eurer inneren Arbeit. Vollzieht sie in Liebe und Hochachtung.

Jene, die sich mit uns während dieser Lektion verbinden, würdet Ihr als „Anführer" oder als „die Köpfe" jener anderen Councils (*Räte*) bezeichnen, welche ebenfalls mit Menschen arbeiten. Oh, in der Tat gibt es viele Räte! Der Crimson Council ist nur einer von ihnen. Die Arbeit des Crimson Councils besteht darin, die Energie und die Schwingung des Lehrens zu verfeinern. Ihr gehört ebenso dazu, denn durch Eure Energie befindet sich der Crimson Circle auch auf Erden. Ihr seid die Lehrer. Wir sagen nicht: „Ihr werdet die Lehrer sein", sondern Ihr SEID die Lehrer der Neuen Energie.

Jene, die nun für diese Lektion hereingekommen sind, repräsentieren die anderen Councils. Auf unserer Seite des Schleiers gibt es sehr, sehr viele davon. Es gibt beispielsweise Councils, welche sich mit verschiedenen Heilmethoden beschäftigen. Wieder andere beschäftigen sich mit dem Bereich Eurer physischen Medizin. Dann gibt es sogar Councils, die für die Ingenieure zuständig sind! Weitere, die sich mit den alltäglichen Themen des menschlichen Lebens beschäftigen, denn dies ist nicht nur für die Menschen wichtig, sondern auch für das Engelreich. Es gibt Councils, die dafür zuständig sind, Euren Planeten mit den geeigneten Nährstoffen zu versorgen. Das sind jene, die tatsächlich mit den Landwirten und Bauern zusammenarbeiten an der Produktion, am Umgang und an der Entwicklung von Nahrungsmitteln aus dem Bedürfnis heraus, biologisches Leben auf der Erde zu erhalten.

Solange menschliche Engel in einem physischen Körper auf der Erde wandeln, gibt es auch eine ihnen entsprechende Gruppe - eine sehr große Gruppe von Engeln - auf unserer Seite des Schleiers, welche die gleichen spezifischen Energieeigenschaften besitzen und die mit ihnen zusammenarbeiten. Sobald beispielsweise ein Landwirt sich um sein Feld kümmert, sind dort auch die Engel des „Wachstums Councils" (*Growing Council)* anwesend, die dann als eine Art „Energie-Balancer" mit den Bauern zusammenarbeiten. Diese Legionen von Engeln sind aus ganz speziellen Gründen anwesend, nämlich um die Energien auszugleichen, den Raum (*space*) zu halten sowie eine besondere Form von Liebe zur Verfügung zu stellen, welche nur hereinfließen kann, wenn danach verlangt wird. Diese kann nur hereinfließen, wenn darum gebeten wird, wenn Ihr Eure Türen für sie öffnet.

Weiterhin sind unter jenen, welche sich während dieser Lektion mit uns verbinden, „Führer" solcher Councils anwesend, die sich mit der Balance Eures Geldes und Eurer Finanzen beschäftigen. Denn die Finanzen sind ein wichtiger Aspekt Eures jetzigen Lebens auf der Erde. Zwar wird sich dies zukünftig verändern, doch jetzt ist es noch ein wichtiger Aspekt. Nun, es gibt Menschen, die sich mit Finanzen beschäftigen, und demnach gibt es ebenso Councils, die sich damit beschäftigen. Für alle Eigenschaften und Charakterzüge des Menschen - ja, in der Tat, selbst was Eure Kriege und Euer Militär betrifft - gibt es einen jeweils korrespondierenden Council auf unserer Seite, und zwar immer im Verhältnis von Eins-zu-Eins.

Nein, Ihr zählt nicht nur zu einer Gruppe oder einem Council. Das typische Merkmal des Crimson Council besteht darin, dass Ihr alle Lehrende seid. Doch Ihr mögt durchaus ebenso noch anderen „Schwingungs - Councils" angehören. Ihr mögt vielleicht auch noch Teil solch einer energetischen Gruppe sein, die sich damit beschäftigt, Computertechnologie voranzubringen. Ihr mögt vielleicht darin involviert sein, mitzuhelfen die Balance Eurer Umgebung, Eurer Umwelt aufrechtzuerhalten. All das könnt Ihr sein und gleichzeitig auch ein Lehrer, ein Angehöriger des Crimson Circle.

Jene, welche als „Führungsköpfe“ ihren Councils vorstehen, sind also nun für diese Lektion hereingekommen. Sie sitzen im Zweiten Kreis, um zu beobachten und um ihre Energie und ihre Liebe zu überbringen. Warum haben wir sie eingeladen? Warum haben sie gewählt, heute hier bei Euch zu sein? Weil sie, liebe Freunde, von dem Fortschritt, den Ihr macht, sehr beeindruckt sind. Sie kommen her in Ehrfurcht vor den Menschen, die im Inneren erwachen. Euer Fortschritt erweckt Ehrfurcht in ihnen.

War es nicht prophezeit, dass, sobald Ihr das mögliche Chaos um die Zeit des Jahrtausendwechsels, die mögliche Zerstörung und den möglichen Zusammenbruch der Systeme hinter Euch hättet, der nächste große Energiewechsel im Jahre 2012 stattfinden würde, welchen Ihr als das Ende Eures Maya Kalenders bezeichnet? Viele haben vorhergesagt, dass dies die Zeit eines Quantensprungs von der Energie der „Zwei“ in die Energie der „Vier“ sein würde. Ein Wechsel von der Dualität in die göttliche Balance. Und ist Euch bewusst, dass dieses Jahr 2012 kein konkret festgelegter Zeitpunkt ist? Denn aufgrund Eurer Arbeit, Shaumbra, sowie der Arbeit aller Erdenmenschen, rückt dieses Datum immer schneller in Reichweite. Fixiert Euch nicht auf das Jahr 2012 und dass nur dann der Quantensprung des Selbst und letztlich der ganzen Menschheit stattfinden wird. Dies könnte durchaus schon früher geschehen!

Jene, welche sich nun hier versammelt haben, sie erfühlen Eure Energie; sie wägen sie ab und schätzen sie ein. Diese Informationen nehmen sie anschließend mit sich zurück in ihre „Engel - Councils“ auf unserer Seite des Schleiers. Und sie werden weitergeben, was sie hier gesehen und gefühlt haben. Sie werden den anderen Mitgliedern ihres Councils übermitteln, dass sich die Dinge auf dem Planeten Erde schneller bewegen.

Sie werden ihnen von einer Gruppe von Menschen erzählen, welche sich ausgiebig und umfangreich ihrer inneren Arbeit widmet. Die Arbeit von

Shaumbra ist nun an einem Punkt angekommen, dass sie mittels Büchern und Seminaren unterrichtet werden kann, um andere Menschen zu begleiten, die beginnen den Pfad zu beschreiten. Sie werden in ihren Councils von einer Gruppe von Menschen berichten, die dabei helfen, die Erde zu verändern: Die „Changeworker" von Shaumbra! *(A.d.Ü.: Shaumbra - das sind alle Menschen, die sich auf dem Weg ihres inneren Erwachens befinden, nicht nur diejenigen, die Tobias hören oder lesen. Siehe Glossar)*

Ihr könnt nicht so recht glauben, was wir Euch hier erzählen! Es ist schwierig für Euch zu verstehen, nachdem Ihr doch die ganze Zeit gedacht hattet, dass Ihr Euch lediglich nur mit Euren eigenen emotionalen Problemen beschäftigen würdet! (Kichern) Doch in Wirklichkeit grabt Ihr einen Tunnel von der alten Energie in die Neue. Unsere Besucher lachen jetzt; sie fühlen sich wohl bei Euch. Sie sind hier, um die Arbeit, die Ihr hier vollbringt, zu ehren. Doch in erster Linie sind sie hier, um die Nachricht an die anderen himmlischen Räte mit zurückzubringen, dass sich einiges verändert; vor allen Dingen im Bereich der Energien, die nun eine Verschmelzung gestatten, wie sie früher nicht möglich war.

Oh, tatsächlich wird es weiterhin Herausforderungen in Eurem Leben geben. Es werden sich auch weiterhin überall um Euch herum, Situationen der Dualität abspielen. Dies wird sich für geraume Zeit auch nicht verändern. Doch Ihr als Lehrer werdet anders darauf reagieren, denn Ihr werdet nun ein größeres Verständnis, eine größere Weisheit besitzen. Ein anderes Mal werden wir Euch ausführlicher darüber berichten, doch nicht heute.

Und nun bitten wir Euch, erinnert Euch an die folgenden Worte; denn bei vielem, was wir in den kommenden Lektionen behandeln, wird es um Folgendes gehen: Liebe Freunde, es geht nicht mehr um Euch. Es geht nicht um Euch! Ihr dachtet, es wäre so, doch das stimmt nicht. Innerhalb der dritten Serie (*der Dritten-Serie, noch nicht als Buch erschienen*) werden wir uns viel hiermit beschäftigen.

Doch jene, die von den Councils gekommen sind, die hier sind, um mit Euch zu verschmelzen und von Euch zu lernen, legen nun ihre Hände auf Eure Schultern. Sie küssen Euch auf die Stirn und danken Euch dafür, dass Ihr ihre Anwesenheit zugelassen habt. Liebe Freunde, anerkennt sie einfach, jene, die hierher kommen, um bei Euch zu sein; nehmt die energetischen Geschenke und Gaben an, die sie Euch bringen.

* * * *

Nun kommen wir zu Lektion zehn der Schöpfer-Serie. Wir wissen, dass die vorherigen Lektionen nicht immer das waren, was Ihr erwartet hattet! (Kichern) Vielleicht hattet Ihr geglaubt, dass wir Euch einen magischen Gesang (*chant*) beibringen würden? Oder einen feierlich zeremoniellen Tanz? Dieser Tanz, den wir Euch gaben, war wohl schwerlich zeremoniell!

Lektion zehn ist die erste des letzten Viertels der Schöpfer-Serie. In diesen letzten drei Lektionen werden wir Euch wieder einmal mehr herausfordern, indem wir Euch erneut bitten, etwas loszulassen, was Euch lieb und teuer war. Wir werden Euch Werkzeuge geben und wir werden Euch neue Methoden, sowie neue Denkweisen vermitteln; doch wir warnen Euch auch an dieser Stelle, es handelt sich nicht um das, was Ihr vielleicht glaubt. Doch das solltet Ihr ja mittlerweile wissen! (Kichern)

Im Laufe der letzten neun Lektionen haben wir daran gearbeitet, Eure Sichtweise auf Euch selbst zu verändern, und wer Ihr dachtet zu sein. Wir haben daran gearbeitet, Euch dabei zu helfen, die Neue Energie zu verstehen, das, was sie ist und was sie ausmacht. Wir haben daran gearbeitet, Euch verstehen zu helfen, woher Ihr kommt und warum Ihr hier seid.

In den ersten drei Lektionen ging es um das „Zulassen“, das Zulassen und das Annehmen. Alle Dinge so zu akzeptieren, wie sie sind; hinter der kleinen Mauer zu stehen. Zu lernen, sich selbst zu akzeptieren - wohl eine der schwierigsten Lektionen überhaupt - zu lernen, sich selbst anzunehmen. Darum haben wir so ausführlich darüber gesprochen, was Ihr gerade durchmacht; was Ihr alles erreicht habt; über die innere Arbeit, die Ihr vollbracht habt. Und Ihr habt Euch gegrämt, weil Ihr dachtet, zu viel Zeit mit Euch selbst beschäftigt zu sein. Wir sind hier, um Euch zu sagen, dass diese Wahrnehmung nicht den Tatsachen entspricht! Denn es geht um die Veränderung von etwas weitaus Größerem.

Lektion drei handelte ebenfalls vom Akzeptieren, davon, sich im Göttlichen Moment zu befinden und nicht mehr in der Vergangenheit zu leben. Denn die Vergangenheit, meine lieben Freunde, ist in vielerlei Hinsicht Eure Zukunft. Wir haben mit Euch darüber gesprochen, im Göttlichen Moment zu stehen, im Göttlichen Raum und sich nicht darum zu sorgen, was passieren oder was sein wird. Denn es geht darum, im „Jetzt - Moment" zu leben.

Lektionen vier bis sechs handelten vom Loslassen. Sie handelten davon, Altes gehen zu lassen. Weiterhin haben wir mit Euch darüber gesprochen, Eure Themen in den Ofen der Gnade zu legen (Lektion vier). Lektion vier handelte vom Entlassen, davon, alles an Eure eigene Göttliche Energie zu übergeben. Entlasst es aus Euren Händen, aus Eurem Sinn und legt es in den Göttlichen Prozessor, der in Euch existiert. Diese Lektionen handelten davon, alles Eurer inneren Göttlichkeit zu überlassen. Und versteht, sobald Ihr dies tut, werdet Ihr offensichtliche Veränderungen in Eurem Leben bemerken (Lektion fünf). Diese Veränderungen sind angemessen und darum segnet und begrüßt sie.

Sowie die Veränderungen dann eintreten und Ihr lernt, diese zu segnen, befindet Ihr Euch in Göttlicher Balance (Lektion sechs). Gestattet Euch selbst eine neue innere Balance, ein neues inneres Gleichgewicht, nicht mehr das der Dualität, nicht mehr das der Zwei, sondern eines der göttlichen Balance der Vier. Weiterhin haben wir mit Euch über die vier Murmeln gesprochen, darüber, dass es in der Vergangenheit eine dunkle, eine helle und noch eine dritte Murmel gab, die sich wie ein Chamäleon verändern konnte, indem sie die jeweils überwiegenden Eigenschaften des Lichtes oder der Dunkelheit annahm. Doch wir sagten Euch auch, dass nun ein viertes energetisches Element hinzukommt, eine vierte Murmel, die das notwendige Gleichgewicht bereithalten würde, um Euch über die Dualität hinaus in die Neue Energie zu bringen.

Und dann, in den darauf folgenden drei Lektionen (Lektionen sieben bis neun) erörterten wir, wie der Prozess des Erschaffens in Gang gesetzt wird. Wir sprachen mit Euch über den breiten Pinselstrich des Erschaffens (Lektion sieben), also wie man mit einem großzügigen Strich kreiert. Weiter haben wir Euch gebeten, keinerlei Absicht damit zu verbinden, keinerlei spezielle Absicht, sondern einfach nur den Schöpfungsprozess mit einem breiten, großzügigen Pinselstrich zu initiieren. Dies setzt dann einen Prozess in Gang, welcher die Dinge aus der Neutralität herausholen und in Bewegung bringen wird; nicht nach links und auch nicht nach rechts, sondern er wird ihr Potenzial in alle Richtungen nach außen erweitern.

Sobald der Prozess, ein „Schöpfer auf Erden" zu sein, initiiert ist, wird noch eine weitere Energie benötigt, um die Dinge schließlich auch zu manifestieren. Darüber sprachen wir in der Lektion acht: Empfange die Frucht der Rose. Diese Lektion handelte vom Erwachen jener Passion, jener Leidenschaftlichkeit, welche schon immer Euch gehörte, jedoch eine ganze Zeit lang wie eingeschlafen war. Sie bringt die göttliche Energie in Euch hervor. Darum ist es nun an der Zeit, diese Leidenschaft wieder in Euch zu integrieren, sie in Eurem Inneren zu empfangen. Dies ist nicht mit viel Arbeit verbunden, Ihr habt weder eine feierliche Zeremonie dafür abzuhalten, noch habt Ihr darum zu kämpfen oder 21 Nächte hintereinander dafür zu beten! Ihr erhaltet und empfangt einfach, was Euch gehört.

Dann entströmen die Schwingungen Eurem Neuen Haus, hinaus in die Euch umgebende Welt. Es sind Schwingungen der Liebe, des Mitgefühls und der Weisheit, die Ihr auf andere Menschen ausstrahlt. Es ist wie ein Licht, das zu ihnen hinausleuchtet, doch gleichzeitig ist damit auch eine Art Umkehrschwingung verbunden, welche wieder zu Euch zurückkehrt. Mit der Unterstützung Eurer Läufer werden diese Schwingungen Euch dann alle angemessenen Dinge bis vor die Tür Eures Hauses zurückbringen (Lektion neun). Euch weiterhin in Eurem Neuen Haus aufzuhalten und das ICH BIN zu sprechen - all dies gehört zum neuen Schöpfungsprozess. Dieser Prozess wird durch Eure Leidenschaft unterstützt und vorangebracht. Eure Schwingungen werden ausgesandt in die gesamte, Euch umgebende physische Welt. Was dann zu Euch zurückkommt, sind all diese Dinge, welche Ihr in angemessener Weise benötigt. Möglicherweise werdet Ihr sie nicht gleich als angemessen oder angebracht empfinden, doch sie sind es. Alles, was Ihr gerade durch Eure gesamte Arbeit erschafft, wird auf die angemessenste Weise zu Euch zurückkehren.

Nun beginnen wir mit der letzten Serie dieser Lektionen (Lektion zehn-zwölf), in denen es darum geht, ein Schöpfer auf Erden zu sein. Heute werden wir wieder für einen Moment über Jacks Reise berichten. Es wird Euch helfen zu verstehen, warum die Dinge so sind, wie sie sind und warum Ihr gerade in Eurem Leben bestimmte Erfahrungen macht.

Und es gibt da noch etwas, etwas Euch sehr Kostbares, von dem wir Euch bitten werden, es loszulassen. Vielleicht wird dies eine Herausforderung für Euch bedeuten und das Loslassen fällt Euch möglicherweise nicht leicht, doch sobald Ihr das Alte gehen lasst, wird Platz geschaffen für das Neue. Denn, wie Ihr ja schon bemerkt habt, werdet Ihr die Antworten, nach denen Ihr sucht, nicht mehr auf den alten Wegen finden.

Was Ihr gerade bemerkt, ist, dass die Antworten nicht im „Alten" zu finden sind. Die Antworten sind nicht dort, wo Ihr sie in der Vergangenheit gefunden habt. Ihr macht jetzt gerade solcherlei Erfahrungen in Eurem Leben. Zum Beispiel erscheint plötzlich wieder jemand in Eurem Leben, den Ihr einmal vor Jahren kanntet. Oder eine alte Krankheit, von der Ihr dachtet, dass sie verschwunden sei, taucht auf einmal wieder auf. Oder eine emotionale Situation, die Ihr längst erlöst glaubtet, holt Euch wieder ein und ebenso der damit verbundene emotionale Schmerz. Und dann werdet Ihr ganz konfus und fragt Euch, warum Ihr mit dieser Situation nicht umgehen könnt, wie Ihr es früher getan habt, und Ihr fragt Euch, warum sie zum jetzigen Zeitpunkt zurückkommt. Meine lieben Freunde, die Antwort darauf befindet sich nun an einem anderen Ort. Sie befindet sich in der Neuen Energie. Die Antworten auf alles, was in Eurem Leben geschieht, befinden sich jetzt in der Neuen Energie.

Wir werden hier noch einmal für einen Moment abschweifen. Denn diese inneren Herausforderungen, die Ihr gerade durchlebt, beziehen sich nicht mehr auf vergangene Leben, da die meisten von ihnen, mit Ausnahme kleiner Rückstände, bereits gegangen sind. Diese Herausforderungen, die Ihr durchlebt, haben zum größten Teil noch nicht einmal etwas mit diesem Leben zu tun, denn Ihr wisst ja selbst, wie weit Ihr Euch entfernt fühlt von dieser Person, die Ihr noch vor fünf, vor zwanzig oder gar dreißig Jahren gewesen seid. Nicht einmal zu Eurem Selbst jener Zeit könnt Ihr noch eine

Verbindung herstellen. Warum? Weil Ihr Euch verändert habt. Weil Ihr Euch schon in Euer nächstes Leben hineinbegeben habt, obwohl Ihr noch hier *(im Körper auf Erden)* seid.

Diese Herausforderungen, die Ihr gerade durchlebt, sie beziehen sich direkt auf Euer uranfängliches Durchqueren der Feuerwand, mit dem ein tiefes Trauma einherging. All Eure Vorstellungen darüber, was Ihr jemals zu sein glaubtet, wurden hier zutiefst erschüttert.

Als Jack diese Feuerwand durchquerte, wir haben ja schon öfter darüber gesprochen, war dies eine höchst traumatische Erfahrung für ihn. Als Jack von der Ersten Schöpfung durch die Wand hindurch in die Leere hinüberwechselte, veränderte dies alles für ihn. Alles wurde vollständig anders. Denn als sich Jack noch im Königreich befand, waren alle Dinge eins. Es gab nur ein einziges Ziel, eine einzige Richtung und einen einzigen Willen. Alle Dinge entströmten dem Zentrum des Königreiches und strahlten von dort ins außen. Das war wundervoll, es war erfüllt von Frieden und Liebe. Alle Dinge der Ersten Schöpfung, des Ersten Schöpfungskreises, waren in dieser Art. Sie waren eins, geboren aus einem Willen. Doch als Jack die Feuerwand durchquerte und sich in der Leere wiederfand, besaß er plötzlich eine neue Eigenschaft. Diese wurde „der Freie Wille" genannt.

Nachdem Jack also hinübergewechselt war, besaß er von nun an das Geschenk des Freien Willens. Dies bedeutete nicht mehr länger die singuläre Ausdehnung des ALLES, WAS IST. Er war in eine neue Dimension eingetreten. Jack war von jeher ein Prinz gewesen, der Sohn des Königs und der Königin, derjenige, der eines Tages den Thron besteigen würde. Doch nun erfuhr er etwas vollkommen anderes - den Freien Willen. Er wusste nicht so recht, wie er damit umgehen sollte. Denn er hatte von jeher geglaubt seinen Auftrag, sein Ziel und seinen Vertrag zu kennen im einheitlichen Willen des Königreiches. Und jetzt stand ihm einfach alles zur freien Verfügung, alle Dinge waren nun möglich. Es gab keinerlei vorgeschriebene Wege oder Muster mehr.

Jacks Reise ist Eure Reise. Jeder von Euch hat erfahren, was es heißt, aus dem Einen Willen heraus und in den Freien Willen überzugehen.

Dies ermöglichte Euch viele interessante Erfahrungen, denn letztendlich gestattete es Euch, ein freier Schöpfer zu sein. Und Spirit segnete dies alles.

Dieser Freie Wille - den Jack, Ihr und all die anderen menschlichen Engel erhielten-, dieser Freie Wille versetzte Euch nun in die Lage, die Schöpfung auf eine Art und Weise zu erweitern, wie es noch niemals zuvor möglich war. Versteht Ihr die weitreichende Bedeutung dessen? Vorher hattet Ihr nur einen einzigen Willen - liebevoll, in der Tat, gesegnet, wahrhaftig - jedoch in der ursprünglichen Schöpfung war er singulär, der des Einen. Dagegen wurde Euch, als Ihr die Wand durchquertet, der Freie Wille geschenkt.

Als Jack zur Erde kam und seine körperliche Biologie annahm, besaß er immer noch den Freien Willen, doch jetzt besaß er noch etwas Zusätzliches, den „Schleier". Der Schleier verhinderte Jacks bewusste Erinnerung an seine jeweiligen Inkarnationen. Der Schleier verhinderte auch Jacks Erinnerung an jene Reise, die ihn vom Königreich in die Leere geführt hatte, in welcher er mitgeholfen hatte, die energetischen Muster Eures Universums zu erschaffen. Kombiniert Ihr diese zwei kraftvollen Elemente miteinander - den Schleier und den Freien Willen - dann ergibt sich eine sehr starke und einflussreiche Energie, mit der Ihr bisher die ganze Zeit gelebt habt.

Ihr hattet jederzeit den Freien Willen, das zu tun, wozu Ihr Euch entschieden hattet. Und Ihr hattet ebenso auch den Schleier, der Euch davon abhielt, Euch an Eure Erfahrungen zu erinnern. Und hier seid Ihr jetzt, Shaumbra, kurz vor der Vollendung Eurer eigenen Inkarnationskreisläufe auf der Erde. Ihr steht kurz vor der Vollendung Eurer Reise, beschäftigt mit den abschließenden Klärungen, die es Euch ermöglichen werden, in das neue Bewusstsein einzugehen.

Und wir sagten es bereits, Ihr kehrt von hier aus nicht mehr nach Hause zurück. Ihr erweitert Euch kontinuierlich; doch der Punkt wird kommen, an dem der Schleier gelüftet und freigegeben wird, an dem Ihr Eure Reise vollständig verstehen werdet, an dem Ihr vollkommen verstehen werdet, warum Ihr hier und wer Ihr in Wirklichkeit seid.

In der Zwischenzeit geht Ihr hier durch viele Veränderungen und Herausforderungen Eures Lebens. Ihr hattet möglicherweise bestimmte Erwartungen, auf welche Art und Weise dieser Aufstiegsprozess vor sich geht, und dann ist alles ganz anders als gedacht. Er ist nicht so, wie Ihr dachtet, dass er sei! Sobald sich Euer Kreis vollendet, liebe Freunde, geschieht etwas sehr Interessantes. Ihr werdet einen bestimmten Schritt vollziehen. Und Ihr wisst längst, dass er ansteht, doch Ihr braucht noch eine Bestätigung von außen. Innerhalb dieser Lektion channeln wir dieses Wissen an Euch zurück. Der Schritt ist recht einfach. Um wirklich ganz in die Neue Energie überzugehen, um dieser Schöpfer zu sein, der Du wahrhaft bist, hast Du über Deinen Freien Willen hinauszugehen - in Deinen Göttlichen Willen hinein.

Lektion zehn der Schöpfer-Serie: Kehre ein in Deinen Göttlichen Willen. Es ist ein einfacher, jedoch auch ein ermächtigender, weitreichender Schritt. Er erscheint zunächst ganz offensichtlich, doch sobald Ihr beginnt, mit Eurem menschlichen Verstand darüber nachzudenken, erschreckt oder ängstigt er Euch möglicherweise. Ihr bemerkt ihn bereits und Ihr seid aufgefordert - Cauldre wird uns mit Sicherheit an dieser Stelle wieder mit seinen kritischen Fragen bombardieren! - Ihr seid aufgefordert, Euren Freien Willen zu entlassen und Euch in den Göttlichen Willen zu begeben. Nun, lasst uns für einen Moment darüber sprechen, was der Unterschied ist.

Cauldre stöhnt gerade: „Oh, Tobias, was hast Du denn da heute schon wieder durchgegeben?“ Hmmm.

Lektion zehn: Kehre ein in Deinen Göttlichen Willen. Als Ihr auf die Erde gekommen seid mit Eurem Freien Willen und der Dualität, ermöglichte Euch diese Kombination im Spiegel (*der Umwelt*) zu erkennen, wer Ihr wart. Der Freie Wille ermöglichte Euch, Licht und Dunkelheit zu erkennen. Er ermöglichte Euch, nach oben und nach unten zu sehen, doch in gewisser Weise ist der Freie Wille in Kombination mit dem Schleier auch sehr einschränkend, wie Ihr ja (*schon*) gemerkt habt. Viele von Euch haben sogar infrage gestellt, ob Ihr denn jemals WIRKLICH einen Freien Willen hattet oder ob Ihr nicht einfach die Marionetten der Engel oder Spirits gewesen seid. Aber nein, tatsächlich habt Ihr jederzeit über einen Freien Willen verfügt.

Sobald Ihr Euch in den Göttlichen Willen hineinbewegt, geht Ihr über die Dualität und jene Trennung, die Ihr schon seit der Feuerwand in Euch tragt, hinaus. Ihr überwindet jene Trennung, die Ihr zum ersten Mal erlebtet, als Ihr das Königreich verlassen hattet, die Trennung von Spirit. Wenn Ihr Euch in den Göttlichen Willen hineinbegebt, dann handelt es sich um jenen Göttlichen Willen, welcher Eurem Inneren entspringt. Auf den tiefsten Ebenen Eures wahren Seins seid Ihr über ihn mit Spirit verbunden und in Ihn integriert. Sobald Ihr Euch in den Göttlichen Willen hineinbegebt, geht Ihr über dieses Menschsein, welches Ihr stets mit Euch getragen habt, hinaus. Ihr überwindet die Dualität, die, seitdem Ihr auf die Erde gekommen seid, ein Teil von Euch war. Ihr lasst die Zwei hinter Euch und geht ein in das, was wir „Das ALLES" nennen.

Im Göttlichen Willen wird es Lösungen geben, wie es sie nie zuvor gegeben hat, weil sie innerhalb des Freien Willens und der Dualität nicht in Erscheinung treten konnten. Im Göttlichen Willen werdet Ihr nicht mehr so viel über Euch selbst nachdenken, sondern in ein umfassenderes Mitgefühl und Verständnis für ALLES, WAS IST eintreten.

Der Göttliche Wille befindet sich nicht außerhalb von Euch. Er befindet sich im Inneren. Sobald Ihr den alten Freien Willen entlasst und den Göttlichen Willen umarmt, stellt Ihr eine ganz neue Verbindung zu Spirit her; eine ganz bewusste Verbindung und ein ganz bewusstes gegenseitiges Verständnis, welches Ihr seit Äonen nicht mehr empfunden habt.

Im Göttlichen Willen zu sein bedeutet nicht, einfach herumzusitzen und darauf zu warten, dass Gott, dass Spirit Euch mitteilt, was Ihr tun sollt. Er ist bereits ein Teil von Euch. Es geht um ein tiefes Verstehen, dass Spirit bereits im Inneren anwesend ist. Es gibt keine Stimme, die von außen zu Euch spricht. Spirit, Gott, die Göttlichkeit, das Christusbewusstsein - all das ist bereits in Euch. Göttlicher Wille bedeutet, auf diese tiefe, leidenschaftliche Stimme im Inneren zu hören.

Wenn Ihr mit dieser Lektion zu arbeiten beginnt, werdet Ihr Euch fragen: „Was ist dieser Göttliche Wille?" oder „Ist dies mein verrücktes Gehirn, was da wieder einmal zu mir spricht?" Und in gewisser Weise mögt Ihr Euch wie gelähmt fühlen, dies entscheiden zu müssen. Wir aber sagen Euch, sobald dies eintritt, begebt Euch einfach an einen Ort des Friedens und sagt Euch: „ICH BIN im Göttlichen Willen." Und wisst, dass alles, was daraus resultieren wird, der Göttliche Wille ist.

Ihr habt Euch an die alten Eigenheiten des Freien Willens oder des „Dualität - Willens" gewöhnt, an dieses fortwährende innere Hin-und Hergekämpfe Eures Verstandes. Sobald Ihr Euch in den Göttlichen Willen hineinbegebt, werden solch neuartige Lösungen zu Euch kommen, die weit über das hinausgehen, was Ihr bisher erlebt habt. Dann werdet Ihr nicht mehr das Gefühl haben, dass es sich dabei um diese beiden Stimmen Eures alten menschlichen Selbst(es) handelt, welche ständig miteinander vor und zurück argumentieren, wie es früher noch so häufig der Fall war. (Kichern) Sobald Ihr in den Göttlichen Willen eintretet, werdet Ihr eine ganz andere Art von Antwort, welche dem ALLES entspringt, fühlen, spüren oder vielleicht auch hören. Doch begreift - und wir betonen dies ausdrücklich -, dass sie immer und ausschließlich nur Eurem Inneren entstammt! Solltet Ihr außerhalb Eurer selbst nach diesen Antworten suchen, solltet Ihr glauben, dass es eine Wesenheit außerhalb von Euch gibt, die Euch von nun an sagen wird, was Ihr tun sollt, dann sucht Ihr am völlig falschen Ort! Dann sucht Ihr am Ort der alten Energie. Göttlicher Wille entstammt dem Innen; Göttlicher Wille existiert in Euch, in diesem Moment. Und wie wir anfangs schon sagten, und wir müssen darüber kichern, sehen wir dieses Licht klar und deutlich in Euch, doch könnt Ihr es bisher noch nicht erkennen.

Lektion zehn: Kehre ein in Deinen Göttlichen Willen. Möglicherweise werdet Ihr Euch anfangs hiermit ein wenig unbeholfen fühlen. Ihr werdet meinen, von Spirit erst eine Bestätigung zu brauchen: „Ist es angebracht und richtig, dieses oder jenes zu tun? Was sagst Du dazu, Spirit, was sagt Ihr Geistführer dazu? Ich brauche eine Antwort von außen." Doch sie wird nicht dort sein; Ihr werdet gar nichts hören, wenn Ihr sie dort sucht.

Sobald Ihr in den Göttlichen Willen einkehrt - ein sehr leichter, sehr einfacher Schritt, wird die Antwort zu Euch kommen. All Euer Wissen und Verstehen wird dann einem Ort Eures Inneren entstammen, mit dem Ihr bisher nur wenig Erfahrungen gemacht habt. Es wird ein reiches Wissen und ein erfüllendes Verstehen sein. Und ohne jeden Zweifel werdet Ihr dann auch wissen, woher es stammt, denn es ist voller Liebe. Es wird aus genau jenem Teil Eures Inneren fließen, der wirklich Spirit ist. Dies ist dann keine mentale Übung mehr, sondern ein dynamisches Gefühl, welches sich in Eurem Inneren zunehmend entfaltet.

Es ist jetzt an der Zeit, das loszulassen, was Ihr als Erstes, nachdem Ihr die Feuerwand durchquert hattet, erfahren habt. Es ist jetzt Zeit, die Eigenschaft, welche „Freier Wille" genannt wird, zu entlassen. Oh, als Ihr ihn anfänglich in Besitz nahmt, war er ein ganz unglaubliches Spielzeug für Euch; ein ganz unglaubliches Spielzeug für einen Engel, der kurz zuvor die ganz unglaubliche Erfahrung der Feuerwand durchlebt hatte. Und gleichermaßen erschreckte sie Euch auch, denn Ihr hattet noch niemals einen Freien Willen besessen. Ihr kanntet bisher nur diesen Einen, sich Ausdehnenden Willen.

Doch nun bekamt Ihr auf einmal Macht, Ihr konntet eine Wahl, eine Entscheidung treffen, was noch niemals zuvor der Fall gewesen war. Und Ihr nahmt diesen Freien Willen an und begannt im Universum, in der Leere damit zu spielen. Euer Freier Wille war wie ein unglaubliches, Ehrfurcht gebietendes Schöpfer-Werkzeug. Ihr konntet auf einmal Dinge tun, die Ihr nie zuvor getan hattet. Ihr konntet damit in der Leere spielen und beispielsweise die Sterne erschaffen oder ganz neue Energien kreieren. Ihr konntet sogar mit anderen Wesenheiten kämpfen! Das hattet Ihr im Königreich nicht gekonnt.

Dieser Freie Wille war ein ganz unglaubliches, neues Spielzeug. Doch er verursachte auch eine Menge Kummer, Not und Mühsahl, Schmerz und Leid entlang Eures Weges. Ihr nahmt Euren Freien Willen und begabt Euch an Orte, die niedriger als niedrig waren, in die tiefsten aller Tiefen, an solch schmerzerfüllte Orte, welche sich die gesamte Schöpfung jemals hat vorstellen können. Dabei hattet Ihr einfach mit der Neuen Energie gespielt. Oh, natürlich gebrauchtet Ihr sie auch für die wunderbaren Orte der Liebe, des Teilens und des Mitgefühls in der Schöpfung des Lichtes.

Dieses Geschenk des Freien Willens habt Ihr besessen, seit Spirit es Euch gegeben hat. Seit Äonen seid Ihr nun im Besitz dieses Geschenkes. Es hat Euch gut gedient, um etwas in der Leere zu kreieren, um das Universum, die Galaxien und die Sterne zu erschaffen. Der Freie Wille diente Euch ebenso gut, als Ihr Euch auf der Erde inkarniert habt. Er erlaubte Euch zwischen Licht und Dunkelheit, der weißen und der schwarzen Murmel wählen zu können.

Doch jetzt ist es an der Zeit, meine lieben Freunde, in den Göttlichen Willen einzutreten. Dies wird erneut eine Herausforderung sein. Und Ihr fragt Euch, was das ist, dieser „Göttliche Wille" - und wer ihn trägt? Ist es Spirit, der nun wieder zurückkommt, um Euch zu sagen, was Ihr tun sollt? Sind es Eure Geistführer oder Engel, die Euch etwas vorschreiben? Nein, der Göttliche Wille entstammt Eurem Inneren; es ist Euer eigener Wille, doch jetzt auf einer göttlichen Basis, welche die Dualität überwunden hat. Er geht über die Euch gewohnte menschliche Dynamik hinaus und ist direkt mit ALLEM, WAS IST, mit Spirit verbunden; doch versteht auch, Ihr seid Spirit. Göttlicher Wille kommt von innen. Er enthält Antworten, Lösungen, Erfahrungen und eine neue Ermächtigung, wie Ihr sie noch nie zuvor erfahren habt.

Es wird eine Herausforderung für Euch sein, denn Ihr werdet BEIDES behalten wollen, Euren Freien Willen und Euren Göttlichen Willen! (Kichern) Ihr werdet die wunderbaren Eigenschaften des Freien Willens behalten wollen, noch während Ihr den neuen Göttlichen Willen annehmt. Jedoch auf diese Art und Weise funktioniert es nicht. Einer hat jeweils immer losgelassen zu werden, bevor der andere erfahren werden kann.

Wenn jetzt etwas an Eure Tür klopft und Ihr tanzt nun damit - so haben viele von Euch Spirit schon gefragt: „Okay, ich tanze, aber wie soll das gehen? Wann endet dieses Lied? Und wer soll führen? Welche Schritte sollten wir machen?" Noch während Ihr tanzt, vollzieht diesen Schritt in Euren Göttlichen Willen hinein.

Angenommen Ihr befindet Euch in einer Eurer alltäglichen Situationen, einer schwierigen Situation vielleicht mit einem Kollegen. Der

Kollege kommt und klopft an Eure Tür. Ihr habt dem zugestimmt, dass es Zeit sei zu tanzen. Ihr tanzt also jetzt (*anstatt in gewohnter Weise zu reagieren*) und Euer Kollege sieht Euch voller Erstaunen an. Jetzt fragt Ihr: „Spirit, und was soll ich als Nächstes tun, ich tanze jetzt, doch wie geht es nun weiter?“ Nun, indem Ihr in den Göttlichen Willen einkehrt.

Was dann geschieht, können wir Euch nicht so gut beschreiben, denn Ihr werdet Euch in einen neuen Ort (*Zustand*) bewegen, welcher über die Dualität hinausgeht. Und dort werden Euch Erkenntnisse zuteil werden, die nicht einmal wir annähernd beschreiben können. Ihr werdet zu ganz neuen Einsichten gelangen und solch neue Ebenen der Schwingung und Energie erleben, welche die Wege des Freien Willens in der alten Energie nahezu flach erscheinen lassen. Sie werden Euch im Vergleich langweilig, undynamisch und leidenschaftslos vorkommen. Sobald Ihr in den Göttlichen Willen eintretet, werden die Dinge sehr schnell erweitert!

Mit dem Göttlichen Willen kommen die Antworten, die Lösungen und ein größeres Gesamtbild. In dem Augenblick werdet Ihr genau wissen, was zu tun ist. Ihr werdet genau wissen, was mit dieser Energie, die dann zu Euch kommt, anzufangen ist. Wir werden in unseren nächsten zwei Lektionen mehr darüber erzählen. Doch jetzt fordern wir Euch mit dieser Lektion zehn heraus. Kehre ein in Deinen Göttlichen Willen. Möglicherweise kommt dies einigen von Euch sehr einfach vor. Einige von Euch werden sagen: „Ich bin mehr als glücklich, das nun machen zu können“, doch Ihr werdet bald feststellen, dass die Eigenschaften des Freien Willens seit Eurem Eintritt in diese Schöpfung stets die Euren waren. Diese alte Energie des Freien Willens hat Euch über Äonen begleitet und auf einer inneren Ebene werdet Ihr daran festhalten wollen. Sich in den Göttlichen Willen zu begeben, wird eine Herausforderung für Euch darstellen.

Bevor Ihr diesen Schritt wagt, werdet Ihr erst einmal ganz genau wissen wollen, was das überhaupt ist, dieser Göttliche Wille. Meine lieben Freunde, mit Eurem gegenwärtigen Bewusstsein, ist es Euch nicht möglich, die Eigenschaften des Göttlichen Willens zu definieren. Ihr habt Euch erst hineinzubegeben und ihn zu erfahren. Einmal mehr bitten wir Euch, diese Kluft allein zu überqueren, ohne dass wir Euch hinüberbringen. Wir wissen, dass Ihr einige Zeit über die Bedeutung und die Folgen dieses Schrittes nachdenken werdet, denn er bedeutet, den Freien Willen zu entlassen. Freier Wille kann eine wunderbare und sehr lustige Angelegenheit sein. Ich weiß es, denn ich habe ihn erfahren! Er ist eine äußerst erstaunliche Energie. Doch der Göttliche Wille ist weitaus großartiger, in sich vollständiger und von viel erfüllenderer Natur. An denjenigen, der gefragt hat: „Spirit, was ist es, was ich tun sollte, was ist mit meiner Arbeit, was ist mit meiner Beziehung, was möchtest Du, was ich jetzt tue?" Wir sagen Dir, dass es Zeit für Dich ist - dass, sobald Du bereit bist, - es Zeit für Dich ist, in den Göttlichen Willen einzukehren. Denn im Göttlichen Willen wird Dir all dieses Wissen zuteil werden.

Uns ist bewusst, dass es viele Diskussionen um diese Lektion geben wird. Es wird eine Menge Herausforderungen für Euch geben. Es wird diejenigen geben, die uns und Cauldre anklagen, dass wir Euch darum bitten würden, dieses Geschenk Gottes, Euren Freien Willen, einfach aufzugeben; die uns anklagen, dass wir Euch darum bitten würden, etwas aufzugeben, was der Eckpfeiler, der Grundstein nicht nur all Eurer Erfahrungen auf Erden gewesen ist, sondern auch der jener Zeit, als Ihr der Leere Strukturen gegeben habt. Tatsächlich werden sich einige von Euch allein aufgrund dieses Vorschlages von dieser Gruppe entfernen! Denn sie können den Göttlichen Willen noch nicht so richtig erkennen und verstehen, weder seine Bedeutung noch seine natürlichen Folgen. Der Göttliche Wille hilft Euch dabei, den Kreis all Eurer gelebten Erfahrungen seit der Durchquerung der Feuerwand zu schließen und zu vollenden. Er befördert Euch auf eine ganz neue Ebene der Erkenntnis.

Wir lieben Euch von ganzem Herzen für die Arbeit, die Ihr vollbringt. Wir lieben Euch dafür, dass Ihr immer wieder mit uns weiter nach vorn geht; dass Ihr weiter durch diese Lektionen geht; dass Ihr sie so sorgfältig und gewissenhaft studiert. Wir lieben Euch für die Tatsache, dass Ihr jede dieser Lektionen aufnehmt, mit ihnen arbeitet, über sie nachdenkt und Euch bemüht, sie in Eurem Leben anzuwenden. Wir lieben Euch dafür.

In den nächsten Lektionen wollen wir Euch dabei helfen zu verstehen, in welcher Weise die Energie tatsächlich bewegt wird, sobald Ihr Euch in den Zustand des ICH BIN begebt. Denn das ICH BIN ist die Basis, das Fundament, das JETZT. Wir werden mit Euch arbeiten, Euch helfen zu verstehen, in welcher Weise Energie bewegt werden kann, Energie beeinflusst werden kann und wie man zu einem wahren Schöpfer wird.

Jene, welche sich heute im Zweiten Kreis versammelt haben, spenden Euch gerade sowohl bildlich als auch buchstäblich Beifall. Sie sind eingeladen worden, um Eure Reaktionen auf diese Lektion wahrzunehmen und zu spüren. Denn gerade diese Lektion wird bei sehr vielen Menschen eine mentale Blockade hervorrufen - gleich einer sehr hohen Hürde, die es zu überwinden gilt. Im Grunde gibt es dieses Mal für Euch nicht viel zu tun, es ist kein stundenlanges Üben und Lernen erforderlich. Es geht einfach darum etwas loszulassen, was Euch bisher sehr vertraut und nahe war, und Euch auf eine Forschungsreise zu begeben, in eine vollkommen neue Art von Energie.

Es liegt ganz bei Euch, diesen Schritt zu vollziehen, liebe Freunde, es liegt allein in Eurer Verantwortung, wann und wie Ihr ihn wagt. Vollzieht ihn in Eurer eigenen Zeit, in Eurem eigenen Raum (*space*). Solltet Ihr all dies jetzt noch nicht so gut verstehen und sollte es Euch innere Konflikte bereiten, lasst Euch Zeit damit. Nehmt Euch die Zeit, die Ihr dafür braucht. Durch diesen Prozess hindurch sowie auch während Eures ersten Schrittes in den Göttlichen Willen hinein wisst, dass Ihr niemals allein seid, denn Legionen von Wesenheiten sind bei Euch. Wir lieben Euch tief und von ganzem Herzen.

Und so ist es.

Lektion Elf

Danke Dir selbst

Und so ist es, liebe Freunde, dass wir innerhalb unserer Shaumbra - Familie wieder einmal zusammenkommen, dass wir uns versammeln in unserem Kreis. Es scheint, als wären erst einige Augenblicke vergangen, seit wir hier mit Euch gesessen haben und über Euren göttlichen Willen sprachen; uns gemeinsam in diese neue Energie begaben, welche der Wahrheit, der Hoffnung und der Liebe Eures wahren Wesens ermöglichte hervorzutreten. Und nun sind wir wieder zusammen hier mit der Familie für Lektion elf dieser Schöpfer-Serie.

Manchmal, wenn wir in Euren Raum hineinkommen, fällt es uns sehr schwer, all unsere Liebe in Worte zu fassen, denn diese Energie hier ist so tief und so süß! Es ist wirklich sehr schwierig für uns, mit dem Sprechen zu beginnen, all diese Liebe auszudrücken, diese wahrhaft sehr, sehr süße Liebe. Denn wir sind hier in einem Kreis von Menschen, die sich auf einer schier unglaublichen Reise befunden haben. Es scheint schon Äonen her zu sein, dass Ihr Euer Zuhause verlassen habt. Und trotz aller Herausforderungen arbeitet Ihr weiter daran, Euch mit Liebe zu erfüllen. In Zeiten wie diesen findet Ihr zusammen, um Euch gegenseitig zu begegnen - von Mensch zu Mensch - und um Euch mit den Engeln zu verbinden, welche jetzt hereinkommen. Was für eine wundervolle Wiedervereinigung! Wir haben heute viel mit Euch zu besprechen.

Lektion elf ist eine derjenigen Lektionen, die oberflächlich gesehen sehr einfach anmuten, doch in Wirklichkeit eine Herausforderung darstellen! Wir können es gar nicht erwarten, sie Euch zu offenbaren. (Kichern) Jene, welche sich für diese Lektion mit Euch verbinden, sie fluten nun herein in den Zweiten Kreis. Es sind überaus viele, die herkommen, und sie tragen eine ganz besondere Energie, über die wir gleich noch sprechen werden.

Sie treten jetzt in den Zweiten Kreis ein. Du, der Mensch, befindest Dich im Ersten Kreis, dem Kreis der Ehre. Jene anderen des Zweiten Kreises, sie sind die Beobachter, die geladenen Gäste. Bezüglich dieser Lektion sind sie aus einem ganz besonderen Grund heute hier. Erfühlt ihre Energie, denn sie ist Euch sehr vertraut; Ihr kennt sie gut, denn sie beinhaltet die kraftvollen Spuren Eurer Vergangenheit.

Wisst, sowie Ihr diese Lektionen lest, überbringen wir Euch in derselben Zeit auch ein energetisches Geschenk. Während Ihr dies lest, steht es Euch hier und jetzt zur Verfügung. Wir bringen es Euch als eine Art Überbleibsel aus jener Zeit, in der wir uns noch mit Euch verschmolzen haben, während Ihr diese Lektionen im Inneren aufgenommen habt. Öffnet Euch und empfangt diese Energie voller Liebe und Ehre. Während unseres gesamten heutigen Zusammenseins werden wir Euch diese heilige und gesegnete Energie übermitteln. Wir bringen sie ein und Ihr könnt sie so auf Euren tiefsten Ebenen erfahren. Dies ist unser heutiges Geschenk an Euch, denn dieses Channeling findet am „Tag des Vaters“ (Vatertag) statt.

Ich persönlich danke Cauldre, dass er mich an diesem besonderen Tag der „Vater - Energie“ eingeladen hat. Es ist schon lange her, dass Cauldre und ich gemeinsam als Vater und Sohn auf der Erde wandelten, doch ich habe diese Zeiten nie vergessen! Sie waren immer etwas Besonders für mich. Für mich, Tobias, ist dieser Tag tief bewegend und er berührt mich sehr. Ich danke Dir dafür, mein Sohn, trotz Deiner Verlegenheit. (Kichern)

Nun, lasst uns jetzt über unsere heutigen Gäste des Zweiten Kreises sprechen. Es handelt sich um die Energie derjenigen, die Ihr in diesem Leben als Euren Vater kennen gelernt habt. Vielleicht lebt Euer Vater noch, vielleicht hat er sich aber auch von unserer Seite des Schleiers aus mit Euch verbunden. Möglicherweise hat er sich sogar schon wieder inkarniert und ist jetzt Euer eigenes Enkelkind! Es gibt einen sehr wichtigen Grund dafür, warum er jetzt hier ist. Wenn Du seine Energie nicht fühlen kannst, wenn Du nach jener Energie Deines Vaters suchst, welche Du in der Vergangenheit kanntest, verschiebe Deine Wahrnehmung ein klein wenig. Suche ihn an einer geringfügig anderen Stelle, denn seine Energie ist nicht mehr unbedingt dieselbe, wie Du sie von Eurem gemeinsamen Leben auf der Erde her kanntest. Seine Energie ist auf dieser Seite des Schleiers eine andere, denn er hat einen Großteil seiner Energien geklärt und entlassen, mit denen Du ihn noch zu Lebzeiten in Verbindung gebracht hast. Verschiebe Deine Ausrichtung ein wenig und Du wirst in der Lage sein, ihn zu fühlen. Seine Energie ist nun „klarer“ und weniger konfus als jene, welche Du in Erinnerung haben magst. Doch jetzt ist er aus einem sehr wichtigen Grund hier und heute anwesend.

Wir wissen, einige von Euch schmerzt dieser Besuch. Wir wissen, es gab Zeiten, die nicht gerade erfreulich waren. Für viele von Euch war Euer Vater der Grund, in diesem Leben nach Heilung zu suchen. (Sehr emotional.) Doch am heutigen Tag ist er gekommen, da es auch für ihn überaus wichtig ist. Es ist Zeit für ihn, sich weiterzubewegen. Es ist Zeit, ein tieferes Verständnis für Vaterenergie zu entwickeln. Also kommt er nun hier in Euren Raum, um unmittelbar bei Euch zu sein. Akzeptiert seine Liebe - seine bedingungslose Liebe - die er heute mitbringt.

Möglicherweise hattest Du eine wunderbare Beziehung zu Deinem Vater. Möglicherweise hast Du seine Energie in Deinem Leben immer bewundert, denn von ihm konntest Du viel über Stärke und Stabilität, Weisheit und Liebe lernen. Du, der Du Dir eine sehr liebevolle und sehr positive Beziehung zu Deinem Vater ausgesucht hast.

Vielleicht lebt Dein Vater aber auch noch in einem menschlichen Körper auf der Erde. Und tatsächlich ist sein Geistkörper in diesem Augenblick ebenso bei Dir und sitzt neben Dir. Sein bewusster menschlicher Anteil mag die wahre Beziehung zwischen Euch beiden vielleicht nicht so recht verstehen, doch sein göttlicher Anteil weiß um die Herausforderungen und die endgültige Liebe, die Euch beide verbindet. Heiße diesen Deinen Vater, der jetzt hereinkommt, willkommen, auch wenn er noch auf der Erde lebt. Und verstehe, dass hinter dem, was Dir offensichtlich erscheint, ein viel größeres Wohl und ein weitaus größerer Liebesdienst vollbracht wurde.

Solltest Du Deinen biologischen Vater nie kennen gelernt haben, solltest Du nicht mit der Energie Deines biologischen Vaters aufgewachsen sein, verstehe, dass es Gründe dafür gab. Am Ende unserer heutigen gemeinsamen Zeit, nach dieser Lektion wirst Du ein größeres Verständnis dafür haben, warum dies so geschehen ist. Dennoch ist dieser Dein biologischer Vater - dem Du nie begegnet sein magst -, energetisch mit Dir verbunden. Er, Dein Vater, ist jetzt hier bei Dir und er sitzt nun neben Dir.

Dieser Raum ist jetzt mit einer sehr starken männlichen Energie erfüllt. Es mag schwierig für Euch sein, damit umzugehen. Möglicherweise fühlt der eine oder andere Zorn und Groll, Wut und Emotionen in sich hochsteigen. Dafür gibt es eine Ursache. Und diese ist ein Teil jenes Grundes, warum wir heute bei Euch sind.

Nun, meine lieben Freunde, nehmt Euch diesen Moment, den wir hier miteinander verbringen, um diese Liebe und Energie zu akzeptieren und anzunehmen, die jetzt in dem Ausdruck desjenigen zu Euch kommt, den Ihr „Vater" nanntet. Nehmt Euch jetzt die Zeit, um diese Energie in Euch aufzunehmen. Nehmt Euch jetzt die Zeit, all seine Liebe sowie die Energie der Engel und Läufer anzunehmen, welche hier anwesend sind, um die Energien der Liebe und die der Emotionen ins Gleichgewicht zu bringen. Atmet sie ein. Atmet tief in Euer ganzes Sein, ebenso wenn Ihr dies lest. So viel Liebe und so viel Güte fließt nun zu Euch. Ihr seid durch eine Menge Herausforderungen gegangen, seitdem Ihr Euer Zuhause verlassen habt. Wisst, wieviel Ehrerbietung und Liebe hier für Euch vorhanden ist.

* * * *

Lasst uns jetzt einen Moment über Eure Reise sprechen. Lasst uns davon sprechen, warum wir diese Energie des „Vaters" hier in diesen Raum eingeladen haben; warum sie als ein Teil Eurer Reise von Bedeutung ist und warum wir sie mit der Lektion elf der Schöpfer-Serie verknüpfen.

Einige von Euch baten um ein tieferes Verstehen dieser Metapher, welche wir für den Begriff „Zuhause" verwenden, sobald wir über das Königreich sprechen. Ganz spezifisch und sehr absichtlich haben wir hier von dem König und der Königin gesprochen, als wir die Geschichte von Jack, dem Prinzen, erzählten. Und es gab einige, die fragten, warum es von Bedeutung sei, dass es dort einen König und eine Königin gab. Und wieder andere fragten, warum Jack ein Mann und keine Frau sei. Nun, das wäre dann wohl „Jacqueline" gewesen. (Kichern) Wisst Ihr, wir haben auf diesen Tag der Vater-Energie gewartet, um Euch verstehen zu helfen, warum.

Im Königreich war alles Eins. Alles war singulär. Es gab nur eine einzige, sich offenbarende, sich ausdrückende Energie im Königreich. Doch an einem gewissen Punkt in dieser Einheit, innerhalb der Liebe und der Glückseligkeit des Zuhause wusste Spirit, wusste das ALLES, WAS IST, der Ewig Eine, wusste Gott, dass es an der Zeit sei, nach Innen zu blicken; dass es an der Zeit sei, ein größeres Verständnis dafür zu entwickeln, warum Existenz existiert. Für das ALLES, WAS IST war die Zeit gekommen, die Ursache seiner Selbst zu ergründen. Alles war bis zu diesem Zeitpunkt ein einziger, sich nach außen offenbarender Ausdruck.

Genau in dem Moment, in dem Spirit beabsichtigte, seinen Blick nach innen zu wenden, es beabsichtigte, sich selbst im Spiegel zu betrachten, geschah es, dass Eins zu Zwei wurde. Nun besaß Gott die Fähigkeit, sich selbst zu betrachten. Was noch im Königreich eine singuläre Energie gewesen war, wurde jetzt zu einem König und einer Königin. Es wurde zu dem, was Ihr als eine „männliche" und eine „weibliche" Energie bezeichnen würdet. Und es fand eine „Hochzeit" zwischen den beiden statt. Und noch immer existierte alles in der Einheit, noch immer war alles Eins. Doch nun, da Spirit auch nur beschlossen hatte, nach innen zu schauen und über sich selbst nachzudenken, erschuf er so unmittelbar eine Dualität. Er erschuf zweierlei Energien, die wir den König und die Königin nennen, die Mutter und den Vater.

Nun, diejenigen unter Euch, die sich entschieden haben, in diesem Leben in einer weiblichen Biologie über die Erde zu wandeln, Ihr werdet die Tatsache zu schätzen wissen, dass auf dem Thron des Königreiches eine vorherrschend „weibliche“ Energie sitzt. Denn das Verhältnis zwischen männlicher und weiblicher Energie ist keineswegs 50/50. Spirit, das ALLES, WAS IST ist von überwiegend weiblicher Natur. Und erneut mahnen wir hier zur Vorsicht, denn wir benutzen lediglich Begriffe, die Ihr leichter verstehen könnt.

Die weibliche Energie, so wie Ihr sie kennt, ist eine gebärende Energie. Sie ist kreativ. Sie ist erfüllt von Liebe und nährender Fürsorge. Das Königreich ist überwiegend nährender, kreativer und gebärender Natur. Das ist der Grund, warum wir sagen, dass die Energie von Zuhause vorwiegend weiblich ist.

Ist es da nicht interessant, dass Eure Gesellschaft Gott und Spirit als einen „Vater“ sieht? Es sollte „Mutter“ heißen! Es sollte „Mutter“ heißen! Aus diesem Grund sprechen wir heute in der Energie unseres Kreises über dieses Thema. Die Zeit ist gekommen, dass hier eine Heilung stattfindet. Die Zeit für eine Veränderung ist gekommen. Die neue Energie, in die Ihr Euch hineinbewegt, sie ist vorherrschend „weiblicher“ Natur. Sie ist ausgeglichen und entspricht jener Energie, die Euch vom Königreich her bekannt ist.

Im Königreich existierte eine Einheit, die sich also in eine Zwei(*heit*) wandelte, in den König und die Königin. Und in dem Moment, als diese beiden sich gegenseitig in die Augen sahen, fühlten sie die allergrößte Liebe füreinander sowie für alles, was sie erschaffen hatten. In dem Moment, als sie sich gegenseitig in ihre Herzen schauten, wussten sie, was Liebe ist, und zwar in einer Weise, wie es Spirit bisher noch niemals möglich gewesen war. Dies war die Ur-Liebesgeschichte, das „Original“. Der König und die Königin, nun mit der Fähigkeit sich gegenseitig zu erkennen, verlieben sich ineinander. Und als sie dies taten, gebar die Königin einen Sohn, den wir Jack nannten. Diese Vater-Mutter-Kind Trilogie benutzt selbst Ihr Menschen auf der Erde.

Diese Schöpfung (*der Sohn*), geboren aus der Liebe des Königs und der Königin, war aus mancherlei Gründen von männlicher Energie. Denn die männliche Energie ist im Allgemeinen - und erneut gebrauchen wir die Bilder- und Symbolsprache - jene Energie, welche sich auf die Reise begibt, die sucht und vorwärts strebt. Selbst innerhalb des Königreiches war die maskuline Energie diejenige, welche Stärke und Stabilität besaß und auf Reisen ging. Also gebaren der König und die Königin einen Sohn - eine maskuline Energie - der/die sich in ihrem Namen auf die Reise begeben konnte.

War dies nun im wahrsten Sinne des Wortes ein „Mann“ ? Nein. Wir benutzen hier nur solcherlei Begriffe, die Ihr besser verstehen und auch an andere später weitergeben könnt. Das Ergebnis dieser königlichen Liebe war also ein Sohn, der ein Reisender sein würde. Der König und die Königin wussten, dass Jack eines Tages das Königreich verlassen würde, denn dies gehörte zu dem Plan ihrer Liebe. Sie wussten es, noch bevor Jack es wusste.

Sie wussten, eines Tages würde er diese Sache durchqueren, die wir als „Feuerwand“ bezeichnen. Er würde sein Zuhause verlassen. Er würde den Ersten Schöpfungskreis verlassen und sich in eine Leere begeben, in der nichts mehr existierte. Der König und die Königin hatten keinerlei Vorstellung oder Ahnung davon, was außerhalb der Ersten Schöpfung sein könnte. Doch ihr eingeborener Sohn würde in ihrem Namen dorthin reisen. Auf einer Seite ängstigte es sie, denn sie wussten nicht, was ihrem eigenen Sprössling dort zustoßen würde. Andererseits waren sie sich der tiefen Liebe, die dieser Reise zugrunde lag, vollkommen bewusst.

Ein jeder von Euch ist Jack. Ein jeder von Euch ist dieser Reisende, der das Königreich verlassen hat, der sich ins Jenseits des Jenseitigen begab. Ihr seid über das ALLES, WAS IST hinausgegangen. Und die Bedeutung all dessen versteht Ihr noch immer nicht so ganz, obwohl wir schon seit geraumer Zeit darüber sprechen. Doch meine lieben Freunde, dies war und ist eine schier unglaubliche Reise, die Ihr… die Jack da unternommen hat. Ihr habt das ALLES, WAS IST verlassen.

Wir betrachten Euch jetzt. Ihr könnt gerade die Bedeutung all dessen, was Ihr im Interesse des ALLES, WAS IST vollbracht habt, noch nicht ganz erfassen. Ihr habt das Königreich verlassen, um etwas für Spirit zu entdecken, was ohne Euch niemals hätte entdeckt werden können. Du, der Du denkst, Dein Leben sei gering, Du verstehst nicht, wie groß und bedeutend es in Wahrheit ist. Du verstehst noch nicht, warum wir mit solch einer großen Ehrerbietung zu Dir kommen. Doch möglicherweise wirst Du ja nun zu erkennen beginnen, was Du im Namen des ALLES vollbracht hast.

* * * *

Der König und die Königin empfingen einen Sohn namens Jack. Eines Tages würde Jack den Thron besteigen. Doch bevor Jack dies tun konnte, gab es Dinge, die noch notwendigerweise erfahren werden wollten, Dinge, die erweitert und ins Gleichgewicht gebracht zu werden hatten. Und ja, oh ja, Eure eigenen Wissenschaftler und Physiker können bereits die Anfänge Eures Weges erkennen, den Ihr eingeschlagen habt und der Euch letztendlich hierher führte! Sie beginnen den Ursprung der Schöpfung Eures Universums zu erkennen. Sie beginnen die Basis der hauptsächlichen Schwingungsfrequenzen, also jener Töne zu verstehen, die ins Universum ausgesandt wurden, während Ihr durch die Feuerwand geflogen kamt. Sie werden auch weiterhin diese Dinge beobachten und darüber nachgrübeln, doch früher oder später, liebe Freunde, werden sie erkennen, dass nicht ein einzelnes Ereignis - ein einziger Urknall - am Anfang stand. Vielmehr bestand das Ereignis darin, dass Ihr alle, die Ihr Jack seid, nach und nach durch die Feuerwand hindurchkamt und in der Leere aufgetaucht seid. Es war kein einzelner Urknall, es waren viele multiple Urknalle, die stattfanden, als Du und all die anderen das Königreich verließen.

Lasst uns nun zu Jacks Geschichte zurückkehren. Jacks und Eure Energien waren überwiegend maskuliner Natur, denn diese maskuliner Energie war notwendig, um den Ersten Schöpfungskreis, also das Königreich verlassen zu können. Jeder von Euch hat bisher eine stark maskuline Energie getragen, selbst wenn Ihr Euch in einem weiblichen Körper befindet. Jetzt ist die Zeit gekommen, dies zu heilen. Jetzt ist die Zeit für Heilung. Jetzt ist die Zeit für eine Neuausrichtung, eine neue Balance. Sobald Ihr Euch in die Neue Energie bewegt, werdet Ihr eine viel stärkere „weibliche“ Ausrichtung in Eurem Wesen tragen.

Diejenigen Männer, welche in der Neuen Energie in den nächsten Jahren Väter werden - wir bezeichnen sie als die „klaren (*geklärten*) Väter“, da sie nicht mehr viele der alten energetischen Eigenschaften besitzen werden - sie werden eine neue Stärke und Ausgeglichenheit besitzen. Diese „klaren Väter“ werden mehr Nähe und eine stärkere Liebesbeziehung zu ihren biologischen Kindern haben. Sie werden mehr Zeit darauf verwenden mit ihren Kindern zu spielen als die Väter der Vergangenheit. Sie werden dabei helfen, ihre Kinder großzuziehen und werden sich um sie kümmern, denn in ihrem Wesen, in ihrem Sein wird ein verbessertes Gleichgewicht zwischen ihren männlichen und ihren weiblichen Anteilen vorhanden sein.

Gerade in diesem Augenblick verbinden sich Eure Väter und deren Väter und wiederum deren Väter mit Euch. Die Engel, welche helfen, diese Energien leichter zu verknüpfen, kommen nun gleichfalls herein, um mit ihnen und Euch zu arbeiten, um etwas heilen zu helfen, was verletzt wurde. Denn schon immer, seit Ihr Euer Zuhause verlassen habt, wartete es auf die notwendige Heilung, die notwendige Balance.

Doch, während wir heute von Vätern sprechen, lasst uns noch für einen Moment über Karma reden. Ihr habt bisher Euer eigenes Seelenkarma von einem Leben in das nächste getragen. Wie Ihr ja wisst, bildete es die Grundlage Eurer jeweiligen Herausforderungen, basierend auf den Erfahrungen der Vergangenheit. Und wie Ihr ebenfalls wisst, könnt Ihr jederzeit die Wahl treffen, das „Rad des Karmas“ zu verlassen. Ihr könnt zu jeder Zeit die bewusste Wahl treffen, aus dem karmischen Kreislauf auszusteigen. Ihr habt nicht durch eine vorgeschriebene Anzahl von Inkarnationen zu gehen oder eine bestimmte Menge von Leiden zu ertragen, um aus Eurem „Rad des Karmas“ aussteigen zu dürfen. Alles, was es braucht, ist die bewusste Entscheidung, Eure Bereitschaft, diesen „immer währenden Kreislauf“ („*merry-go-round*“) anzuhalten. Das ist alles! Ihr habt nicht erst jedes Eurer Leben auf Erden sowie Eure Zeit, bevor Ihr zur Erde gekommen seid, zu klären. Das müsst Ihr nicht tun! Wann immer Ihr bereit seid, aus diesem karmischen Rad auszusteigen, könnt Ihr dies jederzeit tun, indem Ihr einfach verkündet: „Jetzt ist es soweit.“[1]

A.d.Hrsg.: 1 Zum „Rad des Karmas" äußert sich Kryon dezidiert in den Bänden I-III der Lehrbuch-Serie. Grundsätzliches erklärt uns Kryon in seinen Ausführungen zum sogenannten Implantatsprozess in Band I „Das Zeiten-Ende" . Im 4. Kapitel „Das Implantat" in Band III „Alchemie des menschlichen Geistes" gibt Lee Carroll auf 5 Seiten einen einfühlsamen Kommentar, bevor Implantat-Briefe von Kryon Lesern eine Antwort erfahren. Im Einzelnen ist es lohnenswert, in den Registern unter dem Stichwort KARMA nach dessen Dimensionen, welche die unseren sind, zu fahnden.

Nun, für diejenigen, die dies bereits getan haben, wie Ihr ja wisst, geschehen dann eine Menge unterschiedlicher Dinge. Einige von ihnen sind wirklich wundervoll, dennoch lösen sie eine Reihe von Veränderungen in Eurem Leben aus, die nicht immer so einfach sind, da Ihr einen schnellen und intensiven Wechsel durchlauft. So kann es zu tief greifenden Auswirkungen auf Euren Körper kommen, denn Karma ist eine Energie, welche Euer physischer Körper abspeichert. Und nun, da Ihr nicht mehr gewillt seid, Karma zu tragen, muss es seinen Weg aus Eurem Körper herausfinden. Dies kann zeitweilig eine schmerzvolle Angelegenheit sein. Es kann Euch eine Zeit lang regelrecht „ausschalten" und ans Bett fesseln. Es kann zu allerlei entzündlichen Prozessen im Körper kommen, denn diese alten Energien bemühen sich, irgendwie Euren Körper zu verlassen. Doch inzwischen habt Ihr auch wunderbar gelernt, mit diesen Dingen umzugehen und sie gut zu entlassen.

Lasst uns jetzt eine weitere Art von Karma ansprechen. Es handelt sich dabei um eine Art „ahnisches Karma" (*ancestral - die Vorfahren betreffend),* welches sich in der DNS Eurer Biologie befindet. Es ist eine Art „Familienkarma" [2].Wir sprechen dies heute an, weil Eure Väter und all deren männliche Vorfahren nun anwesend sind. Sie sind jetzt hier, um dieses Karma zu heilen. Ihr habt Euch zwar entschieden, aus dem karmischen Kreislauf Eurer Seele auszusteigen, doch ein anderes Karma blieb bisher noch immer bestehen, das ahnische Karma.

Dieser Raum füllt sich mit den vielen, welche lediglich darauf warten, dass Du beschließt und aussprichst, dass jetzt die Zeit gekommen ist, das ahnische Karma ebenfalls zu entlassen. Wusstet Ihr, dass für Euer gesamtes Sein und den Aufbau Eures Lebens nicht nur Euer Seelenkarma, sondern auch Euer Familienkarma ausschlaggebend ist? Es ist ein Karma, jene Dinge betreffend, die vor fünf, vor zehn und vor hundert Generationen erschaffen wurden. In der Biologie wird es weitergetragen. Tatsächlich könnt Ihr es in den Krankheiten, die in bestimmten Blutlinien häufig anzutreffen sind, erkennen. Falls es beispielsweise in Eurer Familie eine Tendenz zu Diabetes gibt, wird dies karmisch in Eurer DNS weitergetragen. Weiterhin gibt es auch Gefühle - karmische Gefühle der Ahnen- die Ihr in Euch tragt.

2 Zum „ahnischen" Karma, einer Art „Familien-Karma", gibt das Buch Heilung der familiären Blutlinie - Die Arbeit mit dem Hologramm" von Theresia Wuttke-Laube Einblicke und Anleitungen aus diesseitiger, individueller und erlebter Perspektive.
Ostergaard Verlag ISBN 3933075041

Ereignisse, die von den Vorvätern Eurer Väter vor fünfhundert, tausend und zweitausend Jahren geschaffen wurden, versucht Ihr in Eurem jetzigen Leben zu heilen. Und da wundert Ihr Euch, wieso das Leben oft so schwierig und herausfordernd sein kann? Wie wir schon sagten, es geht nicht mehr um Euch.

Eine sehr große Anzahl von Wesenheiten kommt nun hier in diesen Raum (*space*). All die Väter, die Ihr kanntet, und all die Großväter, die Ihr nicht kanntet, sie stehen gewissermaßen Schlange und warten darauf, dass diese Heilung vollzogen wird.

Ihr benötigtet eine männlich-orientierte Stärke, um das Königreich überhaupt verlassen zu können; Ihr brauchtet sie. Doch diese männlich-orientierte Stärke, diese Energie des Reisenden, sie war auch eine Kriegerenergie. Denn als Ihr das Königreich verlassen und die Leere betreten habt, habt Ihr tatsächlich begonnen, miteinander zu kämpfen. Diese männliche Energie, die Ihr mit Euch getragen habt, war von Struktur und Disziplin geprägt. Sie war eher eine Energie des Intellekts und nicht so sehr eine des Herzens; sie diente der Verteidigung und dem Reisen. Ihr alle habt sie mit Euch getragen. Heute, am Tag des Vaters, ist die Zeit gekommen, sie zu heilen und in Balance zu bringen und sie dann zu entlassen. Darum sind jetzt all die Besucher hierher gekommen.

Sie bitten Euch, jenes ahnische Karma zu erlösen und zu heilen, welches bisher ein Teil Eurer Blutlinie gewesen ist. Sie bitten Euch nun, in Eurem Herzen, in Eurer inneren Stille dies zu erlösen und loszulassen; denn es wird auch sie erlösen und heilen. Seid für einen Moment ganz ruhig, um diese Energie des Männlichen, diese Energie der Väter zu fühlen, welche Ihr mitgebracht und in Euch getragen habt, seit Ihr Euer Zuhause verlassen habt. Sie möchte jetzt in Balance gebracht und geheilt werden. Die Energie des Vaters möchte geheilt werden. Und indem Ihr dies tut, meine lieben Freunde, ist es der Liebe, der nährenden Fürsorge und der Leben spendenden Energie der Mutter möglich, sich in vollkommenerer Balance zu entfalten. Sollte es für Euch angemessen sein, all das zu entlassen und zu heilen, nicht nur die Energie des Vaters, sondern auch die Energie der Ahnen, dann tut dies jetzt.

* * * *

Eine lange Reihe Eurer Ahnen und Vorfahren steht nun hier. Wir sagten es Euch bereits: „Es geht nicht mehr um Dich." Nun, da Ihr in der Neuen Energie arbeitet, bemerkt Ihr, dass dies mehr und mehr der Wahrheit entspricht. Es geht nicht mehr um Euch. Ihr habt bereits Eure eigene Vergangenheit und somit Euch selbst geheilt. Und nun heilt Ihr die Vergangenheit anderer.

Es gibt sogar Kirchen, die dieses Konzept verstehen, denn sie beten für ihre Ahnen. Sie beten darum, dass ihre Ahnen im Himmel zu ihnen stoßen mögen, ganz gleich welche Sünden diese in der Vergangenheit begangen haben. Diese Kirchen verstehen, bis zu einem gewissen Grad, die Energie dahinter; sie verstehen, dass es ein Ahnenkarma gibt.

Oh, Ihr Lieben, so viele Veränderungen geschehen hier gerade, - so viele, viele Veränderungen. (emotionale Pause)

Eine Eigenschaft der männlich-orientierten Energie ist die eines starken Egos. Das heißt nicht, dass Frauen es nicht gleichermaßen besitzen. Wir würden jedoch das Ego als eine eher männlich- orientierte Energie klassifizieren. Ego. Liebe Freunde, es war wichtig, dass Jack die männlichen Energien annahm. Indem er dies tat, wurde das Ego gestärkt und betont. Dies war sehr wichtig und notwendig für jene lange Reise, die Jack auf sich nehmen würde.

Ihr habt eine Menge über Euer Ego gelernt! Es hat Euch gut gedient, seit Ihr in menschlicher Form auf der Erde seid und sogar schon bevor Ihr hierher kamt. Und doch habt Ihr das Gefühl, dass dieses Ego eine böse Sache sei. Einige Menschen, die in spirituelle Arbeit involviert sind, haben das Gefühl, dass das Ego erst vollständig zerstört, dass es getötet werden müsste, bevor sie sich weiterentwickeln können. Das ist nicht wahr. Das Ego möchte lediglich integriert, geheilt und in Balance gebracht werden. Denn diese männlich-orientierte Energie hat Euch bisher gute Dienste geleistet.

Ego - abgeleitet von Eurem lateinischen Wort mit der Bedeutung „Ich" I-go. E-go.*(Ich gehe.)* Und genau das tat Jack. Er winkte dem König und der Königin zum Abschied zu und sagte: „I go now." („Ich gehe jetzt.")

Tatsächlich entwickelte sich das Ego erst als Ihr, als Jack die Feuerwand durchquerte. Dies war notwendig, da noch niemals zuvor so etwas wie „Trennung" stattgefunden hatte. Dieses Ego entwickelte sich und das war ein sehr wichtiger Schritt. Zudem erschuf es eine Art (*neue*) Identität für Euch.

Im Laufe der Zeit verfeinerte Euer Ego sich dann immer mehr. Als Ihr auf die Erde kamt und einen physischen Körper annahmt, wurde es immer stärker. Euer Ego war Eure einzige, noch verbleibende Verbindung zur Vergangenheit. Euer Ego war das Einzige, was Euch noch geblieben war, ein Begleiter aus jener Zeit, in der Ihr aus der Feuerwand herausgekommen und durch die Leere gereist seid bis hin zu jener Zeit, als Ihr auf die Erde kamt. Denn als Ihr den König, die Königin und das Königreich verlassen hattet, empfandet Ihr ein überwältigendes Gefühl von Verlust und Trennung, in denen Euer Ego die einzige Konstante war, die Euch begleitete. Ego. „I-go, Ich gehe", sagte Jack. „I-go, Ich gehe in die Leere, I-go, ich gehe in ein Abenteuer." Ego - Ich gehe.

Es ist wirklich interessant, dass Ihr so viel Zeit damit verbringt, gegen Euer Ego anzukämpfen, dass Ihr ihm solch einen schlechten Ruf verpasst. Ihr versucht es mit allen Mitteln zu töten und zu vernichten. (Kichern) Nur um herauszufinden, dass Ihr es nicht vermögt! Denn es ist ein integraler Teil Eurer Selbst, ja es ist Eure Rück-Verbindung nach Hause.

Während Ihr Euch in die Neue Energie bewegt, verwandelt sich das Ego. Es verändert sich. Ihr verwandelt und verändert Euch. Und anstelle von „I go" werdet Ihr nun zu „I Am" - „Ich Bin". ICH BIN. Das ist die Neue Energie. Das ist die neue Balance des Männlichen und des Weiblichen, des Königs und der Königin. Liebe Freunde, seid nett und sanft zu Eurem Ego. Denn es ist die Vater- beziehungsweise die männlich-orientierte Energie in Euch. Liebt es, segnet es in der gleichen Weise, wie Ihr Euren eigenen biologischen Vater dieses Lebens liebt und segnet, wie alle Väter vor ihm und ebenso den Vater im Königreich, der daran beteiligt war, Euch zu gebären.

Dies ist viel Information zum Nachdenken und Reflektieren. Wir werden Euch jetzt eine kurze Geschichte erzählen. Wir werden die kurze Geschichte eines „Shaumbra - Mannes" erzählen, den wir James nennen wollen.

James war Euch sehr ähnlich. James kam in dieses Leben, um letzte Dinge zu klären und zu einem Abschluss zu bringen. Er wählte wieder dieselbe Familienabstammung wie in seinen vergangenen Inkarnationen. Gestattet, dass wir hier für einen Moment abschweifen.

Tatsächlich ist es so, dass Ihr, sobald Ihr Euch in einen Körper, in ein neues Erdenleben inkarniert, Eure Familie auswählt. Doch schaut Ihr nicht einfach auf die Millionen und Abermillionen von Familien, die zur Wahl stehen, und sagt: „ Ich nehme diese oder jene." Ganz so einfach ist es nicht. Denn Ihr besitzt eine tiefe Verbundenheit zu jener Blutlinie, aus der Ihr stammt. Generell kann man sagen, dass Ihr in der Regel wählt, in jene Familie zurückzukehren, mit der Ihr auch schon in der Vergangenheit zusammen wart.

Es gibt diejenigen, die glauben, dass sie jeweils von einem Land ins nächste und von einer Rasse zur anderen springen. Liebe Freunde, das ist so nicht richtig. Denn Ihr neigt dazu, bestimmten Mustern zu folgen. In der Regel folgt Ihr jenen Familien, mit welchen Ihr in der Vergangenheit zusammen wart. Wusstet Ihr, dass Ihr Euer eigener Ur-ur-urgroßvater sein könntet? (Kichern) Das ist nicht sonderlich ungewöhnlich, denn Ihr wählt meistens, Euch in bestimmten Stammbäumen, in bestimmten Blutlinien wieder zu inkarnieren.

Innerhalb Eurer Heiligen Schrift existieren Geschichten, welche von zwölf Familienstämmen der Erde berichten. In gewisser Weise entspricht dies der Wahrheit. Denn ausgehend von diesen zwölf Stämmen entwickelten sich bestimmte Linien. Bis vor ein paar Jahren habt Ihr noch die Neigung besessen, in einer von ihnen zu verbleiben. Bis vor ungefähr 50 Jahren war es noch ganz normal, in ziemlich eng miteinander verknüpften Blutlinien zu verbleiben. Dies verändert sich jetzt und hierfür gibt es viele Gründe. Wir möchten nun nicht so viel unserer kostbaren Zeit damit verbringen, dies hier zu besprechen. Doch versteht, bisher neigtet Ihr noch dazu, in ein und demselben Familienmuster zu bleiben. Darum gibt es solch eine Faszination für Eure eigene Genealogie(*Stammbaumforschung)*. Ihr mögt Euch wohl einige Male in Eurem eigenen Familienstammbaum wiederfinden!

Nun, James wählte also eine weitere Inkarnation auf der Erde. Er suchte sich eine Familie aus, mit der er weitestgehend vertraut war. Merkt Ihr die ähnliche Energie hinter den Worten „Familie" und „vertraut" (engl.: family -> familiär, vertraut)? In seinem jetzigen Leben auf der Erde hatte er einen Vater, der sehr strikt und äußerst streng war. Sein Vater war kaltherzig.

Und seine Mutter war - in diesem Leben - zwar liebevoll, aber schwach. Noch einmal, sobald Ihr die Energie dieser Lektion betrachtet, werdet Ihr verstehen, dass es um viel mehr geht als das scheinbar Offensichtliche. James' Vater war sehr kontrollierend, fordernd und strikt; er war wenig liebevoll und stellte stattdessen viele Regeln auf. Seine Mutter war liebevoll, aber ängstlich - sie fürchtete sich vor der männlichen Energie des Vaters. Sie fürchtete sich, ihr Herz wirklich zu öffnen, sie war eine schwache Frau.

Als James aufwuchs und älter wurde, wurde ihm klar, dass er sich geradewegs von dieser strengen Vaterenergie loslösen wollte. Denn diese forderte von ihm zugleich, dass er zu einer Kirche gehen sollte, mit der er sich gar nicht verbunden fühlte, zu der er keinerlei Nähe empfinden konnte. In dieser Kirche hörte er von einem strengen Vater im Himmel, einem gemeinen Vater, einem richtenden Vater und einem Vater, der straft. Man brachte ihm bei, so sei Gott, Gott der Vater; rachsüchtig, böse, unberechenbar, grausam und streng. All das wurde ihm beigebracht. Und er lernte dies, während er in jener von ihm gewählten biologischen Familie war, die von einer strengen männlichen Energie kontrolliert wurde.

Als er älter wurde, verließ er dann schon relativ bald sein Elternhaus. Er begann eine eigene Reise, denn auf seiner Seelenebene wusste er, dass er in diesem Leben etwas zu heilen hatte. Er wusste, dass er selbst und seine Vergangenheit auf Heilung warteten, doch gleichzeitig wusste er in seinem Unterbewusstsein auch, dass seine gesamte Familienlinie ebenso der Heilung bedurfte.

Oh und wie Ihr ja wisst, probierte James es auf vielerlei verschiedenen Wegen, mit vielen unterschiedlichen Gedanken - Schulungen und praktisch allem, was ihm dabei half und ihm dazu diente, auf neue Ebenen zu gelangen. Dennoch gab es immer noch viele Herausforderungen in seinem

Leben. Eine dieser Herausforderungen bestand im Bereich der Beziehungen. Er verstand sich nicht sehr gut darauf, sein Herz Frauen gegenüber zu öffnen. Er wusste einfach nicht, wie er mit der weiblichen Energie umgehen sollte, denn alles, was er diesbezüglich kennen gelernt hatte, war Schwäche. Die weibliche Energie, die er von seiner Mutter her kannte, hatte kaum Liebe zeigen können. Er versuchte diese Liebe nun in anderen Frauen zu finden, doch er wusste nicht, wie er damit umgehen sollte.

Letzten Endes fand James dann doch eine Frau, die Liebe ausdrücken konnte und dennoch in sich gefestigt eine eigene Stärke besaß. Sie verfügte über eine gesunde Balance ihrer männlichen und weiblichen Seite. Doch James wollte keine Kinder haben. Er wollte das, was er selbst durchgemacht hatte, keinem anderen Menschen zumuten. Also beschloss er im Einvernehmen mit seiner Frau, dass sie in diesem Leben keine Kinder haben würden.

Sie gingen gemeinsam auf die Suche. Sie besuchten viele Seminare, sie gehörten verschiedenen Gruppen an und lernten viele Dinge auf ihrem Weg. Und dennoch hörten seine Schwierigkeiten nicht auf. Er hatte ständig finanzielle Probleme sowie Schwierigkeiten mit einem dauerhaften Arbeitsplatz. Und während die Beziehung zu seiner Frau zunehmend reifte, hatte er auch hier Probleme, mit dieser wachsenden weiblichen Energie umzugehen. Er verbrachte viel Zeit damit, allein weiterzusuchen, ganz für sich, dachte viel nach und sprach mit „Gott dem Vater", den er zwar nicht so gut verstehen konnte, der aber alles war, was er kannte. Er verbrachte viel Zeit mit „Gottvater" zu sprechen, dem Einen, von dem er gelernt hatte, dass er zwar grausam und zornig sei, doch er hatte einfach keine andere Beziehung zu Spirit kennengelernt. Denn von jeher hatte es immer nur die Vaterenergie gegeben.

An einem gewissen Punkt nach einem langen Kampf begann James die Materialien der Neuen Energie zu studieren und er begann sich mit der Kraft der Familie zu verbinden. Er begann zu verstehen, warum er überhaupt auf der Erde war. Sein Leben bekam zunehmend eine neue Bedeutung. Oh, tatsächlich war es oft schwer, viele der alten Wege loszulassen, doch allmählich erlangte er ganz neue Einsichten darüber, warum er hier war.

Einige wirklich gute Dinge traten in sein Leben. Dies bemerkte James jedes Mal voller Anerkennung und er vergaß nie, sich im Gebet dafür zu bedanken bei Gott dem Vater und den Engeln und seinen Geistführern. Und dann schien es, als ob die schwierigen Zeiten erneut wieder zurückkommen, und die meisten von Euch haben dies doch auch so oder ähnlich erfahren.

James, der inzwischen eifrig an seinen neuen Lektionen arbeitete, ging eines Tages zu seiner Arbeit und bekam scheinbar aus dem Nichts heraus eine große Gehaltserhöhung. Er war überglücklich und dachte bei sich: „Jetzt funktioniert es wirklich. Ich werde wahrhaft ein Schöpfer, ich lerne wahrhaftig zu manifestieren, denn seht, was in meinem Leben passiert ist!"

James kam an diesem Abend nach Hause, ging in seinen Meditationsraum, schloss die Tür, entzündete die Kerzen und das Räucherwerk und polierte all seine Kristalle. (Kichern) Er hielt an all diesen Dingen weiter fest trotz all unserer Empfehlungen. Und James betete, dankte und sagte: „Gütiger Vater, ich danke für diese Geschenke der Gehaltserhöhung und der Beförderung an meiner Arbeitsstelle, denn jetzt werde ich das nötige Geld besitzen, all meine Rechnungen rechtzeitig zu bezahlen. Jetzt endlich werde ich reich genug sein, meiner geliebten und liebenden Frau einige jener Dinge zu kaufen, die ich ihr schon immer schenken wollte." Und James fuhr fort: „Liebe, liebe Engel, ich danke Euch, dass Ihr dies so eingerichtet habt. Und - oh ja, liebe Läufer, ich verstehe Euch noch nicht so gut, doch ich weiß, ihr befördert und erleichtert meine Schöpfungen. Ich danke Euch. Ich bin so glücklich und ich lerne immer mehr. Ich lerne ein Schöpfer zu werden. Ich habe Reichtum in meinem Leben kreiert!"

Und Spirit, repräsentiert durch den König und die Königin, die Geistführer, die Engel und Läufer, sie alle konnten es hören, denn sie hören all Eure Worte. Und sie mussten lachen und kratzten sich am Kopf. Und ja, ich, Tobias, war ebenfalls dort. Auch ich war verwirrt und dachte: „Wieso schreibt er all das Spirit, den Engeln und den Geistführern zu, einem „Gott dem Vater", den er gar nicht versteht und vor dem er sogar Angst hat. Warum schreibt er das Vollbrachte all diesen anderen zu, lobt und anerkennt sie? Denkt er, wir verteilen Gefälligkeiten, verteilen Süßigkeiten und Leckerbissen an Shaumbra ohne erkennbare Muster?"

Und wir lachten, waren sehr amüsiert und sagten uns: „In einer der nächsten Lektionen müssen wir der Familie davon erzählen. Es wird eine der wichtigsten Lektionen sein. Denn wir werden James und Euch allen erzählen: Danke Dir selbst."

Lektion elf: Danke Dir selber für das, was Du erschaffst. Es ist eine einfache Lektion, aber sie wird Euch fordern. Wenn morgen etwas Gutes in Eurem Leben geschieht, werdet Ihr wieder sagen wollen: „Oh, lieber Gottvater, danke schön" anstatt Euch selber zu danken!

Lektion elf: Danke Dir selbst. Es gibt einen Grund dafür, warum dies so wichtig ist. Wisse, die Energie des Dankes an Dich selber ist wie Nahrung für Deine Göttlichkeit. Es ist wie die Sonne und das Wasser für den Christussamen, welcher in Dir wächst. Wenn Du Dir selbst dankst, ist dies wie eine innere Anerkennung, eine innere Bestätigung. Solltest Du irgendwem oder irgendetwas anderem danken - angefangen vom König oder der Königin über Eure Geistführer und Engel bis hin zu den Läufern, zu Tobias oder jedem anderen dazwischen - gibst Du buchstäblich Deine Macht ab! Du gibst sie ab an jemand anderen.

Ihr seid dabei zu erwachen. Die Energie, die der Christussamen in Euch benötigt, die Eure innere Göttlichkeit benötigt, besteht aus Eurer eigenen Liebe und Anerkennung. Gebt sie nicht an uns ab. Wir brauchen sie nicht. Wir lieben Euch sehr, doch gebt diese nährende Fürsorge des Dankes Euch selbst. Dankt Euch selbst. Dies wird Eure Reise viel sanfter und reibungsloser verlaufen lassen. Wir brauchen all das nicht, diesen Dank, diese Liebe, diese Anerkennung. Richtet den Dank an Euch selber.

Wir haben vorhin über das Ego gesprochen. Das Erste, was passieren wird, wenn Ihr Euch selber dankt, ist, dass dieses männlich-orientierte Ego auftauchen wird. Und es wird Euch mitteilen: „Ich kann mir nicht selber danken." Dies ist dann die Energie des männlichen Egos, die sich meldet. Wisst Ihr, dieses Ego verursachte nämlich viele Kriege in der Leere nach

Eurem Durchqueren der Feuerwand. Es verursachte Kriege auf der Erde, sowie die Fehleinschätzung von Spirit als einem strikten, strengen und sogar unbarmherzigen Vater.

Sobald Ihr Euch selber dankt, wird darum eine unmittelbare Angst Eures eigenen Egos aktiviert. Diese Lektion ist so einfach und, wie Ihr bemerkt, auch sehr relevant. Wir wählten für das Thema der Lektion elf diesen Tag des Vaters, denn sie alle sind miteinander verwoben, sie alle haben miteinander zu tun: die Energie des Vaters, Eure ahnische Vergangenheit, das Ego und Eure Fähigkeit, Euch selbst als Spirit zu ehren.

So einfach diese Lektion auch erscheint, wird sie doch Widerstand auf Eurer Seite hervorrufen. Sobald Ihr sie an andere Menschen weitergebt, werden sie sich dem widersetzen. Denn es existiert eine Barriere in Euch - es ist diese männliche Egoenergie, die Ihr versuchtet zu unterdrücken, die Ihr versuchtet zu töten oder vor ihr davonzulaufen. Doch sie befindet sich in Euch allen, ob Männer oder Frauen, sie steckt in Euch allen. Ehrt und anerkennt Euch selbst. Dankt Euch selbst. Und sobald etwas Gutes in Eurem Leben geschieht - und dies wird nun immer häufiger vorkommen - sobald etwas Gutes geschieht, bedankt Euch bei Euch selbst.

Oh, anfangs wird es sich natürlich noch seltsam anfühlen. Nimm Deine Hand, ob nun die linke oder die rechte Hand spielt keine große Rolle. Lege sie auf Deine Brust - danke Dir selbst, ehre Dich selbst, fühle Dich selbst. Dies zu tun bedarf vielleicht ein wenig Arbeit und Übung, doch, lieber Freund, sobald Du dies vollziehst, umsorgst und ernährst Du Deine in Dir erwachende Göttlichkeit.

Solltest Du Deine Schöpfungen nicht anerkennen, wird Deine innere Göttlichkeit zunehmend ausdorren und vertrocknen wie eine Pflanze an einem heißen Sommertag. Sie benötigt Deine Liebe. Deine Göttlichkeit ist Dein wahres Selbst. Sie war für eine sehr, sehr lange Zeit in einem Kokon. Sie ist, wer Du wirklich bist, und sie kommt als (und wie) ein Kind zu Dir zurück. Es benötigt Deine Liebe und jene ausgewogene Liebe des Königs und der Königin in Dir.

Oh, in dieser Lektion ist noch so viel mehr enthalten als das Augenscheinliche. Liebe Freunde, Lektion elf der Schöpfer-Serie - eine, die Euch auf ganz neue Ebenen des Schöpferseins katapultiert - lautet: Danke DIR SELBST. Ehrt und liebt Euch selbst. Wir wollen jetzt nie wieder hören, wie Ihr uns dankt! (Kichern)

Oh, wir haben jetzt viele Dinge entfernt, an denen Ihr sehr gehangen habt, doch die Zeit ist gekommen, sich nach vorn zu bewegen. Ja, es ist Zeit. Sollten wir weiterhin hören, wie Ihr uns dankt, dann werden wir Euch in einer eher väterlichen Weise daran erinnern, dass dies nicht mehr angebracht ist. Dankt stattdessen Euch selbst.

Es wird Einiges brauchen, um die alte Bestimmung des Egos zu überwinden. Ihr werdet Euch hindurchzuarbeiten haben. Ihr werdet die eigene Balance Eurer männlichen und weiblichen Aspekte in die Waagschale zu werfen haben. Es wird Euch etwas Arbeit abverlangen. Für einige von Euch wird dies solch eine Herausforderung bedeuten, dass sie möglicherweise sogar aufgeben und auf die alten Wege zurückkehren werden. Denn wir fordern Euch auf, über die bisherigen Gefühle des Egos hinauszugehen, die erfüllt waren von männlicher Energie. Geht über sie hinaus, um zu erkennen, wie gut das Ego Euch gedient hat. Versteht, dass Ihr Euch von der Reise, die man als „I GO, ICH GEHE“ bezeichnen könnte, nun in die neue Energie des „I AM, ICH BIN“ bewegt.

In diesem Raum fließen jetzt viele Tränen. Es sind die Tränen Eurer Väter und Vorväter. Denn die Zeit ist gekommen, die Vergangenheit gehen zu lassen und sich nach vorn, in ein neues Verständnis von Vaterenergie zu begeben. Ihr beginnt nun zu verstehen, dass es keinen Vater im Himmel gibt, so wie es Euch in der Schule beigebracht wurde. Dort sind vielmehr der König und die Königin und ihre vorherrschende Energie ist eine weibliche, jene der Königin. Die Energie des ALLES, WAS IST ist überwiegend eine des Gebärens, der nährenden Fürsorge und der Liebe. Eure Energie als Jack war bisher die eines Reisenden, der Stärke sowie des Vorangehens.

Jene, welche sich in diesem Raum versammelt haben, sie vergießen keine Tränen des Kummers, sondern Tränen der Erleichterung. Sie wissen, dass Ihr nun auch sie freigebt und damit viel von jenem Karma entlasst, welches in Eurer eigenen Familie verwurzelt war. Ja, hier sind Familien anwesend, welche ein Alkohol - Karma, ein Inzest - Karma und ein Karma der emotionalen Unausgeglichenheit mit sich herumtrugen. Ihr, meine lieben Freunde, habt den schwierigsten aller schwierigen Wege gewählt, indem Ihr in dieses Leben gekommen seid, um nicht nur Euch selbst, nicht nur Eure vergangenen Seelenleben, sondern auch Euren eigenen Familienstamm zu heilen. Hier wurde jetzt viel Heilung vollzogen. Sie ist jetzt in Euch und in allen, die sich hier mit uns versammelt haben.

Liebe Freunde, macht es nicht zu kompliziert. Sobald diese Veränderungen in Eurem Leben sichtbar werden und Ihr beginnt, die Manifestationen Eurer Arbeit zu erkennen, die Ihr in dieser Schöpfer-Serie vollbringt, dankt Euch selbst. Ehrt Euch selbst. Und flüchtet nicht vor Eurem Ego. Integriert es.

Wir lieben Euch tief und von ganzem Herzen. Wir erkennen Euch, Shaumbra, als die Lehrenden der Menschen, die in die Neue Energie hinüberwechseln werden; was im Grunde bedeutet, dass sie ihre eigene Göttlichkeit annehmen. Dabei werden sie menschliche Begleiter brauchen. Sie werden Dich brauchen.

Eines Tages werden sie dann zu Euch kommen und sagen: „Lieber Lehrender, ein paar gute Dinge werden nun langsam in meinem Leben sichtbar. Ich verdiene mehr Geld. Ich habe wieder Kontakt mit meiner biologischen Familie, von der ich mich so lange entfremdet hatte. Und ich habe sogar eine neue Romanze." Sie werden zu Euch sagen: „Ich danke Gott so sehr für alles, was in mein Leben kommt."

Und dann werdet Ihr ihre Seifenblase zerplatzen lassen! Und Ihr werdet antworten: „Danke nicht Gott, dem Vater." Sie werden das nicht ganz verstehen und denken, dass Ihr sie nur wieder vor eine weitere verrückte Herausforderung stellt. Und Ihr werdet bei ihnen sitzen, so wie wir jetzt bei Euch sitzen, und Ihr werdet ihnen Lektion elf erklären - Danke Dir selbst. Anerkenne das Erwachen des Christus in Dir. Anerkenne, dass Deine eigene Göttlichkeit diese Dinge erschafft. Und sobald Du das tust, wird es sein, als würdest Du eine innere Pflanze wässern und mit Nährstoffen versorgen. So werden dann diese Menschen beginnen können, in ihr Leben zu erwachen.

Eure Schöpfungen werden zunehmend klarer, stärker und genauer werden. Wir wissen, dass Ihr dann geneigt sein werdet, Gott dafür zu danken, denn das wurde Euch bisher so beigebracht. Ihr werdet versucht sein, Eure Tür abzuschließen, das Licht zu löschen und Euch neben das Bett zu knien, denn das wurde Euch bisher so beigebracht. Doch, meine lieben Freunde, über all dem: Dankt Euch Selbst. Und vergesst nicht, Shaumbra, Ihr seid niemals allein.

Und so ist es.

****

„Du existierst außerhalb des ALLES, WAS IST."

****

Deine neue Beziehung mit Spirit

Und so ist es, liebe Freunde, als Familie versammeln wir uns gemeinsam in diesem Raum, in dieser heiligen Energie. Ihr klärt und ebnet den Weg für etwas, was schon vor recht langer Zeit geplant worden war. In Eurem Inneren erschafft Ihr Platz und Raum, damit sich diese neue Göttlichkeit in Euch entfalten und in Eurem Leben in Erscheinung treten kann.

Liebe Freunde, Ihr erlöst und entlasst die alte Energie. Ihr bewegt Euch vom Alten in das Neue. Tage, Wochen und sogar Monate haben wir mit Euch gearbeitet, um Euch auf diese Zeit vorzubereiten. Es waren die Energien von Spirit, die des Kryon, des Erzengels Michael und jene des Crimson Council, welche mit Euch gearbeitet und Euch vorbereitet haben. Und nun befindet Ihr Euch an diesem Punkt des Übergangs. Eines Übergangs von größter Bedeutung und Tragweite sowohl für Euer Leben als auch für alle anderen Menschen Eurer Umgebung und für ALLES, WAS IST Dies ist in der Tat eine wahrhaft heilige und gesegnete Zeit.

Wir haben stets Besucher bei uns in diesem Unterrichtsraum der Neuen Energie. Nun, die Energie, die uns heute hier besucht, ist die Energie von Zuhause. Es ist die Energie von Zuhause. Diese Energien versammeln sich jetzt im Zweiten Kreis, während Ihr Euch im Ersten Kreis befindet. Sie versammeln sich überall um Euch herum. Sie, das sind die Erinnerungen an Euer Zuhause, das Königreich, aus dem Ihr einst gekommen seid. Es ist schon viele Äonen her, seit Ihr es verlassen habt - doch in Wirlichkeit ist es auch wieder gar nicht so lange her - seit Ihr Euch auf diese unglaubliche Reise begeben habt; diese Reise der Engel, ausgehend vom Königreich durch die Leere hindurch bis hin an diesen Ort, den Ihr Erde nennt. Und jetzt kommen die Energien von Zuhause hierher, um Euch zu besuchen.

Gleichfalls in diesem Raum des Zweiten Kreises sind auch die Energien des Kryon und die Energien von Erzengel Michael anwesend; auch sie versammeln sich hier. Sie kommen alle zusammen zu einer Art Graduierungszeremonie (*einer Aufstiegsfeier*), die einen Neuanfang und eine neue Zeit für Euch einleiten wird.

Lasst uns hier eine kurze Pause einlegen und erlaubt mir, Euch zu erzählen, wer Ich, Tobias, bin und welche Bedeutung Ich in Eurer Vergangenheit hatte. Ja, tatsächlich war Ich auf der Erde inkarniert und habe schon viele, viele Inkarnationen in einem menschlichen Körper verbracht. Wir kannten einander in den Tagen des Alten (Atlantis). Wir arbeiteten schon damals miteinander und suchten nach unserer inneren Göttlichkeit. Wir nutzten verschiedenste Technologien, die uns dabei helfen sollten, uns selbst zu erkennen und die verborgene Göttlichkeit in unserem Inneren zu entdecken. Oh und wir haben eine Menge Dinge dabei entdeckt! Wir haben viel dadurch gelernt. Doch, meine lieben Freunde, unsere Göttlichkeit haben wir nicht gefunden. Und als wir erkannten, dass es zu jener Zeit nicht möglich sein würde, beschlossen wir, diese Phase unserer irdischen Existenz zu beenden. Wir entschieden uns, eine Art von Erneuerung durch Zerstörung herbeizuführen, sodass wir noch einmal von Neuem beginnen konnten mit unserer Suche nach diesem göttlichen Samen im Inneren.

Ich, Tobias, kannte zu jener Zeit sehr, sehr viele von Euch. Denn wir arbeiteten zusammen, Hand in Hand; wir beteten miteinander; wir forschten gemeinsam; wir lachten miteinander. Deshalb kommt Euch meine Energie so bekannt vor.

Und erneut kam eine Zeit, in der wir uns miteinander versammelten, doch befand Ich mich diesmal nicht in einem menschlichen Körper. Wir versammelten uns miteinander als Shaumbra - Familie vor 2000 Jahren auf Eurem Planeten. Möglicherweise ist Euch meine Energie auch aus dieser Zeit bekannt, denn seitdem habe Ich Euch durch viele Inkarnationen begleitet als einer, der Euch liebte, als einer, der die Energie der Familie für Euch aufrechterhielt, als einer, der Euch immer wieder auf Eurem Weg bestätigte. Wir arbeiteten eng mit Euren Engeln und Eurem persönlichen Gefolge zusammen, denn wir hatten eine Mission. Auf diesem Ort Erde galt es etwas sehr Wichtiges zu vollziehen.

Auch in diesem Leben habe Ich gleichermaßen eng mit Euch gearbeitet. Ich, Tobias, und all jene des Crimson Councils haben sowohl nachts während des Schlafes als auch im Wachzustand mit Euch gearbeitet, denn wir wissen, wie schwierig diese Reise der Engel ist. Wir wissen, wie herausfordernd diese Zeit für Euch ist, denn Ihr vollbringt etwas, was noch niemals zuvor vollbracht wurde. Und wir werden auch weiterhin mit Euch arbeiten, solange Ihr wählt Euren Weg, diese Reise der Engel, fortzusetzen.

Wer Ihr seid? Ihr seid diejenigen, die vor so langer, langer Zeit ihr Zuhause verlassen haben, um sich auf eine weite Reise zu begeben. Ihr habt das Licht und die Geborgenheit des Königreiches, Ihr habt Eure Ursprungs - Familie vor sehr langer Zeit verlassen. Und als Ihr den Ersten Schöpfungskreis, das ALLES, WAS IST, verlassen hattet, habt Ihr die Feuerwand durchquert. Dort wurdet Ihr in Millionen von Teilen zerschmettert, wie wir Euch schon des Öfteren berichtet haben. Und als all Eure Teile wieder zusammenfanden, befandet Ihr Euch außerhalb des ALLES WAS, IST. Ihr befandet Euch außerhalb Eures Zuhauses, außerhalb des Königreichs und des ALLES, WAS IST. Ihr fandet Euch in einer absoluten Leere wieder, im totalen Nichts. Dies war so sehr Nichts, dass nicht einmal Finsternis und noch nicht einmal ein Vakuum existierte.

Ihr erwachtet also in vollkommener Leere, ohne etwas von Zuhause bei Euch zu tragen. In der Bildersprache würde man sagen, dass Ihr keinerlei Gepäck, keinerlei Besitztümer hattet und auch keinerlei reale Erinnerung, auf die Ihr zurückgreifen konntet. Ihr erwachtet im absoluten Nichts, einer Station Eurer neuen Reise. Und ein überwältigendes Gefühl von Einsamkeit und Trennung, von Schuld und Wut sowie der dringliche Wunsch nach

Hause zurückzukehren, überkam Euch und hat Euch seitdem niemals mehr verlassen. Darum weint Ihr nachts so oft. Und wir hören Euch. Und wir verstehen.

In all den Schlachten und Kriegen des Universums ging es darum, einen Weg zurück nach Hause zu finden. Ihr beraubtet andere Wesen und andere Engel ihrer Energie. Ihr kämpftet mit ihnen in dem Bemühen, ihnen ausreichend Energie abzuziehen, um nach Hause zurückkehren zu können. Doch wie Ihr ja wisst, funktionierte all dies nicht. Das war die Ursache aller Schlachten. Das war die Ursache aller Konflikte im Universum sowie der heutigen Konflikte auf der Erde. Verschiedene Wesenheiten versuchen noch immer, sich gegenseitig ihrer Energien zu berauben, um ihren Weg zurück nach Hause zu finden.

Die tiefe Sehnsucht und der tiefe Wunsch, sich an Zuhause zu erinnern, ist der Grund, warum Ihr von Zeit zu Zeit solch eine Traurigkeit verspürt. Doch, meine lieben Freunde, mit diesem Bewusstsein, das Ihr erschaffen habt, ist es nun einem Stück von Zuhause möglich, hier in diesen zutiefst heiligen Raum zu kommen, hierher zu kommen, um Euch während dieser Lektion zu besuchen. Zuhause kommt jetzt zu Euch!

Wir bitten einen jeden von Euch tief zu atmen. Atmet diese Energie von Zuhause tief in Euer Sein, diese Liebe, diese Liebe Spirits, diese Liebe des Königs und der Königin, diese Liebe der ursprünglichen Schöpfung. Sie kommt, um Euch zu lieben, Euch zu danken und Euch für die Arbeit zu ehren, die Ihr vollbracht habt. Denn Ihr habt etwas vollkommen Neues erschaffen.

Bevor Ihr Euer Zuhause verlassen habt, hat es einzig und allein nur eine Schöpfung gegeben. So merkwürdig Euch dies auch vorkommen mag, doch es gab nur eine Schöpfung. Und in dieser Schöpfung, innerhalb dieses Königreiches war alles eins; alles war ein singulärer Ausdruck - sich ins außen offenbarend.

Du hast geholfen, die zweite Schöpfung für Spirit zu erschaffen. Ja, Du… Ihr - Du… Ihr, Shaumbra - Du… Ihr Lichtarbeiter - Ihr habt etwas getan, was Spirit allein nicht zu tun vermocht hätte. Dafür ehren wir Euch sehr. Dafür wäscht Kryon Euch Eure Füße. Und voller Ehrfürcht stehen wir vor dem, wer Du bist - wer Ihr seid.

Nun, liebe Freunde, als Ihr Zuhause verlassen habt, habt Ihr bis auf einen winzig kleinen Samen, der von einer schützenden Hülle umgeben war, nichts mit Euch genommen. Der Same war der Same Eurer Göttlichkeit. In all den Tagen und der gesamten Zeit Eurer Reise habt Ihr ihn tief in Eurem Sein getragen. Er war sorgfältig geschützt in Euch angelegt. Sorgfältig in Euch verborgen, tief in Eurem Bewusstsein vergraben lag der Samen, sodass weder Ihr noch die anderen ihn sehen konnten.

Doch diese ganze Zeit über habt Ihr etwas in Eurem Sein gefühlt und wahrgenommen. Ihr habt gefühlt, dass es unter der Oberfläche noch mehr gab, nämlich die Anwesenheit dieses göttlichen Samens in Euch. Er veranlasste Euch letztendlich, durch all Eure Reisen zu gehen. Dieser göttliche Same ist noch immer in Euch und - wie Ihr jetzt wisst -, beginnt er zu erwachen. Wir verwenden den Begriff Samen als ein Bild, eine Metapher und doch ist er ein integraler Bestandteil dessen, wer Ihr wart. Er befand sich auf den tiefsten Ebenen Eures Seins, damit er nicht vor der angemessenen Zeit enthüllt werden würde.

Vor etwa 2500 Jahren war die Schwingungsfrequenz der Erde so weit, allmählich diesen Samen göttlichen Bewusstseins - den wir manchmal auch als das Christusbewusstsein bezeichnen - hervorzubringen; diesen Samen aus den äußeren Bereichen und Dimensionen, wo er existierte, zur Entfaltung zu bringen. Denn Ihr wisst, dass Euer Bewusstsein nicht wirklich innerhalb Eurer Biologie existiert. Es befindet sich auf jenen Ebenen und Sphären, die Euch umgeben. Ihr könnt es Euch wie einen Filmprojektor vorstellen. Das Bewusstsein - der Film und der Projektor - befinden sich an einem Ort und das Bild wird auf einen anderen Ort projiziert. In gewisser Weise seid Ihr das Abbild Eures Bewusstseins in 3D projiziert in diesen Körper, den Ihr tragt, auf diese Erde, auf der Ihr lebt.

Vor etwa 2500 Jahren war es also angemessen, allmählich mehr von diesem göttlichen Bewusstsein auf die Erde zu bringen, in Eure Realität hinein. Und es gab in jener Zeit ganze Engelfamilien, die bereit waren zu inkarnieren, um diesen Prozess zu erleichtern und zu unterstützen. Unter ihnen gab es Individuen, die zu jener Zeit einen hohen Bekanntheitsgrad erlangten. Da gab es beispielsweise jenen Einen, den sie Buddha - Siddharta - nannten, der mit sehr vielen anderen Engeln zusammen hereinkam. Denn es war nicht nur der Buddha, der dieses Bewusstsein hereinbrachte; es gab viele andere, die das Buddhabewusstsein zu jener Zeit in sich trugen und ebenfalls mit einbrachten.

Dann, vor 2000 Jahren kam wiederum eine Gruppe, diejenigen, die wir als Shaumbra bezeichnen. Ihr kamt herein, wissend, dass jetzt die Zeit gekommen war, das Christusbewusstsein aus den äußeren Reichen auf diese Erde zu bringen. Ihr wart die Träger dieser Energie. Viele von Euch hier wandelten Seite an Seite mit Yeshua ben Joseph. Und viele andere lebten zu genau dieser Zeit in den angrenzenden Ländern.

Wieder andere von Euch inkarnierten direkt nach der Zeit von Yeshua ben Joseph, als seine Energie noch immer stark, klar und deutlich war, und halfen dabei, die neuen Kirchen zu erbauen. Diese Kirchen waren praktisch die „Brutstätten“ des Christusbewusstseins. Ihr wart diejenigen, die dabei halfen, es hereinzubringen. Ihr wart diejenigen, die sagten, sie würden tun, was auch immer getan werden müsse, um dabei zu helfen, das Christusbewusstsein auf die Erde zu bringen. Ihr seid diejenigen, die von jeher den schwierigen Pfad beschritten haben.

Denn Ihr trugt ein tiefes Wissen in Euch. Ihr wusstet, dass Ihr eine bedeutungsvolle Mission hattet, dass es galt eine wesentliche Arbeit zu vollziehen. Ihr wart diejenigen, die übereinkamen, dies zu tun, selbst wenn es bedeuten würde, dafür auf bestimmte Dinge zu verzichten, die Euch als Menschen Vergnügen bereitet hätten.

Liebe Freunde, atmet tief. Amtet tief ein und aus. Ihr habt so viel Arbeit in diesem jetzigen Leben geleistet. Wie Ihr wisst, hätten die Dinge ganz anders, also nicht so gut ausgehen können. Das Potenzial der Zerstörung und der vollkommenen Vernichtung war von der Zeit Eures Zweiten Weltkrieges bis hin zum Millenniumwechsel vorhanden. Und doch hat all das nicht stattgefunden. Hier sitzt Ihr nun. Hier sitzt Ihr und seid bereit für den nächsten Schritt, seid bereit für die nächste Ebene.

Und was ist die nächste Ebene? Sie ist das Hereinbringen Eurer neuen Beziehung zu Spirit. Bisher war es kaum möglich, Gott zu begreifen und wahrhaft zu (er)kennen. Es war gar nicht so einfach zu verstehen, wer Ihr in Wirklichkeit seid, also Euch selbst im Spiegel als einen Engel zu erkennen. Ihr habt mit diesen Themen gerungen. Spirit erschien Euch eher wie ein intellektuelles Konzept, weit entfernt von Eurer Wirklichkeit. Manchmal kam es Euch so vor, als wäret Ihr hier auf die Erde platziert worden, ohne zu wissen warum und ohne Eure wirkliche Beziehung zu Spirit zu kennen. Doch gleichzeitig habt Ihr sie ersehnt und die ganze Zeit darauf gewartet.

So war bisher die alte Energie, als der Schleier noch dicht und fest war. Ihr konntet noch keine richtige Beziehung zu Spirit herstellen. In der Neuen Energie existiert eine ganz neue Beziehung zu Spirit, die sehr eng und persönlich ist. In der Neuen Energie seid Ihr Euch - aufgrund Eures tieferen Verstehens - Eurer Beziehung zu Spirit sehr wohl bewusst.

In der alten Energie war es schwierig, alle Dinge so anzunehmen (*so zu akzeptieren*), wie sie sind, denn der Schleier war dicht und stark - ebenso wie das Spiel der Dualität. Doch in der Neuen Energie wird die Akzeptanz aller Dinge einfacher sein, denn Ihr werdet den größeren Plan dahinter erkennen können und Ihr werdet die größere Vision, die all dem zugrunde liegt, verstehen können. Ihr werdet verstehen, warum die Menschen die Dinge tun, die sie tun, und warum Ihr Euren Weg so gewählt habt, wie Ihr ihn erwähltet.

In der alten Energie war es meistens schwierig, Euer menschliches Selbst zu akzeptieren. In gewisser Weise kam es Euch wie eine Strafe vor, weil Ihr Euer Zuhause verlassen hattet. Denn letztendlich wart Ihr in einem menschlichen Körper mit all seinen Gebrechen, seinen Schmerzen und seinen Herausforderungen gelandet. In der Neuen Energie wird es einfacher sein, Euer Mensch - Sein anzunehmen, denn Ihr werdet erkennen, dass Ihr nicht Gefangene dessen seid. Ihr werdet erkennen, welche vielfältigen

Möglichkeiten und Vergnügen es für Euch bereithält; dass es vielmehr ein Instrument ist für den kreativen Ausdruck Eures inneren Gottes.

Liebe Freunde, Ihr begebt Euch in eine neue Beziehung zu Spirit. In der alten Energie war es oftmals schwierig, sich im „Jetzt“ zu befinden, in Eurem göttlichen Moment zu sein. Immer dachtet Ihr entweder über die Zukunft oder die Vergangenheit nach. In Eurer neuen Beziehung mit Spirit, also in der Neuen Energie, werdet Ihr Euch stets im „Jetzt“ befinden. Denn die Vergangenheit werdet Ihr entlassen haben. Und die Zukunft wird lediglich das Potenzial für Eure neue Schöpfungen beinhalten. In der Neuen Energie werdet Ihr im „Jetzt“ sein.

Atmet tief, liebe Freunde. Atmet diese Energie von Zuhause tief ein. Sie ist ja hier.

In der alten Energie war es schwierig für Euch, anmutig und gnadenvoll zu erschaffen. Ihr wart oft unbeholfen und Euch Eurer Handlungen oder dem Ergebnis Eurer Aktionen für gewöhnlich nicht vollständig bewusst. In der Neuen Energie werden Eure Schöpfungen anmutig und von Gnade erfüllt sein, sie werden etwas Fließendes bekommen. Es wird Euch vorkommen, als würdet Ihr auf Wellen reiten, und sobald eine Welle droht umzukippen, wird dort sofort eine neue für Euch bereitstehen.

In der alten Energie war es äußerst schwierig Veränderungen zu akzeptieren. Ihr wolltet unbedingt am Alten festhalten, da Ihr Euch damit auskanntet und Ihr Euch sicher fühltet. Auch wenn es schwierig und herausfordernd war, hiermit fühltet Ihr Euch sicher, hiermit kanntet Ihr Euch aus. In der Neuen Energie werdet Ihr erkennen und wissen, dass Veränderungen etwas ganz Natürliches und voller Segen sind. Ihr werdet so weit kommen, Veränderung zu schätzen und sie sogar zu erwarten, denn sie ist letztendlich nichts weiter als der fortgesetzte Ausdruck, die weitergeführte Offenbarung Eurer Schöpferkraft und Kreativität.

Liebe Freunde, atmet tief. Atmet diese Energie von Zuhause, die jetzt hier bei Euch ist, tief in Euch ein.

In der alten Energie war die göttliche Balance für Euch nur schwer greifbar. Denn Euch standen lediglich die Elemente des Lichtes und der Dunkelheit zur Verfügung, dazu das dritte Element, welches sich hin- und herbewegen konnte. In der Neuen Energie existiert die göttliche Balance in Eurem Inneren in der Energie der Vier, die stets stabil und sicher sein wird.

In der alten Energie habt Ihr Euch darauf konzentriert, individuelle Kleinigkeiten zu erschaffen. In der Neuen Energie werdet Ihr mit breiten, großzügigen Pinselstrichen erschaffen. Und Ihr werdet Euch nicht mehr so schrecklich darum sorgen, wenn sich nur noch einhundert Euro auf Eurem Bankkonto befinden. Und Ihr werdet Euch auch nicht mehr solche Sorgen machen, wenn Euer Auto kaputt ist. Denn Ihr werdet nicht mehr auf diese partielle Art und Weise erschaffen, sondern in großen Zügen kreieren. So ist die Neue Energie, Eure neue Beziehung zu Spirit.

Liebe Freunde, atmet nun wiederum tief ein. Atme tief ein und aus.

In der alten Energie war es schwer für Euch, Eure Passion zu finden. Es war schwer für Euch, diese tiefe spirituelle Leidenschaftlichkeit und Begeisterung wirklich in Eurem Inneren zu fühlen. In der Neuen Energie wird Euch diese Leidenschaft jederzeit zur Verfügung stehen, denn sie wird danach streben, sich ausdrücken zu wollen. Sie wird hervorkommen und gemeinsam mit Euch etwas erschaffen wollen.

In der alten Energie, liebe Freunde, hattet Ihr Euer spirituelles Haus zu verlassen, um alles, was Ihr gebraucht habt, beschaffen zu können. In der Neuen Energie wird all das zu Euch kommen. Wir wissen, wie schwierig es für Euch ist, dies zu verstehen und zu akzeptieren, doch es wird wirklich zu Euch kommen bis vor Eure Haustür. Was auch immer Ihr benötigt, es wird zur angemessenen Zeit zu Euch kommen. Und dann liegt es an Euch, damit zu tanzen und zu wissen, dass die Zeit gekommen ist, an die Arbeit zu gehen.

Noch einmal, meine lieben Freunde, atmet tief. Atmet tief ein und aus. Ihr tretet gerade in eine neue Zeit der Verbundenheit mit Spirit ein.

In der alten Energie hattet Ihr einen freien Willen, der in gewisser Weise sehr begrenzt war. In der Neuen Energie habt Ihr Göttlichen Willen…

unbegrenzt und allwissend. Er ist ein Bestandteil Eurer neuen Beziehung mit Spirit.

In der alten Energie habt Ihr Gott und den Engeln gedankt, sobald Euch etwas Gutes im Leben widerfuhr. Doch, liebe Freunde, in der Neuen Energie fangt Ihr an zu verstehen, dass all dies in Wahrheit aus Eurem Inneren hervorkommt. Es kommt in Wirklichkeit aus dem Inneren. Von dort tritt jetzt eine ganz neue Beziehung mit Spirit für Euch hervor. Sie kommt aus Eurem Inneren. Es ist der Same, den Ihr seit der Zeit, als Ihr Euer Zuhause verlassen habt, in Euch getragen habt.

Eine neue Beziehung mit Spirit tritt jetzt hervor. So einfach dies auch erscheinen mag, liebe Freunde - so einfach es sich auch anhören mag, sie zu akzeptieren, anzunehmen und in Euer tägliches Leben zu integrieren, wird das Will-kommen doch eine Herausforderung für Euch darstellen.

Lektion zwölf der Schöpfer-Serie: Heißt jetzt Eure neue Beziehung zu Spirit will-kommen *(Come now your new relationship with spirit).*

Und nun konkreter: Wie also könnt Ihr jetzt diese neue Beziehung in Euer Leben integrieren? Wie könnt Ihr sie in Eurem Wesen und Eurem gesamten Sein manifestieren? Nun, dies ist recht einfach. Es ist wirklich ziemlich leicht! Es geschieht, indem Ihr atmet. Es geschieht über Eure Atmung. Sobald Ihr einatmet - bewusst einatmet - seid Euch Eurer neuen Beziehung zu Spirit voll bewusst. Atmet jetzt tief. Atmet Eure neue Beziehung zu Spirit tief ein. Denn dies wird die Göttlichkeit, die bereits in Euch wohnt, nähren, hegen und versorgen.

Atmet tief. Sollte es beispielsweise die Fülle sein, die Ihr für Euer Leben gewählt habt, dann macht Euch keinerlei Gedanken über die Details, sondern atmet vielmehr die Fülle tief in Euch ein und erkennt, dass sie nicht von außen kommt. Sie entstammt Eurem Inneren. Sobald Ihr sie tief einatmet, erlaubt Ihr dieser erwachenden Göttlichkeit, diesem inneren Christusbewusstsein in Euch, nun aus den äußeren Bereichen Eures wahren Bewusstseins mitten in Euer Sein zu kommen. Ihr erlaubt ihm so, sich in Eurem Leben zu manifestieren und sichtbar zu werden. Sobald Ihr Eure

Rechnungen zahlt, atmet die Fülle ein. Atmet Reichtum und Fülle ein. Sobald Euer Körper schmerzt und krank ist, sobald Euch etwas wehtut, atmet tief. Atmet biologische Balance, atmet Gesundheit ganz tief in Euch ein.

Diese Euch innewohnende Göttlichkeit, sie kommt nun hervor, doch benötigt sie auch ein Vehikel, ein Verbindungsmittel, um in Eurer Realität in Erscheinung treten zu können. Durch Euer bewusstes Atmen kann sie sich im „Jetzt" zeigen.

Es gibt Meister, die darum gewusst und das Atmen über eine lange Zeit geübt haben. Und mehr denn je ist es heute ein echtes Werkzeug für Euch. Bis jetzt war es sehr schwierig, wahrscheinlich sogar unmöglich, Eure Euch innewohnende Göttlichkeit tief in Eurer menschlichen Realität zu verankern. Das kollektive Bewusstsein der Erde war noch nicht so weit, es in Leichtigkeit einfließen zu lassen; deshalb war es bisher so schwierig und problematisch. Das ist auch der Grund, warum es immer diejenigen gegeben hat, die stets und ewige Zeiten (nach Eurem Empfinden) danach gesucht haben. Doch nun, mit einem höheren Maß an Bewusstsein auf persönlicher wie auch auf kollektiver Ebene, ist es möglich, das Göttliche in Euer Leben zu integrieren.

Und denke stets daran: Du bist es selbst. Sobald Dein Körper schmerzt, atme Gesundheit in ihn ein. Deine Göttlichkeit wird dann hervortreten, um sich in Deinem Leben und in Deinem Körper zu manifestieren. Atme bewusst tief ein, denn dies ist das Vehikel, welches Deine erwachende Göttlichkeit wirklich und wahrhaftig in Dein Leben bringt. So einfach ist das. Es ist so leicht!

Sobald Beziehungsprobleme in Eurem Leben auftauchen, dann legt nicht ganz spezifisch fest, was genau passieren soll, sondern integriert vielmehr in dem Augenblick Eure eigene Göttlichkeit durch das bewusste Atmen. Atmet balancierte, ausgewogene Beziehungen in Euch ein. Versucht bitte nicht festzulegen, wie diese auszusehen haben, sondern atmet lediglich ausgewogene Beziehungen tief in Euch ein. Wenn Ihr auf diese Weise vorgeht, verbindet Ihr Euch umgehend mit dem göttlichen Sein des anderen

Menschen - Eure Göttlichkeit mit der seinen. Und so hebt Ihr die gesamte Beziehung auf eine völlig neue Ebene. Dies vollzieht Ihr, indem Ihr einfach die Energie einer ausgewogenen Beziehung tief einatmet.

Es ist dann so, als würde man Luft in ein Feuer blasen. Denn das bewusste Atmen facht die göttliche Flamme in Euch an und verankert sie in Eurer Realität, in Eurem Mensch-Sein. Durch dieses Atmen integriert Ihr Eure neue Beziehung zu Spirit. Durch dieses Atmen verankert Ihr die Essenz von Zuhause in Eurer Realität. Es ist so einfach.

Sobald Ihr Euch fragt, was Ihr als Nächstes tun solltet, sobald Ihr an Eurem eigenen Selbstwert zweifelt, sobald Ihr Euch fragt, was jetzt Eure Aufgabe ist, atmet einfach Euren eigenen (*goldenen*) Selbstwert ein. Atme ihn tief in Euch ein.

Durch das bewusste Atmen ladet Ihr Eure Göttlichkeit aus den äußeren Bereichen Eures Bewusstseins ein, in Eurer Realität zu erscheinen. Sobald Ihr sie einatmet, wird ihr dieser Zugang auf ganz natürliche und sanfte Weise ermöglicht. Eure Göttlichkeit durchdringt dann alles, was Ihr seid; all Eure Zellen und Euer ganzes menschliches Bewusstsein.

ATMET Eure Göttlichkeit ein!

Und denkt sie nicht herein! Denn das war es, was Ihr bisher zu tun versucht habt. Denn das war es, was wir gemeinsam versucht haben in den Tagen des Alten, im alten Atlantis. Wir haben versucht, die Göttlichkeit in uns hinein zu DENKEN. Wir haben versucht, sie über Technologien hereinzuholen. Wir haben versucht, sie mit unseren 3D Werkzeugen zu ent-decken. Es gab Menschen, die den Pfad der Erleuchtung gesucht haben, die versucht haben ihren Weg zu Gott zu er-denken, die versucht haben ihre Göttlichkeit in ihre Existenz hineinzudenken. Sie kommt nicht über Euren Verstand (*mind*), wie Ihr wohl wisst. Gleichwohl ist es Euch jetzt möglich, Eure neue Beziehung zu Spirit einzuatmen.

Heißt jetzt die neue Beziehung zu Spirit in Eurem Leben will-kommen. Euer Werkzeug dafür ist der Atem. Es ist so einfach, liebe Freunde, doch bis heute war es Euch nicht möglich. Erst die vielen Veränderungen und Verschiebungen auf der Erde haben dies jetzt möglich gemacht; ebenso diese vielen Dinge, die Ihr persönlich aus Eurem Leben entlassen habt, Eure vergangenen Leben und Euer ahnisches Karma mit eingeschlossen. Ihr habt all dies jetzt losgelassen. Und schafft so den Raum für Eure neue Beziehung zu Spirit.

Als Ihr diese Inkarnation plantet, wusstet Ihr, dass sie das Potenzial in sich trägt, eine völlig neue Beziehung zur Göttlichkeit, zu Spirit und zu Euch selbst beginnen zu können. Ihr wusstet, dass dies Euer Wendepunkt sein würde. Ihr kamt überein, was auch immer nötig sein würde, Ihr würdet hindurchgehen, um an diesen Punkt zu gelangen - auch durch all die Veränderungen der noch kommenden Monate und Jahre, denn diese Veränderungen sind notwendig. Sobald Ihr bewusst atmet, verankert Ihr Eure Göttlichkeit. Eure eigene neue Beziehung zu Eurer Göttlichkeit kann hervorkommen und sich entfalten. Das Atmen integriert sie in Euer Leben.

Wir bitten Euch, übt es ganz bewusst ohne Agenda, ohne es zu intellektualisieren, ohne es zu zer-denken. Versucht nicht, Eure Göttlichkeit in irgendeiner Art in Euch hineinzudenken, denn das ist eine schmerzhafte Angelegenheit! (Kichern) Und wird sich nicht gerade gut anfühlen! Atmet sie einfach ein. Jener Same Eurer Göttlichkeit, den Ihr von Zuhause mitgebracht habt, er wartete auf die angemessene Zeit, sich entfalten zu können. Und jetzt, da Ihr in die Neue Energie hinüberwechselt, ist wahrhaft die richtige Zeit gekommen. Tatsächlich ist die Zeit reif für diese neue Beziehung zu Spirit. All diese Einsamkeit der Trennung, die Ihr schon so lange gefühlt und in Euch getragen habt, meine lieben Freunde, sie ist nun bereit, geheilt zu werden und Erfüllung aus Eurem Inneren zuzulassen, aus Eurem Inneren heraus. Ja, es geschieht aus Eurem Inneren heraus.

Eure Geistführer hatten zu gehen. Sie hatten Euer unmittelbares Energiefeld zu verlassen, damit es EUCH möglich sein würde, Eure eigene Beziehung zu Spirit erfassen und annehmen zu können. Jene, die schon Zeitalter um Zeitalter bei Euch gewesen sind, Euch von Inkarnation zu Inkarnation begleitet haben, sie hatten sich jetzt zurückzuziehen. Das war der Grund, warum Ihr alles als so schwierig und herausfordernd empfunden habt. Denn sie hatten Euch den Raum zu überlassen, damit Ihr Euren eigenen göttlichen Samen zur Entfaltung bringen konntet. Es ist Zeit, ihn aus Eurem Inneren heraus erstrahlen zu lassen. Verankert diese Energie mit dem einfachen Atmen in Eurem tagtäglichen Leben.

Atmet jetzt ganz bewusst. Macht es, - atmet Eure eigene Göttlichkeit jetzt tief in Euch ein. Sie erwacht. Wir können es sehen, sobald Ihr dies tut, steigt Eure Schwingung um einige Grade nach oben.

Lektion zwölf der Schöpfer-Serie: Heiße Deine neue Beziehung zu Spirit jetzt will-kommen. Es ist Zeit. Und das einfache Werkzeug dafür ist Euer Atem. Wir haben ein ganzes Jahr darauf gewartet, Euch dies zu übermitteln. Wir haben gewartet. Denn erst haben wir Euch durch eine Reihe von Lektionen mitgenommen, um Euch bewusst zu machen, dass das Christusbewusstsein gerade in Euch geboren wird. Ja, Eure Göttlichkeit wird gerade in Euch geboren. Erst habt Ihr geholfen, diese Energie auf die Erde zu bringen. Und jetzt helft Ihr, sie in Euch Selbst zu gebären. Über das einfache Atmen verankert Ihr sie in Eurer täglichen Realität. Doch sobald Ihr Euch selbst dabei erwischen solltet, zu sehr darüber nachzudenken, haltet ein... atmet sie einfach ein. Denn nur die Atmung entfacht das Feuer der Göttlichkeit, welches in Euch lodert.

Sobald Ihr mit denjenigen zusammensitzen werdet, die Euch als „Lehrer" bezeichnen, werdet Ihr ihnen von dieser einfachen Technik des Atmens berichten. Doch tut Ihr dies, ohne sie vorher durch die anderen Lektionen geleitet zu haben, werden sie Euch nicht glauben und es einfach nicht richtig verstehen können. Es ist sehr wichtig, die Lektionen erst eine nach der anderen zu durchschreiten, bevor Ihr an diesen Punkt kommt, um das Atmen wirklich verstehen zu können. Dies ist so einfach und so rein und dennoch, wie Ihr ja wisst, war die Reise der Engel bis hierhin so lang und so schwer.

Dies ist ein äußerst kostbarer Moment für uns. Euch ist die Tragweite und die Auswirkung dessen, was wir Euch hier mitteilen, noch nicht wirklich klar. Doch es wird kommen in den nächsten Tagen, sobald Ihr zu Euch selbst sagt: „Ach ja, Tobias hat mir ja empfohlen, tief einzuatmen." Dann werdet

Ihr die (Aus-)Wirkung wahrnehmen, Ihr werdet sie fühlen. Erinnert Euch stets daran, bewusst einzuatmen, denn es wird Eure neue Beziehung zu Spirit erwecken und festigen.

Das Gefühl der Einsamkeit wird dann ersetzt werden durch das tiefe Gefühl der Liebe und der Erfüllung. Das Gefühl der Trennung wird dann ersetzt werden durch ein umfassendes Gefühl von Einheit; der Einheit mit ALLEM, WAS IST. Der Einheit des eigenen Selbst mit Spirit und der des Menschen mit Gott. Ihr werdet lernen, Fülle in Euer Leben zu atmen, eine neue ausgewogene Biologie in Euer Leben zu atmen, angemessene Beziehungen in Euer Leben zu atmen. Und Du wirst lernen, diesen göttlichen Engel einzuatmen, der Du wirklich und wahrhaftig bist. Heiße Deine neue Beziehung zu Spirit will-kommen. Du hast sie Dir verdient.

Und so ist es.

Fragen und Antworten

Das Folgende sind nicht editierte Fragen,
die Tobias von Publikumsmitgliedern direkt
nach den gechannelten Lektionen gestellt wurden.

FRAGE: Tobias, ich bin verwirrt, wie „zulassen" und „loslassen" miteinander funktionieren können, wenn ich doch weiß, dass Spirit keine festen Pläne für uns hat. Wie können wir das erschaffen, was wir in unserem Leben brauchen? Um genauer zu sein, ich suche einen neuen Arbeitsplatz. Lasse ich los bleibe dort - was einer schlechten Gelegenheit entsprechen könnte - oder verfolge ich andere Möglichkeiten, was dann aber doch kein Zulassen zu sein scheint?

TOBIAS: Dies ist eine hervorragende Frage; denn das ist eine Situation, die jeden von Euch herausfordert. Vor allem geht es zunächst darum, Eure Glaubenssätze und Eure Sichtweisen loszulassen. Es geht dabei nicht um eine bestimmte Arbeit oder eine bestimmte Situation. Eure Glaubenssätze und Eure Sicht der Dinge halten Euch in beiden fest. Unser Freund im Kanu (Schöpfer-Serie, Lektion I) wurde in Richtung Abgrund gezogen und er fühlte, wie er mit dem Wasserfall über die Kante schoss. Und plötzlich erkannte er, wer er in Wirklichkeit war. Bei Euch Menschen lässt Eure Angst erst dann ein Problem los, wenn Ihr eine handfeste Lösung parat habt. Ihr geht stets wie in einem Hindernisparcours durch Euer Leben, immer mit einer Hand am Rettungsring und Ihr wollt nicht eher loslassen, als bis die andere Hand den nächsten Rettungsring fest im Griff hat. Wir fordern

Euch auf, Euren Rettungsring aus all den Glaubenssätzen, an dem Ihr Euch bisher festgehalten habt, loszulassen ebenso wie auch all Eure jüngsten und neuesten Glaubenssätze. Wir wissen wohl, dass dies einige von Euch erschreckt. Und manche werden auch sagen, Tobias sei verrückt geworden; und wenn nicht Tobias, dann doch ganz bestimmt Cauldre. (Großes Gelächter im Publikum) Liebe Freunde, habt Vertrauen in Euer Selbst, in Eure eigene Göttlichkeit; alles, was angemessen ist, wird mit ins Spiel gebracht werden.

Ihr geht sozusagen Euren Weg, ohne zu wissen, was als Nächstes kommen wird, ohne zu wissen, wie Eure neue Reise aussehen wird. Manchmal geht Ihr voller Furcht und manchmal in tiefer Sorge, alles zu verlieren. Versteht Ihr denn nicht, dass jegliche Werkzeuge, Energien und Fähigkeiten, die Ihr braucht und benötigt, auf dem Weg vergraben liegen? Ihr habt sie selbst, noch bevor Ihr je den Weg gegangen seid, dort platziert. Lediglich durch das Aufgeben Eurer alten Glaubenssätze werdet Ihr sie wieder erkennen. Es gibt sie, sie sind da. Es ist ganz ähnlich wie mit Euren Bildern und Puzzles, die versteckte Begriffe in sich verbergen. Erinnert Ihr Euch noch an die Bilderbücher Eurer Kindheit? Es ging darum, etwas zu finden, das nicht auf den ersten Blick zu erkennen war. Doch als Ihr eine andere Sichtweise einnahmt und Euch erlaubtet, etwas zu sehen, was nicht so offensichtlich war, tauchte es plötzlich auf. Und dann habt Ihr Euch gewundert, warum Ihr es nicht schon früher erkannt hattet. Ganz ähnlich verhält es sich mit Eurem Leben. Darum bitten wir Euch, löst Euch von der alten Sichtweise der Dualität.

In der Geschichte von Oryan wurde dieser letztendlich des Paddelns im Kanu müde. Er kümmerte sich nicht weiter darum, weil er keinen Sinn mehr darin sah, den Fluss aufwärts zu rudern. Wir bitten Euch loszulassen, - das Alte gehen zu lassen. So viele von Euch sind müde geworden und jetzt bereit, wirklich alles loszulassen, auch wenn es den physischen Tod bedeuten würde, - auch wenn es bedeuten würde, in einen Abgrund zu fallen. Nicht, dass Ihr das werdet, meine liebe Freunde, doch diese Angst, diese Illusion, ist in Euch vorhanden. Fürwahr, dies ist ein großer Schritt für einen jeden von Euch in dieser Zeit. Wir verstehen dies und wir nehmen es nicht auf die leichte Schulter.

Wie sagte ein Shaumbra erst kürzlich: „Vertraue in Dein Selbst und Du wirst dem ganzen Universum vertrauen.“ Vertraue in Dein Selbst und Du wirst allen Aspekten der Schöpfung vertrauen. Vertraue in Dein Selbst und Du wirst wissen, dass alle Dinge voller Liebe und in angemessener Form in Dein Leben kommen werden. Im Selbst-Vertrauen ist das Freilassen, das Zulassen, das Annehmen, die Akzeptanz und das Loslassen. Du wirst (Ihr werdet) in den nächsten Tagen und Wochen Erfahrungen machen, die helfen, all dies zu verstehen.

* * * *

FRAGE: Tobias, in Deinem Channeling in Santa Fe (Neue Erde-Serie, Lektion elf) erklärtest Du, dass die Lichtarbeiter die Ersten sein werden, die sich in Ihr göttliches Christusbewusstsein, in die Neue Energie hineinbegeben werden und dass dort niemand sein wird, der sie erwartet und empfängt. Ich dachte, dass der Mensch Jesus uns durch seine Entwicklung dorthin vorausging, um uns den Weg zu zeigen. Liege ich mit dieser Annahme falsch?

TOBIAS: Im Zusammenhang mit dieser Frage erscheint nun die Präsenz jener Wesenheit, die Euch als Yeshua ben Joseph (Jesus) bekannt ist, hier im Raum. Wir bitten Euch, fühlt sie. Und wir werden Euch seine Antwort übermitteln. Wir bitten Euch um einen Augenblick, damit die Energien ausgerichtet und angeglichen werden können. (Pause)

Yeshua sagt Euch, dass viele von Euch, die hier im Raum sind und diese Lektionen lesen, vor 2000 Jahren mit und bei ihm waren. Es handelte sich damals um eine Wiedervereinigung der Engel. Er sagt weiter, dass er all jenen, die sich vor 2000 Jahren in seinen Gruppen versammelten, verkündete, dass er gekommen sei, um einen Weg aufzuzeigen und Hoffnung zu bringen, - die Hoffnung sei seine zentrale Botschaft gewesen. Damals erinnerte er Euch daran, dass Eure Reise, auch wenn er die Erde verlassen würde, weitergehen würde. Er kehrte auf diese Seite des Schleiers zurück, während Ihr Eure Reise in die Neue Energie fortsetztet.

„Es ist nicht so“, sagt er, „dass ich Euch vorausging. Ich kam einfach, um bei Euch zu sein und um Euch zu unterstützen, - um Euch in jener Zeit zu einen, - um einen jeden von Euch an seine Reise und seine Mission zu erinnern. Und dann verließ ich die Erde. Eines Tages werdet Ihr da sein und mich begrüßen, wenn Ich mich in Eure Neue Energie hineinbegebe. Wir sind Familie, wir sind Eins. Setzt Eure Reise weiter fort, liebe Freunde. Ihr habt schon so viel erreicht. Wir werden uns wieder begegnen."

* * * *

FRAGE: Tobias, ist es immer noch angemessen, weißes und goldenes Licht an andere Lichtarbeiter, sagen wir in Israel, zu schicken? Gehört dies zur alten oder zur neuen Energie?

TOBIAS: Wir werden dies nicht alt oder neu nennen. Wir wollen einfach sagen, dass es Zeit ist „Hinter der kleinen Mauer zu stehen". Indem Ihr das tut, erlangt Ihr neue Verstehensweisen von dem, was im Mittleren Osten geschieht und warum es geschieht. Wir wissen, dass Ihr bisher viel Energie und Liebe an diesen Ort gesandt habt. Wir wissen, dass dies von ganzem Herzen geschehen ist, um Heilung zu erwirken. Jetzt ergreifen andere diese Arbeit, die Ihr getan habt. Es ist nicht so, als wenn hier ein großer „Leerraum" zurückgelassen wird. Andere werden diese Arbeit fortsetzen. Doch für diese bestimmte Gruppe, den Crimson Circle, ist es jetzt an der Zeit, dass Ihr zu neuen Erkenntnissen und Einsichten und tieferem Verstehen gelangt. Reicht diese „Fackel des Friedens und der Liebe", diese „Fackel des Energiehaltens in einer kritischen Region Eurer Welt" an einen anderen weiter. Reicht sie weiter an einen neuen Lichtarbeiter, einen, der jüngst erwachte, - an welche, die sich entschieden, ihre Energien anzuwenden. Doch für Euch, meine lieben Freunde, ist es jetzt an der Zeit für eine neue Rolle, eine neue Haltung, - die Haltung von tieferem Verstehen. Wir wissen, dass es für manche von Euch schwierig sein wird diese Arbeit, die Ihr bis jetzt getan haben, aufzugeben. Doch es ist an der Zeit für neue, tiefere Verstehensweisen.

* * * *

FRAGE: Tobias, wenn wir unsere Absicht für irgendetwas bekundeten, werden sich die Dinge dann durch unser Zulassen manifestieren? Wie würdest Du Schöpfung, Kreation - den Prozess des Erschaffens - definieren?

TOBIAS: Deine Absicht setzt voraus, dass es einen besonderen, einen bestimmten Weg für Dich gibt. Deine Absicht geschah auf der Grundlage einer Energie von Dualität. Die Absicht, die Du in der Vergangenheit für Dich selber erschaffen hast, begründete sich auf der alten Energie-Art-und-Weise von Schöpfung. Es ist jetzt an der Zeit alle Absicht für alle (möglichen) Dinge zu entlassen. Dies ist vielleicht ein schwieriges Konzept, denn Du warst erfüllt von Absicht. Du warst erfüllt von Richtungsweisendem, von Zielvorstellungen. Alle Absicht zu entlassen ist herausfordernd. Deine Absicht basierte auf einer Art Glaubenssystem, das Du aufrechterhalten hast, ganz gleich, ob sich der Glaube nun um Reichtum, Beziehungen, die Liebe, oder darum, wie die Dinge funktionierten, drehte. Eure Absicht wurde bisher durch dieses Glaubenssystem geschleust, welches Euch jetzt nicht länger dient.

Mit dem Loslassen von Absicht und dem Loslassen von Glaubenssystemen wirst Du in der Lage sein, zu beobachten, wie die Dinge wahrhaftig funktionieren. Du wirst fähig sein, zu beobachten, wie Dinge erschaffen sind. Wenn Du an diesen Punkt des Verstehens gelangt bist, wirst Du, ausgehend von einem Ort des Friedens, ausgehend von einem Ort von Erkenntnis und Wahrnehmung der Neuen Energie, begreifen, wie Schöpfung in der Neuen Energie funktioniert.

Dies ist keine einfache Aufgabe. Sie wird schwierig sein. Ihr werdet uns noch oft verfluchen, bevor es vollbracht ist ! (Lachen im Publikum)

Wir kommen noch einmal zurück auf die Geschichte vom Kanu, dass über die Kante des Wasserfalles hinausschoss. Oryan kam an den Punkt, alles loszulassen. Möglicherweise wirst Du dann nur Angst empfinden. Möglicherweise wird Dich das Potenzial, welches aus dieser Situation entsteht, sehr herausfordern. Doch es wird ein Punkt auftauchen, an dem Du die Illusion, aus der dies alles entstanden ist, die Illusion, die sich gerade abspielt, erkennen wirst. Dann wirst Du verstehen, wie der Schöpfungsprozess sowohl als Ganzes als auch in Dir selber funktioniert. Mit diesem Verstehen wirst Du wissen, wie Du wirklich und wahrhaftig etwas in Gang setzt, wahrhaftig etwas bewirken kannst und wahrhaftig erschaffst. Desgleichen wirst Du die Weisheit besitzen, um außerhalb von Dramen oder schwierigen Situationen zu stehen und Dich nicht dort mit hineinziehen zu lassen. Du wirst die Weisheit besitzen zu erkennen, wann es sinnvoll ist einzugreifen und wann nicht. Das wird wichtig sein.

* * * *

FRAGE: Tobias, nach allem, was im Channeling gesagt wurde scheint es so, als hätten wir uns von der dritten Dimension in die vierte Dimension bewegt. Ist das so?

TOBIAS: Meine Freunde, befreit Euch von Euren Vorstellungen von Dimensionen! Sie halten in der Energie, in die Ihr Euch hineinbewegt und die Ihr zu erfahren beginnt, nicht länger stand. Wir haben in vorherigen Channelings gesagt, dass es Zeit ist, die Bücher beiseite zu legen. Geht für Euer Verstehen nicht mehr zurück zu den alten Bücherregalen. Dies ist neu. Dies ist nie zuvor erschaffen worden. Wenn Ihr Euch an den Rettungsring von den Glaubenssystemen von dritter und vierter Dimension festhaltet, dann wird dies eine schwierige Reise für Euch. Und offen gesagt, liebe Freunde, verstehen wir nicht im Geringsten diese Dimensionen, von denen Ihr ständig redet! (Lachen im Publikum) Sie wurden von Menschen kreiert, um den Evolutionsprozess verstehen zu helfen. Doch von unserer Sicht, von unserem Standpunkt aus gesehen bewahrheiten sie sich nicht. Es ist sehr viel einfacher und dennoch sehr viel komplexer als das, was von diesen verschiedenen Dimensionen beschrieben wurde. Wir möchten sogar nicht einmal unsere Wahrnehmungen, also das, was wir glauben, was diese Dimensionen sind, mit Euch teilen. Und sicherlich haben wir diesbezüglich unser Glaubenssystem! Wir möchten Euch dies nicht mitteilen, weil wir Euch für alle neuen Möglichkeiten offen halten wollen. Also fragt uns bitte nicht danach, was (*wie auch immer*) die tatsächlichen Dimensionen sind. (Lachen und Applaus im Publikum)

* * * *

FRAGE: Tobias, kannst Du darüber sprechen, wie wir als Channel-Medien mit den Menschen umgehen können, die nicht an die Existenz von Dir, Kryon, Erzengel Michael etc. glauben, die Ihre Energien dafür verwenden, alles in Frage zu stellen.

TOBIAS: Als Erstes realisiert bitte, dass es keinerlei Auswirkungen auf uns hat, ob jemand an uns glaubt oder nicht. Es gibt viele, die mit den vorgebrachten Botschaften nicht übereinstimmen. Doch wir möchten diese Frage jetzt von einer anderen Ebene als zuvor beleuchten. Und wir sagten Cauldre von Anfang an: „Mach aus dem Channeln keine Berufslaufbahn." Nicht, dass er schlecht channelt (viel Lachen im Publikum), sondern weil diese Informations - und Energieübertragung von nicht-menschlichen Wesenheiten an ein Menschenwesen ein Verfahren der alten Energie (eine alte Energie Art und Weise) sein wird.

Es wird der Zeitpunkt kommen, an dem Cauldre nicht länger den Crimson Council channelt. Sobald er sich angenehm und wohl damit fühlt, seine eigene Göttlichkeit hervorzubringen, wenn er schließlich der Tatsache ins Gesicht sieht, dass Gott innerhalb seiner Selbst, in ihm, ist, bedarf er es nicht länger, uns zu channeln. Sobald Du letztendlich erkennst, dass Du Gott BIST, brauchst Du nicht länger Übertragungen zuzuhören. Du wirst kein Studierender mehr sein. Du wirst der Lehrer sein. Und es wird keinen Bedarf und keine Notwendigkeit mehr zum Channeln geben.

Es gibt ein natürliches Misstrauen der Menschen gegenüber Channel-Botschaftern und den Botschaften, die sie übermitteln. Viele Fragen werden aufkommen und das ist gut so. Es ist angemessen. Doch sobald Ihr in Eurer kraftvoll strahlenden Göttlichkeit und Wahrheit vor ihnen sitzt, werden sie Euch nicht mehr fragen. Es wird keine Frage mehr sein, ob dies wahr oder falsch ist, ob es wahr und wahrhaftig geschieht oder nicht. Sie werden es einfach wissen.

Das ist es, wohin wir uns alle bewegen. Das ist es, wohin Ihr Euch bewegt. Und das ist es auch, wohin Cauldre sich bewegt. Der Tag wird kommen (ein Tag, den er fürchtet, wie das Kanu-Wasserfall-Erlebnis auf dem Fluss), wenn wir uns nicht mehr zum Channeln zu Worte melden werden. Und an diesem Tag wird er die Entscheidung zu treffen haben, ob er nun zur Tür hinausläuft oder ob er seine eigene Göttlichkeit hervorbringt. (Applaus und Lachen im Publikum)

* * * *

FRAGE: Tobias, für uns sind Deine Lehren noch neu. Könntest Du noch einmal kurz die Abwesenheit unserer Geistführer erklären, auf die Du öfters hingewiesen hast? Trifft diese Situation auf die gesamte Menschheit gleichermaßen zu?

TOBIAS: Nein, dies gilt NICHT für alle Menschen. Doch es IST gültig für diejenigen, die sich in die neue Energie hineinbewegen, die sich auf dem Pfad des Aufstiegs befinden.

Im August 1999 verkündeten wir - zum Erschrecken einiger Menschen -, dass die Geistführer dabei seien, abzureisen. Dies geschieht nun schon seit einigen Jahren. Einige von Euch haben es erst kürzlich begonnen wahrzunehmen. Als Ihr das erste Mal auf die Erde gekommen seid, zeigte es sich, dass ein Ausgleich erforderlich war, damit Ihr Euch nicht völlig verloren fühltet. Als Ihr hierher kamt, bekamt Ihr also „Geistführer", die einen Teil Eures Energiefeldes ausfüllten, einen Teil Eures ätherischen Körpers. Sie waren quasi Eure Silberschnur, Eure Rückverbindung zu Spirit. Sie waren wie eine Art Verbindungs-Kettenglied.

Eure Geistführer waren verantwortlich für die Aufrechterhaltung eines Gleichgewichtes, - für die Aufrechterhaltung einer Verbindung zu Euch. In der Vergangenheit hat es viele Missverständnisse gegeben bezüglich der Geistführer und Engel. Die „geistigen Führer", wie Ihr sie nennen würdet, waren Platzhalter, die den Raum (*space*) um Euch ausfüllten und aufrechterhielten, bis zu der Zeit, in der Ihr dies selber tun konntet. Diese Zeit hat in den letzten Jahren begonnen. Und zum Abschied umarmten und küssten sie Euch dann und zogen sich aus Eurem Energiefeld zurück. Oh, natürlich gibt es sie noch. Sie verweilen noch immer außerhalb Eures direkten Energiefeldes. Noch immer lieben sie Euch und haben ein großes Interesse an Euch als Shaumbra. Doch sie wussten, dass jetzt für Euch die Zeit gekommen war, Eure eigene Verantwortung, Eure eigene Macht und Kraft zu übernehmen. Also gingen sie. Und dies verursachte eine Menge heftiger Gefühle in Euch einschließlich die der Depressionen, die einer tiefen Einsamkeit und überwältigenden Trauer. Es war, als hättet Ihr jemanden verloren, der Euch sehr nahe stand, der Euch lieb und teuer war.

Eure Geistführer waren nicht in der Verantwortung, mit Euch zu sprechen oder sonst wie zu kommunizieren. Sie hielten einen „schweigenden“ Raum aufrecht. Sie waren nicht diejenigen, die Euch umsorgten, mit Euch sprachen und Euch trösteten. Sie hielten einfach in der liebevollsten Art und Weise einen Raum um Euch herum aufrecht.

Und dann gibt es noch die „Engel“, wie Ihr sie nennen würdet. Das sind jene Wesenheiten, die abhängig von Euren Bedürfnissen kommen und gehen, die mit Euch sprechen ganz wie liebe Freunde. Doch können sie nicht so nah in Euer Energiefeld hereinkommen, wie Eure Geistführer es konnten.

Bezüglich Eurer Geistführer und Engel hat es viele Missverständnisse gegeben. Es existierte die Vorstellung, dass die Geistführer oder Engel irgendetwas für Euch tun könnten. Viele glaubten, dass sie Euch antworten und Euch sagen könnten, ob es nun besser wäre, nach links oder rechts zu gehen. Das ist niemals der Fall gewesen, meine Freunde. Das war niemals der Fall. Es gibt viele Engel, die zu Euch hereinkommen und mit Euch sprechen. Und wieder eine ganze Menge anderer Engel, die einfach kommen und bei Euch sitzen, die nichts sagen, sondern Euch nur ihre Liebe schenken. Diese Engel sind etwas anderes als Eure Geistführer, die für Eure Silberschnur verantwortlich waren.

✻ ✻ ✻ ✻

FRAGE: Danke, Tobias, dass Du hier mit uns zusammen bist. Und vielen Dank auch an Euch, Cauldre und Linda für Eure Arbeit. Was kannst Du uns zu den bevorstehenden Wahlen (im November 2000) sagen? Wie ich hörte, sprach ein Kandidat - allerdings nicht exakt in diesen Worten - über die Manifestation der Neuen Energie. Wird dies stattfinden und wird es durch ihn, als unseren neuen Präsidenten eintreten?

TOBIAS: Dieser Ablauf Eurer Wahlen ist eine ausgezeichnete Gelegenheit für Euch, auf der anderen Seite der kleinen Mauer zu stehen. Tretet einen Schritt zurück, anstatt Partei zu ergreifen, anstatt leidenschaftlich für die eine oder andere Seite Stellung zu beziehen. Ihr werdet Dualität in Aktion zu Gesicht bekommen. Tretet einen Schritt zurück und schaut zu. Schaut lediglich zu und Ihr werdet Dinge erkennen, die Ihr noch nie zuvor erkannt habt. Tretet einen Schritt zurück, liebe Freunde, und schaut zu, wie der gesamte menschliche Machtprozess vonstatten geht.

(Eingeworfene Frage von Linda:) Wen sollen wir wählen? Nein, wirklich, wen sollen wir wählen?

TOBIAS: Im besten Sinne gar NICHT. Am besten ist es nicht zu wählen, denn ansonsten stellt Ihr Euch auf eine Seite und wählt so ein bestimmtes Glaubenssystem. Wir bitten Euch einfach einen Schritt zurückzutreten und alles, was sich zeigt, zu akzeptieren.(Großer Publikumsapplaus)

* * * *

FRAGE: Lieber Tobias, in mir herrscht Verwirrung bezüglich der Frage „Heilung" oder „Akzeptanz" aller Dinge. Sollte ich mich jetzt nicht mehr darum bemühen, meine Zahnschmerzen, eine Arthritis oder andere körperliche Krankheiten zu behandeln bzw. behandeln zu lassen?

TOBIAS: Dies alles sind ausgezeichnete Beispiele jener Dinge, die Euch in den kommenden Tagen und Wochen noch gegeben werden, damit Ihr wirklich lernt zu verstehen. Wir sagen Euch nicht, dass Ihr diese Zahn- oder Kopfschmerzen nicht behandeln lassen sollt. Wir bitten Euch vielmehr, bevor Ihr dies behandeln lasst, bevor Ihr beschließt, dass dieses körperliche Auftreten nichts Gutes ist, für einen Moment einen Schritt zurückzutreten. Erzwingt die Heilung nicht durch Euren Verstand. Tretet einen Schritt zurück und betrachtet die gesamte Situation. Es gibt einen Grund für die Zahnschmerzen. Es liegt eine Art Energiedynamik hinter dieser Unausgeglichenheit. Sobald Ihr versucht sie zu neutralisieren, verhindert Ihr den gerade stattfindenden Prozess und könnt so auch nicht die Energiedynamik im Hintergrund erkennen. Sobald Ihr auf die andere Seite der kleinen Mauer steigt, werdet Ihr etwas in diesen Zahnschmerzen erkennen können, was Ihr noch nie zuvor wahrgenommen habt. Ihr werdet einen Heilungsweg entdecken, der in der alten Energie nicht in Erscheinung getreten wäre.

Ja, der Schmerz mag für eine kurze Zeit schlimmer werden, doch dieser physische Schmerz ist nichts im Vergleich zu den Einsichten, die Ihr bekommen werdet, wenn Ihr für diese kurze Zeit zurücktretet. Dies alles sind hervorragende und lebensnahe Beispiele von Dingen, die auf Euch zukommen werden, ob es sich dabei nun um Zahnschmerzen handelt, um jemanden, der sauer auf Euch ist, um eine gerade stattfindende Wahl oder um eine Situation an Eurem Arbeitsplatz. Tretet ganz bewusst zurück, um erkennen zu können, was wirklich vor sich geht. Befreit Eure Sichtweise von den Begriffen richtig und falsch, gut und böse. Tretet zurück. Es gibt da eine kleine Mauer, die Euer neues Haus umgibt. Stellt Euch einfach hinter sie und Ihr werdet ein tieferes Verstehen erlangen, wie Ihr ein wahrer Schöpfer sein könnt; ein Schöpfer, der völlig anders ist, als Ihr es Euch vorgestellt haben mögt.

* * * *

FRAGE: Nachdem wir uns aus dem Ersten Schöpfungskreis heraus bewegten und dessen Grenzen erweiterten und überschritten, warum sollten wir dann wieder in die ursprüngliche Form des Schöpfungskreises zurückkehren wollen?

TOBIAS: Zwischen Euren einzelnen menschlichen Leben auf der Erde kehrt Ihr auch nicht nach Hause, in die ursprüngliche Schöpfung, in den Ersten Schöpfungskreis zurück. Ihr begebt Euch in eine Art Zwischenzone, in der Ihr jene Wesenheiten trefft, die dem Engelreich angehören, und viele von ihnen haben gleichfalls schon verschiedene Erdeninkarnationen durchlebt. Wenn Ihr an dieser himmlischen Raststätte erst einmal angekommen seid, habt Ihr Euren physischen Körper bereits verlassen und fühlt Euch nun sehr viel leichter, darum kommt es Euch so vor, als sei dies der Himmel, als sei dies Euer Zuhause. Doch meine Freunde, wir sagen Euch, dem ist nicht so. Ihr kehrt zwischen den einzelnen Inkarnationen nicht nach Hause zurück. Denn sobald Ihr dies tätet, würdet Ihr nicht mehr auf die Erde zurückkommen wollen. Selbst wenn Ihr jetzt nach Hause zurückkehren würdet, Ihr würdet es nicht mehr wiedererkennen. Ihr würdet es nicht als das Zuhause erkennen, was es einmal war, bevor Ihr gegangen seid. Das an sich wäre schon ein Thema ein viel ausführlicheres Gespräch. Gerade Eure Arbeit, die Ihr als Menschen vollbracht habt, hat die ursprüngliche Natur dessen, was Ihr als Euer Zuhause bezeichnet, verändert.

Zu Anfang, als wir begannen mit Cauldre zu arbeiten, bemerkten wir einmal, dass Ihr Menschen im wahrsten Sinne des Wortes die Sterne Eures Universums erschaffen hättet. Und Cauldre machte uns heftige Vorwürfe deswegen. Denn er hatte gedacht, dass wir lediglich in Metaphern sprechen würden, doch wir sagten ihm, dass wir es buchstäblich so meinen. Das, was Ihr da in Eurem physischen Universum seht - all die Sterne, die neu geboren werden, und all die neuen Entdeckungen - all das sind Dinge, die von Euch erschaffen werden. Die Ihr erschafft durch die Arbeit, welche Ihr hier vollbringt. Als Cauldre sich vor einigen Abenden die Sterne ansah, fragte er uns: „Gibt es tatsächlich neues, unbekanntes Leben? Gibt es wirklich eine Art menschlichen Lebens oder überhaupt irgendein Leben im Universum?“ Und unsere Antwort lautete: „Nicht gerade viel.“

Euer Universum verfügt über gewisse Lebensformen, doch über keine so komplexe wie die des Menschen. Es gibt - und dies wird nun einige von Euch sehr herausfordern - keine außerirdischen Wesen, die in kleinen Flugmaschinen von Planet zu Planet fliegen, wie Ihr Euch das so gedacht habt. Was Ihr wahrnehmt und seht, sind jene Aktivitäten, die stattfanden, bevor Ihr hierher gekommen seid. In jenen Dimensionen gibt es viele Aktivitäten, die Ihr heute als außerirdisches Sein interpretiert. Doch in Wirklichkeit seid IHR es SELBST aus Eurer Vergangenheit. Wenn Ihr Euch in Eurem Universum umschaut, existieren dort nur sehr wenige Lebensformen, die Ihr als solche erkennen würdet.

Es finden dort gewaltige energetische Formen, enorme Strukturen und Aktivitäten statt, alles Dinge, die mit dem menschlichen Auge nicht unbedingt zu sehen sind. Das gewaltige Weben eines neuen Teppichs greift Raum im Universum. Und als Cauldre so in den Himmel sah und ihm klar wurde, dass da draußen nicht viel ist, fragte er uns, warum es dann ein solches sich stets ausdehnendes Universum überhaupt gibt. Und unsere Antwort darauf war ganz einfach: dies ist das Fundament der Zweiten Schöpfung - welches Ihr erschafft, indem Ihr Euren Weg geht. Wir bitten um Nachsicht für diese lange Antwort, doch wir hielten es für angemessen, Euch diese Information zu überbringen.

* * * *

FRAGE: Tobias, alles was Menschen sagen, meine eigenen Worte mit eingeschlossen, hört sich an wie Mist (original bull shit BS). Irgendetwas zu tun, fühlt sich wie Mist an. Für meinen Körper zu sorgen, fühlt sich wie Mist an. Kannst Du irgendeinen Kommentar dazu abgeben? Wenngleich wir wissen, was Kryon über die neue Wissenschaft gesagt hat, und wir von den großartigen Dingen wissen, die Dr. Todd (Ovokaitys) macht, hört und fühlt sich doch auch das wie Mist an, denn ich frage jetzt, welche Rolle spielt die Wissenschaft denn überhaupt, wenn doch sowieso alles nur eine Frage des Bewusstseinszustandes (state of mind) ist?

TOBIAS: Ganz einfach, Du suchst noch im außen nach Antworten, nach der geheimen Essenz oder dem magischen Trank, der Dir Freude, Glück und Frieden bringen soll. Wie Du bereits gemerkt hast, gibt es das in dieser Form nicht. So funktioniert es nicht. Du fühlst keine Resonanz mit der Wahrheit in Dir, weil Du noch im Außen suchst.

Du suchst nach dem „Mittel“ im außen. Es ist Zeit im innen nachzuschauen. Es ist Zeit Dein eigenes Mensch-Sein zu akzeptieren, das viele von Euch so verzweifelt abzustoßen versucht haben. Es ist Zeit, Dir darin zu vertrauen, dass Du Dir den „göttlichen Moment“ schenken kannst; nicht wir, nicht der Ewige Eine, nicht der goldene Engel, sondern Du und Dein eigenes Selbst. Sobald Du in Dein eigenes Selbst vertraust, wirst Du beginnen, diese göttlichen Momente zu fühlen, und in ihnen wirst Du dann eine Wahrheit finden, die laut und deutlich zu Dir spricht. Es ist einfach Dein eigenes Selbst, das Dir sagt: „Du suchst am falschen Ort.“ Achte auf diese Worte Deines Selbst, denn in ihnen liegt viel Weisheit.

* * * *

FRAGE: Lieber Tobias, vielen Dank, dass Du hier bist und Dich uns mitteilst. Meine Freundin hat das Gefühl, sie könnte möglicherweise ein „Walk-In" sein. (Seelenwechsel im selben Leben/Körper) Kannst Du etwas über Walk-Ins sagen? Ist es das, was gerade mit Ihr geschieht, oder ist es etwas anderes ?

TOBIAS: Die Menschen denken sich solche schlauen Spiele aus! Es gibt nur sehr wenige Fälle von dem, was Ihr als Walk-In kennt. Nicht nur, dass dies von einem physikalischen Standpunkt aus schwierig ist, so ist es generell aus spiritueller Sicht nicht angemessen. Es gibt Umstände, in denen ein Mensch in relativ kurzer Zeit eine große Veränderung durchmacht. Er hat dann das Gefühl, als sei er im gleichen Leben und im selben Körper wiedergeboren worden. Das bezeichnen viele als einen Walk-In. In anderen Fällen, findet eine so extreme Verleumdung des menschlichen Selbstes statt, dass diese Menschen lieber glauben möchten, die alte, schlechte Person sei gegangen und eine neue, gute Person sei hereingekommen.

Liebe Lehrende, Ihr werdet während Eurer Tätigkeit mit vielen dieser Unausgewogenheiten zu tun bekommen. Wir bitten Euch, geht verantwortlich, achtsam und aufmerksam kritisch mit diesen Menschen um. Es ist Zeit, dass Ihr mit Ihnen sowohl über das Annehmen ihres Mensch-Seins sprecht als auch darüber, alle Dinge zu akzeptieren, die in ihrer Vergangenheit vorgefallen sind. Sie werden an ihren Konzepten festhalten wollen wie dem des „Walk-Ins" und an all diesen anderen Dingen, mit denen die Menschen sich selbst zu unterhalten pflegen. Helft ihnen dabei, diesen Klammergriff sanft und liebevoll zu lösen und dann all das zu akzeptieren und anzunehmen, was sie sind.

* * * *

FRAGE: Tobias, was kannst Du uns über „Zwillingsflammen" (Dualseelen) sagen?

TOBIAS: Wir verweisen Dich auf die Antwort der vorherigen Frage. Du bist alles, was Du bist. Es wurde nicht etwa eine Hälfte von Dir zurückgelassen, die nun darauf wartet, sich wieder mit Dir zu vereinigen:

ALLES, WAS DU BIST UND SEIN WIRST,
IST IN DEINEM WESEN SCHON ENTHALTEN.

Sogar das, was Du als Dein höheres Selbst oder Dein wahres Selbst bezeichnest, ist nicht separat oder getrennt von Dir. Alles ist schon in Deinem Bewusstsein und in Deinem Selbst enthalten und anwesend.

Ja, da gibt es großartige Liebesgeschichten von Menschen, die sich in der Vergangenheit getroffen haben und eine sehr leidenschaftliche Beziehung zueinander hatten. Sie kommen Leben für Leben zurück und fühlen deutlich das bzw. die „Flammen“ ihrer Seelen. Das ist es, was WIR unter einer „Zwillingsflamme“ verstehen. Dieses Konzept, dass ein Teil von Euch irgendwo anders herumschwirrt - verstehen wir nicht so gut.

Als die neuen Lehrer seid Ihr herausgefordert, Euer menschliches Selbst anzunehmen, Euch zu distanzieren von seiner Verleugnung und Abstand davon zu nehmen, solche Situationen und Umstände mit zu erschaffen. Mit solcherlei Konzepten, wie nummerierten Dimensionen, „Zwillingsflammen“ oder „Walk-Ins“ - meine Freunde, seid kritisch, seid wach und aufmerksam und erkennt, was bei diesen Dingen wirklich gesagt wird. Ja, im tiefsten Sinne sind und waren wir immer Eins. Wir sind Eins in vielen verschiedenen Ausdrucksformen. Ja, im philosophischen Sinne sind wir alle wie Flammen. Wir sind alle wie helle Flammen, die gemeinsam eine wunderschöne Kerze bilden.

* * * *

FRAGE: Tobias, könntest Du mir einige Informationen über etwas geben, wovon ich erst kürzlich gehört habe - es geht um das „Ashtar Kommando?"

TOBIAS: Wir verweisen Dich auf die letzten beiden Antworten. (Viel Lachen im Publikum)

* * * *

FRAGE: Tobias, als Kind hatte ich jahrelang innerlich das Bild des Christus vor mir. Ich habe mich immer darüber gewundert und mich gefragt, was es bedeuten soll?

TOBIAS: Die Absicht dieses Bildes bestand darin, Dich daran zu erinnern, dass Du nicht allein bist. Das Bild Christus, dass Du gesehen hast, wollte Dich auch daran erinnern, wer Du wirklich bist - dass Du den

Christussamen in Dir trägst. Es wollte Dich an die Arbeit erinnern, die Du während Deines ganzen Lebens vollbringen würdest. Es war eine Erinnerung daran, dass Du Träger des Christussamens bist, dass Du diese göttliche Arbeit tun würdest und dass dies nicht immer leicht sein würde.

* * * *

FRAGE: Erkläre uns bitte unsere Abstammung von der Sternen-Saat, den Sternen-Eltern.

TOBIAS: Dieses Thema ist etwas komplex. Wir bitten Euch, denkt nicht von Euch selbst, Ihr würdet von Außerirdischen anderer Planeten abstammen, - insbesondere nicht, wenn Ihr die Schweinswale betrachtet! (viel Lachen im Publikum) Schaut Euch die Ereignisse an, die gerade in Eurem Leben stattfinden. Schaut Euch all die Ängste und Blockaden an, die sich gerade in Eurem Leben abspielen. Sie alle wurzeln in jener Zeit, bevor Ihr zur Erde gekommen seid und nachdem Ihr die Feuerwand durchquert hattet. Diese Erfahrungen waren äußerst intensiv und sie ermöglichten es Euch, in biologischer Form hierher zu kommen. Wir bitten Euch, glaubt nicht, dass Ihr von großartigen Aliens anderer Planeten erschaffen wurdet. Begreift Euch als Geschöpfe Eures eigenen Wahren Selbstes, Eures eigenen Schöpfer-Selbstes auf Grund eben dieser intensiven energetischen Erfahrungen, die Ihr machtet, bevor Ihr hierher kamt. Ihr seid Eure eigenen Eltern.

* * * *

FRAGE: Wenn unsere physischen Körper sich verändern, werden Ärzte und Spezialisten dies erkennen, sobald Sie unser Blut oder unsere DNA untersuchen?

TOBIAS: Wahrhaftig, und nicht nur diejenigen, die Eure Energien lesen können, sondern auch diejenigen, die unter das Mikroskop schauen. Und sie werden dann etwas geschockt sein und werden viele von Euch darum bitten, Euch weiteren Tests zu unterziehen. Dies ist ein guter Punkt, ihn an dieser Stelle zu besprechen, denn in diesem Thema liegt ein

Potenzial, welches die Angst in Euch auslösen könnte, dass etwas in Euch nicht in Ordnung sei oder dass Ihr krank sein könntet. Wir erinnern Euch daran, einfach im göttlichen Moment zu leben. Lasst sie ruhig Tests durchführen, so Ihr dies möchtet. Sie werden subtile Unterschiede feststellen, besonders in der Zellstruktur und der Zellanordnung. Sie werden Veränderungen Eurer Haut, Eurer Augen und Eurer Haare feststellen können. Und ja, tatsächlich werden sie die Unterschiede in Eurem Blut bemerken im Verhältnis der roten und weißen Blutkörperchen zueinander und auch in der Weise, wie die Blutkörperchen neue Arten von Zellen anziehen, vor allen Dingen solche, die der Heilung dienen und Krankheiten verhindern.

* * * *

FRAGE: Gibt es Hilfsmittel, die unsere Schwingung erhöhen können, wie zum Beispiel essentielle Öle, Homöopathie oder Ähnliches?

TOBIAS: Liebe Freunde, alles ist bereits in Euch vorhanden. Es befindet sich in Eurer DNS. Und es gehört Euch. Ihr besitzt es bereits. Diese anderen Dinge, von denen Du sprichst - die besitzt Du nicht. Es geht nicht darum, irgendein Produkt zu verurteilen, denn viele von ihnen sind wertvoll. Doch bevor Ihr nicht mit dem inneren Prozess beginnt, werden sie nur eine geringe bis gar keine Wirkung auf Euch haben. Ihr habt dies bisher stets in Eurem Leben beobachten können. Ihr nehmt diese Dinge und erlebt für einen kurzen Moment eine Erleichterung, eine wohltuende Wirkung, möglicherweise auch eine kurze und momentane Heilung, doch diese Mittel sind letztendlich und längerfristig nicht die Antwort. Beginnt *erst* Euren inneren Prozess, beginnt Euch innerlich auszurichten. Und wenn Ihr diese Substanzen dann in Zukunft nehmt, werden sie sehr viel effektiver sein. Und bevor Ihr dann Eure Brieftasche hervorholt, werdet Ihr Euch fragen, ob Ihr sie wirklich braucht!

* * * *

FRAGE: Spielt Meditation eine Rolle innerhalb der Neuen Energie?

TOBIAS: Nicht in der Weise, wie Ihr es gewohnt seid. (Kichern)

Cauldre scheut sich vor dieser Aussage und fragt sich gerade, ob und welche Dinge wohl nach ihm geworfen werden! (Publikumslachen) Eure Meditationen waren bisher, zum größten Teil jedenfalls, mühsam und schwierig. Tatsächlich halfen sie Euch, bis an diesen Punkt zu gelangen. Wir bitten Euch, stets diesen Teil von Euch zu ehren. Doch sobald Ihr Euch in die neue Energie bewegt, ist es nicht mehr notwendig, sich tagtäglich hinzusetzen, für eine bestimmte Zeit zu meditieren und die Gedanken zu bekämpfen, die in Eurem Kopf auftauchen. Alles, was Ihr zu tun braucht, ist das ALLES, WAS IST zu akzeptieren und zuzulassen. Akzeptiert Euch selbst und lebt im göttlichen Moment. Ihr werdet merken, dass Ihr eine Weile Ruhe braucht, um so bei Euch selbst zu landen, doch wird es dann vielmehr wie ein Fluss aus Weisheit und Liebe sein, der durch Euch hindurchfließt als eine strukturierte Meditation. Alle diese Dinge haben Euch bisher gut gedient, doch ist es jetzt nicht mehr notwendig, auf die alten Bücher(regale) zurückzugreifen. Dies ist wahrhaftig Neue Energie. Als wir mit dieser Serie begannen, haben wir Euch gewarnt, dass einiges hiervon schwierig und herausfordernd sein würde, denn in gewisser Weise würde es Euch alles wegnehmen, was Euch bis an diesen Punkt gebracht hat.

* * * *

FRAGE: Was kannst Du uns über Liebesbeziehungen in diesen Zeiten sagen, ganz besonders den Lichtarbeitern, die gerade alleine leben?

TOBIAS: Dies ist einer der herausforderndsten Bereiche, weil so viele von Euch, die sich im spirituellen Dienst befinden, meist allein sind. Wir wissen um den Wunsch Eures Herzens, alles mit einem anderen teilen zu wollen. Und doch gibt es einen Grund, warum Ihr Euch diese Auszeit genommen habt, diese Zeit des Alleinseins und der Ruhe. Denn Ihr wolltet Euch ohne Ablenkung ganz auf Euren Aufstiegsprozess konzentrieren können. Tatsächlich ist es nicht so, dass Ihr unfähig oder es nicht wert wäret zu lieben, doch Ihr habt darum gebeten, in Eurem Haus allein sein zu können, um diese Prozesse zu durchlaufen, um ein Lehrender der neuen Energie zu werden.

Sobald Ihr im göttlichen Moment lebt - oh, dann werden sie sich zu Euch hingezogen fühlen. Und sie werden zu Euch kommen. Sie werden das

Licht erkennen und dann wird es an Euch liegen zu entscheiden, was jeweils angemessen für Euch ist und was nicht. Wir wissen, wie herausfordernd es für Euch ist, allein auf diesem Weg zu sein. Es ist schwer andere in den Geschäften, den Parks und den Restaurants zu sehen, ihre Freude des Zusammenseins. Doch, meine lieben Freunde, Ihr habt um diese Phase der Einsamkeit und Abgeschiedenheit gebeten. Wir erkennen, dass sich dies verändert, doch ist es dann nicht etwas, was Ihr im außen zu suchen hättet. Denn es wird in aller Angemessenheit zu Euch kommen, es wird Euch gebracht werden.

* * * *

FRAGE: Vor einer Weile hast Du mir geraten, beim Baden Meersalz zu verwenden. Ist es weiterhin notwendig, dies zu tun?

TOBIAS: Wir haben schon oft empfohlen, Bäder mit Meeressalz zu nehmen. Denn das Salz besitzt Eigenschaften, die helfen, Unreinheiten und Stress aus dem physischen Körper herauszuziehen. Wir empfehlen dies sehr oft. Ihr erlaubt diesen Meeressalzen einfach, Euch beim Loslassen all jener Dinge zu unterstützen, die für Euch nicht länger angemessen sind. Ihr werdet es als sehr wohltuend und hilfreich empfinden.

* * * *

FRAGE: Wenn unser altes Selbst stirbt oder uns verlässt und unser Neues Selbst uns jetzt hier zur Verfügung steht, sind wir dann aufgestiegen?

TOBIAS: Es ist tatsächlich nicht so, dass das alte Selbst stirbt. Das alte Selbst hat lediglich seine Reise, seinen Vertrag vollendet und kann nun entlassen werden. Darin liegt viel Ehre. Den Begriff „Aufstieg" verwenden wir nicht so häufig, denn es gibt diesbezüglich viele Missverständnisse, die von Euren Kirchen und sogar von Eurem New Age Material herrühren. Es gibt die Annahme, dass, sobald Ihr aufgestiegen seid, Ihr unmittelbar von allem geheilt sein werdet, dass Ihr dann alles wissen werdet und alles werdet tun können. Ja, in gewisser Weise, befindet Ihr Euch tatsächlich im Aufstieg. Ihr verändert Euch. Ihr seid nun in der Lage, Eure Göttlichkeit in dieser Realität anzunehmen. Doch wir bitten Euch lediglich, seid vorsichtig mit

Euren Vermutungen, wovon Ihr glaubt, dass es „Aufstieg" sei. Erneut bitten wir Euch zu begreifen, dass die Dinge weitaus anders sein werden, als Ihr dachtet. Sie werden voller Kraft und Macht und Wunder sein, doch stellt bitte keine Vermutungen darüber an, was und wie der Aufstiegsprozess tatsächlich ist.

* * * *

FRAGE: Während wir uns im Hier und Jetzt befinden und eine Schwingung aussenden, die alles anzieht, was wir brauchen, wie arbeiten wir da mit unseren Läufer-Engeln zusammen?

TOBIAS: Dies ist eine ausgezeichnete Frage. Hier auf unserer Seite des Schleiers gibt es jene (*Läufer*), die ganz speziell dafür da sind, Euch zu unterstützen, es jedoch nicht können, solange Ihr nicht den Entschluss gefasst und die Energie dahinter in Bewegung gesetzt habt. Die Läufer tun das nicht für Euch, doch sie können unterstützend helfen und den Prozess erleichtern. Dies gilt sowohl für Eure Erdenerfahrungen als auch für Eure Erfahrungen auf multidimensionalen Ebenen. Während Ihr Eure eigene Resonanz verändert - während Ihr alle für Euch angemessenen Dinge anzieht, werden sie in gewisser Weise diejenigen sein, die dabei helfen, diese Dinge auch wirklich zu Euch zu bringen. Sie sind diejenigen, welche die Hindernisse und Barrieren auf den anderen Ebenen beseitigen, falls es dort solche geben sollte, die verhindern, dass die Dinge zu Euch gelangen, oder aber sie vermindern die Geschwindigkeit ihres Erscheinens. In gewisser Weise sind die Läufer „Energieausgleicher". Sie arbeiten ausgleichend mit Euren Energien, um die angemessenen Dinge auch zur angemessenen Zeit liefern zu können. Ihr könnt sie direkt ansprechen und ihnen Euren Entschluss zu ihrer Mithilfe bekunden, dann werdet Ihr Euch ihrer Unterstützung bewusster, doch in gewisser Weise vollbringen sie auch schon von jeher diese Arbeit.

* * * *

FRAGE: Tobias, durch das Lesen der Sananda - Channelings weiß ich, dass jeder von uns über 16 physische Parallelrealitäten verfügt mit ihren jeweiligen Gegensätzen zueinander. Ich fände es interessant zu wissen, ob wir in jeder dieser Realitäten immer die gleichen sind, z.B. in der Art des

Geschlechts, und ob wir in jeder dieser Realitäten so aussehen, wie wir es hier in dieser tun?

TOBIAS: Wenn es das ist, was Du wählst, dann sei es so.

* * * *

FRAGE: Wenn wir aufsteigen, befinden wir uns dann in einem Prozess der Verschmelzung aller Realitäten miteinanderhin zu einer einzigen Realität und zu einer einzigen physikalischen Form?

TOBIAS: Auf Grund der menschlichen Missverständnisse bezüglich der „Realitäten", der „Dimensionen" und des „Aufstiegs" ist dies nur schwer zu beantworten. Wir werden diese Frage insbesondere zum Anlass nehmen, Shaumbra daran zu erinnern, im göttlichen Moment zu leben. Diese ganzen Multi - Ebenen, Multi - Dimensionalitäten, Multi - Aspekt - Realitäten - wir wissen gar nicht, woher Ihr das überhaupt habt! Es gibt viele, viele Wohnungen (..."in meines Vaters Haus"...), doch mit diesen Dingen solltet Ihr Euch nicht herumschlagen. Denn sie werden Euch tatsächlich in einzelne Teile spalten. Sie werden Eure Energie zersplittern.

Nun, und dann haben diejenigen, die als Lehrer und Heiler bezeichnet werden, all die abgetrennten Teile, welche nicht existierten, bis Ihr damit begannt, sie Euch vorzustellen, wieder zurückzubringen! Wir bitten Euch, konzentriert Euch lediglich auf den göttlichen Moment, auf Euer Sein im göttlichen Moment. Wir haben - und Cauldre wird dabei immer sehr nervös - schon davon gesprochen, dass diese hier gegebenen Informationen nicht jedem zusagen und gefallen werden. Es werden nicht alle mit ihnen übereinstimmen und sie sind auch nicht für alle bestimmt. Dies ist in der Tat der Unterrichtsraum der neuen Energie und wir werden Anlässe wie diesen nutzen, um unsere Arbeit zusammenzubringen. Wir werden Euch darin unterstützen, Eure Arbeit immer wieder auszurichten, Euch immer wieder den Fokus zurückzubringen. Warum solltet Ihr Euch um multidimensionale Aspekte sorgen, die nicht einmal wir sehen oder verstehen?

Wir ehren Dich und danken Dir für diese Frage, denn sie gibt uns die Gelegenheit, direkt zu Eurer Göttlichkeit zu sprechen, Eure Göttlichkeit anzusprechen, die sowohl in diesem Raum anwesend ist, wie auch in dem Raum, in dem Ihr dies im Hier und Jetzt lest. Du wirst die Antworten auf Deine Fragen nicht in irgendwelchen komplexen Realitäten finden, die nicht einmal notwendigerweise existieren! Du wirst die Antworten in Deinem göttlichen Moment finden. Verstehst Du das?

* * * *

FRAGE: Tobias, ich habe Krebs. Wie kann ich ihn loswerden?

TOBIAS: Es geht darum, den Krebs zu ehren, nicht darum, ihn loszuwerden. Lege ihn in den Ofen der Gnade ohne Agenda, ohne Absicht und erlaube *(Deiner inneren)* Gnade, Würde und Anmut, das Gleichgewicht, die Balance zu finden. Krebs, liebe Freunde, ist nichts anderes als ein manifestiertes Ungleichgewicht in den Zellen Eures Körpers. So einfach ist das. Diejenigen, die mit den neuen Technologien arbeiten, werden dies auch bald schon erkennen. Sie werden begreifen, wie sie mit Hilfe der Schwingungsfrequenzen, mit denen sie arbeiten, diese Unausgewogen-heit wieder ausgleichen können.

Doch an Dich, die Du uns diese Frage gestellt hast: Schon heute steht Dir ein hochentwickeltes Verfahren zur Verfügung. Du musst nicht notwendigerweise herumprobieren und experimentieren. Es steht Dir hier und heute zur Verfügung. Es ist kraft- und machtvoll. Denn Du bist kraft- und machtvoll. Diese Unausgewogenheit, welche an die Tür Deines physischen Körpers klopft, lege sie einfach in den Ofen der Gnade. Und nachdem Du sie dort hineingelegt hast, lege sie an einem anderen Tag erneut dort hinein und an einem anderen wieder. Vollziehe dies jeden Tag aufs Neue in Liebe. Darin ist ein Werkzeug und ein Geschenk für Dich enthalten, Liebe. Dein Geschenk ist, dass Du eines Tages vor anderen sitzen wirst, die ungläubig sind und denen Du berichten kannst, wie es Dir gelungen ist, Balance in Dein eigenes Leben zu bringen. Du hast diesen Weg für Dich gewählt, um ein Lehrender für andere sein zu können. Nutze diesen Ofen der Gnade, Liebe, und Du wirst verstehen.

* * * *

FRAGE: Bitte sprich über die Kraft des Gebetes.

TOBIAS: In der Neuen Energie werdet Ihr in anderer Weise zu erschaffen lernen. Gebete mögen für diejenigen Menschen, die in der alten Energie leben, angemessen sein. Wir wollen mit Euch arbeiten, um auf neuen Ebenen zu erschaffen. Wir fordern Euch heraus, Eure alten Konzepte von Gebet und Absicht loszulassen. Dies waren bisher wertvolle Werkzeuge, die Euch bis hierher gebracht haben, und doch ist es Zeit, auch diese wieder zu entlassen. Ihr werdet ohne Gebete fortschreiten, denn Ihr werdet aus dem göttlichen Moment heraus erschaffen.

* * * *

FRAGE: Tobias, über die letzten Monate hin habe ich mich mehr und mehr von den Menschen in meinem Leben zurückgezogen. Das ist in Ordnung. Aber ich erwische mich selber dabei, wie ich mich in meinen Gedanken mit diesen Menschen in einem ständigen negativen Dialog befinde. Viel Geschwätz und für gewöhnlich fühle ich mich danach nicht gut. Ich versuche es mit einer hormonellen Unausgeglichenheit zu erklären, aber irgendwie scheint das auch nicht ganz der Wahrheit zu entsprechen. Was ist da los? Warum kann ich scheinbar nicht auf der anderen Seite der kleinen Mauer stehen?

TOBIAS: Es braucht ein bewusstes Bemühen Deinerseits, um auf der anderen Seite der kleinen Mauer zu stehen. Du wirst bemerken, wie es Dich kontinuierlich in die Dualität zurückzieht. Du erlebst gerade die beiden Energien der „Zwei Erden", die auseinander driften, du erlebst die Trennung von Beziehungen, die nicht mehr angemessen sind. Und all das Geplappere in Deinem Kopf hörst Du, da Du Dich auf vielerlei Weise noch mit ihnen verbunden fühlst. Wisst, meine Freunde, während sich die Energie der neuen Erde in neue Ebenen bewegt, werden sich diese alten Verstrickungen Eurer Vergangenheit in Liebe auflösen. Sie werden sich langsam aber sicher auflösen. Du quälst Dich wegen dieses Geplappers in Deinen Gedanken. Verstehe, dass dies lediglich ein Teil des Loslösungsprozesses ist. Sobald diese Diskussion in Deinem Kopf vonstatten geht, stelle Dich einfach hinter die kleine Mauer und achte und ehre diese Menschen, auch wenn sie viel Reibung und Herausforderung in Deinem Leben verursacht haben. Ehre sie schlicht und einfach. Sobald Du dies ganz bewusst vollziehst, werden sich die letzten Spuren der alten Energie auflösen.

* * * *

FRAGE: Tobias, gibt es irgendetwas, was Du mir jetzt gerade mitteilen möchtest?

TOBIAS: Ja, da gibt es in der Tat eine Sache und sie betrifft Euch alle. In diesen Zeiten kreiert Ihr die energetischen Gewebemuster der Neuen-Energie-Erde, denn das ist der Grund, warum Ihr hier seid und warum Ihr dies lest. Liebe Freunde, wir bitten Euch, haltet die Dinge ganz einfach - bitte haltet sie so einfach wie möglich. Daran werden wir Euch immer und immer wieder erinnern. Es gibt hier die Tendenz zu großartigen Verschwörungstheorien. Ihr beschäftigt Euch gerne mit Realitäten und Dimensionen, die in der Form gar nicht existieren. Es gibt hier sogar die Tendenz, Angstszenarien zum Gesprächsinhalt zu machen. Meine Freunde, sobald Ihr Ermächtigung für Euer Leben wählt, sobald Ihr wählt, ein Schöpfer in der Neuen Energie zu sein, wäre es gut, die Dinge so einfach wie möglich zu halten. Wir sind mit Euch in ganz einfachen Schritten durch die letzten vier Lektionen gegangen, um den Fokus wahren zu helfen. Es handelt sich dabei um machtvolle Werkzeuge. Eure Göttlichkeit wünscht sich, hervortreten zu können, doch dazu benötigt sie die (einfach gehaltene) Kooperation Eures menschlichen Selbstes.

* * * *

FRAGE: Lieber Tobias, ich habe zwei Fragen zum Thema Musik. Als Erstes: In einer früheren Frage - und - Antwort - Sitzung hast Du auf die Tatsache hingewiesen, dass es dort, wo Du Dich befindest, Musik gibt. Kannst Du uns irgendetwas darüber sagen, wie diese beschaffen ist, wofür sie gebraucht wird und wie sie sich von der unseren unterscheidet? Zum Zweiten: Gibt es im Klassenzimmer der neuen spirituellen Energie der Erde irgendwelche neuen Werkzeuge, Absichten oder Kräfte, von denen ein kreativer, spirituell eingestellter Musiker Kenntnis haben sollte, um diese nutzen zu können?

TOBIAS: Als ein Schöpfer in der Neuen Energie und zudem als jemand, der die Schwingungen der Musik versteht, hast Du eine außerordentlich phantastische Möglichkeit zur Schöpfung. Deine Musik IST Schwingung. Erlaube Dir noch ausgewogenere und feinere Schwingungen zu erfahren als je zuvor, lasse diese dann vollkommen durch Dich, durch all Deine Systeme hindurchlaufen und manifestiere sie in Deiner Musik. Oh, wir sehen hier phantastische Möglichkeiten für Dich! Deine Musik wird dann eine Qualität erhalten, welche die Schwingungen, mit denen Du bisher gearbeitet hast, weit übersteigen wird.

Auf unserer Seite des Schleiers bezeichnen wir es üblicherweise nicht als „Musik" und wir haben auch nicht solche Wesenheiten hier, die so tüchtig Geige, Posaune oder derartiges spielen (Kichern). Wir spielen mit diesen Schwingungen, die wir von innen heraus erschaffen, setzen uns dann mit anderen Wesenheiten zusammen und erzeugen gemeinsam Klang- oder Schwingungungsbalancen und Harmonien. Und manchmal erzeugen wir auch speziell ein besonderes Ungleichgewicht für bestimmte Effekte! Unsere „Musik" hier, bei all ihrer Schönheit, hat nicht diese Tiefe und diese Seele der Musik, wie Ihr sie auf der Erde kreiert. Es ist schwierig, Euch dies zu erklären, ohne Euch unsere Musik vorspielen zu können. Doch in gewisser Weise hört Ihr unsere Musik, wenn wir zu Beginn unserer Treffen hereinkommen. Ihr hört unsere Schwingung, denn im Grunde surren und schnurren wir, sobald wir in Euren Raum hineinkommen. Wenn wir uns das nächste Mal so wie hier versammeln, fühlt einmal diese Töne, sobald wir hereinkommen.

Wir erfreuen uns zutiefst an Eurer Musik, denn sie erzählt buchstäblich die Geschichten all Eurer Leben, Eurer Erfahrungen, Eurer Vergangenheit und Eurer (Vor)Liebe(n). Oh, nicht Worte sind es, die in dem, was Ihr als Akasha Chronik bezeichnet, gespeichert sind, es ist Musik, es sind Schwingungen, denn in jenen Tönen befinden sich all die Geschichten dieser Erde.

* * * *

FRAGE: Tobias, Du hast gesagt, dass homosexuelle Menschen eine „klare Murmel" besitzen, welche niemals hell oder dunkel wird. Ist dies wie eine männliche oder weibliche Energie? Und welchen besonderen Vorteil bietet eine solches Grundmuster?

TOBIAS: Diese klare Murmel, von der wir in unserer Metapher sprachen, nimmt nicht die volle energetische Charakteristik von Weiß oder Schwarz an. Sie wird sich mal zu dem einen und mal zu dem anderen hinneigen, jedoch überwiegend im „Sowohl-als-auch-Bereich" verbleiben. Bei den anderen Menschen wird diese klare Murmel die gesamten Ausdrücke und Aspekte von entweder dem Weißem oder dem Schwarzen annehmen. Der Zweck besteht darin, über mehr Flexibilität zu verfügen und weniger einer bestimmten Festlegung bezüglich der Energiebalance unterworfen zu sein. Er besteht in gewisser Weise darin, eher eine Brücke zwischen Licht und Dunkelheit anzubieten, als die Charakteristiken der Dualität anzunehmen. Es geht weiterhin auch darum, eine neue Balance der Dualität zwischen der männlichen und weiblichen Energie anzubieten. Die männliche/weibliche Energie ist eine der stärksten Beispiele für die Dualität im Zweiten Schöpfungskreis. Diese ungewöhnliche Eigenschaft einer klaren Murmel wurde speziell von jenen menschlichen Engeln gewählt, die Ihr als „gay" (vergnüglich, schwul, heiter, homosexuell) bezeichnet. Wir finden, dieses ist solch ein interessantes Wort - denn es liegt sicher eine gewisse Freude darin, nicht solch eine starke Polarität anzunehmen! Diese Menschen helfen dabei, neue Muster zu bringen, welche allmählich das alte, einseitige Konzept von männlichen und weiblichen Energien auflösen und transformieren werden.

* * * *

FRAGE: Bitte erkläre uns die einfache Metapher von den Murmeln noch etwas genauer.

TOBIAS: Wir verwenden die Metapher von den Murmeln, um Euch den energetischen Aufbau sowie die Balance der Dualität verstehen zu helfen. Als Ihr aus der Ersten Schöpfung hinübergewechseltet seid, wurde Eure Einheit in zwei Teile aufgetrennt. Diese wurden als Licht und Dunkelheit oder positiv und negativ, oder welche Begriffe Ihr auch immer wählt, bezeichnet, um die Polarität zu beschreiben.

Das dritte Element - welches wir als die klare Murmel definieren - ist einem Chamäleon ganz ähnlich. Die klare Murmel nimmt Merkmale von Weiß oder Schwarz an, um einen Ausgleich der bestehenden Energien zu ermöglichen sowie die damit einhergehende Kraft, Reibung und den Antrieb, welche Ihr für Eure menschlichen Erfahrungen braucht, bereitzustellen. Wir meinen dies nicht wortwörtlich im dem Sinne, dass Ihr „Murmeln" in Euch habt. Sie stehen einfach für die energetische Balance von 1/3 : 2/3 innerhalb Eures Seins.

Wir verwenden dieses Beispiel von den Murmeln, um Euch verstehen zu helfen, warum Ihr gewisse Dinge in Eurem physischen und emotionalen Sein bisher so und nicht anders gefühlt habt. Zu der weißen, der schwarzen und der klaren Murmel kommt nun das vierte Element hinzu. Dieses verändert Eure gesamte energetische Balance und innerhalb Eures Seins werden nun viele Veränderungen stattfinden.

Dieses vierte Element integriert sich allmählich in Eure ganze menschlich energetische Zusammensetzung. Cauldre fragt gerade : „Woher kommt dieses Element? Stammt es aus dem Ersten Kreis?" Und die Antwort darauf ist: „Nein." Dies ist an dieser Stelle nur schwer zu erklären, doch dieses vierte Element ist praktisch das „Kind" von Weiß und Schwarz. Es ist aus der Beziehung zwischen Eurer weißen und schwarzen Energiebalance geboren, aus ihrer großartigen Liebe zueinander. Es ist das, was Ihr als das „Christuskind" bezeichnen würdet.

Erkennt, dass all diese Dinge, von denen wir sprechen, gerade in Euch stattfinden. Die Geburt des Christusbewusstseins findet in Eurem Innern statt. Darum erlebt Ihr all diese Dinge, die sich gerade in Eurem Leben abspielen.

In unseren zukünftigen Ausführungen werden wir mehr Zeit für dieses Konzept aufbringen. Wir bitten einen jeden von Euch hier und alle, die mit uns verbunden sind, diesen Vorgang nicht über die Maßen zu intellektualisieren. Denn er ist sehr einfach. Betrachtet ihn von seiner einfachsten Seite. Das vierte Element ist schlicht die Geburt des Christuskindes in Euch.

* * * *

FRAGE: Tobias, ich bin verwirrter denn je zuvor. „Wirf alte metaphysische Denkweisen über Bord. Frage niemanden um Rat. Versuche nicht auf die Art und Weise zu erschaffen, wie Du es bisher getan hast. Meine Geistführer sind nicht mehr erreichbar. Akzeptiere einfach nur und lasse zu". Wie soll ich denn diese Aufgaben alle bewältigen, vielleicht durch einen Wechsel meiner beruflichen Laufbahn?

TOBIAS: Du bemühst Dich viel zu sehr! Du suchst überall nach Antworten, nur nicht in Deinem Sein. Dir speziell schlagen wir einen einwöchigen Urlaub vor! Du brauchst mal Urlaub von Deinem Verstand, von Deinen Sorgen. Wir haben mit Dir gearbeitet - ebenso wie mit all den anderen - damit diese bewusst schrittweise aufgebaute Serie Dir dabei hilft, all das Alte loszulassen. Denn das wird eine neue Balance, ein neues Gleichgewicht in Dein Leben bringen. In der Tat bitten wir Dich, geduldig zu sein, denn Du kämpfst noch zu stark damit. Wenn Du so weitermachst, wird es Dich sehr ermüden. Noch einmal, wir verschreiben Dir hiermit einen einwöchigen Urlaub abseits von allem anderen. Du hast ihn dringend nötig. In dieser Zeit werden wir bei Dir sein, um mit Dir zu arbeiten. Übrigens, wir sprechen hier diejenige an, die uns diese Frage geschrieben hat. Wir bitten nicht alle Shaumbra, nun einen einwöchigen Urlaub zu nehmen! (Lachen)

* * * *

FRAGE: Tobias, es ist interessant, dass Du Dich bei der Feuerwand auf das menschliche Verständnis der „Hölle" beziehst. Kannst Du uns helfen, dies besser zu verstehen?

TOBIAS: Liebe Freunde, im Grunde ist es dasselbe. Es kommt nicht von ungefähr, dass wir diese Terminologie der „Feuerwand" benutzen. In Euren Religionsbüchern wird die Feuerwand als Hölle geschildert, als würde man für alle Ewigkeit in die Hölle geschickt. Und ist es Euch in Euren vielen Inkarnationen auf der Erde nicht auch manches Mal so vorgekommen, als wäret Ihr in der „Hölle" gelandet? Als Ihr Euer Zuhause verlassen habt und durch diese Feuerwand gegangen seid, da wusstet Ihr, dass Ihr niemals mehr in dieses Zuhause würdet zurückkehren können. Denn aufgrund Eurer Arbeit würde Eure Heimat, die Ihr verlassen hattet, niemals mehr dieselbe sein.

Damit meinen wir nicht, dass Ihr Euch niemals mehr mit Eurem göttlichen Selbst, mit Spirit, mit ALLES, WAS IST erneut vereinigen werdet. Es bedeutet lediglich, dass sich einfach alles verändert hat, seitdem Ihr die Feuerwand durchquertet. Es ist interessant, dass Eure eigene Religion dieses Konzept (von Feuer und Abtrennung) benutzte, es aber in etwas Böses umänderte, in etwas, was nicht der Wahrheit entstammt. Doch die Symbole und energetischen Elemente sind noch immer vorhanden.

* * * *

FRAGE: Tobias, die Geschichte von Taylor fühlte sich sehr persönlich an. Handelt es sich dabei um eine Metapher, ein Gleichnis oder geht es um eine wirkliche Person?

TOBIAS: Taylor ist eine Zusammenfassung vieler Personen. Sie basiert auf den wahrhaftigen Erfahrungen derer, die Shaumbra ausmachen. Es gab auch schon einige Beispiele, wo wir die Geschichte einer bestimmten Person erzählt haben, doch in Taylors Fall handelt es sich um eine Zusammenfassung verschiedener Personen.

Die Geschichten, die wir Euch erzählen, sollten Euch vertraut vorkommen, denn wir spiegeln Euch lediglich Eure eigenen Erfahrungen wieder. Wir stellen sie nur in Form einer Geschichte vor Euch hin, damit Ihr sie klarer erkennen könnt. Doch die Informationen und Energien, die ihnen zugrunde liegen, sollten Euch derart vertraut sein, dass Ihr das Gefühl habt, als handelten sie von Euch selbst und wären stimmig. Und so werdet Ihr dann wissen, dass Ihr hier am richtigen Platz seid.

* * * *

FRAGE: Es gibt wohl nicht rein zufällig eine besondere magische Pille oder eine andere Abkürzung, die Du uns gerade geben oder verraten könntest?

TOBIAS: (Lachen) Das ist eine amüsante Frage und wir werden Dir eine ebensolche Antwort geben. Wenn Du nach einer Abkürzung oder einer magischen Pille suchst, ist unser Rat an Dich und alle anderen: Geht Euch einfach (selber) aus dem Weg. Steht Euch nicht selbst im Weg! Ihr bringt sehr viel Intellekt mit ins Spiel. Doch wir sehen auch, dass Ihr wirklich Spaß daran habt. Ihr liebt es damit zu spielen! Doch wenn Ihr einen sehr schnellen Prozess haben möchtet, dann verlasst Euren alten, vertrauten, menschlichen Weg, lasst rasche Veränderungen zu und segnet diese, sobald sie eintreten.

* * * *

FRAGE: Es scheint, dass das Konzept der zwei Welten immer offensichtlicher und somit auch unbehaglicher wird. Wie können wir besser damit umgehen und dennoch in beiden Welten leben?

TOBIAS: Durch Mitgefühl und Verständnis. Versteht, dass Ihr täglich zunehmend in der Neuen Energie lebt. Versteht, dass denjenigen, die in der alten Energie verbleiben, große Ehre zuteil wird. Denn sie empfinden die Notwendigkeit, die alte Energie zu stabilisieren und auszugleichen. Ihr könnt nicht alle auf einmal und zur selben Zeit in das Neue hinüberwechseln, denn das würde ein gewaltiges energetisches Ungleichgewicht hervorrufen. Ehrt entlang Eures Weges all diejenigen, die sich in der alten Energie bewegen. Segnet sie und macht Euch bewusst, dass Ihr eines Tages als Lehrende für sie da sein werdet. Darum ist es Zeit für Euch, als gutes Beispiel voranzugehen. Und während es so erscheint, dass durch Euch die Kluft zwischen der alten und der Neuen Erdenenergie vergrößert wird, so wird doch auch in den nächsten Jahren eine Überbrückung dieser Kluft möglich sein. Denn Ihr werdet diejenigen sein, welche die anderen über diese Brücke führen können.

* * * *

FRAGE: Tobias, kannst Du mir erklären, warum mein Ofen der Gnade verschwunden ist?

TOBIAS: In der Tat, das kann ich und zudem ist dies eine sehr profunde Frage. Lieber Freund, Du hast ihn einfach integriert! Schau Dich einmal in Deinem neuen Haus um, hier gibt es nicht viel! Denn sobald Du die Elemente Deines neuen Hauses integrierst, scheinen sie zu verschwinden, sie befinden sich nun in Deinem Innersten. Sobald Du mit diesen gegebenen Werkzeugen weiterarbeitest und sie integrierst, werden sie zu einem ganz natürlichen Bestandteil Deines Prozesses. Sie verschmelzen dann quasi mit Deinem Wesen, Deinem Sein und Du wirst Dich nicht mehr bewusst auf sie konzentrieren müssen. Und auch Dein Verstand wird sich dann nicht mehr mit ihnen auseinanderzusetzen haben. All das wird ein ganz natürlicher Vorgang sein. Mein lieber Freund, Dein Ofen ist verschwunden, da Du ihn nun vollständig in Besitz genommen hast!

* * * *

FRAGE: Tobias, ich weiß, ich habe die Entscheidung getroffen, auf der Erde zu bleiben und in die Neue Energie einzutreten. Und ich habe alles getan, was ich tun konnte, um gesund zu sein. Nun, was ist, wenn ich mich jetzt doch anders entscheide? Diese Sache mit der Neuen Energie ist nicht so einfach. Muss ich mich jetzt absichtlich umbringen, wenn ich es jetzt doch vorziehe zu gehen? (Lachen im Publikum)

TOBIAS: Nun, dies ist eine sehr gute, jedoch auch schwere Frage. Wie Ihr alle wisst, ist es schwierig umzukehren, sobald man einmal ein bestimmtes Maß an Weisheit erlangt hat. Ihr alle seid in den vergangenen Jahren eine innere Verpflichtung eingegangen. Ihr wurdet alle vor die Wahl gestellt auf unsere Seite zurückzukehren, doch Ihr habt Euch entschieden, auf der Erde zu bleiben. In gewisser Weise habt Ihr uns mitgeteilt: „Ganz gleich, wie sehr ich mich auch beklage (Publikumslachen), ich werde meine Reise fortsetzen."

Wir wissen, dass der Druck unglaublich herausfordernd ist und Ihr so etwas wie eine Atempause braucht; also Zeiten, in denen Ihr von der Autobahn herunterfahren und auf dem Standstreifen ausruhen könnt; Zeiten, in denen Ihr rasten, entspannen und Euch erholen könnt, solange Ihr wollt. Doch bei Euch Shaumbra, haben wir gesehen, wie Ihr zur Seite fahrt, die Tür einen Moment lang öffnet, kurz aussteigt, um dann wieder einzusteigen und Euch erneut auf den Weg zu machen.

Also sagen wir Dir als Antwort auf Deine Frage - es gibt Standspuren und Parkbuchten, es gibt Rastplätze auf dem Weg. Doch wie auch immer, solltest Du Dich entscheiden, Deine Reise nicht mehr fortsetzen zu wollen, so kannst Du doch nicht mehr auslöschen, was Du bisher gelernt hast. Du wirst es vielmehr verwirrend finden, Dich dann in einem Raum wiederzufinden, in dem es einfach nicht vorwärts geht, einem Raum, in dem man sich nicht weiterentwickeln kann. Und dann wirst Du zurückwollen, zurück in den Prozess Deines Erwachens.

* * * *

FRAGE: Tobias, sind alle Menschen durch die Feuerwand gegangen, um hier auf die Erde zu kommen?

TOBIAS: Tatsächlich ist jeder, der ein Mensch ist, durch die Feuerwand gegangen. Macht Euch bewusst, dass wir für ein leichteres Verstehen Eurerseits Metaphern verwenden; doch alle, die zur Zeit auf dieser Erde wandeln, sind, um nun hier sein zu können, aus dem Ersten Schöpfungskreis herübergewechselt. Und auch die Neuen, die demnächst noch kommen werden, haben durch diese Feuerwand zu gehen. Und doch wird es für sie anders sein als für Euch, da Ihr den Weg bereits „gepflastert" habt. Die vorherige Rednerin des heutigen Abends (die Autorin Ilene Kimsey, „Golden Wisdom Beyond the Emerald City" dt.: Goldene Weisheit hinter der Smaragdstadt)), die von der „Straße der Gelben Pflastersteine" und dem Ort „Oz" gesprochen hat, meint damit jenen Weg, den Ihr gepflastert habt, und die „Smaragdstadt" ist sicherlich Eure Erde. Entlang dieses beschriebenen Weges habt Ihr so viele Erfahrungen gemacht mit Angst, Freundschaft, Ehre, Weisheit, Mut, Liebe und eine Menge anderer Herausforderungen. Mit ihnen habt Ihr diese „Straße der Gelben Pflastersteine" erschaffen für all jene, die Euch noch folgen werden.

* * * *

FRAGE: Tobias, kannst Du mir erklären, warum mein Interesse an den Dingen so oft wechselt? Manche Sachen begeistern mich augenblicklich, doch schon kurze Zeit später interessieren sie mich überhaupt nicht mehr. Ich denke daran, einen bestimmten Job anzunehmen, doch ich fürchte, dass ich schon sehr bald wieder das Interesse daran verlieren werde. Warum ist das so?

TOBIAS: Wie wir in früheren Begegnungen schon erläutert haben, (siehe Tobias Channeling vom 9. Dezember 2000), gab es ganze Zeitperioden, in denen die klare, also die dritte Murmel sich nur sehr langsam zwischen der schwarzen und der weißen Murmel hin- und herbewegte. Und noch viel längere Zeitintervalle brauchte es, damit Schwarz und Weiß ihre Rollen umkehren, also tauschen konnten. Dieser Prozess des Rollenwechsels vollzog sich nur sehr langsam. Doch wie wir Euch schon im letzten Treffen mitteilten, wird sich all dies jetzt intensivieren und somit sehr häufig auftreten. In Eurem inneren Sein werdet Ihr es wahrnehmen und Ihr werdet diese schnellen Veränderungen bemerken. An einem Tag wie warm, am nächsten wie kalt, an einem Tag voller Leidenschaft und am nächsten völlig interesselos.

Dies alles gehört mit zum Veränderungsprozess, der auf den tiefsten Ebenen Eures inneren Seins stattfindet. Sobald das vierte Element hinzukommt, um die drei ursprünglichen in Balance zu bringen, werden viele von Euch zudem einen inneren Konflikt wahrnehmen, denn diese drei wollen jenes „fremde" Element nicht hereinlassen. Ihr werdet also großen Aufruhr in Euch fühlen. Möglicherweise spiegelt Euch Euer außen dies wieder, sobald Ihr merkt, dass Ihr Menschen oder Dinge zurückweist oder selber das Gefühl habt, zurückgewiesen zu werden. Dann erinnert Euch, all dies sind lediglich Symbole für etwas, was sich gerade auf den tiefsten Ebenen Eures Inneren abspielt. Versteht, dass gerade Veränderungen stattfinden. Sollten diese in irgendeiner Form für Euch etwas Überwältigendes an sich haben, so begebt Euch in Euer Neues Haus. Schließt alle Fenster, schließt die Fensterläden und geht in Euren Inneren Raum. Begebt Euch in Euren Inneren Raum, lächelt und wisst, dass all diese Veränderungen angemessen sind. Wisst, dass eine Göttliche Balance in Euch existiert und, dass alle Dinge ihre natürliche, ausgeglichene Ebene finden werden. So wie das Wasser kontinuierlich fließt und seinen Weg findet, tut dies auch die Göttlichkeit in Euch.

* * * *

FRAGE: Lieber Tobias, kürzlich haben einige von uns sehr deutliche Raum- und Zeitverzerrungen erfahren, die mit starkem Schwindel und sogar

Übelkeit einhergingen. Kannst Du uns sagen, ob in letzter Zeit wichtige Energieschübe stattfanden oder Veränderungen im Energiefeld der Erde aufgetreten sind?

TOBIAS: Dies ist - und wir betonen es ausdrücklich - eine interne Sache, die sich ausschließlich in Euch abspielt. Schaut nicht auf die Sonne, schaut nicht in die Sterne, schaut nicht auf die Nummerologie des Tages, um die Ursache zu finden. Was Du geschildert hast, ist das Resultat der Veränderungen in Dir.

Diese „Bewusstseins-verschiebungen" werden generell dann geschehen, wenn es passt, also in den Zeiten, in denen Ihr Euch nicht um die Konsequenzen zu sorgen habt. Sie werden stattfinden, wenn Ihr Euch in einem sicheren Raum befindet, und nicht dann, wenn Ihr gerade eine Strasse hinunterfahrt. Ihr werdet solcherart Gefühle haben, als würdet Ihr Euch entfernen, eine Art Schwindel oder ein Gefühl des Drehens oder Fallens bekommen, obwohl Ihr noch festen Boden unter den Füßen habt. Sobald dies eintritt, durchlauft Ihr eine Bewusstseinsveränderung. Veränderungen sind überhaupt der Schlüssel zu dem gesamten Prozess, den Ihr durchschreitet. Dies sind Veränderungen im buchstäblichen Sinne und zudem auch Anzeichen, dass Ihr Euch insgesamt verändert.

* * * *

FRAGE: Tobias, Du hast einmal erwähnt, dass unsere Biologie anfangen wird alle möglichen Dinge zu tun, welche sich die Ärzte dann nicht mehr erklären können. Werden wir in der Lage sein, unsere Organe, Gliedmaßen und Zähne nachwachsen zu lassen? Und wie lange wird es noch dauern, bis wir das erleben werden?

TOBIAS: Die (genetischen) Schlüssel Eurer Biologie sind bisher nicht so angelegt, dass sie dazu in der Lage wären - noch nicht. Wir sehen dies nicht in Eurer jetzigen Lebenszeit, in Eurer derzeitigen Biologie stattfinden. Auf der anderen Seite, meine lieben Freunde, möchten wir Eure Fähigkeiten als Schöpfer nicht einschränken! Wir möchten Euch lediglich helfen zu verstehen, dass die Schlüssel, dies wirklich tun zu können, noch nicht unbedingt an Ort und Stelle sind.

Wie auch immer, wenn genügend Leidenschaftlichkeit von Eurer Seite aus vorhanden ist und auch eine ausreichende Kommunikation zwischen Eurem inneren biologischen und Eurem spirituellen Sein stattfindet, dann habt Ihr in der Tat das Potenzial dies zu erschaffen. Die Neuen, die hereinkommen werden, besitzen als eine der ersten solche Schlüssel zur organischen Wiederherstellung und Verjüngung. Dies wird zu jenen Dingen gehören, was sie kennzeichnet und unterscheidet und was die Wissenschaftler in Erstaunen versetzen wird.

Und doch gibt es auch eine Menge Dinge, welche Ihr schon zu dieser Zeit mit Eurer Biologie vollbringen könnt. Beispielsweise eine schnellere Heilung oder eine verbesserte Kommunikation zwischen den einzelnen Körperzellen, die diesen Prozess beschleunigen kann. Und noch einmal, vieles von dem, wozu Ihr schon in Eurer gegenwärtigen Biologie in der Lage seid, wird die Ärzte, die Euch untersuchen, verwirren. Und vieles von dem, was Ihr schon aus Eurem gegenwärtigen emotionalen und spirituellen Zustand heraus tut, wird sogar die (medialen) Psychologen verwirren, die Euch noch auf die alte energetische Art und Weise betrachten werden; denn sobald sie sich Eure Aura ansehen, werden sie niemanden mehr sehen und denken, Ihr wäret tot! (Lachen im Publikum) Das kommt, weil sie an der falschen Stelle nachschauen. Ihr geht durch eine Reihe von Veränderungen, doch das, was Du hier angesprochen hast bezüglich eines Nachwachsens von Organen und Geweben im wahrsten Sinne des Wortes, wird eine ganz schöne Herausforderung sein; doch wir ermutigen Euch, es zu versuchen. Denn Eure Bemühungen werden dabei helfen, die Energien für diese „Schlüssel" festzulegen, welche die zukünftigen Generationen dann benutzen können.

* * * *

FRAGE: Tobias, in welchem Verhältnis stehen unser „Selbst", unser „Höheres Selbst" und unser „Wahres Selbst" zueinander? Eigentlich hielt ich die beiden letzten immer für ein und dasselbe. Jeglicher Hinweis würde mir weiterhelfen.

TOBIAS: Lieber, lieber Freund, Du hast Dein „Höheres Selbst" und Dein „Göttliches Selbst" und Dein „Wahres Selbst" außerhalb Deines Neuen Hauses angesiedelt. Nun, sie möchten jetzt gerne hereinkommen. Denn im Grunde sind alle ein und dasselbe. Wie wir schon besprochen haben, haltet Ihr Euch meistens in einem Zimmer Eures Hauses auf und doch gibt es dort viele Räume. Diese vielen Räume unter einem Dach sind das, was Ihr als Euer „Wahres Selbst" bezeichnen würdet. Beginnt, Euch für die vielen verschiedenen Räume zu öffnen, denn sie befinden sich ALLE in Euch. Ihr denkt, dass es beispielsweise ein Wesen außerhalb von Euch Selbst gibt, einen großen goldenen Engel, der sich außerhalb Eures Selbstes befindet. Und doch, Eure Göttlichkeit findet Ihr in dem kleinsten Teil Eures Innersten und von dort aus wächst sie kontinuierlich. Sie kommt nicht von außen und hämmert gegen die Tür Eures Hauses. Vielmehr durchleuchtet sie Euch aus Eurem innersten Sein heraus. Es ist notwendig, dass diese Trennung, die Ihr zwischen Euch selbst, Eurer Göttlichkeit und Spirit geschaffen habt, jetzt ein Ende findet. Vereint sie wieder in Euch, in Eurem Neuen Haus.

* * * *

FRAGE: Tobias, was kann ich tun, um meinen Aufstiegsprozess zu unterstützen unter Berücksichtigung der Tatsache, das für jeden von uns die Reise ein wenig unterschiedlich verläuft?

TOBIAS: Als Erstes verbringe mehr Zeit in Deinem Neuen Haus; jener Metapher für Alles, was Du Bist. Dort gibt es Lieder, dort gibt es Töne und Harmonien, die tief aus Deinem Innersten stammen. Du bist schon auf den Straßen außerhalb Deines Hauses gewandert, umherschauend und suchend. Du bist schon auf den Autobahnen und Landstraßen von Stadt zu Stadt gereist, stets auf der Suche nach diesen Teilen Deiner Selbst. Richte diese Suche nun nach innen. Lausche dieser Schwingung in Dir.

Zudem existiert eine Schwingung, welche die Aktivität des Erschaffens in einer sehr dynamischen Weise in sich trägt, ausdrückt und befördert. Es handelt sich um eine dynamisch „treibende" Schwingung. Sobald Du etwas erschaffst, sobald Du etwas mit Deinem breiten, großzügigen Pinselstrich kreierst, setzt Du eine Schwingung in Gang. Wir werden nun versuchen, diese in einem menschlichen Klangspektrum zu beschreiben. (Pause) Es ist so ähnlich wie EH-LA-TONE. (Bemühungen diesen Ton richtig zu channeln) Es ist die Schwingung von EH-LA-TONE. EH-LA-TONE. Diese Schwingungsqualität beschleunigt den Schöpfungsprozess. Erlaube Deinem Pinselstrich die Schwingung von EH-LA-TONE zu tragen. Denn sie wird ihn vorantreiben, sie wird ihm zu mehr Dynamik verhelfen. Sie ist etwas, was dabei helfen wird, die Schöpfungsenergie zu initieren und ihr Kraft zu verleihen. Arbeite mit dieser Schwingung. Sobald Du dies tust, wird es sein, als ob Du Deiner eigenen Kreation ein Ausrufungszeichen hinzufügst.

Nun, kehren wir zu Deiner Frage zurück. Lausche einfach dem Lied Deines Neuen Hauses und Du wirst angemessen geführt und geleitet sein. Sodann fürchte Dich nicht davor, den großen Pinsel zu ergreifen und diesen ersten Strich zu vollziehen.

* * * *

FRAGE: Vor ungefähr einem Jahr fiel mein Bruder etwa 10 Meter von einer Plattform und brach sich sein Becken und einige Rückenwirbel. Er hat sich mittlerweile körperlich wieder erholt, glaubt jetzt aber, dass als Folge einer Operation an seinem Handgelenk und den Verletzungen in seinem ätherischen Körper zwei außerirdische Wesenheiten seinen physischen Körper in Besitz genommen haben. Außerdem fühlt er, wie sein Ätherkörper ständig von außerirdischen Parasiten angegriffen wird. Aufgrund seines Zustands suchte er im vergangenen Jahr eine Reihe von Heilern auf. Es wurden mehrere Heilungen vorgenommen, bis jetzt ohne bleibenden Erfolg. Kannst Du etwas Licht in das bringen, was da vor sich geht, und vielleicht einen Hinweis geben, welche Maßnahmen es braucht, um ihn von diesem Zustand zu befreien.

TOBIAS: Lieber Freund, dieser Unfall war ein Weg, um einige seiner alten Angelegenheiten, die schon weit zurückliegen, loszuklopfen und hochzuholen. Der Sturz brachte diese buchstäblich an die Oberfläche. Hier habt Ihr eine Situation, in der alte Themen auf die Bildfläche geholt werden, da nun die Zeit gekommen ist, all dies anzuschauen, zu segnen und zu heilen. Außerirdische dafür verantwortlich zu machen, hieße, seine eigene Macht und Kraft abzugeben; es würde bedeuten, seine Macht „einer Lüge“ („a lie“,

Wortspiel in der engl. Sprache) oder einem Alien zu übergeben, es hieße, seine Kraft an etwas abzutreten, was im Grunde genommen keinerlei Macht über Euch besitzt. Auch fragen wir Dich, warum sollten die Außerirdischen in den Körper Deines Bruders kommen und so leben wollen wie er? Es gibt eine Menge anderer Orte, zu denen sie gehen könnten! Beispielsweise wäre ein Obstbaum für sie ein weitaus besserer Ort zum Leben. (Lachen im Publikum)

Versteht bitte, dass nun viele alte Unausgewogenheiten der Vergangenheit hervorkommen, um von Euch geliebt, geehrt und gesegnet zu werden. Dann können sie sich verabschieden und Ihr werdet nicht mehr länger unausgeglichen sein. Doch wie auch immer, sollte Dein Bruder trotz alledem weiterhin glauben wollen, dass Aliens sein Leben kontrollieren, werden wir fröhlich dasitzen und zuschauen, während er dieses Spiel spielt, denn wir lieben ihn bedingungslos.

* * * *

FRAGE: Lieber Tobias, kürzlich habe ich Insassen des Bundesgefängnisses die Videoaufzeichnung des Tobias-Channelings vom Dezember 2000 gezeigt. Einer der Beteiligten stellte daraufhin folgende Frage: „Warum sollte ein Tobias hierher zu uns kommen? Etwa weil er Mitleid mit uns armen Schweinen hat? Weil er glaubt, uns retten zu können? Warum will er herkommen?" Der Insasse wurde während seines Sprechens sehr aufgeregt und in seinem Aurafeld gab es Blitze von trübem senffarbenem Gelb und trübem Braun. Etwas in ihm schien die Themen von Verrat und Enttäuschung zu berühren, die großes Leid auslösten und ihn wohl ins Gefängnis gebracht hatten. Gibt es eine Botschaft für ihn und all die anderen?

TOBIAS: Lieber Freund, dies ist eine sehr angemessene Frage! Wir wollen Euch eine Geschichte erzählen, eine, die viele Emotionen (in mir) hervorruft. Ich, Tobias, bin in einer sehr weit zurückliegenden Inkarnation einmal in einem Gefängnis gestorben. Damals besaß ich Ländereien, war also ein Grundbesitzer. Dies war nicht in jenem Leben, in dem ich als der „Tobias" wandelte, der ursprünglich in Eurer Bibel aufgezeichnet und später aus Euren Schriften eliminiert wurde. (Publikumslachen) Es war in einem späteren Leben. Ich war also ein Grundbesitzer und es gab dort eine Person in einer sehr machtvollen Stellung, die von meinem Landbesitz sehr „angetan" war. Schließlich fand sie einen Weg, mich ins Gefängnis zu bringen. Zu jener Zeit befand ich mich im mittleren Alter und hatte eine Familie; und doch wurde ich lebenslänglich ins Gefängnis gesperrt.

Nun, ich war voller Zorn darüber. Starke Gefühle, von Spirit verraten worden zu sein, stiegen in mir auf. Ich konnte einfach nicht begreifen, warum ich als Mensch mir dies selbst überhaupt hätte erschaffen sollen. Und doch war diese für mich eine der bedeutsamsten Inkarnationen. Allmählich wurde dieses Eingesperrtsein zu einer Zeit der Ruhe und Besinnung, eine Zeit wahrhaftiger Verbundenheit mit Spirit. Nachdem ich durch meinen anfänglichen Prozess der Wut und des Verrates hindurchgegangen war, erlangte ich mehr und mehr ein Verständnis von Spirit und von Gott in mir selbst. Und so starb ich nicht als unglücklicher Mann. Ich starb nicht voller Zorn. Ich starb, nachdem ich eine neue Ebene der Erkenntnis und Erleuchtung erlangt hatte und mich nun von allen Gitterstäben, die ich in der Vergangenheit selbst um mich errichtet hatte, sowohl im buchstäblichen als auch im übertragenen Sinne, befreit hatte.

Derjenige, der diese Botschaft überbringt, Cauldre, den ich als meinen Sohn bezeichne, auch er verbrachte eine Zeit im Gefängnis. Vor gar nicht so langer Zeit, oh, aber auch nicht in diesem jetzt gegenwärtigen Leben - danke. (Kichern) Er bat uns gerade darum, dies ausdrücklich zu erwähnen. (Lachen im Publikum) Nun, es ist noch gar nicht so viele Inkarnationen her, dass er einige Zeit hinter Gittern verbrachte für weitaus waghalsigere Aktivitäten, von denen er jetzt nicht möchte, dass wir näher darauf eingehen. (Lachen im Publikum) Während dieser Zeit begann er einige Wahrheiten bezüglich der Macht und der Konditionen (Spielregeln) der Menschen zu verstehen. Er begann zu verstehen, dass es in Eurer Welt Ungerechtigkeiten gibt. Und das holte ihn wieder auf den Boden der Realität zurück, herunter von seinem hohen Stuhl, auf dem er vorher gesessen hatte!

Es ist vollkommen angemessen, dass diese Energie des Crimson Circle ihren Weg findet zu denen, die sich gefangen und eingesperrt fühlen, zu denen, die sich wertlos fühlen, und zu denen, die keine Hoffnung mehr empfinden können. Denn die Energie dieses Kreises trägt Hoffnung, Wahrheit und Liebe in sich.

Es wird nicht vieler Worte an diejenigen, die Ihr als „Insassen" bezeichnet, bedürfen; wir werden lediglich bei ihnen sitzen und sie bitten, die Bewegung der Energie wahrzunehmen. Sobald sie einwilligen können, uns ihr Wesen, ihr Sein zu öffnen, werden wir auf den tiefsten Ebenen mit ihnen arbeiten, während wir mit ihnen im Gefängnis beisammen sind. Auf den tiefsten Ebenen werden wir ihnen dann zu verstehen geben: „Wir lieben Dich inniglich und von ganzem Herzen". „Wir wissen, dass Du zu unserer Familie gehörst". „Wir wissen, dass Du hier bist, weil Deine Seele einen guten Grund dafür hat". „Wir möchten mit dem größten Mitgefühl einfach eine Weile bei Dir sitzen, weil auch wir einmal in dieser Lage waren."

* * * *

FRAGE: Gehöre ich wirklich hierher, mit zu dieser hier anwesenden Gruppe? Und wenn dem so ist, warum hatte ich dann physisch solche Schwierigkeiten hierher zu kommen? Und warum habe ich nicht all diese Dinge erfahren, welche die anderen anscheinend durchmachen, all den Schmerz, die Schwierigkeiten usw.?

TOBIAS: Zuallererst, jeder Weg ist anders. Jeder Weg sieht anders aus, und Dir zu sagen, dass Du erst durch eine bestimmte Reihe von problematischen Erfahrungen zu gehen hättest, wäre Dir selber gegenüber nicht fair. Es war so schwierig für Dich hierher zu kommen, weil Du Dir selbst gar nicht so sicher bist, ob Du hier sein willst! Du bist Dir gar nicht so sicher, ob Du wirklich ein Teil dieser Veränderungen sein willst, die auftreten werden. Du bist Dir gar nicht so sicher, ob Du ein Teil dieser ersten Welle von Menschen sein willst, die sich in die Neue Energie begeben. Denn es gibt diejenigen, welche als Erste gehen werden und ebenso diejenigen, welche in der zweiten, dritten und vierten Welle folgen werden. Ihnen allen gebührt unser Respekt und unsere Ehrerbietung.

Ob Du zur Familie gehörst? In der Tat! Bist Du jemand, den wir schon vorher kannten? In der Tat, denn sonst würdest Du Dich vom Crimson

Circle nicht so angezogen fühlen. Es gibt Menschen, welche diese Channelings zu lesen bekommen und nicht über die erste Zeile hinauskommen, da es für sie im Moment nicht angebracht ist. Denn es wartet andere Arbeit auf sie. Ob Du zur Familie gehörst? Tatsächlich, das tust Du und Du bist hier stets willkommen zu jeder Zeit.

* * * *

FRAGE: Tobias, könntest Du uns bitte erklären, wie sich derzeit die Astrologie für uns als Lichtarbeiter anwenden lässt?

TOBIAS: Was Euch betrifft, so ist es am besten, liebe Freunde, die Wege Eurer alten Astrologie in dieser Zeit zu verlassen. Für Menschen, die sich nicht in der Energie der Neuen Erde bewegen, ist Astrologie absolut angemessen. Was Euch betrifft, so habt Ihr Euch schon in Euer neues Leben begeben. Und wie könntet Ihr das in einem Schaubild darstellen? Wie würdet Ihr die Grade der Geburt Eures neuen Selbst bestimmen und festlegen wollen? Es ist Euch nicht mehr angemessen, von den Sternen geführt zu werden. Und erneut erinnern wir Euch, dass Ihr genau diese Sterne selbst erschaffen habt! Die Notwendigkeit, über die Energie der Sterne Struktur zu erhalten, habt Ihr transzendiert, Ihr habt Euch darüber hinausbewegt - über die Objekte und Energien, die Ihr selbst dort platziert habt!

Und weiterhin erschafft Ihr jene Sterne, die bis jetzt nur noch nicht entdeckt wurden. Ihr seid diejenigen, die ihre eigenen Energiemuster bilden und formen. Nun, wir wissen, dass es einige gibt, die diese Bemerkung nicht so sehr gerne hören. Wir verurteilen Astrologie in keinerlei Weise. Für die meisten Menschen ist sie noch immer angemessen, da sie sich in der alten Energie bewegen. Doch für Shaumbra gilt, wenn Ihr jetzt ein astrologisches Reading bekommt von jemandem, der Energien sehen kann, so wird er nicht verstehen können, was mit Euch los ist. Er wird Euer Energiefeld nicht mehr erkennen können und das wird ihn schockieren - weil er es an der alten Stelle sucht; denn Euer Energiefeld befindet sich jetzt an einem neuen Ort. Alles, was Euch diejenigen, die Eure Sterne und Eure Diagramme lesen, erzählen, wird sich für Euch nicht mehr so stimmig und richtig anfühlen, es wird Euch eher vorkommen wie etwas Vergangenes. Und falls Ihr es dennoch wählen solltet, dass die Sterne Euch jetzt in der neuen Energie Maßstab und Richtung sind, wird dies eine schmerzhafte Angelegenheit werden.

* * * *

FRAGE: Tobias, bist Du die „Zwillings-Flamme" von jemandem, der jetzt als Mensch inkarniert ist?

TOBIAS: Wir haben kürzlich mit Euch über das Konzept der „Zwillingsflamme" gesprochen. Liebe Freunde, in der gesamten Schöpfung existiert kein abgetrennter oder verlorener Teil von Euch oder mir. Sobald das Gespräch über „Zwillingsflammen" jedoch als Ausdruck der Liebe zweier Wesen, die gemeinsam ihren Weg gehen, angesehen wird und damit gemeint ist, dass sie sich in vielerlei Hinsicht gleichen - und sich darum in tiefer Liebe verbunden fühlen - entsteht hier eine gute, stimmige Energie. Doch wie auch immer, sobald die Absicht hinter dem Begriff der „Zwillingsflamme" jene ist, einen Teil Eurer selbst erfüllen zu wollen, von dem Ihr meint, er sei unvollständig, werdet Ihr Euch bei Eurer Suche danach in der Welt und dem Universum auf eine sehr unerfreuliche und unglückliche Reise begeben.

Ihr seid in Euch selbst vollständig! Dieses Gefühl, unvollständig zu sein, ist ein Überbleibsel aus jener Zeit, als Ihr die Zerschmetterung in der Feuerwand durchlebt habt. Die Beziehung zwischen den Worten „Zwillingsflamme" und „Feuerwand" - ist die nicht lustig? (Lachen im Publikum) Es existiert kein anderer Teil von Dir, den Du verloren hast. Es handelt sich lediglich um eine Erfahrung beim Durchqueren der Feuerwand. Ihr und ich, wir sind in uns selbst ganz und vollständig.

* * * *

FRAGE: Tobias, in letzter Zeit sind die Schlagzeilen voll von Kindern, die Verbrechen begehen, die man sonst nur als Erwachsenendelikte einstufen würde. Was geht da vor sich und wie kann die Lösung aussehen?

TOBIAS: Das ist sehr einfach. Durch Eure Nachrichten seht Ihr die zwei Erden - die Energie der alten und die der neuen - im Konflikt miteinander. Ihr seht, wie sie versuchen, Lösungen und Balance zu finden.

In einigen Fällen versuchen diese Schüler alte karmische Angelegenheiten auf eine sehr schnelle Art und Weise zu lösen. Sie wollen nicht ein Leben nach dem anderen durchlaufen, um Karma auszugleichen. Also versuchen sie, dies sehr schnell hinter sich zu bringen.

In wieder anderen Fällen handelt es sich um die Frustration des kollektiven menschlichen Bewusstseins, welches aus den alten energetischen Wegen ausbrechen möchte. Diese Schüler rebellieren gegen eine herabsetzende Behandlung: dass auf ihnen herumgehackt wird, dass sie erniedrigt werden und sie nicht als diejenigen akzeptiert werden, die sie wirklich sind. Diese in ihnen aufsteigende Wut drücken sie dann in der gegebenen Art und Weise aus.

Wir urteilen nicht über diese Dinge, denn wir wissen, dass sie naturgemäß und angemessen sind. Doch wir wissen auch, dass Ihr sie als sehr negative Situationen betrachtet und empfindet. Liebe Freunde, stellt Euch für einen Moment hinter die kleine Mauer. Schaut Euch an, was hier wirklich geschieht. Seht einmal, wie all dies die Aufmerksamkeit der alten Wege auf sich zieht; jener alten Wege, die jetzt notwendigerweise verändert werden wollen. Dies mag Euch radikal und gewaltsam erscheinen, doch liebe Freunde, wir können Euch sagen, dass all diese Taten in Liebe geschehen sind und auch in Liebe empfangen wurden. Und es liegt bei Euch und all den anderen, die diese Ereignisse sehen und Eure Nachrichten verfolgen, das Wissen und die Weisheit darin zu entdecken.

Wir sehen, dass diese Konfrontationen weiterhin zunehmen werden, auch über Eure Schulen hinaus. Sie werden immer intensiver werden, bis allgemein die Notwendigkeit anerkannt wird, dass die alten Wege, die alten Institutionen und die alten Hierarchien ein Ende zu finden haben. Steht hinter der kleinen Mauer und versteht, dass all diese Dinge Bestandteile von dem Prozess sind, dem Prozess, sich aus der alten Energie hinauszubewegen. Liebt alle, die in diese Dinge involviert sind.

* * * *

FRAGE: Tobias, im Erleben des neuen Verstehens von ALLEM, stelle ich fest, dass sich meine Vorstellung von Beziehung und Partnerschaft grundlegend verändert hat. Es macht doch keinen Sinn, einen Menschen zu lieben und dafür einen anderen Menschen auszuschließen. Bitte sprich über das Konzept der „Ehe" und ihren Platz innerhalb der neuen Energie.

TOBIAS: (Kichern) Nun, man könnte nicht gerade behaupten, dass Cauldre es durchgängig liebt, was wir hier zu sagen haben! Voller Sorge fragt es sich, wer wohl die Steine auf ihn und sein Haus werfen wird!

In gewisser Weise hast Du vollkommen Recht damit. Wir betreten hier dünnes Eis! Wir werden also ganz diplomatisch - mit Rücksicht auf Cauldre - antworten, dass sich auch Eure Beziehungen tatsächlich verändern werden. Denn im Grunde entstand die Beziehung zwischen Mann und Frau in der alten Energie und basierte auf dem Prinzip der Dualität. Dualität, die sagte: „Wir gehen diese Verpflichtung miteinander ein, ganz egal, wie glücklich oder wie unglücklich es uns macht. Wir sind hier, um von dieser Form der Balance, also dieser Sache namens Dualität zu lernen."

Die Beziehungen der Neuen Energie werden ganz anders sein. Ihr werdet keinerlei Notwendigkeit mehr empfinden, Euch gegenseitig durch die Institution der Heirat zu binden. Ihr werdet in der Lage sein, ohne diese alten Verträge glücklich miteinander zu leben. Oder aber Ihr wählt möglicherweise allein mit Euch selbst glücklich zu leben. Denn Ihr werdet keine andere Person mehr brauchen, um vollständig zu sein. Wieder einige andere werden glücklich miteinander in Gruppen leben und werden dennoch ihre eigene Individualität bewahren.

Für einige von Euch mag das aufgrund Eures bisherigen Glaubenssystems von „richtig" und „falsch" eine Herausforderung sein. Und wieder bitten wir Euch erneut darum, einfach hinter der kleinen Mauer zu stehen und zu beobachten, was wirklich passiert. (Kichern) Und Cauldre bestätigt uns gerade, dass dies wirklich eine sehr diplomatische Antwort auf Eure Frage war! (Lachen im Publikum)

* * * *

FRAGE: Tobias, kannst Du uns mehr über Göttliche Leidenschaft erzählen. Ist es eine Leidenschaft für etwas ganz Bestimmtes? Und woher kommt sie?

TOBIAS: Diese Leidenschaftlichkeit entstammt Euren Ursprüngen im Königreich Gottes. Sie ist Euer Geburtsrecht. Sie war so lange bei Euch, bis Ihr zur Erde gegangen seid. Göttliche Passion ist etwas, was wir auch nicht ansatzweise versuchen werden hier zu beschreiben, denn wir wissen und wir sagen dies mit einem Augenzwinkern, dass Menschen die Tendenz haben, unsere Worte viel zu sehr analysieren zu wollen. Darum haben wir ein sehr einfaches Symbol dafür gewählt, die „Frucht der Rose". Empfangt sie in Eurem Inneren und Ihr werdet sie erfahren.

Als Antwort auf Deine Frage: Du wirst eine einzigartige und sehr persönliche Erfahrung mit Deiner Göttlichen Leidenschaft machen. Wir legen Dir nahe, dass Du Dich nicht bemühen solltest, sie zu intellektualisieren, erfahre und erlebe sie einfach.

* * * *

FRAGE: Tobias, bitte sprich zu uns über unsere Sexualität.

TOBIAS: Hmmm. (Lachen im Publikum) Dies ist ein weiterer Bereich, in dem Ihr Veränderungen erfahren werdet! Wie viele von Euch bereits bemerkt haben, erlebt Ihr über eine Zeitspanne bezüglich Eures Sexualtriebes möglicherweise eine Art von „Leidenschaftslosigkeit". Und das ist nicht abhängig vom Alter, um demjenigen zu antworten, der sich hier gerade innerlich diese Frage gestellt hat. (Lachen im Publikum) In der Tat, sobald Ihr Euch aus der alten Energie in die neue bewegt, während Ihr Euch aus der Dualität hinaus- und in diese neue Erde hineinbegebt, lasst Ihr viele Dinge los. In der Vergangenheit werdet Ihr vielleicht leidenschaftlich „Liebe gemacht" haben, was Ihr als Sex bezeichnet. Die meisten von Euch werden sich nun eher eine Zeit lang zurückziehen und allein sein wollen und möchten nicht mit einem anderen Menschen auf diese Art und Weise interagieren. Ihr habt bemerkt, dass Ihr Euch nicht mehr so sehr darum kümmert und es zuweilen sogar alles andere als vergnüglich für Euch ist.

Erinnert Euch an die Geschichte von Catherine, sie weinte, da auch dies etwas war, was sich aus ihrem Leben verabschiedet hatte. In der Vergangenheit hatte sie ihre Beziehungen sowohl emotional als auch physisch sehr genossen. Nun waren all diese Dinge gegangen und sie fühlte sich, als ob mit ihr irgendetwas falsch wäre. Sie betrachtete ihre Arbeitskollegen und Bekannten und sah, dass sie sich noch weiterhin um solche Dinge wie Sex und ihre tagtägliche Arbeit kümmerten, dass diese ihnen nach wie vor weiterhin wichtig waren. Sie sah, wie sie alle noch immer in Familienangelegenheiten und die dortigen Dramen involviert waren. Und sie fragte sich, was denn mit ihr verkehrt sei, da sie sich für all dies nicht mehr so sehr interessieren konnte. Catherine bewegte sich einfach von der alten Energie in die neue.

Sobald Ihr die Frucht der Rose empfangt, diese Passion, diese Leidenschaftlichkeit, die von jeher Euer Geburtsrecht ist, werdet Ihr herausfinden - und wir müssen hier so lachen - ja, wir brechen fast vor Lachen zusammen, wie Ihr sagen würdet - (Lachen im Publikum), werdet Ihr in Euch selbst eine ganz neue Art der Sexualität finden, über die wir jetzt nicht unbedingt weiter sprechen dürfen. (Cauldre streitet sich mit Tobias darüber, ob dieses Thema weiter vertieft werden sollte oder nicht.) Darum lachen wir so, denn hierin liegt eine ganze Menge Humor. Es wird nicht diese alte Art von Sexualität sein, an die Ihr gewöhnt seid. Es wird etwas vollkommen Neues sein. Ja, und Ihr werdet auch durchaus in der Lage sein, sie dann mit jemandem zu erleben, der nicht in der neuen Energie ist, denn sie wird etwas sein, was Eurem eigenen Inneren entstammt. Also braucht Ihr auch nicht rauszugehen und nur nach einem Partner Ausschau zu halten, der sich gleichfalls in der Neuen Energie befindet. Denn, wie Ihr sagen würdet, das gäbe eine ganz schön magere Ausbeute! (Zuhörer brechen in Gelächter aus)

* * * *

FRAGE: Tobias, ich habe mich vor kurzem dazu entschlossen, meine Merkabah zu aktivieren. Ich fühlte, dass die Zeit dafür gekommen war. Könnten nun irgendwelche Probleme dabei auftreten, wenn ich diesen Prozess durchlaufe und ich zeitgleich mit der neuen spirituellen Energie dieser Gruppe arbeite?

TOBIAS: Liebes, wir wollen hier nicht gleich tadelnd den Finger erheben, doch höre auf unsere Worte. Du hast ein äußerst intellektuelles Konzept von der Merkabah. Die Merkabah ist real, doch nicht in der Form, wie Du sie Dir vorstellst. Die Merkabah Deiner Gedanken und Vorstellungen ist ein Element der alten Energie. Es wird für Dich ziemlich schwierig werden, gleichzeitig zu versuchen, Deine Merkabah zu aktivieren und durch den Prozess dieser Lektionen zu gehen, um Dich in die Neue Energie zu bewegen. Denn es handelt sich dabei um etwas, was Du nicht wirklich und wahrhaft verstehst.

Das Konzept der Merkabah ist ein Überbleibsel aus der alten Energie. Wir schlagen vor, daß Du es loslässt und dem, was Du bisher für Deine Merkabah gehalten hast, gestattest, die Energie der höchsten Ordnung anzunehmen, anstatt sie in Deinen Gedanken weiterhin zu definieren. Mit anderen Worten, wir bitten Dich, entlasse dieses Konzept zu seinem eigenen höchsten Wohl. Nun, wir wissen noch, dass wir Dich und alle anderen gebeten haben, viele der alten Wege, die Ihr als das „New Age" erachtet habt, jetzt loszulassen. (Kichern) Cauldre wird hierbei immer sehr nervös, denn er sorgt sich darum, dass wir jetzt all die Wege der alten Energie angreifen würden. Wir erinnern Euch daran, dass dies keineswegs der Fall ist. Denn die Wege der alten Energie haben Euch bis hierhin sehr gut gedient. Doch solltet Ihr versuchen, weiterhin an den Verfahren der alten Energie festzuhalten, werdet Ihr die Dornen der Rose fühlen. Sobald Ihr die Rose empfangt und weiter versucht, an den Wegen der alten Energie festzuhalten, werden die Dornen Schmerzen in Euch verursachen. Wir bitten Euch, empfangt die Frucht der Rose und versucht nicht, sie kontrollieren zu wollen.

Diese Gruppe gehört zu den Ersten, die in die Neue Energie eingehen. Wir fordern Euch dazu auf, die alten Wege und Verfahren loszulassen, obwohl Ihr sie nur für kurze Zeit kennen gelernt habt. Bei der Merkabah handelt es sich um ein Konzept, welches durchaus in der Wahrheit gründet, doch bisher auch stark verzerrt und verdreht wurde. In der Neuen Energie werdet Ihr nicht mehr so etwas wie die Merkabah besitzen, getrennt und außerhalb von Euch existierend und ganz anders als Ihr selbst. Ihr werdet etwas besitzen, was Eurem eigenen Inneren entstammt und kein äußeres, sich drehendes Energiefeld, was Ihr als „Merkabah" bezeichnet. Ihr werdet etwas besitzen, was aus Eurem Inneren heraus strahlt und zunehmend wächst. Wir wissen, dass wir Euch und Eure alten Konzepte, an denen Ihr noch festhaltet, sehr herausfordern, doch Ihr wart übereingekommen, dass Ihr unter den Ersten sein wolltet, die in dieser Neuen Energie wandeln.

* * * *

FRAGE: Tobias, ich hatte bereits vier Fehlgeburten und bin so glücklich darüber wieder schwanger zu sein. Du bemerktest einmal, dass viele der Neuen Kinder möglicherweise tot geboren werden könnten, doch dass nun ein Energiepfad geschaffen wurde, um Ihr Kommen zu ermöglichen. Trifft das auch auf meine Fehlgeburten zu oder war etwas ganz anderes der Grund? Des Weiteren, an welchem Punkt der Schwangerschaft entscheidet sich eine Seele, vollständig auf der Erde zu inkarnieren? Und wurde ich als Mutter von dieser Seele ausgesucht oder kann mein Ungeborenes mir auch dieses Mal wieder genommen werden?

TOBIAS: Die Fehlgeburten, von denen Du sprichst, waren eine Angelegenheit des passenden Zeitpunktes. Für den Engel war noch nicht der richtige Zeitpunkt gekommen, nun schon bei Dir zu sein. Deine Wünsche, schwanger zu werden und ein Kind zu haben, sind überaus stark. Und doch stimmte der Zeitpunkt bisher noch nicht. Das Engelkind, welches nun entschieden hat hierher zu kommen, weiß genau, wann der angemessene Zeitpunkt gekommen ist - sowohl für die Erde als auch für Dich. Dein (Pause) - wir sprechen hier gerade mit diesem Engelkind - dieses „kommende“ Kind bittet Dich, ganz besondere Aufmerksamkeit auf Deine Gesundheit zu legen, denn Du tendierst dazu, schnell gestresst zu sein. Das macht es sehr schwierig für das Kind. Wir wissen, Du fragst, ob es nun ein Junge oder ein Mädchen wird, und doch ist es jetzt nicht angebracht, das zu erörtern. Dein Stress erschwert es dem Kind, auf ruhige und sanfte Art auf die Erde zu kommen. Du wirst viel Zeit verbringen wollen, Dich selbst zu hegen und zu pflegen. Dein Mann möchte Dir gerne die Fürsorge geben, die Du brauchst, doch Du musst es auch zulassen. So manches Mal schiebst Du sie einfach von Dir weg.

Es gibt vieles, was wir hier gerne noch dazu sagen würden, doch einiges davon ist zum jetzigen Zeitpunkt nicht angebracht. Es gibt ganz bestimmte Dynamiken, die für dieses Kind festgelegt wurden, damit es ihm möglich ist, eine ganz neue Art von Energiemerkmalen in sich zu tragen.

Viele arbeiten daran, um dies zu ermöglichen, doch für Dich, Du Liebe, ist es von größter Wichtigkeit, Dich zu entspannen, tief zu atmen und keinerlei Stress zu haben. Stell nicht solch hohe Erwartungen an Dich selbst, dass Du gerade jetzt alles richtig zu machen hast. Lass das alles los.

Wann die Energie eines Engels in den menschlichen Körper eintritt? Das ist ganz unterschiedlich. Für gewöhnlich findet dies ungefähr innerhalb eines Tages nach der Entbindung statt. Es gibt zwar eine ständige Verbindung und Kommunikation zwischen den biologischen Zellen und dem Engelbaby, das hereinkommen möchte, doch die Energie dieses eintretenden Engels zieht eigentlich nicht früher als ungefähr einen Tag nach der Geburt ein. Nun, es gibt Fälle, in denen die Energie des Engels nur sehr langsam hereinkommt und sich erst bis zu einem Jahr nach der Entbindung vollständig integriert hat. Hierfür gibt es Gründe. Doch generell geschieht dies kurz nach der physischen Geburt. Vor der Geburt gibt es schon eine energetische Verbindung zwischen dem Engelbaby und den Zellen des Fötus. Diese intensiviert sich, sobald die Geburt näher rückt. Darum ist es gerade für Dich so wichtig, Deine ganzen Erwartungen loszulassen. Wisse, dass Du vollständig von Liebe umgeben bist, dass Du geradezu in Liebe gebadet wirst. Nimm die Hilfe der Menschen auf Deiner Seite an. Es ist ein sehr gesegnetes, heiliges und ganz besonderes Kind, welches da zu Dir kommt, doch es ist auch ein Kind, welches Dir möglicherweise ziemlich herausfordernde Lektionen über Dich selbst beibringen wird.

✻ ✻ ✻ ✻

FRAGE: Tobias, es scheint, dass mit all den negativen Dingen in den Nachrichten die Menschen dazu gedrängt werden, die dunkle Seite in sich zu erforschen, all die Teile, die bisher noch nicht bewusst erkundet wurden, aber dennoch Ihre Handlungen diktieren. Ich nehme an, dass viele dieser Ausdrucksformen geheilt werden können. Könntest Du mehr über diesen Prozess und seine Intensität in den kommenden Monaten sagen?

TOBIAS: In der Tat handelt es sich bei dem, was Ihr in Euren Schlagzeilen lest, um den Konflikt zwischen der alten und der neuen Energie. Es existieren Energien, die lange Zeit unterdrückt wurden und die nun frei werden wollen. Ebenso gibt es noch altes ungelöstes Karma, welches nach Ausgleich sucht. Liebe Freunde, in diesen nächsten Jahren werdet Ihr noch eine Menge Aufruhr um Euch herum erleben, was aber nicht bedeutet, dass er auch in Euch stattzufinden hat. Hier geht es um die Lektion, hinter der kleinen Mauer zu stehen.

Wie wir schon vor vielen Monaten erwähnten, werdet Ihr Eure Aktienmärkte ohne erkennbare Logik steigen und wieder fallen sehen. Es handelt sich dabei um den Versuch, eine Balance zwischen dem Alten und dem Neuen zu finden. Dieses Bemühen um Ausrichtung wird auch fortgesetzt für eine Weiterentwicklung notwendig sein. Und wie wir schon zuvor erwähnten, wird es weitere Erdbeben geben. Ihr werdet sehen, wie diese Erschütterungen stattfinden, denn selbst innerhalb der Erde gibt es dieses Bemühen um einen Übergang vom Alten zum Neuen. Und Ihr wisst ja selbst, dass es nicht gerade einfach ist, das Alte freizulassen und in das Neue hinüberzuwechseln. Einerseits sind da Energien, die förmlich nach Aufmerksamkeit schreien, und andererseits gibt es bestimmte Elemente und Energien, die nicht erlöst und freigesetzt werden wollen. Zu letzteren gehört auch Euer menschliches Ego, wie Ihr es nennt, welches sich noch gar nicht so sicher ist, ob es schon bereit ist, seine Kontrolle wirklich abzugeben.

Jedes Mal, wenn Ihr Eure Schlagzeilen seht und von den Schießereien in den Schulen und an öffentlichen Plätzen erfahrt und ja sogar in Euren Flughäfen (und Bahnhöfen...) (emotional) - dies sind schwierige Dinge... es bricht Euch das Herz. Wir wissen das. Doch erkennt auch die Angemessenheit all dessen und versteht, dass dies einen Teil des Prozesses darstellt. Doch um Deine Frage zu beantworten, in gewisser Weise geht es darum, die dunkle Seite zu verstehen.

Den meisten Menschen wurde beigebracht, dass es ein „Richtig“ und ein „Falsch“ gibt. Das ist die alte Dualität, die alte Energie. Doch in den neuen Energien werdet Ihr das ALLES finden. Dann geht es nicht mehr um links, rechts oder die Mitte; nicht mehr um die weiße, die dunkle oder die klare Murmel. Dann geht es um die „Vier,“ die zusammenarbeiten.

Es werden schwierige Monate werden, wenn Ihr Eure Zeitungen lest, denn Ihr werdet eine Menge Dramen und eine Menge Traumata zu sehen bekommen. Noch einmal, meine lieben Freunde, ein jeder von Euch beginnt jetzt sein neues Haus zu bewohnen. Es ist nicht so, dass Ihr dort von diesen Dingen isoliert wäret, und doch verfügt Ihr hier über ein tieferes Verstehen. Wir werden auch künftig über diese Dingen sprechen, die auf Eurer Erde geschehen. Doch jedes Mal, wenn Ihr sie seht, erkennt und begreift bitte, dass sie ein Teil des Übergangs in die Neue Energie sind. Und das ist auch genau der Grund, warum Lehrer benötigt werden, Lehrer wie Ihr. Darum ermutigen wir Euch, auch weiterhin Euren Weg zu gehen. Denn es wird einen Bedarf geben an denjenigen Menschen, die gelernt haben, ihre eigene Göttlichkeit zu integrieren, die sich in der neuen Energie bewegen. Zukünftig werden Lehrende der neuen Erden-Energie gebraucht, erst hunderte, dann tausende und dann zehntausende.

* * * *

FRAGE: Tobias, ich war immer der Meinung, Suizid sei ein tiefer Mangel an Vertrauen und Glauben in das Leben. Könntest Du etwas zur Beihilfe beim Suizid sagen?

TOBIAS: Manche Menschen wissen, dass für sie die Zeit gekommen ist zu gehen. Sie sind deswegen nicht notwendigerweise deprimiert, niedergeschlagen oder entmutigt, denn dieses Stadium haben sie bereits durchschritten. Sie sind auch nicht mehr aufgebracht oder ärgerlich darüber, denn auch diese Emotionen haben sie schon durchlebt. Sie wissen einfach, dass es an der Zeit ist zu gehen. Doch manchmal möchte ihr physischer Körper das nicht. Wie Ihr selbst schon entdeckt habt, hat der physische Körper in der alten Energie so etwas wie ein eigenes Bewusstsein. All diejenigen, die sich für Sterbehilfe entschieden haben, wissen auf der Kernebene ihrer Zellen, dass es Zeit ist zu gehen. Sie haben dann schon viele Gespräche mit sich selbst, mit Spirit und den Engeln geführt. Sie wissen und spüren einfach, es ist an der Zeit. Liebe Freunde, auf unserer Seite existiert keinerlei Bewertung oder Verurteilung für jemanden, der gewählt hat zu gehen. Sobald sie zurückkehren, ist die Freude und die Feier ebenso groß wie bei jedem anderen. In ihrem Herzen wissen diese Menschen, dass die Zeit reif ist. Mit dem anderen Menschen, der sie bei diesem Prozess unterstützt, haben sie innerlich einen gegenseitigen Vertrag geschlossen. Der Crimson

Council ist der Auffassung, dass dies ein heiliger und ehrenvoller Moment im Leben eines Menschen sein sollte und nicht ein Moment voller Scham und Schuld.

* * * *

FRAGE: Tobias, erzähle uns bitte die Geschichte Deines Erdenlebens, in dem Du im Gefängnis gestorben bist und nicht die Kraft zur Rückkehr besessen hast. Erzähle uns, was Du dabei gelernt hast von der Verzweiflung, von der Angst, der Wut, der Verlassenheit und Einsamkeit. Wenn ich einmal über all die realen Erfahrungen eines wirklichen Engels etwas lesen könnte und darüber, welche Erfahrungen diese Lebenszeit für uns alle bereithält - wenn ich einen persönlichen Bericht lesen könnte von einer Reise dieser Dimension und von jemandem, den wir nun wirklich auch noch gut kennen, dann könnte ich möglicherweise meine eigenen Erfahrungen viel besser einordnen und verstehen.

TOBIAS: (Kichern) Ich werde es etwas zusammenfassen, denn dies ist eine lange Geschichte, die in einem der Bücher enthalten ist, die Cauldre noch schreiben wird. (Lachen im Publikum) In jenem Leben also wählte ich es, in einem Gefängnis eingesperrt zu sein. Gleichzeitig arbeitete ich auf meiner Seelenebene daran, aus jenem Bewusstseinsgefängnis auszubrechen, in welches ich mich selbst hineinbegeben hatte. Ich hatte auch schon viel von dem erreicht, was ich als Mensch in meinen vielen Inkarnationen erreichen wollte. Die Leben in den Zeiten von Atlantis waren in der Tat die kraft- und machtvollsten und doch auch die traumatischsten für mich. Für mein letztes Leben auf Erden - in diesem speziellen Zyklus - entschied ich mich dazu, im Gefängnis zu sterben, um die Barrieren und Mauern, die ich um mich herum erschaffen hatte, wirklich und wahrhaftig zu verstehen.

Ich wählte es, völlig allein zu sterben, um mich mehr auf jene Kräfte und jene Energien des Unsichtbaren zu beziehen als auf Personen und menschliche Formen. Ich entschied mich für diese Zeit der Ruhe und Abgeschiedenheit und, obwohl mein Dortsein mit sehr viel physischem und mentalem Leid einherging, lernte ich doch, all diese Dinge zu überwinden und zu meistern. Ich lernte es, mich sehr tief in mein Inneres zurückzuziehen. Dies war meine erste Erfahrung mit dem „neuen Haus“, von dem ich Euch hier nun immer erzähle. Dort fand ich Trost. Ich fand Energie und ich fand

Liebe in meinem eigenen Innersten. Damit dies geschehen konnte, brauchte ich die Mauern des Gefängnisses; ansonsten hätte ich einfach nur meine alltäglichen Geschäfte weitergeführt und meine Beziehungen gepflegt. Ich wählte diese Lebenszeit im Gefängnis als meine letzte Inkarnation dieses Zyklus. Es wird der Tag kommen, an dem ich zurückkehren werde. Dann werde ich Euren Fußspuren folgen. Der Tag wird kommen, an dem ich einige von Euch als Lehrer aufsuchen werde. Oh, das wird bestimmt ganz schön lustig werden! (Lachen im Publikum)

AdÜ.: Zu Ehren von Tobias' Erfahrung möchte ich uns allen
folgende Zeilen nicht vorenthalten:

Das Labyrinth ist bestens bekannt.
Wir müssen nur dem Faden des Heldenpfades folgen,
und wo wir gemeint hatten, einen Grund zu finden,
werden wir einen Gott finden.
Und wo wir gemeint hatten, einen anderen zu erschlagen,
werden wir uns selbst erschlagen.
Wo wir gemeint hatten, nach außen zu fahren,
werden wir in das Zentrum unseres eigenen Daseins gelangen.
Und wo wir gemeint hatten, allein zu sein,
werden wir mit der ganzen Welt sein.

Joseph Campell, Die Kraft der Mythen

* * * *

FRAGE: Lieber Tobias, Du hast gesagt, dass viele der Überzeugungen und Praktiken des New Age nun der Alten Energie angehören. Momentan lerne ich eine Methode des energetischen Heilens, die auf dem System der sieben Chakren aufbaut. Du hast jedoch wiederholt darauf hingewiesen, dass wir jetzt nur noch ein einziges, Vereintes Chakra besitzen. Ist die Heilmethode, die ich jetzt gerade lerne, also veraltet und gehört zur alten Energie?

TOBIAS: Deine Arbeit der Chakren-Heilung ist vollkommen angemessen bei den meisten Menschen, mit denen Du arbeiten wirst. Die überwiegende Mehrheit der Menschen auf Erden wird weiterhin mit den sieben Chakren arbeiten. Nur eine relativ kleine Gruppe von Menschen integriert sich gerade in das vereinte Chakra. Deine Arbeit mit den sieben Energiezentren ist absolut angemessen. Nimm all diese Heilungskünste, die Du lernst, und füge ihnen Dein eigenes Verständnis von der Neuen Energie hinzu. Denn hinter all dem, was in Deinen Büchern steht und den Lehrinhalten der Kurse, die Du besuchst, findet sich ein noch tieferes Verstehen, ein Verständnis, welches dem ALLES entspringt. Als direkte Antwort auf Deine Frage würden wir dies in gewisser Weise, ja, als „alte Energie" bezeichnen und doch ist es vollkommen angemessen, denn viele Menschen, mit denen Du arbeiten wirst, werden aus der alten Energie kommen.

* * * *

FRAGE: Tobias, wie steht es mit der Richtigkeit derzeitiger Prophezeiungen, dass wir in Zukunft nicht mehr Fleisch, Fisch und Getreide zu uns nehmen werden?

TOBIAS: Sie sind nicht wahr. Liebe Freunde, die Energie all dessen ist weiterhin notwendig, um das Leben auf Eurem Planeten zu gewährleisten. All das wird so weitergehen, doch es wird verbessert und verfeinert werden. Sobald Krisen auftauchen so wie bei Eurem Rindfleisch in England, wird dies die Wissenschaftler, die Öffentlichkeit und die Regierung veranlassen, nach neuen, verfeinerten Methoden zu suchen. Auch das ist in gewisser Weise ein Übergang von der alten zur Neuen Energie. Diese Dinge haben zunächst an die Oberfläche zu kommen, sie haben zu „eitern", um das Problem sichtbar werden zu lassen, damit es neu beurteilt und eingeschätzt werden kann. Dann aber bewegt sich die Menschheit als Ganzes auf die nächste Ebene. Sobald Ihr gelernt habt, hinter der kleinen Mauer zu stehen, werdet Ihr über all diese Dinge kein Urteil zu fällen brauchen, sondern einfach ein größeres Verständnis dafür besitzen, warum dies alles geschieht.

Ob nun Fleisch, Getreide, Obst oder Gemüse - das spielt keine Rolle, liebe Freunde. Dies alles sind keine negativen Dinge. Es sind Mittel, um Eure

Biologie zu ernähren. Sobald Ihr Euch in Eurem neuen Haus befindet, kreiert in breiten, großzügigen Pinselstrichen. Dem fügt Ihr Eure Leidenschaft hinzu. Und dann wisst, dass alle von Euch benötigten und angebrachten Nährstoffe zu Euch gebracht werden. Wisst, sobald für Eure Biologie die Zeit gekommen ist, ihre Muster zu wechseln, dass alles dazu benötigte vor Eurer Tür erscheinen wird. Und wenn jemand mit etwas zu Euch kommt, was Euch blödsinnig erscheint und was Ihr normalerweise nicht in Euren Körper aufnehmen würdet, dann schaut noch einmal hin. Es wurde nicht ohne Grund zu Euch gebracht. Und um Euch ein extremes Beispiel zu geben - es könnte dann nicht einmal so ungewöhnlich sein, sogar eine „Schokoladenkekse -Diät" zu machen! (Lachen im Publikum) Also urteilt nicht so hart darüber, was für Euren Körper richtig oder falsch ist. Bitte versteht, alles, was vor Eurer Tür steht, wurde in aller Angemessenheit zu Euch gebracht. Und für Euch ist dann die Zeit gekommen, damit zu tanzen.

* * * *

FRAGE: Tobias, ich hatte immer das Gefühl, dass meine Bestimmung in diesem Leben darin bestand, anderen Menschen in Zeiten großer physischer und spiritueller Veränderungen - wie z.B. während der prophezeiten Katastrophen zum Jahrtausendende helfend zur Seite zu stehen. Seitdem dies nun dankenswerterweise nicht eingetroffen ist, fühle ich mich verloren und nutzlos. Nun, da ich meinen Vertrag als „Übergangsarbeiter" (Changeworker) nicht mehr weiter zu erfüllen brauche, wonach sollte ich jetzt streben?

TOBIAS: Mein Lieber, dies ist rund um die ganze Welt ein weit verbreitetes „Shaumbra-Merkmal". Die meisten von Euch kamen einerseits in dieses Leben, um sich selbst im eigenen Inneren zu vervollständigen und andererseits, um auch die Menschen während dieser vorhergesagten Zeit des großen Chaos zu begleiten und ihnen beizustehen, und ja, um ihnen ein Lehrer zu sein. Ihr wäret Anker des Friedens, der Heilung und des Lichtes gewesen im Angesicht eines großen Chaos und eines immensen Aufruhrs um Euch herum.

Aufgrund der Arbeit, die Du und alle Menschen vollbracht haben, sind diese vorhergesagten Zerstörungen - also das „Ende der Welt", wie viele es nannten - nicht eingetreten. Ihr habt es verändert, Ihr habt die Dinge transformiert, Ihr habt die nächste Ebene betreten. Und indem Ihr das tatet, wurde der Vertrag, mit dem Ihr anfänglich hereingekommen wart, hinfällig. So zog in Euer Leben, und ganz besonders um das vergangene Jahr herum, eine große Leere ein. Der Dienst, zu dem Ihr Euch berufen fühltet, anderen Menschen in der Zeit des großen Chaos zu helfen, anderen beim Hinübergehen beizustehen, er wurde nicht benötigt.

Doch, liebe Freunde, Euer ursprünglicher Vertrag enthielt auch eine „Was-wäre-wenn"-Klausel. Diese Klausel besagte: sollte es so kommen, dass Ihr Euch auf die nächste Ebene begebt, ohne dass diese traumatischen Dinge geschehen, was würdet Ihr dann tun? Und das ist genau der Grund, warum wir hier jetzt mit Euch sitzen. Das ist der Grund für all die vorherigen, sehr speziellen Lektionen und Diskussionen. Das Datum des 19. August 1999 war das prophezeite Datum dieser Zerstörung. Und zu genau dieser Zeit begannen wir unsere gemeinsamen Diskussionen im Tipi (siehe Tobias Channeling „Die Abreise der Geistführer", 21. August 1999).

An diesem Tag begannen wir, mit Euch an Eurer „Was-wäre-wenn Klausel" zu arbeiten. Die Klausel besagte, sollten die Dinge TATSÄCHLICH glatt laufen, dann würden auf der Erde Lehrer gebraucht werden, und zwar solche, die viel eigene innere Arbeit vollzogen, und eine Menge innerer Prozesse und Transformationen durchlaufen hätten. Sie würden dann diejenigen sein - und Ihr seid diejenigen *(bzw. gehört zu denjenigen)* -, die zustimmen würden, in Ihr nächstes Leben hinüberzuwechseln, noch während sie im gleichen Körper verbleiben.

Jeder von Euch hatte mindestens eine - und in vielen Fällen auch mehrere Gelegenheiten, diese Erde zu verlassen, um auf unsere Seite zurückzukehren. Ihr wäret dann zu den Engeln und Läufern all derjenigen geworden, die auf der Erde geblieben wären. Doch tatsächlich habt Ihr entschieden zu bleiben, um Euch auf die nächste Ebene zu begeben.

Nun ergeht ein Aufruf quer durch die Reihen der Engel. Es werden Lehrer benötigt für alle Menschen, die aus der alten in die neue Energie hinüberwechseln werden. Eure Arbeit besteht deswegen darin, so etwas wie menschliche (Geist-)Führer zu sein. Doch um dies tun zu können, müsst Ihr zuerst den gesamten Weg selbst gegangen sein. Denn wie könntest Du ein Lehrer sein, wenn Du den Weg nicht aus eigener Erfahrung kennst? Wie könntest Du andere Menschen beg-leiten, ohne selbst die große Kluft überwunden zu haben, die zwischen Dir und Deiner Göttlichkeit lag?

Der Aufruf besteht nun also darin, das Loslassen und Zulassen zu erlernen, um den Schöpfungsprozess zu initiieren. Und dann zu lernen, im Göttlichem Moment zu stehen, aus dem Göttlichen Willen heraus zu leben. Dies alles sind Dinge, die Ihr lernt. Dies alles sind Dinge, die Ihr lehren werdet - ja, die Ihr bereits lehrt, denn wir sehen, dass viele von Euch es bereits an andere weitergeben. Natürlich mögt Ihr andere Worte wählen, damit sie besser passen und leichter anzunehmen sind; Ihr mögt all das auf Eure eigene Weise beschreiben und doch lehrt Ihr es bereits. Dies ist der Aufruf an Dich, dies ist Deine Berufung.

Ihr alle könnt an einem Ort arbeiten, wo Hamburger verkauft werden - und dennoch Lehrer sein. Ihr könnt jemand sein, der Bilder malt und durch Kunst Freude verbreitet - und dennoch ein Lehrer sein. Der Grund, warum Du hier bist, der Grund, warum Du eine Verbundenheit mit dieser Gruppe und diesen Lektionen fühlst, ist, weil Du einer der kraftvollsten menschlichen (Geist-)Führer und Lehrer anderer sein wirst. Es GIBT Arbeit für Dich, ohne Zweifel!

* * * *

FRAGE: Tobias, die Aufforderung in dieser Lektion, unseren Freien Willen zu Gunsten des Göttlichen Willens loszulassen, ist gleichbedeutend, als würde man seine Seele dem Teufel verkaufen. Ich fühle mich in etwa so, wie ein wildes Pferd sich fühlen muss, von dem man plötzlich verlangt, Zaumzeug und Sattel zu tragen. Das Ganze ist doch ein kosmischer Witz oder?

TOBIAS: Das ist gut! (Lachen im Publikum) All dies ruft sehr angemessene Reaktionen und Emotionen in Euch hervor. Wir sagten schon während des Channelings, dass es Fragen hierzu geben würde. Denn wir schlagen Euch ja damit vor, ein Geschenk loszulassen, welches Ihr schließlich vor sehr, sehr langer Zeit von Spirit erhalten habt, damals, als Ihr zum ersten Mal das Königreich verlassen hattet. Und nun werdet Ihr darum gebeten, es wieder loszulassen. Dies erzeugt Gedanken und Gefühle in Euch, als ob Ihr jetzt einen „Ausverkauf" Eurer Selbst vollziehen müsstet; denn schließlich entlasst Ihr damit etwas, was Euch selbst von Spirit gegeben wurde. Diese Empfindungen und Emotionen werden mit Sicherheit in Euch hochkommen.

Wir können Dir keine direkte Antwort darauf geben außer der, Dich darum zu bitten, Deine eigenen Emotionen wahrzunehmen; wahrzunehmen, wie sich all das anfühlt. Sobald die Zeit reif ist und es sich für Dich richtig anfühlt, wirst Du es wissen. Dann wirst Du in Deinen Göttlichen Willen eintreten und verstehen, dass Du eigentlich in Wirklichkeit gar nichts loslässt, sondern Dich lediglich in etwas viel Größeres hineinbegibst. Denn in gewisser Weise ist der Freie Wille wirklich nur eine Art Unter-Abteilung des Göttlichen Willens.

* * * *

FRAGE: Tobias, bitte sprich über den finanziellen Gegenwert für spirituelle Geschenke und Gaben.

TOBIAS: (Kichern) Wonach hier gefragt wird, ist, ob es angemessen sei, spirituelle Erkenntnisse, Seminare oder Lektionen mit finanziellen Mitteln zu verrechnen. Wir bitten Euch, nehmt einmal die Energie hinter dieser Frage wahr. Nun, wir werden Euch unsere Einsichten zur Verfügung stellen.

Die Energie in dieser Frage ist eine alte Energie, die der Dualität. Tief in Euch sind diese Gefühle verankert, dass die Energie von Spirit und die des Geldes sich gegenseitig ausschließen. Wir können einfach nicht verstehen, warum Ihr nicht für beides die gleiche Achtung und den gleichen Respekt empfinden könnt. Und nun werden wir dem Ganzen noch „die Krone aufsetzen". Denn Ihr werdet diejenigen sein, die hinausgehen, um zu lehren. Dazu werdet Ihr ein Automobil benötigen, um in Euren Arbeitsraum oder in das Haus eines Klienten zu gelangen. Nun, Ihr werdet auch Wärme und Nahrung brauchen. Ist es da nicht vollkommen angemessen, dass Ihr für Eure Arbeit eine Entschädigung, einen Ausgleich erhaltet? Ist es da nicht vollkommen angemessen, dass diejenigen, die Euren Dienst in Anspruch nehmen, die Energie und die Kraft aufbringen sollten, um auszugleichen, was Ihr für sie tut?

Die Arbeit, die Ihr als Lehrer vollbringt, wird für sie weitaus wertvoller sein als alles Geld auf der Bank. Welchen Preis hat es, ein menschlicher (Geist-)Führer zu sein und anderen bei der Erleuchtung zu helfen? Welchen Preis hat es, dass man jemandem zum Durchbruch von der alten in die neue Energie verhilft? Welchen Preis hat es, jemandem zu zeigen, wie er der Schöpfer seines eigenen Seins werden kann? Wir bitten Dich also, und Euch alle, die Ihr Shaumbra seid, diesen alten Gedanken zu entlassen, denn Ihr werdet den Ausgleich für die Arbeit, die Ihr tut, noch brauchen.

* * * *

FRAGE: Tobias, ist es in Ordnung mit jenen Seelen zu arbeiten, die von uns gegangen sind?

TOBIAS: Nun, in gewisser Weise arbeiten sie mit Euch. Zum größten Teil brauchen sie diese Art von Heilungsarbeit gar nicht, die Ihr meint, ihnen anbieten zu müssen. Sie brauchen nicht - Cauldre hat gerade wieder Schwierigkeiten mit uns - und doch fahren wir fort; (Lachen im Publikum) sie brauchen nicht einmal Eure speziellen Gebete.

Nun gibt es hier allerdings eine Ausnahme. Und zwar, wenn die Seelen noch mit der Energie ihrer Erdenschwere und ihres Menschseins diesen Übergang vollziehen. Dieser Zeitraum kann sich über eine Dauer von drei Tagen bis hin zu mehreren Monaten erstrecken. Ihr könnt dann das Bedürfnis dieser Seelen nach Vergebung wahrnehmen, danach, entlassen zu werden von Euch oder denen, die sie festhalten möchten. Dann brauchen sie jemanden, der ihnen versichert, dass sie sich nun in einem guten und vollkommen angemessenen Raum befinden. Denn es gibt jene, die auf unsere Seite hinüberwechseln und so tief und fest an das Jüngste Gericht glauben, dass sie nur einfach dasitzen und darauf warten. Dann bedarf es einiges an Arbeit von unserer und von Eurer Seite aus, um sie daraus erlösen zu können. Und es gibt sogar jene, die sich bis auf den heutigen Tag in der „Hölle" befinden. Sie sind schon seit einiger Zeit da, denn sie entschieden sich, daran glauben zu wollen; obwohl es auf unserer Seite Engel gibt, die ständig mit ihnen arbeiten und sich darum bemühen, diese alten Glaubensmuster bei ihnen zu durchbrechen. Und doch ist dies äußerst schwierig, sobald dieser tief verwurzelte Glauben einmal in ihnen existiert, dass sie dorthin gehören, in diesen (Bewustseins) Raum namens „Hölle". Es ist schwierig, überhaupt zu ihnen durchzudringen. Sie glauben dann, seltsamerweise auch noch, dass der Teufel nur gerade versuche, sie erneut auszutricksen - indem er sie bitte, das Konzept der „Hölle" zu entlassen.

Sobald jemand auf unsere Seite hinüberwechselt, lasst ihn los, gebt ihn frei. Verzeiht ihm, falls es noch ungelöste Themen gibt. Und dann wisst, dass er zurückkommen wird, um Euch zu dienen. Die Gegangenen werden dann zu jenen gehören, die dem Team Eurer Läufer beitreten werden. Habt also nicht das Gefühl, als wenn sie die ganze Zeit über Eurer Heilung bedürften.

* * * *

FRAGE: Meiner Erfahrung nach ist der einzig wirklich Freie Wille der Göttliche Wille, denn alles andere entspringt doch eigentlich nur einer alten Vorstellung von Identität oder Reaktion. Ist es nicht so?

TOBIAS: Deine Erkenntnis ist - sehr weise und sehr zutreffend. Du wirst noch mehr darüber lernen, sobald Du wahrhaft in den Göttlichen Willen eingetreten bist. In gewisser Weise war der Freie Wille eine Illusion. Der Freie Wille war insofern eine Illusion, als dass der Göttliche Wille stets und schon immer mit Euch war. Die Illusion war etwas, was als Freier Wille bezeichnet wurde.

Das bedeutet nicht, dass Ihr nicht frei gewesen wäret, all das zu tun, was auch immer Ihr tun wolltet. Doch war die Göttlichkeit unter dem Gewand des Freien Willens stets anwesend und gegenwärtig. Auf all Euren Reisen fühltet Ihr Euch allein und wie von Spirit getrennt. Und das erzeugte die Illusion des Freien Willens. In Wahrheit seid Ihr niemals allein, denn Spirit war und ist stets bei Euch. Spirit hat Euch von jeher geliebt und unterstützt; denn Spirit, das seid schon immer Ihr selbst.

Bisher war diese Vorstellung sehr schwierig für Euch. Viele von Euch haben bislang Gebete oder Absichten formuliert, dass ihnen erst ein Engel oder ein „Zeichen“ Gottes erscheinen solle, bevor sie den Schritt in die nächste Ebene vollziehen könnten. Viele von Euch haben auf die äußeren Beziehungen geschaut, um etwas bestätigt zu finden, was nur im Inneren bestätigt werden kann. Tatsächlich seid Ihr niemals allein und ohne das Göttliche gewesen, Ihr wart niemals wirklich von Spirit getrennt.

In unserer nächsten Serie - (Kichern) Cauldre meint, wir würden ständig dafür Werbung machen - werden wir Euch noch mehr darüber berichten, inwiefern Eure Göttlichkeit schon von jeher bei Euch war. Wir werden darüber sprechen, wie Ihr Euren neuen Göttlichen Willen ergreifen und ihn mit der Unterstützung und dem Wissen Gottes, nach denen Ihr schon immer gesucht habt, in Einklang bringen könnt. Wir werden darüber sprechen, wie Ihr Euren Göttlichen Willen mit all der Unterstützung von Spirit, mit all der Unterstützung von Zuhause versehen könnt, welche Ihr die ganze Zeit über so vermisst habt. Wir werden besprechen, wie all dies wahrhaft miteinander verschmolzen werden kann.

* * * *

FRAGE: Tobias, warum trage ich mein ganzes Leben lang eine so tiefe Traurigkeit mit mir herum? Es ist sehr entmutigend für mich. Ist das der Grund, warum es mir so schwer fällt, mein Herz zu fühlen? Wo gibt es Freude für mich? Wo gibt es einen Platz für mich in dieser seltsamen Welt, in diesem Universum?

TOBIAS: Du hast all Deine Themen, die auf dem Karma Deiner Seele basierten, geklärt. Und zuvor haben wir auch von der Klärung Eures Ahnenkarmas gesprochen. Doch der Kern Deiner Probleme, der Kern Deiner Trauer reicht zurück bis in jene Zeit, als Du Zuhause verlassen hattest. Dies war ein äußerst traumatisches Erlebnis. Während Du die Feuerwand durchquertest, wurdest Du in Milliarden von Teilen zerschmettert. Eine Zeit lang, die Dir wie Äonen erschien, befandest Du Dich in einem Stadium vollständiger Zersplitterung.

Und als Du die Feuerwand dann verlassen hattest, fandest Du Dich in der absoluten Leere wieder, im absoluten Nichts. Dir war kalt. Du fühltest Dich, als ob Du aus dem Königreich verbannt worden wärest, denn Du warst getrennt von Spirit, von Deinen eigenen geistigen Eltern. Du warst getrennt von Gott. Noch nie zuvor hattest Du so etwas gefühlt, dieses schlimmste und entsetzlichste aller Gefühle. Ihr habt es als „Ur-Sünde“ bezeichnet, obwohl es keine Sünde ist. Doch dieses Gefühl der Verlorenheit und der Verlassenheit war wie das eines kleinen Kindes, welches von seinen Eltern allein zurückgelassen wurde und sich nun verzweifelt fragt, warum es nicht wert ist, von ihnen geliebt zu werden, das sich nun fragt, warum sie es in dieser Kälte ausgesetzt haben. Du fühltest, nun hattest Du die Verbindung dieser Liebe zwischen Mutter und Kind verloren. Du fühltest, nun hattest Du ebenso die Verbindung zu dieser väterlichen Liebe verloren.

In diesem Leben habt Ihr alle schon viel geklärt und jetzt kommt dieses letzte Kernthema an die Oberfläche. Das Kernthema ist der abgrundtiefe Kummer darüber, Euer Zuhause verlassen zu haben. Das ist eine große Herausforderung für Euch, doch sie wird leichter sein, wenn Ihr versteht, was dieser Traurigkeit ursprünglich zugrunde liegt. Wir haben mit Cauldre, Linda (Benyo) und den Doktoren daran gearbeitet, wie wir Shaumbra zu diesem Thema zurückführen können, um Euch allen dabei zu helfen, Euch diese Zeit der Trennung und Verlassenheit anzuschauen sowie Euch dabei zu helfen, es mit derselben Liebe zu betrachten, wie wir es tun (Crimson Intensivkreis - „Außerhalb des Kreises“). Liebe Freunde, wir können diesen heiligen Raum erzeugen, der Euch dabei helfen kann, Euch an diesen Punkt des Verlassens zurückzubringen, um Euch dabei zu helfen, die große, wahre Liebe zu verstehen, die all dem zugrunde lag und liegt.

Die Reise von Shaumbra kann wirklich sehr schwierig sein. Denn Ihr entfernt Euch von alten und vielleicht auch von irgendwie „behaglich tröstenden“ Energien. Sich von der alten in die Neue Energie zu bewegen, erfordert von Euch oftmals, dass Ihr Euch von Dingen trennt, die Euch lieb und teuer sind. Solche Dinge wie Arbeitsstellen, Familien, geliebte Menschen, Freunde, einem Zuhause, in dem Ihr für lange Zeit gewohnt haben mögt, und eben auch Denkweisen. Es ist eine schwierige Reise.

Wenn Ihr mit einem Schüler beisammen sitzen werdet, der an Eure Tür klopft und um Hilfe und Beg-leitung bittet, liebe Freunde, dann werdet Ihr ihn Euch ansehen und erkennen, dass er dabei ist, eine sehr schwierige Reise anzutreten. Und Ihr werdet wissen, warum er sie selbst wird erleben müssen. Als sein Lehrer werdet Ihr ihm dabei helfen wollen zu verstehen, dass diese Reise nicht so sein wird, wie er glaubt. Oh, tatsächlich ist sie wunderbar, denn schließlich geht es darum, Eure eigene Göttlichkeit erneut zu entdecken. Doch, meine lieben Freunde, wie Ihr ja wisst, ist sie auch schwierig und sehr herausfordernd. Diese Reise des Aufstiegs ist das Allerschwierigste, was Ihr jemals in all Eueren Inkarnationen vollzogen habt. Dort hattet Ihr natürlich ebenso Eure Herausforderungen, doch niemals solche wie auf dieser Ebene, auf der Ihr Euch nun gerade befindet. Ihr überquert die „Brücke der Schwerter", die Kluft zwischen der alten und der Neuen Energie.

Während Ihr diesen Menschen gegenübersitzt, werdet Ihr ihnen zu erklären versuchen, dass diese Reise die schwierigste von allen sein wird. Und Ihr werdet innerlich kichern müssen, wenn sie dasitzen werden mit ihren leuchtenden Augen und ihrem großen Lächeln und zu sich selber sagen: „Oh, es wird schon nicht so schwierig sein, ich kann das alles schaffen." Ihr werdet innerlich kichern müssen, denn Ihr werdet wissen, dass dieser Weg der herausforderndste und gleichzeitig auch lohnendste sein wird, den sie jemals erfahren haben.

Um nun direkt auf Deine Frage zu antworten, Liebes, was Du fühlst, ist der Schmerz der Trennung. Hier geschieht Heilung für Dich, denn sie ist schon in den Worten enthalten, die wir zu Dir sprechen. Und doch wird der Punkt kommen, an dem Du es Dir direkt anzuschauen hast, an dem Du Dich diesem Schmerz in Deinen Träumen oder in Deinen Erfahrungen zu stellen hast, an dem Du Dich dieser Zeit der Trennung gegenüberzustellen hast. Im Übrigen machst Du sehr gute Fortschritte. Darum gib nicht auf, doch kämpfe auch nicht so sehr damit - die Antworten werden von ganz allein zu Dir kommen.

* * * *

FRAGE: Tobias, erzähl uns doch mal etwas über Sex. Welche Energie ist da in Bewegung? (Lachen im Publikum)

TOBIAS: Hmmm, Hmmm. Wir werden hier eine kurze Geschichte erzählen und - Cauldre ist gerade nicht so begeistert darüber. (Lachen im Publikum) Auf unserer Seite des Schleiers reden wir ziemlich viel über Sex, so viel wie Ihr. Wir sprechen über Euer Sexualleben (Lachen im Publikum) und ja, es gibt Zeiten, liebe Freunde, in denen wir zur Stelle sind, wenn Ihr Euch auf diese Weise liebt. Oh, dann umgeben wir Euch und lächeln. (viel Lachen im Publikum) Denn manchmal finden zwischen zwei Menschen, die voller Achtung zusammen sind, nahezu gewaltige Energiesymphonien statt. Und an denjenigen, der hier gerade diese Frage (telepathisch) gestellt hat: Für uns spielt es überhaupt keine Rolle, ob es sich dabei um einen Mann und eine Frau handelt oder um zwei Vertreter desselben Geschlechtes. Was uns erfüllt, ist diese Liebe, die zwischen zwei Menschen erschaffen wird. Oh, das ist wie Eure schönste Musik und wir lieben es, dem zuzuschauen. (Lachen im Publikum) Doch nicht im voyeuristischen Sinne, wie Ihr vielleicht glaubt. Es zieht uns einfach zu Euch hin und wir sind voller Erstaunen darüber, was Ihr auf diese Weise kreiert. Diese Ausdrucksmöglichkeiten der Liebe, diese Gefühle der Zärtlichkeit, all das ist ganz erstaunlich für uns.

Als das ALLES, WAS IST für einen kurzen Moment darüber reflektierte „Wer bin Ich?“, erschuf Es augenblicklich zwei voneinander getrennte Wesen, den König und die Königin. Sie schauten einander in die Augen und verbanden sich tief im Herzen. Sie liebten einander so sehr, dass sie ein Kind namens Jack erzeugten. Ihr seid Jack. Ihr entsprangt der Liebe Spirits. Und Ihr brachtet diese Eigenschaft in einer biologischen Form auf die Erde. Sobald zwei Menschen sich lieben, können sie Kinder erzeugen, ebenso wie Spirit Euch erzeugt hat. Und selbst wenn keine Nachkommen gezeugt werden, so kreiert Ihr doch eine gewaltige und enorme Liebesenergie.

Diese Energie, die durch den Liebesakt zweier Menschen erschaffen wird, verflüchtigt sich dann nicht in der Luft und löst sich einfach auf, nein, sie wird praktisch von Engeln „eingesammelt“. Anschließend wird sie in der passenden Art und Weise der neuen Schöpfung, dem neuen Universum übergeben, welches Ihr selbst in genau diesem Moment erschafft. Dies ist die potenteste und wirkungsvollste aller Energien, die genutzt wird, um den zweiten Schöpfungskreis zu kreieren. Einstmals begannt Ihr mit einer Leere, nun erbaut Ihr einen neuen zweiten Schöpfungskreis. Und wie wir schon sagten, eines Tages wird sich die Erste Schöpfung in diese Zweite Schöpfung hineinergießen, die Ihr gerade erbaut. Die potenteste Energie hierfür ist die Energie der Menschen, die sich gegenseitig lieben. Und darum sind wir gern mit dabei! (Lachen im Publikum)

Umgekehrt, liebe Freunde, wenn Sex stattfindet und die Liebe keine Rolle spielt, wenn Sex stattfindet, bei dem es um Kontrolle oder Missbrauch des anderen geht, wenn es um die Dominanz des einen und um die daraus entstehende Abhängigkeit des anderen geht, dann zieht auch dieses Verhalten Energie an. Und es zieht dann nicht jene Engel und Wesenheiten an, mit denen Ihr unbedigt gerne arbeiten möchtet, sondern jene, die ziemlich „erdgebunden" sind (nicht erdverbunden !), also jene, deren Energie Ihr nicht so sehr mögen würdet. Ihr würdet sie als „dunkel" bezeichnen. Sie werden sich also um diese sehr kontrollierende Form der Sexualität zusammenscharen und davon weiterhin ihre Energie nähren. Bei dieser Form von Sexualität wird eine Energie erzeugt, welche jene füttert, die Ihr als „dunkle Wesenheiten" bezeichnen würdet. Und - seid nicht so besorgt, dass wir uns nur die ganze Zeit über in Euren Schlafzimmern aufhalten! (Lachen im Publikum)

* * * *

FRAGE: Tobias, wie ist eigentlich ein Ego beschaffen? Ich war überrascht, Dich sagen zu hören, dass sogar unbelebte Gegenstände ein Ego haben. Wie kann z.B. ein Bügeleisen ein Ego besitzen?

TOBIAS: Alle Dinge besitzen ein energetisches Erkennungsmerkmal, das sich in gewisser Weise vom Ego unterscheidet. Ein unbelebtes Objekt, wie z.B. ein Kleiderständer, eine Schüssel, ein Eisen - sie alle besitzen ein eigenes Schwingungsmuster, sozusagen einen energetischen Fingerabdruck. Doch sie besitzen nicht diese Art von spiritueller Energie, wie Ihr sie innehabt. Sie besitzen nicht Eure Fähigkeit, ein Schöpfer zu sein. Und sie besitzen auch nicht diese Art von Freiem Willen, wie Ihr ihn einst hattet (Lachen im Publikum), des Weiteren verfügen sie nicht über die Fähigkeit, ihre eigene Göttlichkeit auszudehnen und zu erweitern.

Doch unbelebte Gegenstände verfügen über eine bestimmte Menge an Schwingung und Intelligenz. Ihr könnt sehr leicht mit ihnen kommunizieren. Manchmal müssen wir uns wirklich am Kopf kratzen, denn wir wundern uns, warum Ihr nicht öfter mit den Bäumen, mit den Schüsseln, mit den Steinen und all den anderen Dingen sprecht. Sie sind wirklich sehr angenehme Gesprächspartner! Manchmal ist es mit ihnen angenehmer, als mit Menschen zu reden. (Lachen im Publikum)

Alle Dinge tragen ihre eigene Art von Lebenskraft und Schwingung in sich und sie sind alle miteinander verbunden. Ihr seid getrennt - jeder von Euch ist ein unabhängiges Einzelwesen - und doch seid Ihr alle auch in gewisser Weise wieder miteinander verbunden. Denkt nicht, dass diese unbelebten Gegenstände so ein Ego hätten wie Ihr, doch seid Euch bewusst, dass sie über eine eigene, gesonderte Identität verfügen. Sie sind weder in der Lage, solche Entscheidungen zu treffen wie Ihr, noch können sie Ihre Göttlichkeit derartig entwickeln und wachsen lassen, wie Ihr dies vermögt.

* * * *

FRAGE: Lieber Tobias, den größten Teil meines Erwachsenenlebens leide ich unter Depressionen. Ich fand Hilfe durch Medikamente und frage mich nun, ob sie mein spirituelles Wachstum behindern könnten?

TOBIAS: Nun, Cauldre bittet uns keinerlei medizinischen Rat zu erteilen, doch an dieser Stelle ignorieren wir das mal! (Lachen im Publikum) Liebe Freunde, viele von Euch haben diese Medikamente als eine Art Schutzschicht benutzt, um aus der Intensität Eures eigenen Verstandes und Eurer Gedanken (mind) zu entfliehen. Doch um Euch vollständig in Eure Göttlichkeit begeben zu können, werdet Ihr diese Drogen zu entlassen haben und es auch wollen. Sie bieten Euch so etwas wie eine Art „Zudecke", eine Barriere, die Euch vor den alten Energiewegen Eurer selbst schützt.

Ihr werdet all dies loszulassen haben, um weiter nach vorne gehen zu können. Für eine gewisse Zeit werdet Ihr dann leider noch die (Aus-) Wirkungen der Drogen in Euch tragen.

1. Im Livechanneling bietet Geoffrey eine Liste von neuen Engietherapeuten an...

Sobald Ihr aufhört, sie zu nehmen, werden diese nicht direkt verschwunden sein. Denn in Eurem Körper bleiben sie chemisch noch eine Weile gespeichert und darüber hinaus verursachen sie eine Art „Langzeitdecke“, die Eure Emotionen zudeckt. Es bedarf dann einiger Arbeit, um diese wieder freizusetzen. Das Loslassen dieser Schutzschicht erfordert eine Menge Liebe und viel Aufmerksamkeit. Wir raten Dir und allen anderen, die antidepressive Mittel und andere „psychotrope“ Drogen einnehmen, einen Weg zu finden, davon loszukommen. Wir sagen hier nicht, dass diese grundsätzlich schlecht sind, doch werden sie weiterhin eine Barriere zwischen Dir und Deiner Göttlichkeit aufrechterhalten.

Wir würden Dir vorschlagen, dass Du Dir Unterstützung in einer Shaumbra-Gruppe holst, bei Menschen, mit denen Du sprechen kannst, denn Du wirst durch einige sehr schwierige und herausfordernde Zeiten gehen, während Du diese Mittel entlässt. Du wirst Teile von Dir Selbst öffnen, die Du bisher versucht hast, mit diesen Drogen unter Verschluss zu halten. Das wird eine schwierige und sehr herausfordernde Zeit. Hol Dir die Unterstützung einer Shaumbra-Gruppe. Und falls sie nicht in Deiner Gegend wohnen, dann begib Dich dorthin, wo sie sind!

Cauldre kann auch unsere Emotionen fühlen und er weiß, dass wir diese Drogen nicht gerade mögen! Denn damit versteckt Ihr Euch mehr vor dem Problem, anstatt es anzuschauen. Die Arbeit eines guten neuen Energietherapeuten wird so sehr viel mehr ausgleichen und heilen können, als diese Drogen es zu tun vermögen. Es gibt Kernthemen, die danach suchen und darauf warten, ans Licht gebracht zu werden. Eure Ärzte und Berater der Neuen Energie können Euch dabei helfen, diese tiefen inneren Themen, die ein Ungleichgewicht verursachen, aufzudecken.

* * * *

FRAGE: Tobias, das plötzliche Absetzen dieser Psychopharmaka kann aber für die Betreffenden schwerwiegende Folgen mit sich bringen.

TOBIAS: Das verstehen wir! Doch Du sprichst hier allgemein von Menschen, die sich noch immer in der alten Energie befinden. Wir dagegen sprechen von den Menschen, die sich in der Neuen Energie befinden, von Shaumbra. (Menschen, für die dies keine im außen mehr zu stellende Frage und auf Antwort zu wartende Frage ist, sondern bei denen sich das Thema auf ihrem Weg aus ihrem Inneren beantwortete.) Wir verstehen, dass dies - Cauldre stoppt uns ziemlich häufig an dieser Stelle, doch wir werden weitersprechen - wir verstehen, dass es beim Absetzen dieser Medikamente zu Komplikationen kommen kann. Doch Ihr versteht noch nicht, wie die Reaktion eines Menschen der Neuen Energie aussehen wird, der diese Medikamente weglässt. Diese Reaktion wird sich sehr von der eines Menschen in der alten Energie unterscheiden. Ja, natürlich werden sie unter Aufsicht stehen müssen, deshalb haben wir gesagt, dass sie eine sie persönlich unterstützende Gruppe benötigen. Und sie werden die Begleitung und den Rat von qualifizierten Ärzten und Neuen Energietherapeuten benötigen. Doch, meine lieben Freunde, Ihr könnt nicht unter dem Einfluss einer komplexen Chemie, welche die natürlichen und göttlichen Prozesse in Euch verändert, in die Neue Energie eingehen. Punkt![1]

* * * *

FRAGE: Tobias, erzähle uns bitte mehr über Shaumbra und über die Energie von Shaumbra.

TOBIAS: Vor 2500, vor 2000 und vor 1000 Jahren fand jeweils ein großer Zustrom von Menschen statt, also von Engeln, die auf diese Erde kamen und ganz spezielle spirituelle Merkmale in sich trugen. Es handelte sich nicht nur um eine einzelne Person, wie Siddharta oder Yeshua Ben Joseph, die jeweils hierher kam, um die Göttlichkeit zu erwecken, sondern um ein ganzes Gefolge von Menschen.

Vor 2000 Jahren gab es eine Gruppe von Menschen, die heute ein Bestandteil von Shaumbra ist. Liebe Freunde, die meisten von Euch hier und von denen, die dies lesen, gehörten damals zu jener Gruppe. Obwohl viele von Euch direkt dort waren, befandet Ihr Euch nicht unbedingt in dem Ort Jerusalem. Doch Ihr habt Euch zu jener Zeit auf der Erde inkarniert, um ein wichtiges Attribut hereinzubringen. Ja, Ihr würdet Euch treffen und versammeln unter Eurem eigenen Namen - Shaumbra. Und es war in gewis-

1. Im Livechanneling bietet Geoffrey eine Liste von neuen Energietherapeuten an...

ser Weise eine stille Gesellschaft, eine stille Gruppe. Und Ihr wusstet, sobald Ihr einander in die Augen schautet, dass Ihr in dieser so wichtigen Zeit auf die Erde gekommen wart, um etwas zu bringen, das sehr benötigt wurde. Und dass eine Versammlung stattfindet, würdet Ihr alle wissen, indem Ihr einen Schal oder ein anderes Kleidungsstück von purpurroter Farbe tragen würdet. So würdet Ihr Euch untereinander verständigen können. Ihr nanntet Euch selbst Shaumbra. Es gibt Vereinbarungen, die auf genau jene Zeit zurückgehen, bevor Ihr damals auf der Erde inkarniertet, über jene Reise, die Ihr antreten würdet. Schaut Euch nun gegenseitig in die Augen. Macht es ruhig! Seht Euch gegenseitig in die Augen (das Publikum sieht sich gegenseitig in die Augen). Ihr seid Familie. Seht Eure Liebe. Seht Eure Göttlichkeit. Erinnert Euch, wie Ihr übereinkamt, gemeinsam zurückzukehren, wenn auch nur für einen kurzen Moment. Schaut Euch um. Hier, das ist Shaumbra. Das ist Familie - Shaumbra, das ist die Familie von Zuhause. Und in dieser Liebe versammeln wir uns alle hier und jetzt.

* * * *

FRAGE: Tobias, wie können wir den Aufstieg noch in diesem Erdenleben erreichen?

TOBIAS: Indem Ihr Euch nicht wünscht, den Aufstieg in diesem Leben zu erreichen! (Lachen im Publikum) Liebe Freunde, wir hören das so häufig. Wir hören Eure Gebete, alle. Wir hören, worüber Ihr sprecht. Wir hören sogar, wie Ihr flucht und schimpft, doch das macht uns nicht so viel aus! (Lachen im Publikum) Für all diejenigen, die den Wunsch verspüren, das zu verlassen, was einige von Euch in ihren Gedanken einen „miserablen Planeten" nennen (Lachen im Publikum), und die auch niemals wieder hierher zurückkommen wollen, haben wir sehr schlechte Nachrichten: Denn mit Euch werden wir dann noch in anderen Leben wieder in Gruppen wie diesen zusammensitzen! Ihr werdet dann zwar einen neuen Körper besitzen, doch wir werden Euch wieder und wieder dieselben Geschichten erzählen!

Ihr habt Euer Zuhause vor vielen Äonen verlassen, doch mit einem Augenzwinkern sagen wir Euch, dies war vor gar nicht allzu langer Zeit. Habt Ihr gewusst, dass diese Schöpfung, so wie Ihr sie kennt, in Wirklichkeit gar nicht so alt ist? Denn in gewisser Weise bewegt sich die Zeit ebenso weit rückwärts, wie sie sich vorwärts bewegt. Es ist noch gar nicht so lange her, dass Ihr Zuhause verlassen habt. Ihr habt es verlassen und gingt durch die Leere. Ihr kreiertet die Sterne und dieses Universum, Euren „Spielplatz“. Und als die Dinge nicht so gut funktionierten, kamt Ihr hier an diesen Ort namens Erde. Doch hinter dieser Entscheidung lag tiefe Weisheit und Göttlichkeit.

Ihr seid auf diese Erde gekommen, um eine neue Form von Göttlichkeit zu gebären. Darum seid Ihr hier. Diese Erde ist ein Nest, ein Zuhause. Ihr gebärt solch eine neue Form der Göttlichkeit, wie sie die gesamte Schöpfung noch niemals gesehen hat. Ihr seid hier, um die Neue Energie zu kreieren, um das zu erschaffen, was wir als die „Zweite Schöpfung“ bezeichnet haben.

* * * *

Liebe Freunde, wenn Ihr aufsteigt, kehrt Ihr nicht nach Hause zurück. Denn Zuhause wird letztendlich zu Euch kommen. Es wird hierher kommen. Wir wissen nicht so genau, wie wir es richtig, stimmig ausdrücken können - doch Ihr könnt nicht nach Hause zurückkehren. Es geht einfach nicht. Aber das Zuhause kann zu Euch kommen. Das ALLES, WAS IST wird sich ausdehnen dort hinein, wo Ihr gerade seid. Es wird zu Euch kommen.

Aufstieg heißt, sich in die Neue Energie zu begeben, in diesen neuen Raum, in dem Ihr Eure eigene Göttlichkeit geboren habt und die diesen nun zunehmend erhellt. Es geht nicht mehr darum, nach Hause ZURÜCKzukehren. Es geht darum, etwas Neues für Spirit zu erschaffen, was niemals zuvor hätte vollbracht werden können. Ihr existiert außerhalb des ALLES, WAS IST. Oh, Cauldre hat wieder und wieder dagegen protestiert, doch wir sagen es auch weiterhin: Mit dem Verlassen des Königreiches habt Ihr Euch aus dem ALLES, WAS IST hinausbegeben. Eines Tages wird das ALLES, WAS IST zu Euch kommen. Denn es will sich ausdehnen und erweitern. Und das ist in erster Linie der Grund, warum Ihr das Königreich verlassen habt.

Und, liebe Freunde, Ihr seid niemals allein.

* * * *

****

„ Und so ist es „

****

Neuerscheinungen im Ostergaard Verlag

- The Reconnection -
Heilen durch Rückverbindung
von Dr. Eric Pearl

Dr Eric Pearl beschreibt in spannender und humorvoller Weise die Reise seiner Entdeckung, Heilen und **Heilung durch die Rückverbindung** zu erleichtern. Aber noch wichtiger, er zeigt uns einen Weg, wie wir diese neuen heilenden Energien persönlich erleben können. **Lee Carroll:** *„Viele haben Jahrzehntelang auf das gewartet, was Dr Eric Pearl in seinem ersten Buch vermittelt - eine neue, einzigartige und elegante Art, Heilung und Transformation zu lehren. Was sein Werk jedoch in Wahrheit offenbart, ist,dass er die Geheimnisse preisgibt! Dieser Heiler zeigt in seiner fröhlich-humorvollen und lebensbejahenden Art, mit welcher Leichtigkeit wahre energetische Heilung in uns allen erkannt und aktiviert werden kann. Die Zeit ist reif!"*

ISBN 3-933075-1-14
Gebunden: 22 Euro

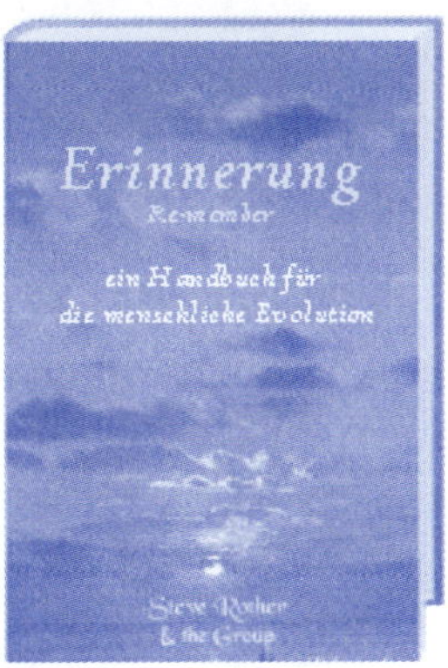

ER- INNERUNG
Ein Handbuch
für die menschliche Evolution
von Steve Rother und The Group

Die Menschheit entwickelt sich weiter von der fundametalen Motivation des Überlebens hin zu dem Wunsch nach Frieden und Einheit. Hier vollzieht sich eine Revolution im Stillen und wir suchen überall nach den höheren Wahrheiten. Dieser Übergang muss nicht so schwierig sein.

ISBN 3-933075-09-2
Paper back: 12,50 Euro